INTERNET OF THINGS
KEY TECHNOLOGIES AND APPLICATIONS

物联网
关键技术及应用

张春红　裘晓峰　夏海轮　马　涛◎编著

人民邮电出版社
北京

图书在版编目（CIP）数据

物联网关键技术及应用 / 张春红等编著. -- 北京 :
人民邮电出版社, 2017.7
ISBN 978 7 115 45212 2

Ⅰ. ①物… Ⅱ. ①张… Ⅲ. ①互联网络—应用②智能
技术—应用 Ⅳ. ①TP393.4②TP18

中国版本图书馆CIP数据核字(2017)第052958号

内 容 提 要

本书融会贯通了 Web、传感器、云计算等关键技术，以物联网为主线，描述了多种现有的关键技术和热点领域。本书首先介绍了物联网的定义，然后从物联网体系架构的角度阐释了物联网的内涵，按照感知层、网络层、应用层的分层模型建立起物联网的基本体系。完成体系建构工作后，本书分门别类地介绍了物联网的关键知识点，包括传感器、RFID、宽带移动通信技术、短距离无线通信技术、传感器网络技术等。物联网的发展在于应用，因此又进一步介绍了物联网中间件平台的技术和开发实例，并结合云计算等热点描述了物联网业务，使得本书具有了技术和应用、硬件和软件、理论和实验、学术和产业相结合的特点。本书最后还描述了物联网安全问题，并安排了多个 RFID 和无线传感器网络实验，有助于读者加深对物联网的理解。

本书可作为物联网专业的专业基础课教材，也可作为通信、计算机等相关专业学生的选修课教材。本书还可供从事物联网相关工作的研究人员、工程师阅读参考。

◆ 编　　著　张春红　裘晓峰　夏海轮　马　涛
责任编辑　杨　凌
责任印制　彭志环

◆ 人民邮电出版社出版发行　　北京市丰台区成寿寺路 11 号
邮编　100164　　电子邮件　315@ptpress.com.cn
网址　http://www.ptpress.com.cn

◆ 开本：787×1092　1/16
印张：16.75　　　　2017 年 7 月第 1 版
字数：387 千字　　　　2017 年 7 月河北第 1 次印刷

读者服务热线：(010)81055488　印装质量热线：(010)81055316
反盗版热线：(010)81055315

前　言

我们今天所处的时代是一个信息爆炸性增长、知识日新月异的时代。在这样的时代里，一觉醒来就有落伍的危险，也许一夜之间又诞生了一个新的概念、一个新的流行词汇。不仅在生活中，在技术领域，特别是网络本身，各种各样的新概念、新名词也在不断地涌现。“Web 2.0”“云计算”“SNS”等在最近几年独领风骚，关注度持续走高，吸引了无数的目光和投资，逐渐成为互联网时代信息化浪潮的代表。“物联网”也是这流行大军中的一员，而且在2009年以来在中国成为了众人追捧的新贵，从事通信网络相关工作的人，几乎言必称物联网。在这样的潮流下，我们不应该忘记的是，在炒作泛滥的今天，流行也许意味着“人云亦云”，美丽的名词也许只是一个泡沫，究竟“物联网”在多大程度上代表了通信网络发展的趋势，能否成为社会信息化革命中的坚实一步，能否与广大人民群众的物质精神生活需求相一致，这是一个需要思考的问题，也关系着物联网能否获得持续发展的生命力，能否在技术领域开展源源不断的创新，能否创造巨大的应用价值和市场价值。本书致力于梳理“物联网”这个概念下所包含的内容，介绍建造物联网大厦的关键技术，帮助读者建立起从原理到应用、从概念到技术、软硬件兼顾的物联网知识体系。在建立全局思维的基础上，分而治之，剖而析之，小中见大，探索物联网的发展道路，为培养我国物联网专业的人才提供应有的养分。

本书首先在第1章对物联网的起源进行了介绍，通过与相关概念诸如传感器网络、泛在网络等的比较，辨析物联网的内涵与特征；回望物联网与传统IT技术的历史渊源为物联网在信息技术发展的历史中定下了坐标，描绘物联网产业和标准化的现状图景，展望物联网未来的发展趋势，从历史和逻辑的维度为物联网正名；从技术和商业的角度探讨物联网中创新的可能性和价值，为读者理解物联网奠定基础。

第2章在奠定了物联网概念的基础上，为读者勾勒出了物联网大厦的基本框架。感知层、网络层、应用层的三层体系架构涵盖了实现物联网所需的关键技术，蕴含了理解和掌握物联网知识所覆盖的知识背景，并启发了整合局部知识构建物联网系统的思路。通过第 2 章，我们希望在读者脑海中能形成物联网的蓝图，剩下的就是按图索骥，更具体的知识会在后面的第 3 章到第 8 章中介绍。读者可以根据自己的兴趣选择相应章节进行阅读和学习。

第 3 章描述了物联网设备与标识技术，主要对应了物联网的感知层。物联网的设备与标识主要解决的是如何让“物”可控制、可感知、可标识的问题。嵌入式系统让物理设备具有智能，具有计算能力，能够生成可处理的信息。而传感器让我们的物理世界可以被感知，可以按照人们的需求产生大量的信息。RFID 技术作为一种主流的标识技术可以实现为每个物体贴上可识别的标签，为物体进入物联网世界颁发了“身份证”。智能、感知、标识是构成一个生态系统的必要因素，在第 3 章中展示了这 3 个因素的原理和功能。

第 4 章触及了物联网的一个本质问题，即物物相联如何实现，这就需要靠物联网通信技术来解决。物联网通信包括和融合了现有的各种通信技术，包括因特网技术、移动通信技术、短距离无线通信技术、无线传感器网络技术等。其中因特网作为一个成熟的通用系统，在本章中并不专门介绍。我们认为物联网更具特色的地方在于“物”的通信，因此本章着重介绍了要实现物物通信、人物通信所必需的移动通信技术、短距离无线通信技术、传感器网络技术等，结合目前的产业界和学术界热点描述了主流协议和标准，并探讨了相关技术在物联网背景下的应用。

第 5 章也是本书的特色之一。我们认为，在当今世界，物联网的实现离不开在大量计算机系统中的部署和实现，因此软件技术也是实现物联网不可或缺的技术。物联网的中间件作为面向物联网应用的分布式软件系统和平台，是物联网走向大规模部署实用的必经之途。本章结合当前主流的 Web 服务中间件平台着重探讨了物联网中间件的实现方式，并列举了实例，读者有兴趣可以尝试编程实现，从软件实现的层面领略物联网服务的特点。

第 6 章专门介绍了目前已经开展的物联网的相关应用，包括已经进入运营阶段的 M2M 业务，已经在行业领域广泛应用的智能物流、智能交通、智能家居等系统。物联网发挥自身价值的关键在于能否找到合适的应用领域和应用模式，我们认为物联网业务的实现和提供需要更加灵活的新模式。云计算作为一种灵活的分析处理信息模式，具备支撑物联网业务的能力，因此本章还分析了物联网和云计算的关系。本章通过对物联网应用现状的例举，启发读者思考物联网的发展趋势和更多的创新应用。

第 7 章介绍了目前物联网领域内传感器网络和 RFID 的安全标准，并阐述了物联网带来的新的安全挑战，提出了相应的对策，为理清物联网安全问题提供了思路。物联网的实用遇到的一个重大挑战来自安全领域，在通信广度和深度大大增加后，信息的安全和隐私问题也更加突出。由于物联网将信息空间和物理社会密切联系，因此物联网的安全问题不仅影响到信息空间，也会真正影响到人们生活的物理社会，干扰人们的日常生活。

第 8 章介绍了基于北京泰格瑞德科技有限公司 JX200 教学实验系统的 RFID 实验和无线传感器网络实验，并设计实验流程，使读者能够结合实验了解 RFID 的协议流程，了解无线传感器网络的工作模式，掌握物联网技术的应用方法。

本书从原理到应用，从理论到实验，从硬件到软件，从学术到产业标准，全面覆盖了物联网领域的最新知识。我们相信，在阅读完本书后，读者已经在脑海中形成了物联网的知识体系，具备了基本的物联网专业背景，掌握了开启物联网大门的钥匙。物联网作为信息化浪潮新的代表，作为我国的重要战略，综合了技术和产业的未来趋势，需要大家共同的智慧，共同创造一个生机勃勃的智慧家园，让我们的生活更加美好。

本书作者成员包括嵌入式、无线通信、计算机网络多个领域的研究和教学人员，主要来自于北京邮电大学，有张春红、裘晓峰、夏海轮老师，博士生马涛、蔡冉、黄正磊、王刚、刘芳芳、吴振宇等，硕士生成城、刘玉婷、程莉、甘杰强、张永辉、蒋旭昂、周桢、于和琪等。本书凝聚着众多人员的工作，同时还得到了北京邮电大学刘丹谱老师、朱新宁老师等人的大力协助和指导，北京泰格瑞德科技有限公司也无偿提供了实验部分的资料，帮助我们设计了 RFID 和无线传感网的相关实验，在此深表谢意。

由于作者水平有限，书中的不完善和谬误之处，恳请广大读者批评指正。联系邮箱：yangling@ptpress.com.cn。

作　者
2017 年 5 月于北京

目　　录

第1章 绪　论

电影《黑客帝国》为我们描述了这样一个世界：人类的意识存在于一个巨大的由电脑控制的虚拟网络中，在这里的人感觉似乎仍然在现实中，但真正的现实世界却是在他们的意识之外，在这个虚拟空间中的人仅凭意识生活，已经无法区分什么是虚拟世界，什么是现实世界。这是一个极端的例子，展现了信息网络所创造的虚拟世界与现实世界发生冲突和分裂的可能性。然而，分裂只是问题的一面，我们应当看到，虚拟世界来自于现实世界，虚拟世界的本质是一个数字化的信息空间，其存在的根本目的还在于服务现实世界，使得现实物理世界所产生的信息能够更加有效地处理和传播。因此，虚拟世界与现实世界的融合才是人们孜孜追求的目标。在信息网络高速发展、信息技术高度发达的今天，"物联网"的出现正体现了虚拟网络和现实世界融合的趋势，寄托着人们利用信息技术进一步改造现实世界的希望。下面，就让我们一起走进物联网的大门，一窥物联网这个时代浪潮的面貌。希望这本书能成为一把开启大门的钥匙，一艘发现新大陆的航船。

本章将从概念上描述物联网的基本含义和特征，回溯物联网出现的历史，审视物联网的现状，展望物联网的未来，为理解学习物联网知识打下基础。

1.1 什么是物联网

自 1999 年提出物联网（The Internet of Things）这一概念以来，物联网的概念一直在不断地发展和扩充。最早的物联网概念来自于 RFID（射频识别）领域，被认为是将每个物品打上电子标签，然后通过射频识别技术和通信技术形成信息网络，实现物品的智能识别、定位和监控。但是物联网的发展很快就突破了这个狭窄的定义，席卷了包括传感网、互联网在内的传统 IT 领域，研究团体、大型企业、国际组织、政府都给予了高度的关注。

物联网所蕴含的内容在不断丰富，人们对物联网的认识也不断加深，甚至有人预测物联网将成为人类社会的第三次信息化浪潮。究竟物联网是什么，到现在还没有一个统一的定义，而且随着发展不断涌现出新的解释。也许只有等物联网应用广泛普及，才会有一个全面的解答。

从物联网的本质来说，正如本章开头所言，物联网体现了一种虚拟数字世界和现实物理世界的融合趋势。20 世纪 40 年代计算机的发明，使得人们对信息的理解和处理能力都大大加强，信息作为一种独立的因素和力量开始深刻地塑造和改变着人类世界。到了 20 世纪 90 年代，互联网的兴起大大加强了信息的传播能力，一个信息快速产生、流通和消亡的虚拟空间就此诞生。人们在这个虚拟空间内，可以以信息的形式完成自己的社会活动，创造财富，生产价值。虚拟空间带来的影响是明显的，包括交流的形式不断多样化，地球成为一个村落，传统的障碍和壁垒被不断打破，空间和时间的尺度都被大大缩短，影响遍及经济、政治、文化等领域。到了今天，互联网已经成为一个无比庞大的虚拟数字世界，包含着海量的信息，连接着数以十亿计的网络用户。这个虚拟世界在数量和规模上仍然在不断地扩大，对现实世界的渗透和影响也在不断加强。然而到目前为止，虚拟世界的入口主要是计算机终端，虚拟世界的活动方式以人为的浏览网页、收发邮件、聊天等为主。虚拟世界只是现实世界的一个镜像，一个存放数据的仓库。随着互联网业务的发展、通信能力的不断增强、现代社会寻找创新动力的需求出现，人们开始希望能够随时随地进入这个信息畅通的虚拟世界，同时希望能在虚拟世界中从事更多现实世界中的活动。这种更深度的融合趋势就催生了物联网，物联网既是虚拟世界继续扩大、深化的尖刀，也是现实世界继续信息化、自动化的利器。

物联网正是因为代表了这种融合的趋势，蕴含着融合所带来的巨大创新空间，以及融合后产生的巨大价值，才成为了当下的热点，成为了包括我国在内的多个国家的重大科技战略。从这个意义上来说，物联网的基本含义就是一种虚拟数字世界和现实物理世界的融合。这种融合是双向的，第一个方向是现实世界向虚拟世界的融入，主要包括通过移动通信、嵌入式等技术使得现实世界中处处可以产生数字信息，接入通信网络，进入虚拟世界，完成信息的产生、存储、复制、共享等，使得虚拟数字世界无处无时不在，我们可以称之为“数字世界泛在化”；第二个方向是虚拟世界向现实世界的融入，这主要包括通过传感器网络、RFID 等技术使得现实物理世界中的物体能够可感知、可识别、可控制，从而形成对物理世界的自动识别、控制、监控、管理等，为人类创造一个智能的环境，我们称之为“物理世界智能化”。这两个方向相辅相成、相生相伴，二者的融合就完整展现了物联网的题中之义，并代表着物联网的价值所在。

在“数字世界泛在化”和“物理世界智能化”的融合过程中，物联网被赋予多个维度的内涵，具有多重含义。为了全面了解物联网，我们从领域（横向）和层次（纵向）两个维度来探讨物联网的概念和定义。

从领域的维度，物联网覆盖了信息技术和通信技术的众多领域，包括 RFID、传感器、互联网、嵌入式、移动通信等，每个领域都能够从领域自身的视角给出物联网的定义。例如对 RFID 领域来说，每一个物品上都贴电子标签，通过后台信息系统构成一个借助于互联网，所有物品都能互相联系起来的网络就称为物联网。对互联网领域来说，物联网就是互联网的延伸，就是物物相连的互联网，与传统互联网不同的只是能让物品也能接入互联网。对无线传感器网络领域来说，物联网就是一个广域的传感网。所有的理解都只是物联网的一个侧面，如果以更广泛的角度来说，物联网就是以“物”的信息的感知、传输、处理为特征，利用包括移动通信、传感网等在内的通信技术使“物”具有通信能力，利用包括嵌入式、中间件编程等在内的信息技术使“物”具有信息处理能力，形成的一个物物、人人、人物都能通信的系统。“物”既包括电器设备和基础设施，例如家电、传感器、移动终端等，也包括生产和生活环境中诸如温度、光线等可感知的因素。

从层次的维度来看，物联网是一个层次化的网络。第一层是感知网络，负责利用 RFID、摄像头、传感器、GPS 等识别物体、采集信息；第二层是传输网络，负责利用移动通信系统、互联网等将感知层获取的信息进行处理和传递；第三层是业务和应用网络，负责把感知网络和传输网络获取的信息进行分析和处理，作出正确的控制和决策，实现智能化的管理、应用和服务，该层次的网络是与生产生活需求密切结合的业务和应用系统，包括现有的各种智能物流、智能交通、M2M（Machine-to-Machine，机器对机器通信）等应用。从层次上看，物联网可以认为是包含了这 3 种层次的网络，并以此实现感知、互联、智能三重功能的智能信息系统。在本书第 2 章中将详细介绍各层的具体功能和关键技术，以此建立物联网的体系结构。

综上所述，物联网最本质的含义是数字世界和物理世界的融合网络，以智能化和泛在化为特征的双向融合带来了巨大的创新价值和市场空间。有理由相信，随着物联网应用的开展，物联网的影响将不仅仅局限在技术领域，就如同互联网一样会广泛地深入经济生活、社会生活、文化生活等各个领域，很有可能接过互联网的接力棒，成为新世纪的一场信息革命，全面改变我们的生活。

在初步了解了物联网的概念后，下面将通过物联网与传感网、互联网、泛在网等相似概念的辨析进一步明晰物联网的基本特征。

1. 物联网与传感网

传感网是指由随机分布的集成有传感器、数据处理单元和通信单元的微小节点，通过自组织的方式构成的网络。现在谈到的传感网，一般是指无线传感网（WSN）。WSN 可以使人们在任何时间、地点和任何环境条件下，获取大量翔实可靠的物理世界的信息。这种具有智能获取、传输和处理信息功能的网络化智能传感器和无线传感器网，正在逐步形成 IT 领域的新兴产业。它可以广泛应用于军事、科研、环境、交通、医疗、制造、抗灾、家居等领域。

目前有不少观点认为，物联网是传感网，这样设定的后果，会使得物联网的外延缩小。传感网的概念缺乏了人、物之间的相联、沟通与互动，而且传感网主要采用“传感器+近距离无线通信”的方式，不包含基础网络即互联网。物联网如果仅仅作为传感网，物在联网之后，只需服从控制中心的指令，而各系统的控制中心则是互相分离的；如果作为互联网的延伸，则可以将所有联网的系统与节点有机地连成一个整体，起到互相协同的作用。所以，我们能够明显看出，传感网只是一个很小的概念，完全可以将其包容在作为互联网的扩展形式的物联网的概念之内，传感网技术可以认为是物联网实现感知功能的关键技术。

2. 物联网与互联网

有人说，互联网的兴起是20世纪最重要的革命。互联网的出现改变了现实世界，形成了一个庞大的虚拟世界。物联网并不是互联网的翻版，也不是互联网的一个接口，而是互联网的一种延伸，是虚拟世界向现实世界的进一步延伸。物联网作为互联网的扩展，具备了互联网的特性，但是又进一步地增强了互联网的能力。虚拟世界的信息量在物联网时代会急速增加，人人通信会扩展到人人、物物、人物通信，信息化的触角在现实中扎得更深，这是最明显的不同。

互联网带动的不仅是技术革新，还有新的经济模式的出现。合作性与开放性、长尾理论的适用性，是互联网在应用中的重要基本特征，就是这些基本特征，引发了互联网经济的蓬勃发展。对物联网来说，可以通过对环境的感知和自动识别增加人与人之间的接触，从中获得更多的价值和商业机会；在人物交汇处可以建立起新的节点平台，使得长尾在节点处显示出最高的效用，正如在互联网时代，各式各样的大型网站由于汇聚了大量的人气，形成了一个个的中心节点，使得长尾理论的效应得到大幅的提高。物联网的普及，不仅能够产生出新的需求，而且还能够产生新的供给，更可以让整个网络获得进一步的扩展和提高，从而创造出更多更丰富的业务应用。正是这些特性，将使物联网带来的实际效应比起互联网会有更大的增强，而并不仅仅是角色的增加和功能的扩展。

3. 物联网与泛在网

按照我们对物联网的理解，物联网是指通过部署具有一定感知、计算、执行和通信等能力的各种设备，获得物理世界的信息，通过网络实现信息的传输、协同和处理，从而实现广域的人与物、物与物之间信息交换的互联的网络。归纳言之，物联网的几个关键环节为“感知、传输、处理”。

泛在网络也被称作无所不在的网络，最早见于施乐首席科学家Mark Weiser在1991年题为“21世纪的计算”的文章中提出的Ubiquitous Computing。泛在网络是为了打破地域限制，实现人与人、人与物、物与物之间按需进行的信息获取、传递、存储、认知、决策、使用等服务。人们可以在不意识到网络存在的情况下，随时随地通过适合的终端设备上网并享受服务。泛在网络要求尽量不改变或少改变现有设备及技术，通过异构网络之间的融合协同作用来实现。

从二者的定义来看，物联网和泛在网有很多重合的地方，都强调物物之间、人物之间的通信，物联网的应用也有泛在化的需求和特征。但是从广度上来说，泛在网络的概念反映了信息社会发展的远景和蓝图，具有比物联网更广泛的内涵。泛在网络可以认为是一个大而全的蓝图，而物联网是目前该蓝图实施中的物联阶段。

综上所述，传感网是物联网的组成部分，物联网是互联网的延伸，泛在网是物联网发展的愿景。本书通过对概念的定义和比较，从逻辑上已经勾勒了物联网的基本轮廓，下面再从历史的角度上揭示物联网的前世今生。

1.2 物联网的发展

1.2.1 物联网的起源

物联网的概念最早是从射频识别（RFID）这个领域来的，在1999年由专门研究RFID技术的EPC global的前身——美国麻省理工大学Auto-ID中心提出。它当时指的是每一个物品上都贴一个电子标签，然后通过后台信息系统构成一个借助于Internet，所有物品都能互相联系起来的网络，以此实现物品的智能识别和管理。

但是这个概念当年并没有太多人关注，真正受到关注是2005年ITU（国际电信联盟）重新定义了物联网的概念。2005年11月，在突尼斯举行的信息社会世界峰会上，ITU发布了《ITU互联网报告2005：物联网》，提出了“物联网”的概念。报告指出：无所不在的“物联网”通信时代即将来临，世界上所有的物体从轮胎到牙刷、从房屋到纸巾都可以通过因特网主动进行信息交换。射频识别技术、传感器技术、纳米技术、智能嵌入技术将得到更加广泛的应用。

2008年11月，IBM公司从商业角度提出所谓“智慧的地球”（Smarter Planet），具体含义是将新一代IT技术充分运用在各行各业中，把传感器嵌入到电网、铁路、桥梁等各种物体中，并且普遍连接，形成物联网；通过超级计算机和云计算，将已有的“物联网”进行整合；通过这些技术使得人类能够以更加精细和动态的方式来管理生产和生活，从而达到“智慧”的状态。这个概念得到了美国政府的积极回应，引发全美工商界的高度关注，并认为“智慧的地球”有望成为又一个“信息高速公路”计划，从而在世界范围内引起轰动，引发了全球物联网的关注热潮。

2009年8月，我国国家领导人在考察中科院无锡高新微纳传感网工程技术研发中心时，明确指示要早一点谋划未来，早一点攻破核心技术，并且明确要求尽快建立中国的传感信息中心，或者叫“感知中国”中心。随后，物联网被列为国家五大新兴战略性产业之一，写入政府工作报告，物联网在中国受到了全社会极大的关注，已经成为了科研、产业、标准化、教育等多方面的热点，下面简要介绍近年来物联网产业发展概况和标准化概况。

1.2.2 物联网产业发展概况

物联网覆盖了多个领域，因此物联网产业包含的门类十分庞大，延伸到社会经济生活的方方面面，被称为下一个万亿级的通信业务。在物联网发展过程中，包括日本、韩国、欧盟、美国等发达国家和地区都制定了物联网产业的发展战略，中国也在积极培育物联网产业，争夺物联网领域的战略制高点。下面我们首先来看看各个国家相关的物联网产业发展战略。

1. 日本的“U-Japan”计划

日本的“U-Japan”计划通过发展“无所不在的网络”（U 网络）技术催生新一代信息科技革命。日本“U-Japan”战略的理念是以人为本，实现所有人与人、物与物、人与物之间的连接，即所谓的 4U（Ubiquitous：无所不在，Universal：普及，User-oriented：用户导向，Unique：独特）。

此战略将以“基础设施建设”和“信息技术应用”为核心，重点在以下两个方面展开：一是泛在网络社会的基础建设，希望实现从有线到无线、从网络到终端，包括认证、数据交换在内的无缝连接泛在网络环境，100%的国民可以利用高速或超高速网络；二是 ICT 的广泛应用。希望通过 ICT 的有效应用，促进社会系统的改革，解决老年化社会的医疗福利、环境能源、防灾治安、教育人才、劳动就业等一系列社会问题。

事实上，基于 RFID 技术实现的手机钱包，已经在日本广泛应用，并正在向全球拓展。日本的先进企业多数已经开始利用 U 网络工具。相关研究报告显示，这些利用 U 网络的企业商品生产线效率提高了 10%，交货期缩短了一半。如此强大的助推作用正使得越来越多的企业考虑启用泛在应用。日本的 NTT DoCoMo 公司在日本的家电和汽车行业中的企业进行了颇具创新力的尝试，将涉及企业客户的各类 U 应用作为此后发展的重点。

2009 年 8 月，日本又将“U-Japan”升级为“I-Japan”战略，提出“智慧泛在”构想，将传感网列为其国家重点战略之一，致力于构建一个个性化的物联网智能服务体系，充分调动日本电子信息企业积极性，确保日本在信息时代的国家竞争力始终位于全球第一阵营。同时，日本政府希望通过物联网技术的产业化应用，减轻由于人口老龄化所带来的医疗、养老等社会负担，并由此实现积极自主的创新，催生出新的活力，改革整个经济社会。

2. 韩国的“U-Korea”战略

韩国是全球首个提出 U 战略的国家之一，也实现了类似日本的发展。韩国成立了以总统为首的国家信息化指挥、决策和监督机构——“信息化战略会议”及由总理负责的“信息化促进委员会”，为“U-Korea”信息化建设保驾护航。韩国信息和通信部则具体落实并负责推动“U-Korea”项目的建设，重点支持“无所不在的网络”相关的技术研发及科技应用，希望通过“U-Korea”计划的实施带动国家信息产业的整体发展。2009 年 10 月韩国颁布了《物联网基础设施构建基本规划》，将物联网市场确定为新增长动力，确定了构建物联网基础设施、发展物联网服务、研发物联网技术、营造物联网扩散环境四大领域，12 项详细课题，并提出到 2012 年即实现“通过构建世界最先进的物联网基础设施，打造未来广播通信融合领域超一流 ICT（信息通信技术）强国”的目标。

配合“U-Korea”推出的“U-Home”是韩国信息通信发展计划的八大创新服务之一。这种智能家庭的最终目的是让韩国民众能透过有线或无线的方式控制家电设备，并能在家享受高品质的双向、互动的多媒体服务，比如远程教学、健康医疗、视频点播、居家购物、家庭银行等。近年来韩国新建的民宅基本都具有“U-Home”功能。

3. 美国“智慧的地球”

2008 年 11 月，美国 IBM 公司总裁彭明盛在纽约对外关系理事会上发表了题为《智慧的地球：下一代领导人议程》的讲话，正式提出“智慧的地球”（Smarter Planet）设想。2009 年 1 月 28 日，奥巴马就任美国总统后与美国工商业领袖举行了一次“圆桌会议”，彭明盛推广“智慧的地球”这一概念，建议新政府投资新一代的智慧型基础设施，阐明其短期和长期效益。奥巴马政府对此给予了积极的回应，认为“智慧的地球” 有助于美国的“巧实力”（Smart Power）战略，是继互联网之后国家发展的核心领域。

“智慧的地球”是把新一代 IT 技术充分运用在各行各业之中，如把感应器嵌入和装备到电网、铁路、桥梁等各种物体中，并连接形成物联网。在此基础上，将各种现有网络进行对接，实现人类社会与物理系统的整合，从而使人类以更加精细和动态的方式管理生产和生活，达到“智慧”状态。例如，2009 年 4 月初在美国拉斯维加斯举行的无线通信展期间，美国 Vitality 公司推出了配备无线功能的药瓶盖。该产品可用在普通药瓶上，同时也具有完善的网络提醒功能。到预先设定的时间，盖子上的小灯就会亮，提醒用户吃药时间到了。如果此时用户不打开瓶盖，瓶盖就会发声。如若用户再不打开瓶盖，该信息就会经由家庭设置的网关装置，通过互联网发送至服务器，服务器在收到信息后会拨打电话通知用户。由于其具有联网功能，服务器还可以用电子邮件通知用户指定的联系人，或在药物快用完时自动向药房发送信息。可以预见，这种“智慧”状态将伴随大量“聚合服务”应用的产生，而“人—物”应用，“物—物”应用还会不断被开发、被集成，这也预示着聚合服务市场潜力十分巨大。

4. 欧盟的物联网行动计划

欧盟早在 2006 年就成立工作组，专门进行 RFID 技术研究，并于 2008 年发布《2020 年的物联网——未来路线》。2009 年，欧洲 RFID 项目组物联网小组（CERP-IoT）在欧盟委员会资助下制订了《物联网战略研究路线图》《RFID 与物联网模型》等意见书。2009 年 6 月欧盟制订的《物联网——欧洲行动计划》涵盖了行政管理、安全保护、隐私控制、基础设施建设、标准制订、技术研发、产业合作、项目落实、通报制度、国际合作等重要内容，该计划已被视为重振欧洲的战略组成部分，自 2007 年到 2010 年，欧洲已经投入 27 亿欧元。

欧洲物联网的应用主要在企业管理、交通运输、医疗卫生等方面。例如，全球电源和自动设备制造商 ABB 在其芬兰赫尔辛基的工厂里采用 RFID 技术，追踪每年外运的 20 万件传动装置，利用 RFID 系统提高货物运输的追踪能力，可靠地记录货物运输日期，减少物流和仓储任务外包的风险；巴黎市政府制订了以 RFID 识别技术、GPS 地理定位、谷歌地图测绘为基础的 Patrimonia 方案，巴黎城市用户可以通过网络访问关于巴黎市道路标志管理和应用的页面，该方案包括一个全面的数据库、谷歌电子地图、搜索引擎，还有分析程序、设计文件，并且能够以 Excel 格式等 Office 格式导出数据；瑞士制药集团诺华制药正在开发一种带有新型电子系统的芯片，这种芯片可以安装在药片中，患者如果未能遵医嘱服药，芯片就会向患者手机发送提醒短信，芯片有利于提醒患者对医嘱的遵从，从而增强药物疗效。除此以外，欧洲主要电信运营商 Orange、Telnor、T-Mobile、Vodafone 等都确定了物联网战略方向，开始以各种形式加速 M2M 业务的部署。

5. 中国的“感知中国”

2009 年 8 月我国国家领导人在考察无锡高新微纳传感网工程技术研发中心时指出，要积极创造条件，在无锡建立中国的传感网中心（“感知中国”中心），发展物联网。2009 年 11 月，我国国家领导人在人民大会堂向科技界发表了题为《让科技引领中国可持续发展》的讲话，其中提到要着力突破传感网、物联网的关键技术，及早部署后 IP 时代相关技术研发，使信息网络产业成为推动产业升级、迈向信息社会的“发动机”。2010 年 3 月，“加快物联网的研发应用”第一次写入中国政府工作报告。

各部门、各地区积极响应，纷纷出台各项举措，推动物联网发展。《国家中长期科学与技术发展规划（2006－2020 年）》和“新一代宽带移动无线通信网”重大专项中均将传感网列入重点研究领域。工业和信息化部开展物联网的调研，计划从技术研发、标准制定、推进市场应用、加强产业协作四个方面支持物联网发展。无锡市大力建设国家传感网创新示范区（国家传感信息中心），在物联网人才引进、资金、税收、土地等方面对相关企业进行大力支持，吸引了中科院、清华大学、北京邮电大学、中国移动、中国联通、中国电信等企事业单位在无锡设立机构。2010 年 1 月，江苏省新型感知器件产业技术创新战略联盟在昆山传感器产业基地成立。该联盟的成立，将加快无锡物联网产业创新集群的形成。北京也着手启动物联网的规划工作。2009 年 11 月，由同方股份、中国移动、大唐移动、中科院软件所、清华大学、北京大学、北京邮电大学等物联网产业链上的 40 余家企业和研发机构共同组建了中关村物联网产业联盟，志在打造中国物联网产业中心。广东则成立了 RFID 标准化技术委员会，加紧 RFID 标准攻关，打造“数字广东、智慧城市、知识经济、无处不在的网络社会”。上海为加快实现物联网对产业升级的带动作用，决定从 2010 年起由政府启动物联网体系建设，并在全市范围内组织实施物联网应用示范工程。其他地区也从制定规划、设立相应机构等方面着手推动物联网的发展。

在应用领域，我国销量最大的酒类品牌之一——五粮液，其防伪系统就使用了 RFID 防伪和追溯管理的物联网技术；中国科技馆新馆将启用 RFID 电子门票，这样就可在后台的电脑终端反映出持有人的相关信息，实现门票与个人信息的绑定，从而可为观众提供更多的个性化服务；江西电网利用传感和测量技术监控全网 2 万多台配电变压器，一年降低电损 1.2 亿千瓦时；深圳 24 小时自助图书馆将 RFID 技术引入文化领域，解决了文献定位导航难、错架乱架多、难以精确典藏等问题，取得了图书馆的智能管理系统和自助服务模式的创新；上海世博园为进入园区的食材加装 RFID，利用“食品安全实时综合监控平台”进行跟踪监控，确保食品安全。由此可见，物联网的应用已经扩展到交通运输、食品安全、电网管理、公共服务多个方面。

目前物联网在我国的发展形态主要以 RFID、M2M 和传感网三种为主。在 RFID 方面，2009 年中国 RFID 产业市场规模达 110 亿元，相比 2008 年增长 36.8%，已用于物流、城市交通、工业生产、食品追溯、移动支付等方面，特别是随着 3G 网络开始运营，各运营商推出了移动支付方式，如中国移动于 2009 年 11 月宣布采用 RFID 技术的 SIM 卡，在星巴克和上海世博园园区内将可以通过手机近端刷卡消费。在 M2M 方面，电信运营商积极开展 M2M 应用，如中国移动从 2004 年开始发展 M2M 业务，2008 年 M2M 终端数量发展到229万部，未来年增长率将超过60%，在智能楼宇、路灯监控等方面得到广泛应用。国内在传感器网络方面则处于发展初级阶段，基本上还是依托于科研项目、科研成果的示范，在部分领域的国际标准制定方面已经具有了发言权，有可能形成具有自主知识产权的核心技术和标准，提高我国在物联网领域内的竞争力。

与其他发达国家相比，我国物联网发展尚处初创和起步阶段。目前也存在一系列瓶颈和制约因素：一是产业体系初步形成但产业化能力不高，尚未形成规模化产业优势；二是核心关键技术有待突破，在传感器、芯片、关键设备制造、智能通信与控制、海量数据处理等核心技术上，与发达国家存在较大差距；三是标准比较分散、体系还不完善，在国际上面临标识等关键资源和核心标准的竞争；四是物联网应用的规模和领域比较小，没有形成成熟的商业模式，应用成本较高；五是物联网承载大量的国家经济社会活动和战略性资源，因而面临巨大的安全与隐私保护挑战。我们需要结合中国的具体国情来发展适合我国经济水平的绿色、开放、高可靠的物联网，走一条有中国特色、能带动国内核心技术企业发展的低成本信息化道路，让物联网真正惠及国家和人民。

1.2.3　物联网标准化概况

物联网覆盖领域较广，物联网的大规模应用离不开标准体系的建立。目前物联网还缺乏统一标准。标准化的实现将能够整合行业应用，规范新业务的实现和测试，保证物联网产品的互操作性和全网的互联互通。物联网标准体系的建设与完备，是扩大物联网市场规模的基础，是物联网产业发展的关键。

1. 国际物联网标准制定现状

目前投入物联网相关整体架构研究的国际组织有：欧洲电信标准化协会（ETSI）、国际电信联盟（ITU），国际标准化组织/国际电工协会（ISO/IEC）等。总的来看，国际上各个标准组织的物联网标准制定目前主要处于架构设计、需求分析阶段。

（1）ETSI

ETSI是由欧盟建立的一个非营利性的电信标准化组织，其M2M技术委员会（M2M TC）的主要目标是研究以M2M主要业务形式的物联网。这个委员会目前的物联网工作计划如下：2010年1月前完成需求分析；2010年7月前完成体系架构的设计；2010年12月完成协议的详细设计。

目前进展中的工作项有：M2M业务需求草案DTS/M2M-00001，计划输出技术规范TS 102 689；M2M功能架构草案DTS/M2M-00002，计划输出技术规范TS 102 690；智能电表应用草案DTR/M2M-00003，计划输出技术报告TR 102 691；M2M概念定义草案DTR/M2M-00004，计划输出技术报告TR 102 725；电子医疗应用草案DTR/M2M-00005，计划输出技术报告TR 102 732；设备互联技术报告DTR/M2M-00006，计划输出技术报告TR 102 857。在第6章“M2M部分”会进一步介绍该标准化组织在M2M方面的工作。

（2）ITU-T

ITU-T在这个领域的研究主要以物联网下属的泛在传感网（USN）为目标。SG13、SG16、SG17都参与了相关标准的研究讨论。

目前进展中的工作项有：SG13（功能需求与构架）；Y.2221（Y.USN-reqts）下一代网络环境中的泛在传感网应用需求（2009 年 12 月达成一致）；SG16（多媒体服务描述与需求方向）；F.744（F.USN-mw）泛在传感网中间件服务描述和需求（2009 年 12 月达成一致）；F.USN-cc 适应气候变化的泛在传感网应用部署指南；SG17（安全和目标标识方向）；X.usnsec-1 泛在传感网安全框架；X.usnsec-2 泛在传感网中间件安全；X.usnsec-3 无线传感网安全路由机制。

（3）ISO/IEC

早在 1995 年国际标准化组织 ISO/IEC 联合技术委员会 JTCl 专门设立了子委员会 SC31，负责 RFID 标准化研究工作，主要针对 RFID 的编码、空中接口、应用场景制定了相关标准，将在第 3 章简要介绍。除了 RFID 领域内的标准外，ISO/IEC 数据通信分技术委员会 JTC1 SC6 于 2007 年年底成立了传感网研究组（SGSN），对物联网整体架构的标准进行研究。我国全国信息技术标准化技术委员会也非常重视这一领域的国际标准化工作，先后四次组织国内的专家参加 SGSN 工作会议。2008 年 6 月，项目组成员中国电子技术标准化研究所和中科院上海微系统所在上海承办了 ISO/IEC JTC1 SGSN 成立大会暨第一次工作会议。同时，积极参与了 SGSN 中《传感器网络技术报告》的编写工作，我国提出的传感器网络标准体系和大量技术文献被该技术报告所采纳。在 2009 年 10 月的 JTC1 全会上，JTC1 宣布成立传感器网络工作组（JTC1 WG7），正式开展传感器网络的标准化工作。

除了物联网整体架构的相关标准化工作组以外，还有其他标准化工作组如 IEEE、3GPP 对涉及物联网中具体技术如 RFID、无线短距离通信等进行标准化，将在后面章节中分别介绍。

2. 我国物联网标准制定现状

发达国家往往通过控制国际标准的制定来抢占发展的制高点。因此，为加快物联网在我国的发展，同时避免受制于发达国家的技术壁垒，我们必须加快制定我国的自主标准。我国电子标签、传感器网络等多种与物联网相关的信息技术标准化工作组已经开始工作，下面先介绍一下这些工作组的主要情况。

（1）电子标签标准工作组是 2005 年 10 月由原信息产业部科技司正式发文批准成立的。电子标签标准工作组下设了 7 个专题组：总体组、标签与读写器组、频率与通信组、数据格式组、信息安全组、应用组和知识产权组。

（2）传感器网络标准工作组（WGSN）成立于 2009 年 9 月，标准工作组聚集了中国科学院、中国移动等国内传感网主要的技术研究和应用单位。目前开展的 6 项标准制定工作，分别由标准体系与系统架构项目组、协同信息处理项目组、通信与信息交互项目组、标识项目组、安全项目组和接口项目组负责。2010 年第一次全体会议之后，又新成立了传感器网络网关标准项目组、无线频谱研究与测试研究项目组、传感器网络设备技术要求和测试规范研究项目组、机场围界传感器网络防入侵系统技术要求行业标准项目组、面向大型建筑节能监控的传感器网络系统技术要求行业标准项目组。

（3）资源共享协同服务标准工作组（闪联）成立于 2003 年，主要负责制定信息设备智能互联与资源共享协议（简称 IGRS），其 1.0 版本已于 2005 年 6 月被正式颁布为国家行业推荐性标准。此外，基于闪联标准的各项开发工具和测试认证工具也已经基本完成，并在逐渐完善和更新中。

（4）中国通信标准化协会（CCSA）也已先后启动了《无线泛在网络体系架构》《无线传感器网络与电信网络相结合的网关设备技术要求》等标准的研究与制定。2010 年 2 月 2 日，CCSA 成立泛在网技术工作委员会 TC10，设了 4 个专题组：总体组、感知延伸组、网络组、应用组。

（5）运营商。中国电信开发了 M2M 平台，该平台基于开放式架构设计，可以在一定程度上解决标准化问题。中国移动制定了 WMMP 标准（企业标准），并在网上公开进行 M2M 的终端认证测试工作。

虽然这些标准组织、工作组或企业已经开始工作，但相对于物联网发展和应用的需求仍显不足。物联网应用面广，其标准涉及方方面面，绝非任何一个标准化工作组能完全掌握，因此需要创新标准化工作模式，各专业标准工作组之间需要加强沟通与合作。

2010 年 6 月 8 日，为加快物联网标准制定工作，在工信部和国标委的指导下，中国物联网标准联合工作组在北京成立。工作组由工信部电子标签标准工作组、全国信标委传感器网络标准工作组等 19 家相关标准化组织自愿联合组成。在联合标准组成立倡议书中号召，要倾全国之力，联合推进中国的物联网标准体系。标准的缺失与核心技术产品的产业配套能力仍是制约我国物联网大规模应用的一个问题。该联合工作组的成立，将充分整合物联网相关标准化资源，协调标准化的整体工作。

走“技术专利化、专利标准化、标准国际化”之路，建立国家级和区域物联网研究中心，掌握具有自主知识产权的核心技术标准将成为物联网产业发展的重中之重，而坚持以前沿技术为突破，参与、影响并主导国际标准的制定也成为我国物联网标准战略的核心。

1.3 物联网前景展望

物联网所带来的是物理世界和虚拟世界融合的美好愿景，是人类社会的深度信息化。欧洲智能系统集成技术平台组织（EPoSS）在《Internet of Things in 2020》中预测，物联网的发展将经历 4 个阶段：2010 年之前以 RFID 为代表的物联网技术广泛应用于物流、零售和制药等领域；2010—2015 年实现物与物之间的互联；2015—2020 年进入半智能化；2020 年之后实现全智能化。据美国研究机构 Forrester 预测，到 2020 年，全球物互联的业务与现有人人互联业务比将达到 30:1，可以认为物联网所带来的产业价值是互联网的 30 倍，物联网有可能形成下一个万亿元级别的通信业务。物联网所蕴含的市场和创新空间是巨大的，物联网作为互联网的下一站在广度和深度上都有可能超过互联网对人类社会的影响，对环境的深刻感知、信息量的巨大增长、通信系统的融合、工业流程的高度自动化、行业应用的整合、更加贴近生活的大众服务都使得物联网具有广阔的前景。

不仅仅物联网自身有美好的愿景，物联网的发展也承担着重大的历史使命。2008 年金融危机爆发后，世界各国经济发展速度受到严重影响，迫切需要开辟新的经济增长点。新技术是使得经济特别是工业走出低谷的巨大推动力。正是在这样的条件下，世界各国对物联网的发展寄予了厚望，希望物联网的创新能够带动全球走出低谷。对中国来说也是如此，发展物联网对调整经济结构、转变经济增长方式具有积极意义，因为物联网自身就能打造一个巨大的产业链，而且物联网是中国的“发展现代产业体系，大力推进信息化与工业化融合”的两化融合发展战略的重要实践。

虽然物联网具有美好的前景和重大的意义，但前提是物联网能够大规模地应用。这个前提面临的挑战，至少包括 3 个方面。

一是成本的挑战。以 RFID 为例，沃尔玛是第一个强调推行 RFID 标签的零售商，并要求供货商为所有的商品打上 RFID 标签，然而直到 2007 年 1 月为其供货的 100 家大型供货商才陆续完成 RFID 标签的提供，其主要原因是 RFID 标签太贵。波士顿 ARM 市场研究中心预计，仅仅是为了满足沃尔玛的要求，普通消费品的生产商将要花费 130 万～230 万美元来配置 RFID 标签，这样的成本，小型供货商当然不愿承担。RFID 标签生产商美国 Alien 科技公司表示，年生产量超过 100 亿个，标签成本才能降到 10 美分以下。这样的价格对于汽车、冰箱、电视、手机等商品可能可以接受，但对于灯泡、牙膏等低价商品来说依旧太高。对于 RFID 生产商来说，成本问题更是一个两难问题，成本高，应用压力大；成本低，制造业又失去利润。因此，成本是制约物联网大规模应用的重要因素。

二是安全的挑战。与传统网络相比，物联网发展带来的信息安全、网络安全、数据安全乃至国家安全问题将更为突出。由于与物理世界紧密相关，物联网中的安全事件带来的危害可能会影响到人的生命安全。同时由于物联网中节点数量的增加，巨大的复杂性要求物联网具有更全面的防御机制，但还需要兼顾效率和成本因素，这将是对物联网的一个严峻的考验。本书第 7 章将重点分析物联网的安全挑战和对策。

三是侵犯隐私的威胁。物联网拓展了联网的设备，将与人类生活密切相关的设备引入网络。在带给人们更多便利的同时，与人们日常生活相关的大量信息，如个人健康信息、生活习惯等，也被通过网络收集、存储、处理、传送，如果不采取必要的隐私保护措施，这些隐私信息就可能被泄露或被未授权用户不适当地使用。侵犯隐私的威胁将会对现有的一些法律法规政策形成挑战，例如信息采集的合法性问题、公民隐私权问题，等等。隐私保护关系到法律法规、匿名技术、身份管理、认证和访问控制、安全管理以及数据安全，包括数据机密性、完整性、抗数据分析等多方面的技术。在物联网的发展中隐私保护是要重点考虑的问题之一。

物联网虽然对中国有着重要的战略意义，但是发展的道路并不平坦，需要更多的人才，更加扎实和创新性的工作。星星之火可以燎原，让我们大家共同贡献智慧和汗水，为中国、为世界打开物联网的大门。

第 2 章 物联网体系架构

物联网是继计算机、互联网与移动通信网之后的信息产业新方向，其价值在于让物体也拥有了“智慧”，从而实现人与物、物与物之间的沟通。本章将从感知层、网络层、应用层对物联网体系架构进行介绍。同时，本章也是本书的线索和灵魂，读者可以借助本章了解物联网知识体系的基本框架。

2.1 概述

要深入研究物联网的体系架构，必须首先了解物联网有哪些应用，为了实现丰富多彩的应用，物联网在技术上有哪些需求。本节首先列举了物联网的典型应用场景，并且在分析物联网应用需求的基础上，引出了通用的物联网体系结构，使读者能够对物联网体系架构有一个形象而宏观的认识。

2.1.1 物联网应用场景

物联网是近年来的热点，人人都在提物联网，但物联网到底是什么？究竟能做什么？本节将对几种与普通用户关系紧密的物联网应用进行介绍。

应用场景一：当你早上拿车钥匙出门上班，在电脑旁待命的感应器检测到之后就会通过互联网络自动发起一系列事件，比如通过短信或者广播自动播报今天的天气，在电脑上显示快捷通畅的开车路径并估算路上所花费的时间，同时通过短信或者即时聊天工具告知你的同事你将马上到达等。

应用场景二：联网冰箱也将是最常见的物联网物品之一。想象一下，联网冰箱可以监视冰箱里的食物，在我们去超市的时候，家里的冰箱会告诉我们缺少些什么，也会告诉我们食物什么时候过期。它还可以跟踪常用的美食网站，为你收集食谱并在你的购物单里添加配料。这种冰箱知道你喜欢吃什么东西，依据的是你给每顿饭做出的评分。它可以照顾你的身体，因为它知道什么食物对你有好处。

应用场景三：用户开通了家庭安防业务，可以通过 PC 或手机等终端远程查看家里的各种环境参数、安全状态和视频监控图像。当网络接入速度较快时，用户可以看到一个以三维立体图像显示的家庭实景图，并且采用警示灯等方式显示危险；用户还可以通过鼠标拖动从不同的视角查看具体情况；在网络接入速度较慢时，用户可以通过一个文本和简单的图示观察家庭安全状态和危险信号。

图 2-1 形象地表示了物联网在我们日常生活中的应用。图中只是物联网应用的很小一部分，实际的物联网应用更加丰富多彩，并且还有待于人们不断地开发实现。

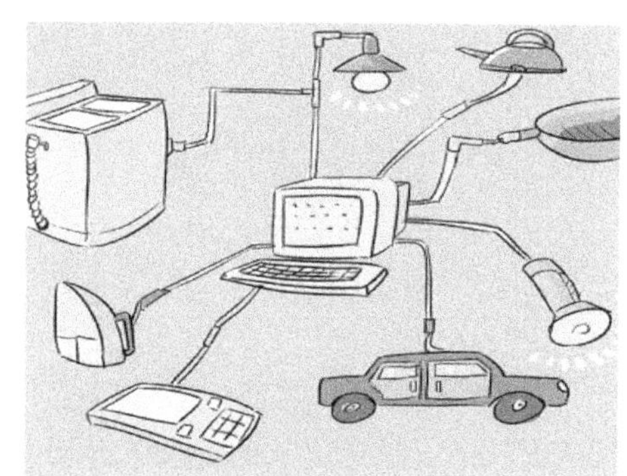

图 2-1　物联网应用示意图

目前已经有不少物联网范畴的应用，譬如已经投入试点运营的高速公路不停车收费系统（ETC），基于 RFID 的手机钱包付费应用等。等各类感知节点遍布中国之后，即使坐在家中，你也能感知黄果树瀑布流速和水量的大小；通过物联网，能了解到你中意的楼盘的噪声情况、甲醛是否超标，等等，生活方式会有很多意想不到的改变。不仅是大家的日常生活，物联网的应用遍及智能交通、公共安全等多个领域，必将拥有巨大市场。第 6 章将详细描述物联网的具体应用。

综上所述，从体系架构角度可以将物联网支持的业务应用可分为以下 3 类。

（1）具备物理世界认知能力的应用。根据物理世界的相关信息，如用户偏好、生理状态、周边环境等，改善用户的业务体验。

（2）在网络融合基础上的泛在化应用。不以业务类型划分，而是从网络的业务提供方式划分，强调泛在网络区别于现有网络的业务提供方式。如异构网络环境的无缝接入，协同异构网络的宽带业务提供，面向应用的终端能力协同等。

（3）基于应用目标的综合信息服务应用，包括基于应用目标的信息收集、分发、分析、网络和用户行为决策和执行。如以儿童安全为目标的定位、识别、监控、跟踪、预警，交互式的 GPS 导航等。

2.1.2　物联网需求分析

“物联网”概念的问世，打破了之前的传统思维。过去的思路一直是将物理基础设施和 IT 基础设施分开：一方面是机场、公路、建筑物；另一方面是数据中心、个人电脑、宽带等。而在“物联网”时代，钢筋混凝土、电缆将与芯片、宽带整合为统一的基础设施，在此意义上，基础设施更像是一块新的地球工地，世界的运转就在它上面进行，其中包括经济管理、生产运行、社会管理乃至个人生活。物联网的本质就是物理世界和数字世界的融合。

物联网是为了打破地域限制，实现物物之间按需进行的信息获取、传递、存储、融合、使用等服务的网络。因此，物联网应该具备如下 3 个能力。

（1）全面感知：利用 RFID、传感器、二维码等随时随地获取物体的信息，包括用户位置、周边环境、个体喜好、身体状况、情绪、环境温度、湿度，以及用户业务感受、网络状态等。

（2）可靠传递：通过各种网络融合、业务融合、终端融合、运营管理融合，将物体的信息实时准确地传递出去。

（3）智能处理：利用云计算、模糊识别等各种智能计算技术，对海量数据和信息进行分析和处理，对物体进行实时智能化控制。

物联网并不是一个全新的网络，它是在现有的电信网、互联网、未来融合各种业务的下一代网络以及一些行业专用网的基础上，通过添加一些新的网络能力实现所需的服务。人们可以在不意识到网络存在的情况下，随时随地通过适合的终端设备接入物联网并享受服务。物联网应具有以下特性：可扩展性，要求网络的性能不受网络规模的影响；透明性，要求物联网应用不依赖于特定的底层物理网络；一致性，要求可以跨越不同网络的互操作特性；可伸缩性，要求不会因为物联网功能实体的失效导致应用性能急剧劣化，应至少可获得传统网络的性能。

2.1.3 物联网体系架构

物联网的价值在于让物体也拥有了“智慧”，从而实现人与物、物与物之间的沟通，物联网的特征在于感知、互联和智能的叠加。因此，物联网由 3 个部分组成：感知部分，即以二维码、RFID、传感器为主，实现对“物”的识别；传输网络，即通过现有的互联网、广电网络、通信网络等实现数据的传输；智能处理，即利用云计算、数据挖掘、中间件等技术实现对物品的自动控制与智能管理等。

目前在业界物联网体系架构也大致被公认为有这 3 个层次，底层是用来感知数据的感知层，中间层是数据传输的网络层，最上面则是内容应用层，如图 2-2 所示。所以，本书将分别从这 3 个层次，对物联网的相关概念和关键技术进行介绍。

在物联网体系架构中，三层的关系可以这样理解：感知层相当于人体的皮肤和五官；网络层相当于人体的神经中枢和大脑；应用层相当于人的社会分工，具体描述如下。

感知层是物联网的皮肤和五官——识别物体，采集信息。感知层包括二维码标签和识读器、RFID 标签和读写器、摄像头、GPS 等，主要作用是识别物体，采集信息，与人体结构中皮肤和五官的作用相似。

网络层是物联网的神经中枢和大脑——信息传递和处理。网络层包括通信与互联网的融合网络、网络管理中心和信息处理中心等。网络层将感知层获取的信息进行传递和处理，类似于人体结构中的神经中枢和大脑。

应用层是物联网的“社会分工”——与行业需求结合，实现广泛智能化。应用层是物联网与行业专业技术的深度融合，与行业需求结合，实现行业智能化，这类似于人的社会分工，最终构成人类社会。

在各层之间，信息不是单向传递的，也有交互、控制等，所传递的信息多种多样，这其中关键是物品的信息，包括在特定应用系统范围内能唯一标识物品的识别码和物品的静态与动态信息。下面对这 3 层的功能和关键技术分别进行介绍。

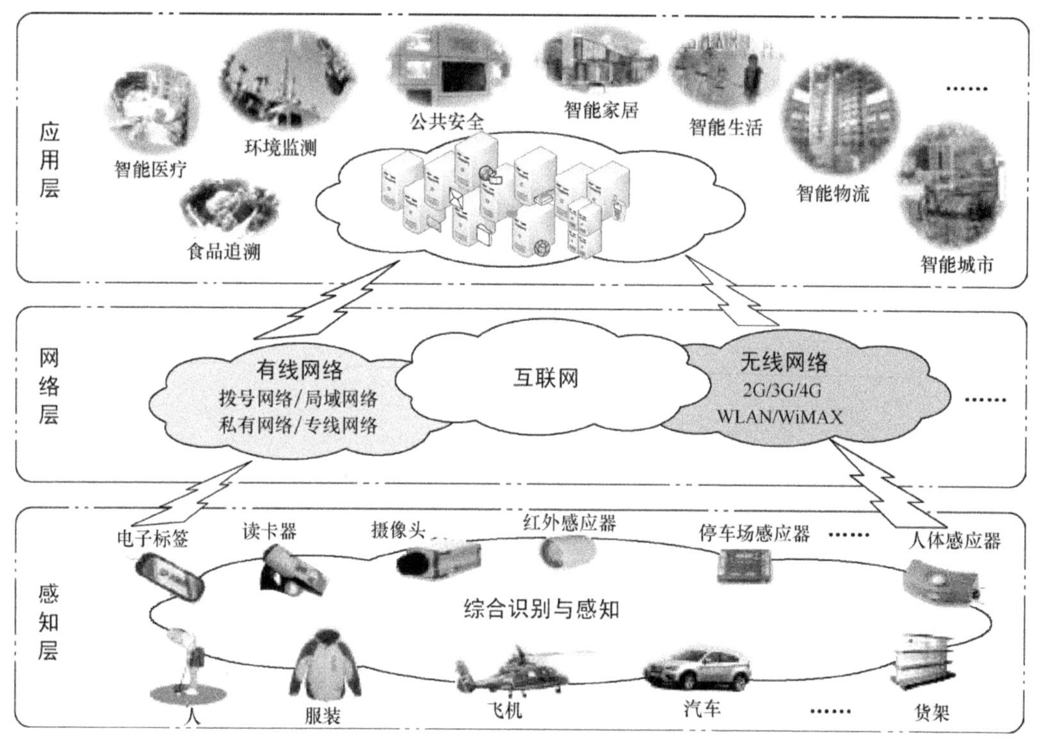

图 2-2　物联网体系架构示意图

2.2　感知层

物联网与传统网络的主要区别在于，物联网扩大了传统网络的通信范围，即物联网不仅仅局限于人与人之间的通信，还扩展到人与物、物与物之间的通信。在物联网具体实现过程中，如何完成对物的感知这一关键环节？本节将针对这一问题，对感知层及其关键技术进行介绍。

2.2.1　感知层功能

物联网在传统网络的基础上，从原有网络用户终端向“下”延伸和扩展，扩大通信的对象范围，即通信不仅仅局限于人与人之间的通信，还扩展到人与现实世界的各种物体之间的通信。

这里的“物”并不是自然物品，而是要满足一定的条件才能够被纳入物联网的范围，例如有相应的信息接收器和发送器、数据传输通路、数据处理芯片、操作系统、存储空间等，遵循物联网的通信协议，在物联网中有可被识别的标识。可以看到现实世界的物品未必能满足这些要求，这就需要特定的物联网设备的帮助才能满足以上条件，并加入物联网。物联网设备具体来说就是嵌入式系统、传感器、RFID 等，在第 3 章中将详细介绍。

物联网感知层解决的就是人类世界和物理世界的数据获取问题，包括各类物理量、标识、音频、视频数据。感知层处于 3 层架构的最底层，是物联网发展和应用的基础，具有物联网全面感知的核心能力。作为物联网的最基本一层，感知层具有十分重要的作用。

感知层一般包括数据采集和数据短距离传输【注】两部分，即首先通过传感器、摄像头等设备采集外部物理世界的数据，通过蓝牙、红外、ZigBee、工业现场总线等短距离有线或无线传输技术进行协同工作或者传递数据到网关设备。也可以只有数据的短距离传输这一部分，特别是在仅传递物品的识别码的情况下。实际上，感知层这两个部分有时很难以明确区分开。

2.2.2 感知层关键技术

感知层所需要的关键技术包括检测技术、中低速无线或有线短距离传输技术等。具体来说，感知层综合了传感器技术、嵌入式计算技术、智能组网技术、无线通信技术、分布式信息处理技术等，能够通过各类集成化的微型传感器的协作实时监测、感知和采集各种环境或监测对象的信息。通过嵌入式系统对信息进行处理，并通过随机自组织无线通信网络以多跳中继方式将所感知信息传送到接入层的基站节点和接入网关，最终到达用户终端，从而真正实现“无处不在”的物联网的理念。

本节将对感知层涉及的主要技术，即传感器技术、物品标识技术（RFID 和二维码）以及短距离无线传输技术（ZigBee 和蓝牙）进行概述，本书第 3 章和第 4 章将对这些技术做详细介绍。

1. 传感器技术

人是通过视觉、嗅觉、听觉及触觉等感觉来感知外界的信息，感知的信息输入大脑进行分析判断和处理，大脑再指挥人做出相应的动作，这是人类认识世界和改造世界具有的最基本的能力。但是，人通过五官感知外界的信息非常有限，例如，人无法利用触觉来感知超过几十甚至上千度的温度，而且也不可能辨别温度的微小变化，这就需要电子设备的帮助。同样，利用电子仪器特别像计算机控制的自动化装置来代替人的劳动时，计算机类似于人的大脑，而仅有大脑而没有感知外界信息的“五官”显然是不够的，计算机也还需要它们的“五官”——传感器。

传感器是一种检测装置，能感受到被测的信息，并能将检测感受到的信息，按一定规律变换成为电信号或其他所需形式的信息输出，以满足信息的传输、处理、存储、显示、记录和控制等要求。它是实现自动检测和自动控制的首要环节。在物联网系统中，对各种参量进行信息采集和简单加工处理的设备，被称为物联网传感器。传感器可以独立存在，也可以与其他设备以一体方式呈现，但无论哪种方式，它都是物联网中的感知和输入部分。在未来的物联网中，传感器及其组成的传感器网络将在数据采集前端发挥重要的作用。

传感器的分类方法多种多样，比较常用的有按传感器的物理量、工作原理、输出信号的性质这 3 种方式来分类。此外，按照是否具有信息处理功能来分类的意义越来越重要，

【注】：此处的短距离传输技术，尤指像蓝牙、ZigBee 这类传输距离小于 100m，速率低于 1Mbit/s 的中低速无线短距离传输技术。

特别是在未来的物联网时代。按照这种分类方式，传感器可分为一般传感器和智能传感器。一般传感器采集的信息需要计算机进行处理；智能传感器带有微处理器，本身具有采集、处理、交换信息的能力，具备数据精度高、高可靠性与高稳定性、高信噪比与高分辨力、强自适应性、低价格性能比等特点。

传感器是摄取信息的关键器件，它是物联网中不可缺少的信息采集手段，也是采用微电子技术改造传统产业的重要方法，对提高经济效益、科学研究与生产技术的水平有着举足轻重的作用。传感器技术水平高低不但直接影响信息技术水平，而且还影响信息技术的发展与应用。目前，传感器技术已渗透到科学和国民经济的各个领域，在工农业生产、科学研究及改善人民生活等方面，起着越来越重要的作用。

2. RFID 技术

RFID 是射频识别（Radio Frequency Identification）的英文缩写，是 20 世纪 90 年代开始兴起的一种自动识别技术，它利用射频信号通过空间电磁耦合实现无接触信息传递并通过所传递的信息实现物体识别。RFID 既可以看作是一种设备标识技术，也可以归类为短距离传输技术，在本书中更倾向于前者。

RFID 是一种能够让物品“开口说话”的技术，也是物联网感知层的一个关键技术。在对物联网的构想中，RFID 标签中存储着规范而具有互用性的信息，通过有线或无线的方式把它们自动采集到中央信息系统，实现物品（商品）的识别，进而通过开放式的计算机网络实现信息交换和共享，实现对物品的“透明”管理。

RFID 系统主要由三部分组成：电子标签（Tag）、读写器（Reader）和天线（Antenna）。其中，电子标签芯片具有数据存储区，用于存储待识别物品的标识信息；读写器是将约定格式的待识别物品的标识信息写入电子标签的存储区中（写入功能），或在读写器的阅读范围内以无接触的方式将电子标签内保存的信息读取出来（读出功能）；天线用于发射和接收射频信号，往往内置在电子标签和读写器中。

RFID 技术的工作原理是：电子标签进入读写器产生的磁场后，读写器发出的射频信号，凭借感应电流所获得的能量发送出存储在芯片中的产品信息（无源标签或被动标签），或者主动发送某一频率的信号（有源标签或主动标签）；读写器读取信息并解码后，送至中央信息系统进行有关数据处理。

由于 RFID 具有无需接触、自动化程度高、耐用可靠、识别速度快、适应各种工作环境、可实现高速和多标签同时识别等优势，因此可用于广泛的领域，如物流和供应链管理、门禁安防系统、道路自动收费、航空行李处理、文档追踪/图书馆管理、电子支付、生产制造和装配、物品监视、汽车监控、动物身份标识等。以简单 RFID 系统为基础，结合已有的网络技术、数据库技术、中间件技术等，构筑一个由大量联网的读写器和无数移动的标签组成的，比 Internet 更为庞大的物联网成为 RFID 技术发展的趋势。第 3 章将重点介绍 RFID 技术。

3. 二维码技术

二维码（2-dimensional bar code）技术是物联网感知层实现过程中最基本和关键的技术之一。二维码也叫二维条码或二维条形码，是用某种特定的几何形体按一定规律在平面上分布（黑白相间）的图形来记录信息的应用技术。从技术原理来看，二维码在代码编制上巧妙地利用构成计算机内部逻辑基础的“0”和“1”比特流的概念，使用若干与二进制相对应的几何形体来表示数值信息，并通过图像输入设备或光电扫描设备自动识读以实现信息的自动处理。

与一维条形码相比二维码有着明显的优势，归纳起来主要有以下几个方面：数据容量更大，二维码能够在横向和纵向两个方位同时表达信息，因此能在很小的面积内表达大量的信息；超越了字母数字的限制；条形码相对尺寸小；具有抗损毁能力。此外，二维码还可以引入保密措施，其保密性较一维码要强很多。

二维码可分为堆叠式/行排式二维码和矩阵式二维码。其中，堆叠式/行排式二维码形态上是由多行短截的一维码堆叠而成；矩阵式二维码以矩阵的形式组成，在矩阵相应元素位置上用“点”表示二进制“1”，用“空”表示二进制“0”，并由“点”和“空”的排列组成代码，如图 2-3 所示。

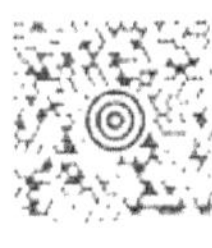

图 2-3　二维码示例

二维码具有条码技术的一些共性：每种码制有其特定的字符集；每个字符占有一定的宽度；具有一定的校验功能等。二维码的特点归纳如下。

（1）高密度编码，信息容量大：可容纳多达 1850 个大写字母或 2710 个数字或 1108 个字节或 500 多个汉字，比普通条码信息容量约高几十倍。

（2）编码范围广：二维码可以把图片、声音、文字、签字、指纹等可以数字化的信息进行编码，并用条码表示。

（3）容错能力强，具有纠错功能：二维码因穿孔、污损等引起局部损坏时，甚至损坏面积达 50%时，仍可以正确得到识读。

（4）译码可靠性高：比普通条码译码错误率百万分之二要低得多，误码率不超过千万分之一。

（5）可引入加密措施：保密性、防伪性好。

（6）成本低，易制作，持久耐用。

（7）条码符号形状、尺寸大小比例可变。

（8）二维码可以使用激光或 CCD 摄像设备识读，十分方便。

与 RFID 相比，二维码最大的优势在于成本较低，一条二维码的成本仅为几分钱，而 RFID 标签因其芯片成本较高，制造工艺复杂，价格较高。表 2-1 对这两种标识技术进行了比较。

表 2-1　RFID 与二维码功能比较

功　能	RFID	二　维　码
读取数量	可同时读取多个 RFID 标签	一次只能读取一个二维码
读取条件	RFID 标签不需要光线就可以读取或更新	二维码读取时需要光线

续表

功　能	RFID	二　维　码
容量	存储资料的容量大	存储资料的容量小
读写能力	电子资料可以重复写	资料不可更新
读取方便性	RFID 标签可以很薄，如在包内仍可读取资料	二维码读取时需要清晰可见
资料准确性	准确性高	需靠人工读取，有人为疏失的可能性
坚固性	RFID 标签在严酷、恶劣与肮脏的环境下仍然可读取资料	当二维码污损将无法读取，无耐久性
高速读取	在高速运动中仍可读取	移动中读取有所限制

4. ZigBee

ZigBee 是一种短距离、低功耗的无线传输技术，是一种介于无线标记技术和蓝牙之间的技术，它是 IEEE 802.15.4 协议的代名词。ZigBee 的名字来源于蜂群使用的赖以生存和发展的通信方式，即蜜蜂靠飞翔和“嗡嗡”（Zig）地抖动翅膀与同伴传递新发现的食物源的位置、距离和方向等信息，也就是说蜜蜂依靠这样的方式构成了群体中的通信网络。

ZigBee 采用分组交换和跳频技术，并且可使用 3 个频段，分别是 2.4GHz 的公共通用频段、欧洲的 868MHz 频段和美国的 915MHz 频段。ZigBee 主要应用在短距离范围并且数据传输速率不高的各种电子设备之间。与蓝牙相比，ZigBee 更简单、速率更慢、功率及费用也更低。同时，由于 ZigBee 技术的低速率和通信范围较小的特点，也决定了 ZigBee 技术只适合于承载数据流量较小的业务。

ZigBee 技术主要包括以下特点。

（1）数据传输速率低。只有 10～250kbit/s，专注于低传输应用。

（2）低功耗。ZigBee 设备只有激活和睡眠两种状 s 态，而且 ZigBee 网络中的通信循环次数非常少，工作周期很短，所以一般来说，两节普通 5 号干电池可使用 6 个月以上。

（3）成本低。因为 ZigBee 数据传输速率低，协议简单，所以大大降低了成本。

（4）网络容量大。ZigBee 支持星形、簇形和网状网络结构，每个 ZigBee 网络最多可支持 255 个设备。也就是说，每个 ZigBee 设备可以与另外 254 台设备相连接。

（5）有效范围小。有效传输距离为 10～75m，具体依据实际发射功率的大小和各种不同的应用模式而定，基本上能够覆盖普通的家庭或办公室环境。

（6）工作频段灵活。使用的频段分别为 2.4GHz、868MHz（欧洲）及 915MHz（美国），均为免执照频段。

（7）可靠性高。采用了碰撞避免机制，同时为需要固定带宽的通信业务预留了专用时隙，避免了发送数据时的竞争和冲突；节点模块之间具有自动动态组网的功能，信息在整个 ZigBee 网络中通过自动路由的方式进行传输，从而保证了信息传输的可靠性。

（8）时延短。ZigBee 针对时延敏感的应用做了优化，通信时延和从休眠状态激活的时延都非常短。

（9）安全性高。ZigBee 提供了数据完整性检查和鉴定功能，采用 AES-128 加密算法，同时根据具体应用可以灵活确定其安全属性。

由于 ZigBee 技术具有成本低、组网灵活等特点，可以嵌入各种设备，在物联网中发挥重要作用。其目标市场主要有 PC 外设（鼠标、键盘、游戏操控杆）、消费类电子设备

（电视机、CD、VCD、DVD 等设备上的遥控装置）、家庭内智能控制（照明、煤气计量控制及报警等）、玩具（电子宠物）、医护（监视器和传感器）、工控（监视器、传感器和自动控制设备）等非常广阔的领域。

5. 蓝牙

蓝牙（Bluetooth）是一种无线数据与话音通信的开放性全球规范，和 ZigBee 一样，也是一种短距离的无线传输技术。其实质内容是为固定设备或移动设备之间的通信环境建立通用的短距离无线接口，将通信技术与计算机技术进一步结合起来，是各种设备在无电线或电缆相互连接的情况下，能在短距离范围内实现相互通信或操作的一种技术。

蓝牙采用高速跳频（Frequency Hopping）和时分多址（Time Division Multiple Access，TDMA）等先进技术，支持点对点及点对多点通信。其传输频段为全球公共通用的 2.4GHz 频段，能提供 1Mbit/s 的传输速率和 10m 的传输距离，并采用时分双工传输方案实现全双工传输。

蓝牙除具有和 ZigBee 一样可以全球范围适用、功耗低、成本低、抗干扰能力强等特点外，还有许多它自己的特点。

（1）同时可传输话音和数据。蓝牙采用电路交换和分组交换技术，支持异步数据信道、三路话音信道以及异步数据与同步话音同时传输的信道。

（2）可以建立临时性的对等连接（Ad hoc Connection）。

（3）开放的接口标准。为了推广蓝牙技术的使用，蓝牙技术联盟（Bluetooth SIG）将蓝牙的技术标准全部公开，全世界范围内的任何单位和个人都可以进行蓝牙产品的开发，只要最终通过 Bluetooth SIG 的蓝牙产品兼容性测试，就可以推向市场。

蓝牙作为一种电缆替代技术，主要有以下 3 类应用：话音/数据接入、外围设备互连和个人局域网（PAN）。在物联网的感知层，主要是用于数据接入。蓝牙技术有效地简化移动通信终端设备之间的通信，也能够成功地简化设备与因特网之间的通信，从而数据传输变得更加迅速高效，为无线通信拓宽了道路。ZigBee 和蓝牙是物联网感知层典型的短距离传输技术，60GHz、UWB 等短距离传输技术将在第 4 章中详细介绍。

2.3 网络层

物联网是什么？我们经常会说 RFID，这只是感知，其实感知的技术已经有，虽然说未必成熟，但是开发起来并不很难。但是物联网的价值在什么地方？主要在于网，而不在于物。感知只是第一步，但是感知的信息，如果没有一个庞大的网络体系，不能进行管理和整合，那这个网络就没有意义。本节将对物联网架构中的网络层进行介绍。

2.3.1 网络层功能

物联网网络层是在现有网络的基础上建立起来的，它与目前主流的移动通信网、国际互联网、企业内部网、各类专网等网络一样，主要承担着数据传输的功能，特别是当三网融合后，有线电视网也能承担数据传输的功能。

在物联网中，要求网络层能够把感知层感知到的数据无障碍、高可靠性、高安全性地进行传送，它解决的是感知层所获得的数据在一定范围内，尤其是远距离地传输问题。同时，物联网网络层将承担比现有网络更大的数据量和面临更高的服务质量要求，所以现有网络尚不能满足物联网的需求，这就意味着物联网需要对现有网络进行融合和扩展，利用新技术以实现更加广泛和高效的互联功能。

由于广域通信网络在早期物联网发展中的缺位，早期的物联网应用往往在部署范围、应用领域等诸多方面有所局限，终端之间以及终端与后台软件之间都难以开展协同。随着物联网的发展，建立端到端的全局网络将成为必须。

2.3.2 网络层关键技术

由于物联网网络层是建立在 Internet 和移动通信网等现有网络基础上，除具有目前已经比较成熟的如远距离有线、无线通信技术和网络技术外，为实现“物物相连”的需求，物联网网络层将综合使用 IPv6、2G/3G、Wi-Fi 等通信技术，实现有线与无线的结合、宽带与窄带的结合、感知网与通信网的结合。同时，网络层中的感知数据管理与处理技术是实现以数据为中心的物联网的核心技术。感知数据管理与处理技术包括物联网数据的存储、查询、分析、挖掘、理解以及基于感知数据决策和行为的技术。

本节将对物联网依托的 Internet、移动通信网和无线传感器网络 3 种主要网络形态以及涉及的 IPv6、Wi-Fi 等关键技术进行介绍，本书第 4 章将对目前主流的网络及其关键技术做详细讲解。

1. Internet

Internet，中文译为因特网，广义的因特网叫互联网，是以相互交流信息资源为目的，基于一些共同的协议，并通过许多路由器和公共互联网连接而成，它是一个信息资源和资源共享的集合。Internet 采用了目前最流行的客户机/服务器工作模式，凡是使用 TCP/IP，并能与 Internet 中任意主机进行通信的计算机，无论是何种类型、采用何种操作系统，均可看成是 Internet 的一部分，可见 Internet 覆盖范围之广。物联网也被认为是 Internet 的进一步延伸。

Internet 将作为物联网主要的传输网络之一，然而为了让 Internet 适应物联网大数据量和多终端的要求，业界正在发展一系列新技术。其中，由于 Internet 中用 IP 地址对节点进行标识，而目前的 IPv4 受制于资源空间耗竭，已经无法提供更多的 IP 地址，所以 IPv6 以其近乎无限的地址空间将在物联网中发挥重大作用。引入 IPv6 技术，使网络不仅可以为人类服务，还将服务于众多硬件设备，如家用电器、传感器、远程照相机、汽车等，它将使物联网无所不在、无处不在地深入社会每个角落。

2. 移动通信网

要了解移动通信网，首先要知道什么是移动通信？移动通信就是移动体之间的通信，或移动体与固定体之间的通信。通过有线或无线介质将这些物体连接起来进行话音等服务的网络就是移动通信网。

移动通信网由无线接入网、核心网和骨干网三部分组成。无线接入网主要为移动终端提供接入网络服务，核心网和骨干网主要为各种业务提供交换和传输服务。从通信技术层面看，移动通信网的基本技术可分为传输技术和交换技术两大类。

在物联网中，终端需要以有线或无线方式连接起来，发送或者接收各类数据；同时，考虑到终端连接方便性、信息基础设施的可用性（不是所有地方都有方便的固定接入能力）以及某些应用场景本身需要监控的目标就是在移动状态下。因此，移动通信网络以其覆盖广、建设成本低、部署方便、终端具备移动性等特点将成为物联网重要的接入手段和传输载体，为人与人之间通信、人与网络之间的通信、物与物之间的通信提供服务。

在移动通信网中，当前比较热门的接入技术有3G、Wi-Fi和WiMAX。在移动通信网中，3G是指第三代支持高速数据传输的蜂窝移动通信技术，3G网络则综合了蜂窝、无绳、集群、移动数据、卫星等各种移动通信系统的功能，与固定电信网的业务兼容，能同时提供话音和数据业务。3G的目标是实现所有地区（城区与野外）的无缝覆盖，从而使用户在任何地方均可以使用系统所提供的各种服务。3G包括3种主要国际标准——cdma2000、WCDMA，TD-SCDMA，其中TD-SCDMA是第一个由中国提出的，以我国知识产权为主的、被国际上广泛接受和认可的无线通信国际标准，在第4章中将详细介绍。

Wi-Fi的全称Wireless Fidelity（无线保真技术），传输距离有几百米，可实现各种便携设备（手机、笔记本电脑、PDA等）在局部区域内的高速无线连接或接入局域网。Wi-Fi是由接入点AP（Access Point）和无线网卡组成的无线网络。主流的Wi-Fi技术无线标准有IEEE 802.11b及IEEE 802.11g两种，分别可以提供11Mbit/s和54Mbit/s两种传输速率。

WiMAX全称World Interoperability for Microwave Access（全球微波接入互操作性），是一种城域网（MAN）无线接入技术，是针对微波和毫米波频段提出的一种空中接口标准，其信号传输半径可以达到50km，基本上能覆盖到城郊。正是由于这种远距离传输特性，WiMAX不仅能解决无线接入问题，还能作为有线网络接入（有线电视、DSL）的无线扩展，方便地实现边远地区的网络连接。

3. 无线传感器网络

无线传感器网络（WSN）的基本功能是将一系列空间分散的传感器单元通过自组织的无线网络进行连接，从而将各自采集的数据通过无线网络进行传输汇总，以实现对空间分散范围内的物理或环境状况的协作监控，并根据这些信息进行相应的分析和处理。

很多文献将无线传感器网络归为感知层技术，实际上无线传感器网络技术贯穿物联网的3个层面，是结合了计算机、通信、传感器3项技术的一门新兴技术，具有较大范围、低成本、高密度、灵活布设、实时采集、全天候工作的优势，且对物联网其他产业具有显著带动作用。本书更侧重于无线传感器网络传输方面的功能，所以放在网络层介绍。

如果说Internet构成了逻辑上的虚拟数字世界，改变了人与人之间的沟通方式，那么无线传感器网络就是将逻辑上的数字世界与客观上的物理世界融合在一起，改变人类与自然界的交互方式。传感器网络是集成了监测、控制以及无线通信的网络系统，相比传统网络其特点如下：

（1）节点数目更为庞大（上千甚至上万），节点分布更为密集；

（2）由于环境影响和存在能量耗尽问题，节点更容易出现故障；

（3）环境干扰和节点故障易造成网络拓扑结构的变化；

（4）通常情况下，大多数传感器节点是固定不动的；

（5）传感器节点具有的能量、处理能力、存储能力和通信能力等都十分有限。

因此，传感器网络的首要设计目标是能源的高效利用，这也是传感器网络和传统网络最重要的区别之一，涉及节能技术、定位技术、时间同步等关键技术，在第 4 章中将会详细介绍。

2.4 应用层

物联网最终目的是要把感知和传输来的信息更好地利用，甚至有学者认为，物联网本身就是一种应用，可见应用在物联网中的地位。本节将介绍物联网架构中处于关键地位的应用层及其关键技术。

2.4.1 应用层功能

应用是物联网发展的驱动力和目的。应用层的主要功能是把感知和传输来的信息进行分析和处理，做出正确的控制和决策，实现智能化的管理、应用和服务。这一层解决的是信息处理和人机界面的问题。

具体的讲，应用层将网络层传输来的数据通过各类信息系统进行处理，并通过各种设备与人进行交互。这一层也可按形态直观地划分为两个子层：一个是应用程序层；另一个是终端设备层。应用程序层进行数据处理，完成跨行业、跨应用、跨系统之间的信息协同、共享、互通的功能，包括电力、医疗、银行、交通、环保、物流、工业、农业、城市管理、家居生活等，可用于政府、企业、社会组织、家庭、个人等，这正是物联网作为深度信息化网络的重要体现。而终端设备层主要是提供人机界面，物联网虽然是“物物相连的网”，但最终是要以人为本的，最终还是需要人的操作与控制，不过这里的人机界面已远远超出现在人与计算机交互的概念，而是泛指与应用程序相连的各种设备与人的反馈。

物联网的应用可分为监控型（物流监控、污染监控），查询型（智能检索、远程抄表），控制性（智能交通、智能家居、路灯控制），扫描型（手机钱包、高速公路不停车收费）等。目前，软件开发、智能控制技术发展迅速，应用层技术将会为用户提供丰富多彩的物联网应用。同时，各种行业和家庭应用的开发将会推动物联网的普及，也给整个物联网产业链带来利润。

2.4.2 应用层关键技术

物联网应用层能够为用户提供丰富多彩的业务体验，然而，如何合理高效地处理从网络层传来的海量数据，并从中提取有效信息，是物联网应用层要解决的一个关键问题。本节将对应用层的 M2M 技术、用于处理海量数据的云计算技术等关键技术进行介绍。本书第 5 章和第 6 章将对应用层关键技术做详细讲解。

1. M2M

M2M 是 Machine-to-Machine（机器对机器）的缩写，根据不同应用场景，往往也被解释为 Man-to-Machine（人对机器）、Machine-to-Man（机器对人）、Mobile-to-Machine（移动网络对机器）、Machine-to-Mobile（机器对移动网络）。由于 Machine 一般特指人造的机器设备，而物联网（The Internet of Things）中的 Things 则是指更抽象的物体，范围也更广。例如，树木和动物属于 Things，可以被感知、被标记，属于物联网的研究范畴，但它们不是 Machine，不是人为事物。冰箱则属于 Machine，同时也是一种 Things。因此，M2M 可以看作是物联网的子集或应用。

M2M 是现阶段物联网普遍的应用形式，是实现物联网的第一步。M2M 业务现阶段通过结合通信技术、自动控制技术和软件智能处理技术，实现对机器设备信息的自动获取和自动控制。这个阶段通信的对象主要是机器设备，尚未扩展到任何物品，在通信过程中，也以使用离散的终端节点为主。并且，M2M 的平台也不等于物联网运营的平台，它只解决了物与物的通信，解决不了物联网智能化的应用。因此，随着软件的发展，特别是应用软件的发展和中间件软件的发展，M2M 平台可以逐渐过渡到物联网的应用平台上。

M2M 将多种不同类型的通信技术有机地结合在一起，将数据从一台终端传送到另一台终端，也就是机器与机器的对话。M2M 技术综合了数据采集、GPS、远程监控、电信、工业控制等技术，可以在安全监测、自动抄表、机械服务、维修业务、自动售货机、公共交通系统、车队管理、工业流程自动化、电动机械、城市信息化等环境中运行并提供广泛的应用和解决方案。

M2M 技术的目标就是使所有机器设备都具备联网和通信能力，其核心理念就是网络一切（Network Everything）。随着科学技术的发展，越来越多的设备具有了通信和联网能力，网络一切逐步变为现实。M2M 技术具有非常重要的意义，有着广阔的市场和应用，将会推动社会生产方式和生活方式的新一轮变革。第 6 章将对 M2M 概念、协议等做进一步介绍。

2. 云计算

云计算（Cloud Computing）是分布式计算（Distributed Computing）、并行计算（Parallel Computing）和网格计算（Grid Computing）的发展，或者说是这些计算机科学概念的商业实现。云计算通过共享基础资源（硬件、平台、软件）的方法，将巨大的系统池连接在一起以提供各种 IT 服务，这样企业与个人用户无需再投入昂贵的硬件购置成本，只需要通过互联网来租赁计算力等资源。用户可以在多种场合，利用各类终端，通过互联网接入云计算平台来共享资源。

云计算涵盖的业务范围，一般有狭义和广义之分。狭义云计算指 IT 基础设施的交付和使用模式，通过网络以按需、易扩展的方式获得所需的资源（硬件、平台、软件）。提供资源的网络被称为“云”。“云”中的资源在使用者看来是可以无限扩展的，并且可以随时获取、按需使用、随时扩展、按使用付费。这种特性经常被称为像水电一样使用的 IT 基础设施。广义云计算指服务的交付和使用模式，通过网络以按需、易扩展的方式获得所需的服务。这种服务可以是 IT 和软件、互联网相关的，也可以使用任意其他的服务。

云计算由于具有强大的处理能力、存储能力、带宽和极高的性价比，可以有效用于物联网应用和业务，也是应用层能提供众多服务的基础。它可以为各种不同的物联网应用提供统一的服务交付平台，可以为物联网应用提供海量的计算和存储资源，还可以提供统一的数据存储格式和数据处理方法。利用云计算大大简化了应用的交付过程，降低了交付成本，并能提高处理效率。同时，物联网也将成为云计算最大的用户，促使云计算取得更大的商业成功。第 6 章将对云计算进行详细介绍。

3. 人工智能

人工智能（Artificial Intelligence）是探索研究使各种机器模拟人的某些思维过程和智能行为（如学习、推理、思考、规划等），使人类的智能得以物化与延伸的一门学科。目前对人工智能的定义大多可划分为 4 类，即机器“像人一样思考”“像人一样行动”“理性地思考”和“理性地行动”。人工智能企图了解智能的实质，并生产出一种新的能以与人类智能相似的方式作出反应的智能机器。该领域的研究包括机器人、话音识别、图像识别、自然语言处理和专家系统等。目前主要的方法有神经网络、进化计算和粒度计算 3 种。在物联网中，人工智能技术主要负责分析物品所承载的信息内容，从而实现计算机自动处理。

人工智能技术的优点在于：大大改善了操作者作业环境，减轻了工作强度；提高了作业质量和工作效率；一些危险场合或重点施工应用得到解决；环保、节能；提高了机器的自动化程度及智能化水平；提高了设备的可靠性，降低了维护成本；故障诊断实现了智能化等。

4. 数据挖掘

数据挖掘（Data Mining）是从大量的、不完全的、有噪声的、模糊的及随机的实际应用数据中，挖掘出隐含的、未知的、对决策有潜在价值的数据的过程。数据挖掘主要基于人工智能、机器学习、模式识别、统计学、数据库、可视化技术等，高度自动化地分析数据，做出归纳性的推理。它一般分为描述型数据挖掘和预测型数据挖掘两种：描述型数据挖掘包括数据总结、聚类及关联分析等；预测型数据挖掘包括分类、回归及时间序列分析等。通过对数据的统计、分析、综合、归纳和推理，揭示事件间的相互关系，预测未来的发展趋势，为决策者提供决策依据。

在物联网中，数据挖掘只是一个代表性概念，它是一些能够实现物联网“智能化”“智慧化”的分析技术和应用的统称。细分起来，包括数据挖掘和数据仓库（Data Warehousing）、决策支持（Decision Support）、商业智能（Business Intelligence）、报表（Reporting）、ETL（数据抽取、转换和清洗等）、在线数据分析、平衡计分卡（Balanced Scoreboard）等技术和应用。

5. 中间件

什么是中间件？中间件是为了实现每个小的应用环境或系统的标准化以及它们之间的通信，在后台应用软件和读写器之间设置的一个通用的平台和接口。在许多物联网体系架构中，经常把中间件单独划分一层，位于感知层与网络层或网络层与应用层之间。本书参照当前比较通用的物联网架构，将中间件划分到应用层。在物联网中，中间件作为其软件部分，有着举足轻重的地位。物联网中间件是在物联网中采用中间件技术，以实现多个系统或多种技术之间的资源共享，最终组成一个资源丰富、功能强大的服务系统，最大限度地发挥物联网系统的作用。具体来说，物联网中间件的主要作用在于将实体对象转换为信息环境下的虚拟对象，因此数据处理是中间件最重要的功能。同时，中间件具有数据的搜集、过滤、整合与传递等特性，以便将正确的对象信息传到后端的应用系统。

目前主流的中间件包括 ASPIRE 和 Hydra。ASPIRE 旨在将 RFID 应用渗透到中小型企业。为了达到这样的目的，ASPIRE 完全改变了现有的 RFID 应用开发模式，它引入并推进一种完全开放的中间件，同时完全有能力支持原有模式中核心部分的开发。ASPIRE 的解决办法是完全开源和免版权费用，这大大降低了总的开发成本。Hydra 中间件特别方便实现环境感知行为和在资源受限设备中处理数据的持久性问题。Hydra 项目的第一个产品是为了开发基于面向服务结构的中间件，第二个产品是为了能基于 Hydra 中间件生产出可以简化开发过程的工具，即供开发者使用的软件或者设备开发套装。

物联网中间件的实现依托于中间件关键技术的支持，这些关键技术包括 Web 服务、嵌入式 Web、Semantic Web 技术、上下文感知技术、嵌入式设备及 Web of Things 等。本书将在第 5 章对物联网中间件及其关键技术做详细介绍。

2.5 小结

本章对物联网体系架构从感知层、网络层、应用层分别进行了介绍。通过介绍各层的关键技术和在物联网中的功能，帮助读者更好地理解和研究物联网。

本书的后续章节将围绕物联网的体系结构展开进行介绍。由于物联网中间件在物联网中有着重要作用，所以本书在第 5 章对物联网中间件及其关键技术单独进行了介绍。另外，虽然物联网扩大了传统网络的范围，方便了人们的生活，但是也引入了更多的安全问题。根据物联网自身的特点，物联网除了面对传统网络安全问题之外，各层还存在着一些与已有网络安全不同的特殊安全问题。本书将在第 7 章针对物联网的安全问题进行详细介绍。

参考文献

[1] 韩腾．物联网体系架构．http://www.chuandong.com/report/index.htm.

[2] 百度百科．http://baike.baidu.com/view/1136308.htm.

[3] 李长江．物联网系统的理论架构——物联网研究报告连载（六）．物联网时代，2010.

[4] 李长江．传感器与 RFID——物联网研究报告连载（八）．物联网时代，2010.

[5] RFID 世界网．Wi-Fi 技术：从局域网到物联网的发展．电子产品世界，2010.

[6] 韩武．无线传感器技术前瞻．RFID 世界网，2005.

[7] 百度百科．http://baike.baidu.com/view/132241.htm.

[8] ZigBee 技术解决方案．http://www.zigbee-solution.com/zigbee-wireless.html.

[9] Wi-Fi 技术的原理及未来发展趋势. http://www.eeworld.com.cn/news/rfandwireless/200806/article 21347.html.

[10] 诸瑾文，王艺. 从电信运营商角度看物联网的总体架构和发展. 电信科学，2010.

[11] ZigBee Alliance.ZigBee Specification.http://www.zigbee-solution.com/zigbee-wireless.html.

[12] Bluetooth SIG groups.Bluetooth Network Encapsulation Protocol Specification.http://www.bluetooth.com.

第 3 章

物联网设备与标识

物联网的目标是物理世界与数字世界的融合，题中之义是物物相联，但物理世界的物并不具有天然的联网功能，这里的“物”应该是经过信息技术处理后，具有一定的感知能力、通信能力、处理能力的“物”。嵌入式硬件和软件能够赋予物体所需的通信能力和信息处理能力，而传感器则给物体以感知能力，物联网实现物物相联的目标主要依靠的就是嵌入在物品里的嵌入式设备或者部署在各个环境内的传感器，我们称之为“物联网设备”。“物联网设备”是物理世界与数字世界融合的接口，体现智能和泛在的基础设备，我们在第 3.1 节和第 3.2 节将着重介绍嵌入式系统和传感器这两种典型物联网设备的基本原理。

物加入到物联网中除了借助基本的物联网设备获得通信能力和信息处理能力外，还有最基本的需求就是需要一个标识，这是物联网中物的身份，类似于人类社会的身份证、互联网中计算机终端的 IP 地址。物只有具有了标识，才能在物联网中进行基本的信息交互和共享，才能组成一个可以寻址、路由、搜索的网络。标识包括完整的编码和标识方案，目前在物联网中最有代表性的是射频标识 RFID 系统。RFID 领域是物联网的起源，而且由 RFID 系统衍生的应用是目前最有代表性的物联网应用，在第 3.3 节将重点介绍。物联网设备和物联网标识为物的联网提供了硬件和软件基础，在物联网中具有基础性地位。

3.1 嵌入式系统

嵌入式系统被描述为：以应用为中心，软件硬件可裁剪的，适应应用系统对功能、可靠性、成本、体积、功耗等严格综合性需要的计算机系统。它由嵌入式硬件和嵌入式软件两部分组成。嵌入式操作系统位于硬件和应用软件之间，为上层应用提供基础服务，是嵌入式系统的核心和灵魂。嵌入式技术是让物具有“智慧”的一种关键技术。嵌入式系统把计算机直接嵌入到应用系统中，融合了计算机软/硬件技术、通信技术和微电子技术，它已成为当今计算机技术和电子技术的一个重要分支。今天的手机、手表、电视机、电子游戏机、PDA、冰箱等家用电子和通信产品乃至于电动交通工具的控制核心无不与嵌入式系统息息相关。而在即将到来的物联网时代，嵌入式系统更是扮演着“大脑”和“神经中枢”的角色。它将智能嵌入物体，负责处理物联网中的信息。本节将重点介绍嵌入式系统的概念和基本原理。

3.1.1 嵌入式系统的概念

根据 IEEE 的定义，嵌入式系统是“控制、监视或者辅助装置、机器和设备运行的装置”。这主要是从应用上加以定义的，从中可以看出嵌入式系统是软件和硬件的综合体。不过上述定义并不能充分体现出嵌入式系统的精髓，目前国内一个普遍被认同的定义是：以应用为中心、以计算机技术为基础、软件硬件可裁剪、适应应用系统对功能、可靠性、成本、体积、功耗严格要求的专用计算机系统。简单地说，嵌入式系统集系统的应用软件与硬件于一体，类似于 PC 中 BIOS 的工作方式，具有软件代码小、高度自动化、响应速度快等特点，特别适合于要求实时和多任务的体系。嵌入式系统主要由嵌入式处理器、相关支撑硬件、嵌入式操作系统及应用软件系统等组成，它是可独立工作的“器件”。

我们可从下列几方面来理解上述嵌入式系统的定义。

（1）嵌入式系统是面向用户、面向产品、面向应用的，嵌入式系统是与应用紧密结合的，它具有很强的专用性，必须结合实际系统需求进行合理的裁剪利用。嵌入式系统和具体应用有机地结合在一起，它的升级换代也是和具体产品同步进行，因此嵌入式系统产品一旦进入市场，具有较长的生命周期。

（2）嵌入式系统是将先进的计算机技术、半导体技术、电子技术和各个行业的具体应用相结合后的产物。这一点就决定了它必然是一个技术密集、资金密集、高度分散、不断创新的知识集成系统。

（3）嵌入式系统必须根据应用需求对软硬件进行裁剪，满足应用系统的功能、可靠性、成本、体积等要求。为了提高执行速度和系统可靠性，嵌入式系统中的软件一般都固化在存储器芯片或单片机本身中，而不是存储于磁盘等载体中。

（4）嵌入式系统本身不具备自主开发能力，设计完成以后用户通常也是不能对其中的程序功能进行修改的，必须有一套开发工具和环境才能进行开发。

实际上，凡是与产品结合在一起的具有嵌入式特点的控制系统都可以叫嵌入式系统。现在人们讲嵌入式系统时，某种程度上指近些年比较热门的具有操作系统的嵌入式系统。

3.1.2 嵌入式系统的发展及应用

嵌入式系统的出现至今已经有 30 多年的历史了，嵌入式技术也历经了几个发展阶段。进入 20 世纪 90 年代后，以计算机和软件为核心的数字化技术取得了迅猛发展，不仅广泛渗透到社会经济、军事、交通、通信等相关行业，而且深入到家电、娱乐、艺术、社会文化等各个领域，掀起了一场数字化技术革命。多媒体技术与 Internet 的应用迅速普及，消费电子（Consumer Electronics）、计算机（Computer）、通信（Communication），3C 一体化趋势日趋明显，嵌入式技术再度成为一个研究热点。综观嵌入式技术的发展，大致经历了如下 4 个阶段。

第一阶段是以单芯片为核心的可编程控制器形式的系统，同时具有与监测、伺服、指示设备相配合的功能。这种系统一般没有操作系统的支持，通过汇编语言编程对系统进行直接控制。这一阶段系统的主要特点是：系统结构和功能都相对单一；处理效率较低；存储容量较小；几乎没有用户接口。

第二阶段是以嵌入式 CPU 为基础、以简单操作系统为核心的嵌入式系统。这一阶段系统的主要特点是：CPU 种类繁多，通用性比较弱；系统开销小，效率高；操作系统具有一定的兼容性和扩展性；应用软件较专业，用户界面不够友好；系统主要用来控制系统负载以及监控应用程序运行。

第三阶段是以嵌入式操作系统为标志的嵌入式系统。这一阶段系统的主要特点是：嵌入式操作系统能运行于各种不同类型的微处理器上，兼容性好；操作系统内核精小、效率高，并且具有高度的模块化和扩展性；具备文件和目录管理、设备支持、多任务、网络支持、图形窗口以及用户界面等功能；具有大量的应用程序接口（API），开发应用程序简单；嵌入式应用软件丰富。

第四阶段是以基于 Internet 为标志的嵌入式系统，这是一个正在迅速发展的阶段。目前大多数嵌入式系统还孤立于 Internet 之外，但随着 Internet 的发展以及 Internet 技术与信息家电、工业控制技术等结合日益密切，嵌入式设备与 Internet 的结合代表着嵌入式技术的真正未来，也为物联网发展奠定了基础。

早期的嵌入式系统只是为了实现某些特定功能，使用一个循环控制程序对外界的请求进行处理。不可否认，这对于简单的系统而言是足够的，但是当我们的系统变得日渐复杂庞大的时候，如果要增添一项功能的时候，很可能不得不重新进行系统的设计，这无疑会增加开发的成本和系统复杂度。使用这种方式开发规模较大、功能复杂的嵌入式系统是不可想象的。20 世纪 80 年代初期嵌入式操作系统的出现使得快速便捷地开发规模较大的嵌入式系统成为现实，自这一时期开始就出现了各种各样的商用嵌入式操作系统，从而形成了目前多种形式的商用嵌入式操作系统百家争鸣的局面。基于嵌入式操作系统之上的系统才能够真正符合嵌入式系统定义中的软件可裁剪、功能的可扩展、高可靠性等特征。

后 PC 时代是一个真实的阶段，而且是一个可以预测的时代。嵌入式系统就是与这一时代紧密相关的产物，它将拉近人与计算机的距离，形成一个人机和谐的工作与生活环境。嵌入式系统在应用数量上远远超过了各种通用计算机系统，一台通用计算机的外部设备中就包含了 5～10 个微处理器，键盘、鼠标、软驱、硬盘、显示卡、显示器、Modem、网卡、声卡、打印机、扫描仪、数字相机、USB 集线器等均是由嵌入式系统控制的。制造工业、过程控制、通信、仪器、仪表、汽车、船舶、航空、航天、军事装备、消费类产品等行业均是嵌入式计算机的应用领域。嵌入式系统是将计算机技术、半导体技术和电子技术和各个行业的具体应用相结合后的产物，这一点就决定了它必然是一个技术密集、资金密集、高度分散、不断创新的知识集成系统。

纵观嵌入式系统的发展过程可以看出，嵌入式系统由简单的无操作系统的循环控制程序向具有强大功能的基于操作系统的方向发展，从独立的系统向基于网络的系统发展。

在物联网的发展进程中，智能传感器芯片技术和嵌入式软件技术是两个重点发展方向，这与嵌入式系统的发展更是息息相关，面向应用的 SoC 芯片和嵌入式软件是未来嵌入式系统发展的重点。

简单来说，物联网是物与物、人与物之间的信息传递与控制，可以理解为以嵌入式系统为基础的智能终端的网络化。有人认为，物联网就是基于互联网的嵌入式系统。从另一个角度也可以说，物联网的产生是嵌入式系统高速发展的必然产物，更多的嵌入式智能终端产品有了联网的需求，催生了物联网这个概念。

目前嵌入式系统已经在物联网中开始应用，例如 MSP430 单片机上开发实现的无线抄表模块、基于 ARM/Linux 的开发平台和各种家庭传感单元实现的物联网智能家居系统。未来物联网应用的层次更加丰富和复杂，物联网将成为嵌入式系统新的应用领域，嵌入式系统将成为基础性的物联网设备，并借助自身的特性扩展对物联和感知的支持能力，并通过拓展后台应用处理和分析功能，在嵌入式系统基础上发展成为物联网应用综合系统。

3.1.3 嵌入式系统的组成

嵌入式系统是计算机软件和硬件的综合体，可涵盖机械或的附属装置，所以嵌入式系统可以笼统地分为硬件和软件两部分。从系统结构上分，嵌入式系统的构架可以分成 4 个部分：处理器、存储器、输入输出（I/O）和软件，如图 3-1 所示。

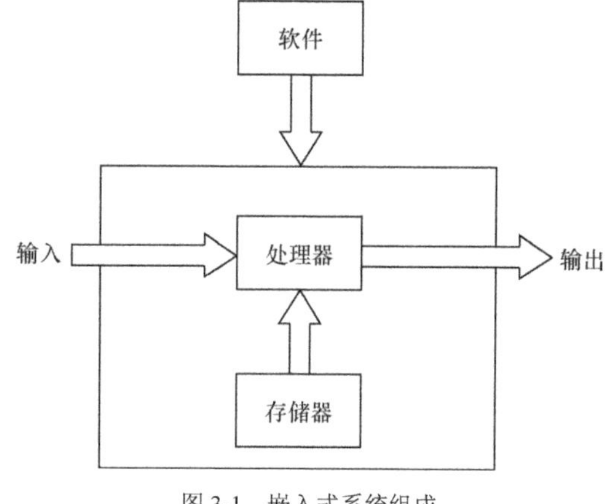

图 3-1　嵌入式系统组成

嵌入式系统的硬件部分包括处理器/微处理器、存储器及外设器件和 I/O 端口、图形控制器等。嵌入式系统有别于一般的计算机处理系统，它不具备像硬盘那样大容量的存储介质，而大多使用 EPROM、E^2PROM 或闪存（Flash Memory）作为存储介质。

嵌入式系统的软件部分包括操作系统和应用软件。应用软件决定了系统的运作和行为；而操作系统控制着应用软件与系统硬件的交互。多数嵌入式设备的应用软件和操作系统都是紧密结合的，这也是嵌入式系统和通用 PC 系统的主要区别之一。下面分别介绍嵌入式处理器与嵌入式操作系统。

1. 嵌入式处理器

嵌入式系统由软件和硬件两个部分构成，从硬件角度来说，嵌入式处理器是嵌入式硬件中最核心的部分。嵌入式处理器与通用型处理器最大的不同是嵌入式处理器大多工作在为特定用户群设计的系统中，它通常都具有功耗低、体积小、集成度高等特点，能够把通用处理器中许多由板卡完成的任务集成在芯片内部，从而有利于嵌入式系统设计趋于扁平化，增强了设备的可移动性能，和网络的耦合也越来越紧密。区分嵌入式处理器的一个重要指标就是“位数”，即处理器处理二进制数据的宽度。嵌入式处理器已从最初的 4 位、8

位发展到了今天的 16 位、32 位乃至 64 位。全世界嵌入式处理器的品种总量已经超过 1000 种，除了按位数来划分外，要对嵌入式处理器进行准确分类是一件困难的事情，很难找到公认的统一的标准。目前业界有关嵌入式处理器的分类主要有：嵌入式微控制器（Microcontroller Unit，MCU）、嵌入式微处理器（MPU）、嵌入式 DSP 处理器、嵌入式片上系统（SoC）。

（1）嵌入式微控制器

嵌入式微控制器的典型代表是单片机，单片机将整个计算机系统集成到一块芯片中。嵌入式微控制器一般以某一种微处理器内核为核心，芯片内部集成 ROM/EPROM/EEPROM、RAM、总线、定时/计数器、WatchDog、I/O、脉宽调制输出、A/D、D/A、Flash RAM 等各种必要功能和外设。单片机为满足嵌入式应用要求不断增强其控制功能与外围接口功能，尤其是突出控制功能以适应不同的应用需求。

微控制器是目前嵌入式系统工业的主流之一。嵌入式微控制器目前的品种和数量最多，比较有代表性的包括 8051、P51XA、MCS-251、MCS-96/196/296、C166/167、MC68HC05/11/12/16、68300 等。另外还有如支持 USB 接口的 MCU 8XC930/931、C540、C541，支持 CAN-Bus 等的众多专用 MCU 和兼容系列。目前 MCU 占嵌入式处理器约 70%的市场份额。

值得注意的是近年来提供 X86 微处理器的著名厂商 AMD 公司，将 Am186CC/CH/CU 等嵌入式处理器称之为 Microcontroller，Motorola 公司把以 PowerPC 为基础的 PPC505 和 PPC555 亦列入单片机行列，TI 公司亦将其 TMS320C2×××系列 DSP 作为 MCU 进行推广。

（2）嵌入式微处理器

嵌入式微处理器（Microprocessor Unit，MPU）是由通用计算机中的 CPU 演变而来的。它的特征是具有 32 位或以上的位宽，具有较高的性能，当然其价格也相应较高。但与计算机处理器不同的是，在实际嵌入式应用中，只保留和嵌入式应用紧密相关的功能硬件，去除其他的冗余功能部分，这样就以最低的功耗和资源实现嵌入式应用的特殊要求。和工业控制计算机相比，嵌入式微处理器具有体积小、重量轻、成本低、可靠性高等优点。

目前主要的嵌入式微处理器类型有如下几种。

① ARM/StrongARM

ARM（Advanced RISC Machine）公司是全球领先的 16/32 位 RISC（Reduced Instruction Set Computer，精简指令集计算机）微处理器芯片设计商。ARM 公司并没有自己的芯片生产线，它专注于设计高性能、低成本、低功耗的嵌入式微处理器核，同时 ARM 公司在全球有很多合作伙伴，它们通过购买 ARM 公司的芯片设计技术、专利等方式，再配上自己的外围电路，生产出各具特色的嵌入式微处理器芯片。

在嵌入式微处理器市场中，ARM 微处理器芯片占据绝对的统治地位，目前全球有 75%的市场份额被 ARM 微处理器所垄断。ARM 微处理器有几个主要特点：小体积、低功耗、低成本和高性能；16/32 位双指令集；全球合作伙伴众多。

ARM 处理器目前包括 5 个产品系列：ARM7、ARM9、ARM9E、ARM10E 和 SecurCore。其中 ARM7 是低功耗的 32 位核，最适合应用于对价位和功耗敏感的产品。进一步的产品来自于合作伙伴，如 Intel XScale 微体系机构和 StrongARM 产品。

② MIPS

MIPS 是较早的、较成功的 RISC 处理器之一，MIPS 最主要的特点是架构简洁和运算速度较快。MIPS 对于后来研制的新型体系结构比如 DEC 的 Alpha 和 HP 的 Precision 产生了强烈影响。从 MIPS 处理器发明到现在，已经被广泛应用于宽带接入、路由器、调制解调器、游戏机等各个领域。

③ 68K/Cold Fire

摩托罗拉的 68K 的最初型号为 MC68000，与其衍生的 MC680X0 一系列处理器统称为 68K 系列，与 Intel 公司的 80x86 系列对应。目前，68K 系列最新的后续产品有 Freescale 半导体的 Coldfire 和 Dragonball 系列。

Coldfire 系列部分嵌入式处理器参数如下。ⓘ 547x：时钟 200MHz 与 266MHz 两种版本，其运行在 90MHz 时，计算能力为 410MIPS（Million Instructions Per Second，每秒处理的百万级指令数）。ⓘⓘ 548x：时钟 166MHz 与 200MHz 两种版本，其运行在 90MHz 时，计算能力为 308MIPS。

④ PowerPC

PowerPC 是一种精简指令集（RISC）架构的中央处理器。IBM 主要的 PowerPC 产品有 PowerPC 604s、PowerPC 750、PowerPC G3（1.1GHz）。摩托罗拉主要有 MC 和 MPC 系列。尽管他们产品不一样，但都采用 PowerPC 的内核，这些产品大都用在嵌入式系统中。

MPC860 PowerQUICC（Quad Integrated Communications Controller）内部集成了微处理器和一些控制领域的常用外围组件，特别适用于通信产品，在通信处理器集成电路市场的占有率排名第一。MPC860 PowerQUICC 集成了两个处理块：一个处理块是嵌入的 PowerPC 核；另一个是通信处理模块（Communications Processor Module，CPM）。通信处理模块支持 4 个串行通信控制器（Serial Communication Controller，SCC），实际上它有 8 个串行通道，4 个 SCC，两个串行管理控制器（Serial Management Controller，SMC），一个串行外围接口电路（Serial Peripheral Interface，SPI）和一个 I^2C（Inter-Integrated Circuit）接口。由于 CPM 分担了嵌入式 PowerPC 核的外围工作任务，这种双处理器体系结构功耗要低于传统的体系结构的处理器。

（3）嵌入式 DSP 处理器（Embedded Digital Signal Processor，EDSP）

DSP 处理器是专门用于信号处理方面的处理器，对系统结构和指令进行了特殊设计，使其适合于执行数字信号处理（Digital Signal Processing，DSP）算法，编译效率较高，指令执行速度也较高。在数字滤波、FFT、谱分析等方面数字信号处理算法正在大量进入嵌入式领域，DSP 应用正从在通用单片机中以普通指令实现过渡到采用嵌入式 DSP 处理器来实现。DSP 理论算法在 20 世纪 70 年代就已经出现，但是没有专门的 DSP 处理器，只能通过 MPU 实现这种理论算法。1982 年世界上诞生了首枚 DSP 芯片，其运算速度比 MPU 快几十倍，广泛应用于话音合成和编解码处理中，相继出现基于 CMOS 技术的第二代 CMOS 工艺 DSP 芯片，其存储容量和运算速度成倍提高，成为语音处理、图像硬件处理技术的基础。20 世纪 90 年代后期 DSP 发展到了第五代，集成度更高，适用范围也更广泛。

嵌入式 DSP 处理器比较有代表性的产品是德州仪器的 TMS320 系列、摩托罗拉的 DSP56000 系列、英特尔的 MCS-296、西门子的 TriCore 等。

（4）嵌入式片上系统（System on Chip，SoC）

片上系统（SoC）的最大优点是实现了软硬件的无缝结合，操作系统的代码模块可以直接嵌入到处理器芯片上。各种通用处理器内核将作为 SoC 设计公司的标准库，和许多其他嵌入式系统外设一样，成为 VLSI 设计中一种标准的器件，用标准的 VHDL 等语言描述，存储在器件库中。用户只需定义出其整个应用系统，仿真通过后就可以将设计图交给半导体工厂制作样品。这样除个别无法集成的器件以外，整个嵌入式系统大部分均可集成到一块或几块芯片中去，应用系统电路板将变得很简洁，减小了体积和功耗，提高了可靠性和设计的效率。

SoC 可以分为通用和专用两类。通用系列包括西门子的 TriCore，摩托罗拉的 M-Core，某些 ARM 系列器件等。专用 SoC 一般专用于某个或某类系统中，不为一般用户所知。专用中典型的产品是飞利浦的 Smart XA，它将 XA 单片机内核和支持超过 2048 位的复杂 RSA 公钥加密算法的单元制作在一块硅片上，形成一个可加载 Java 或 C 语言的专用 SoC，主要用于公众互联网如 Internet 安全方面。SoC 芯片也在声音、图像、视频等领域起到重要作用。

2. 嵌入式操作系统

嵌入式操作系统是嵌入式系统中的软件部分的核心内容。其本质上也是一个操作系统，但又与一般的操作系统有着一定的差异。嵌入式操作系统一般都是根据客户需求来设计的，以实现专业特定功能，一般来说，嵌入式操作系统的功能是控制系统的负载和监控应用程序。到目前为止，各种各样的嵌入式操作系统可能有几百种，下面就简单介绍最常用的几种。

（1）VxWorks 嵌入式操作系统

VxWorks 嵌入式操作系统是美国 Wind River System 公司推出的一个实时操作系统。VxWorks 具有很多优越的性能：高性能内核、界面友好的用户开发环境、实时性能出众、高可靠性等。VxWorks 的这些特点使得它成为嵌入式系统领域使用最广泛、市场占有率最高的系统，在通信、航天、军事等领域得到广泛的使用，比如在移动通信核心网、接入网的设备中许多都采用了该操作系统。

（2）μCLinux

μCLinux 是开放源码的嵌入式 Linux 的典范之作，是 micro-Conrol-Linux 的缩写，它主要是针对目标处理器没有存储管理单元（Memory Management Unit，MMU）的嵌入式系统而设计的，已经被成功地移植到了很多平台上。

μCLinux 秉承了标准 Linux 的优良特性，经过各方面的小型化改造，形成了一个高度优化、代码紧凑的嵌入式 Linux。虽然它的体积很小，但仍然保留了 Linux 大多数的优点：稳定、良好的移植性、优秀的网络功能、对各种文件系统完备的支持和标准丰富的 API。它专为嵌入式系统做了许多小型化的工作，目前已支持多款嵌入式处理器。其编译后目标文件可控制在几百千比特数量级，并已经被成功地移植到很多平台上。但是，由于没有 MMU，μCLinux 多任务的实现需要一定的技巧。

（3）红旗嵌入式 Linux

红旗嵌入式 Linux 是由北京中科院红旗软件公司推出的一款嵌入式操作系统。中科院计算所自行开发的开放源码的嵌入式操作系统——Easy Embedded OS（EIOS）已经进入实用阶段。该款嵌入式操作系统重点支持 p-Java。系统目标一方面是小型化，另一方面能重用 Linux 的驱动和其他模块。由于有中科院计算所的强大科研力量做后盾，EIOS 有望发展成为功能完善、稳定、可靠的国产嵌入式操作系统平台。

（4）RT-Linux

RT-Linux 是由美国墨西哥理工学院开发的嵌入式 Linux 操作系统，已经成功地广泛应用于航天飞机的空间数据采集、科学仪器测控和电影特技图像处理等领域。RT-Linux 开发者并没有针对实时操作系统的特性而重写 Linux 的内核，因为这样做的工作量非常大，而且要保证兼容性也非常困难。为此，RT-Linux 提出了精巧的内核，并把标准的 Linux 核心作为实时核心的一个进程，同用户的实时进程一起调度。这样对 Linux 内核的改动非常小，并且充分利用了 Linux 下现有的丰富的软件资源。

（5）Symbian

Symbian 是专为移动通信设备量身设计的嵌入式操作系统，由诺基亚、摩托罗拉、爱立信、三菱和 Psion 5 家公司共同合资成立 Symbian 公司专门进行 Symbian 操作系统的开发和产品技术支持。Symbian 凭借其体积小及其强大的功能，可设置在不同的通信设备系统上，在市场上具有较强的竞争力。

（6）Windows CE

微软公司 Windows 操作系统几乎垄断了 PC 市场，但是对于嵌入式系统这个大饼，微软也是垂涎已久。桌上型的 Windows 系统对于嵌入式系统来说自然是庞然大物，于是微软推出精简版的 Windows CE 作为进攻嵌入式操作系统的主力。微软公司提供了完整的操作系统功能和开发工具，去设置、侦错和自定义系统所需的功能，也使用组件化功能，来提供 Windows CE 开发时的最佳化机制。

（7）Palm

Palm 公司的嵌入式操作系统，目前应用在 PDA 市场上，是市场占有率最高的 PDA 操作系统。Palm 操作系统架构非常简洁，具有耗电量少、硬件需求低等优点，当然它的功能也是比较简单的。

3.2 传感器

人们为了从外界获取信息，必须借助于感觉器官。而单靠人们自身的感觉器官，在研究自然现象和规律以及生产活动中它们的功能是远远不够的。传感器的产生正是为了满足人们获取更多信息的需求。因此可以说，传感器是人类五官的延长，是人类对世界感知能力的延伸。感知是物联网的重要特征，本节将重点介绍传感器的定义、分类及工作原理，并简要分析传感器与物联网的联系。

3.2.1 传感器概述

国家标准《传感器通用术语》中，传感器被定义为“能感受（或响应）规定的被测量并按照一定规律转换成可用信号的输出器件或装置"。传感器是一种检测装置，能感受到被测量的信息，如各种物理量、化学量、生物量或状态量，并能将检测到的信息按一定规律变换成为电信号或其他所需形式的信息输出，以满足信息的传输、处理、存储、显示、记录和控制等要求。它是实现自动检测和自动控制的首要环节。

传感器通常由直接响应被测量的敏感元件和产生可用信号输出的转换元件以及相应的电子线路组成，如图 3-2 所示。

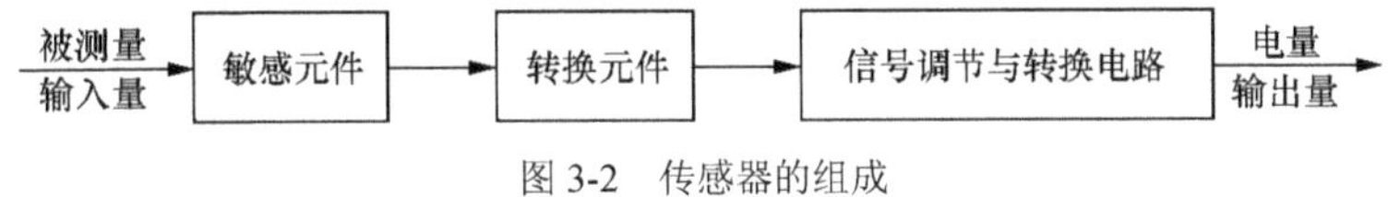

图 3-2　传感器的组成

传感器的组成一般包括三大部分：敏感元件，直接感受被测量对象（一般为非电量），并输出与被测量对象成确定关系的其他量（一般为电量）的元件；转换元件，又称传感元件，一般情况下，它不直接感受被测量，而是将敏感元件的输出量转换为电量输出；信号调节与转换电路，把传感元件输出的电信号转换为便于显示、记录、处理和控制的有用电信号的电路。

传感器位于信息采集系统之首、检测与控制之前，是感知、获取与检测的最前端。传感器广泛应用于各个领域。在工业领域与国防领域，高自动化的装置、系统、工厂和设备是传感器的大集合地。医疗卫生、环境保护、安全防范、家用电器等与人们生活密切相关的方面也都与传感器紧密相联。传感器正在向高精度、小型化、集成化、数字化、智能化方向发展，并随着物联网的发展和应用将进一步受到重视。

3.2.2　传感器的分类

传感器的分类方法有很多种，国内外尚无统一的分类方法。一般可按以下几种方法分类。

（1）按工作原理分类

往往同一机理的传感器可以测量多种物理量，而同一被测物理量又可以采用多种不同类型的传感器来测量。传感器按工作原理分类见表 3-1。

表 3-1　传感器按工作原理分类表

变换原理	传感器举例
变电阻	电位器式、应变式、压阻式、光敏式、热敏式
变磁阻	电感式、差动变压器式、涡流式
变电容	电容式、湿敏式
变谐振频率	振动膜式
变电荷	压电式
变电势	霍尔式、感应式、热电偶式

（2）按被测量对象分类

传感器按照被测量对象的方法分类见表 3-2，包括了输入的基本被测量和由此派生的被测量。

表 3-2 传感器按被测量对象分类表

基本被测量	派生的被测量	基本被测量	派生的被测量
热工量	温度，热量，比热，压力，压差，真空度，流量，流速，风速	物理量	黏度，温度，密度
		化学量	气体（液体）化学成分，浓度，盐度
机械量	位移，尺寸，形状，力，应力，力矩，振动，加速度，噪声，角度，表面粗糙度	生物量	心音，血压，体温，气流量，心电流，眼压，脑电波
		光学量	光强、光通量

（3）其他分类方法

按工作效应分类，有物理传感器、化学传感器、生物传感器等；按输出量分类，有模拟式（输出量为电压、电流等模拟信号）、数字式（输出量为脉冲、编码等数字信号）传感器；按能量关系分类，有能量转换型（传感器输出量直接由被测量转换而来）、能量控制型（传感器输出的能量由外部能源提供，但受输入量控制）传感器等。

下面将介绍一些典型的传感器的工作原理。

1. 电阻应变式传感器

电阻式传感器的基本原理是将被测的非电量转换成电阻值的变化，再经过转换电路变成电量输出。将电阻应变片粘贴在弹性元件特定表面上，当力、扭矩、速度、加速度及流量等物理量作用于弹性元件时，会导致元件应力和应变的变化，进而引起电阻应变片电阻的变化。电阻应变式传感器目前已得到广泛应用，其最大特点是使用简便、测量精度高、体积小和动态响应好。

电阻应变片的工作原理如下。

电阻应变片简称应变片，是一种能将机械构件上应变的变化转换为电阻变化的传感元件，其转换原理是基于金属电阻丝的电阻应变效应。

（1）应变效应

当金属丝在外力作用下发生机械变形时，其电阻值将发生变化，这种现象称为金属的电阻应变效应。

如式（3-1）所示，金属丝的电阻相对变化与轴向应变成正比关系。

$$\frac{\mathrm{d}R}{R} = K_{\mathrm{S}} \bullet \varepsilon \tag{3-1}$$

K_{S}是金属丝的应变灵敏系数，理论上为 1.8～3.6；ε为金属丝的轴向应变，式左边是电阻值的相对变化。

（2）应变片的结构

应变片的结构和形式是多种多样的。如图 3-3 所示的应变片结构主要由四部分组成：敏感栅 1，它是应变片的转换原件；基底 2，是将传感器弹性体的应变传递到敏感栅 1 的中间介质；盖片 3，用于保护敏感栅、引线的形状和相对位置；引线 4，由用来连接测量的导线和黏结剂等组成。

2. 热电式传感器

热电式传感器是一种将温度的变化转换为电量变化的装置。它利用敏感元件的电参数随温度变化的特性，对温度和与温度有关的参量进行测量，是众多传感器中应用最广泛、发展最快的传感器之一。

热电式传感器所基于的物理原理主要包括热电效应、热阻效应、热辐射、导磁率随温度变化的特性等，因此按照工作原理划分，可将热电式传感器分为热电偶、热敏电阻、PN 结型测温传感器、辐射高温计等。下面主要介绍热电偶和热敏电阻两种热电式传感器。

（1）热电偶

① 热电偶的工作原理

热电偶的工作原理是基于物理的热电效应。两种不同的导体两端相互紧密地连接在一起，组成闭合回路如图 3-4 所示。当两接点温度不等（假设 $T>T_0$）时，回路中就会产生电动势，从而形成热电流，这一现象称为热电效应。回路中产生的电动势称为热电势。上述两种不同导体组成的回路称为热电偶，其中导体 A、B 为热电极，一个为工作端或热端（T），另一个叫自由端或冷端（T_0）。

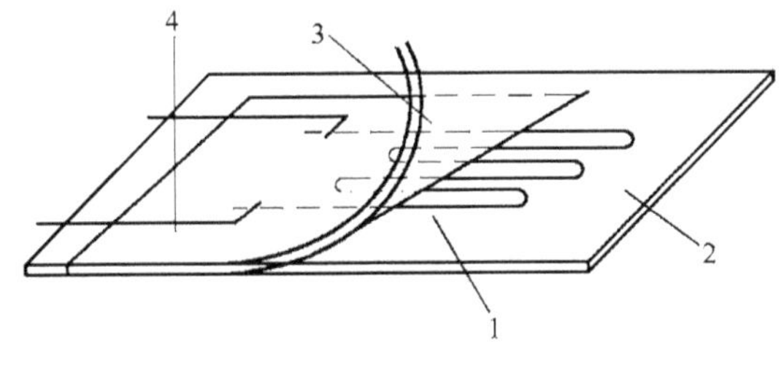

图 3-3 应变片的结构

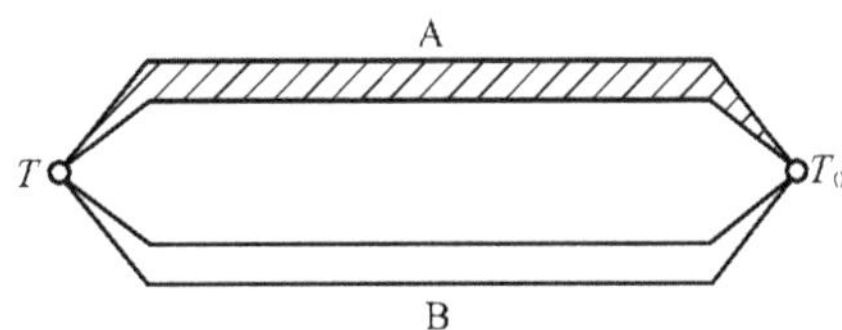

图 3-4 热电偶工作原理图

热电偶产生的热电势由两部分组成：一部分是两种导体的接触电势；另一部分是单一导体的温差电势。导体中都有大量的自由电子，材料不同则自由电子的密度不同。当两种不同的导体 A、B 连接在一起时，在 A、B 的接触处就会发生电子扩散。电子扩散在接触处便形成了电位差，该电位差称作接触电势。将导体的两端分别置于不同的温度场中，在导体的内部，由于热端的自由电子具有较大的动能，所以导体内部的自由电子的运动在总体上是由热端向冷端移动，这样在导体两端产生了一个由热端指向冷端的静电场。该电场阻止电子从热端向冷端的继续移动，直到达到动态平衡，形成恒定的电位差，称此电位差为温差电动势。

② 热电偶的应用

热电偶是工业上最常用的温度检测元件之一。其优点是：测量精度高，因热电偶直接与被测对象接触，不受中间介质的影响；测量范围广，常用的热电偶从−50℃至+1600℃均可测量，某些特殊热电偶最低可测到-269℃（如金、铁、镍、铬），最高可达+2800℃（如钨、铼）；构造简单，使用方便。热电偶通常是由两种不同的金属丝组成，而且不受大小限制，外有保护套管，用起来非常方便。

（2）热敏电阻

热敏电阻是开发早、种类多、发展较成熟的敏感元器件，它由一种半导体材料制成，特点是电阻随温度变化而显著变化，能直接将温度的变化转换为电量的变化。

① 工作原理

热敏电阻是利用半导体的电阻值随温度变化这一特性制成的一种热敏元件。热敏电阻的导电性能主要是由内部的载流子（电子和空穴）密度和迁移率所决定，当温度升高时，外层电子在热激发下，大量成为载流子，使载流子的密度大大增加，活动能力加强，从而导致其阻值急剧下降。

按照电阻的阻值随温度变化的情形，可将热敏电阻分为 3 类：一是电阻阻值随温度的上升而减小的负温度系数（Negative Temperature Coefficient，NTC）热敏电阻，它的主要材料是过渡金属氧化物半导体陶瓷；二是电阻阻值随温度的上升而增加的正温度系数（Positive Temperature Coefficient，PTC）热敏电阻，主要材料是掺杂的半导体陶瓷；三是临界温度系数（Critical Temperature Coefficient，CTR）热敏电阻，它的电阻阻值在特定的温度范围内随温度升高而降低 3～4 个数量级，主要材料是二氧化钒并添加一些金属氧化物，可组成理想的控制开关。在温度测量中，主要采用的是 NTC 和 PTC，尤其是 NTC。

② 热敏电阻的应用

热敏电阻主要用作检测元件和电路元件。

热敏电阻用作检测元件：热敏电阻在温度计、温度差计、温度补偿、微小温度报警、温度继电器、湿度计、分子量测定、液位报警、液位检测、流速计、流量计、气体分析仪、气体色谱仪、真空计、热导分析等仪器仪表中作检测元件。

热敏电阻用作电路元件：热敏电阻在偏置线圈的温度补偿、仪表温度补偿、热电偶温度补偿、晶体管温度补偿、恒压电路、延迟电路、保护电路、自动增益控制电路、RC 振荡电路、振幅稳定电路等电路中用作电路元件。

3. 光电式传感器

光电式传感器是利用光电器件把光信号转换成电信号的装置。光电式传感器工作时，先将被测量的变化转换成为光量的变化，然后通过光电器件再把光量的变化转换为相应的电量变化，从而实现非电量的测量。光电式传感器的核心（敏感元件）是光电器件。

（1）光电式传感器的工作原理

光电式传感器的工作原理基于光电效应。光电效应是指物体吸收了光能后，光能转换为该物体中某些电子的能量，从而产生的电效应。光电效应分为外光电效应和内光电效应两大类。

① 外光电效应

在光线作用下能使电子逸出物体表面的现象，称为外光电效应。著名的爱因斯坦光电效应方程就描述了这一物理现象。

② 内光电效应

当光照射在物体上，物体的电阻率发生变化，或产生光生电动势的现象称为内光电效应（光导效应），它多发生于半导体内。根据工作原理的不同，内光电效应分为光电导效应和光生伏特效应两类。光电导效应是指在光线作用下，电子吸收能量从键合状态过渡到自由状态，从而引起材料电阻率变化。光生伏特效应是指在光作用下，能使物体产生一定方向的电动势。

（2）光电效应器件——光敏电阻

能产生光电效应的器件称为光电效应器件，常见的有光敏电阻、光电池和光敏晶体管等。下面重点介绍光敏电阻的结构、工作原理及应用。

光敏电阻是一种利用光敏感材料的内光电效应制成的光电元件。它具有精度高、体积小、性能稳定、价格低等特点，所以被广泛应用在自动化技术中作为开关式光电信号传感器。

光敏电阻是用硫化镉或硒化镉等半导体材料制成的特殊电阻器，表面涂有防潮树脂，具有光电导效应。光敏电阻对光线十分敏感，它在无光照时，电阻值（暗电阻）很大，电路中电流（暗电流）很小。当光敏电阻受到一定波长范围的光照时，它的阻值（亮电阻）急剧减小，电路中电流迅速增大。一般希望暗电阻越大越好，亮电阻越小越好，此时光敏电阻的灵敏度越高。光敏电阻的暗电阻值一般在兆欧级，亮电阻在几千欧以下。图 3-5 为光敏电阻的原理结构图。它是涂于玻璃底板上的薄层半导体物质，半导体的两端装有金属电极，金属电极与引出线端相连接，光敏电阻就通过引出线端接入电路。为了防止周围介质的影响，在半导体光敏层上覆盖了一层漆膜，漆膜的成分应使它在光敏层最敏感的波长范围内透射率最大。

（3）光电式传感器的应用

光电式传感器的一个应用是烟尘浊度监测仪。防止工业烟尘污染是环保的重要任务之一。为了消除工业烟尘污染，首先要知道烟尘排放量，因此必须对烟尘源进行监测，自动显示和超标报警。烟道里的烟尘浊度是通过光在烟道里传输过程中的变化大小来检测的。如果烟道浊度增加，光源发出的光被烟尘颗粒的吸收和折射增加，到达光检测器的光减少，因而光检测器输出信号的强弱便可反映烟道浊度的变化。另外，光电式传感器也应用于无触点式路灯控制电路、光电式转速传感器、光电式液位传感器等。

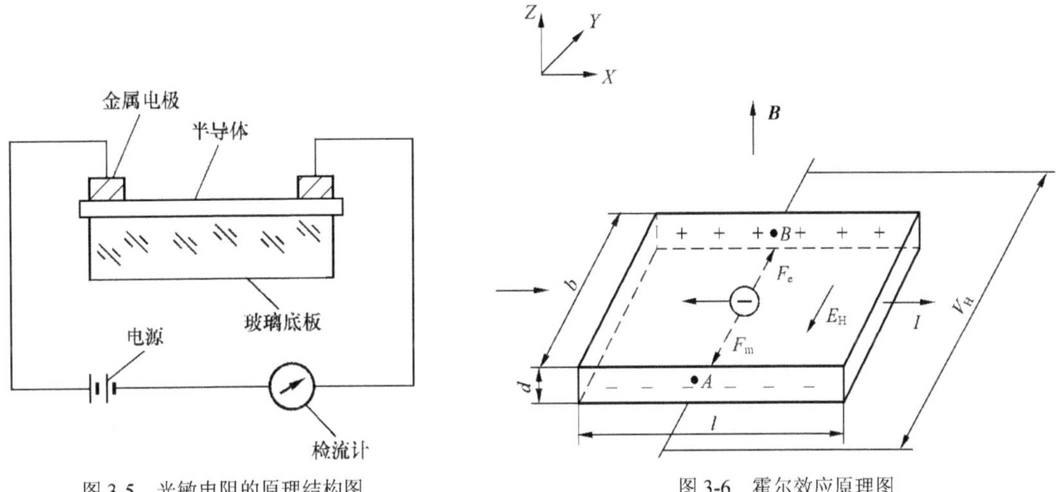

图 3-5　光敏电阻的原理结构图　　图 3-6　霍尔效应原理图

4. 磁敏传感器

磁敏传感器是对磁场参量敏感的元器件或装置，具有把磁物理量转换成电信号的功能。在磁敏传感器中，主要利用的是霍尔效应和磁阻效应。磁敏传感器主要分为 3 类：霍尔元件、磁敏电阻、磁敏二极管和三极管。霍尔元件及霍尔传感器的生产量是最大的；磁敏电阻的应用范围也很广泛；磁敏二极管和三极管是在霍尔元件和磁敏电阻之后迅速发展起来的新型半导体磁敏元件。

（1）霍尔元件

霍尔元件的原理及霍尔效应。所谓霍尔效应，是指磁场作用于载流金属导体、半导体中的载流子时，产生横向电位差的物理现象。如图 3-6 所示，将一块半导体或导体材料，沿 Z 方向加以磁场 $\boldsymbol{B}$，沿 X 方向通以工作电流 I，则在 Y 方向产生出电动势 V_{H}，这种现象称为霍尔效应。V_{H} 称为霍尔电压。霍尔效应的本质是：固体材料中的载流子在外加磁场中运动时，因为受到洛仑兹力的作用而使轨迹发生偏移，并在材料两侧产生电荷积累，形成垂直于电流方向的电场，最终使载流子受到的洛仑兹力与电场斥力相平衡，从而在两侧建立起一个稳定的电势差即霍尔电压。

根据霍尔效应原理制成的霍尔器件，可用于磁场和功率测量，也可制成开关元件。

（2）磁敏电阻

磁敏电阻是基于磁阻效应的磁敏元件。将一载流导体置于外磁场中，其电阻会随磁场的变化而变化，这种现象称磁电阻效应，简称磁阻效应。

磁敏电阻的应用范围比较广，可以利用它制作成磁场探测仪、位移和角速度检测器、安培计以及磁敏交流放大器等。磁敏电阻可应用于非接触式交流电流监视器，电机转速测量电路等装置。

（3）磁敏二极管

磁敏二极管是 PN 结型的磁电转换元件，在磁场强度的变化下电流也发生变化，它具有输出信号大、灵敏度高、工作电流小和体积小等特点，因此，比较适合磁场、转速、探伤等方面的监测和控制。

（4）磁敏三极管

磁敏三极管与磁敏二极管一样，是 PN 结型的磁电转换元件。磁敏三极管在正、反向磁场作用下，其集电极电流出现明显变化。这样就可以利用磁敏三极管来测量弱磁场、电流、转速、位移等物理量。磁敏三极管的应用技术领域与磁敏二极管相似，主要在磁场测量、大电流测量、磁力探伤、接近开关、程序控制、位置控制、转速测量和各种工业工程自动控制等技术领域中应用。

5. 压电式传感器

压电式传感器是利用某些物质的压电效应制作的，当被测量物因为受力而产生变化时，传感器能够产生静电电荷或电压变化。

（1）压电式传感器工作原理——压电效应

某些介质，当沿着一定方向施加力，使之变形，内部产生极化现象，同时在表面上产生符号相反的电荷；外力去掉，恢复不带电状态，这种现象称为压电效应。

大多数晶体都具有压电效应，其中石英晶体是性能比较好的材料，它广泛应用于电子信息产业各领域，如彩电、空调、电脑、DVD、无线电通信等，尤其在高性能电子设备及数字化设备中的应用日益扩大。

（2）压电式传感器的应用

压电式加速度传感器：又称压电加速度计。它是利用某些物质如石英晶体的压电效应，在加速度计受振动力作用时，加在压电元件上的力也随之变化。当被测物振动频率远低于加速度计的固有频率时，则力的变化与被测加速度成正比。

压电式力传感器：是利用压电元件直接实现力电转换的传感器，在拉、压场合，通常较多采用双片或多片石英晶片作压电元件。它刚度大，测量范围宽，线性及稳定性高，动态特性好。压电式力传感器按测力状态分，有单向、双向和三向传感器，它们在结构上基本一样，必须通过弹性膜、盒等，把压力收集，转换成力，再传递给压电元件。为保证静态特性及稳定性，通常多采用石英晶体作压电元件。

6. 光纤传感器

早期的光纤传感器因为存在着诸如价格昂贵，技术不够成熟等问题使得它在工程实际应用上较少，一般只在实验室中做一些研究之类的尝试。然而与传统传感器相比，光纤传感器有着一系列独特的优点，它可以在强电磁干扰、高温高压、原子辐射、易爆化学腐蚀等恶劣条件下使用，其高灵敏度及低损耗的优点使其用途广泛。

（1）工作原理

光纤传感器一般由光源、光导纤维、光传感器元件、光调制机构和信号处理器等部分组成。其工作原理是：光源发出的光经光导纤维进入光传感元件，而在光传感元件中受到周围环境场的影响而发生变化的光再进入光调制机构，由其将传感元件测量检测的参数调制成幅度、相位、偏振等信息，这一过程也称为光电转换过程，最后利用微处理器如频谱仪等进行信号处理。其结构如图 3-7 所示。

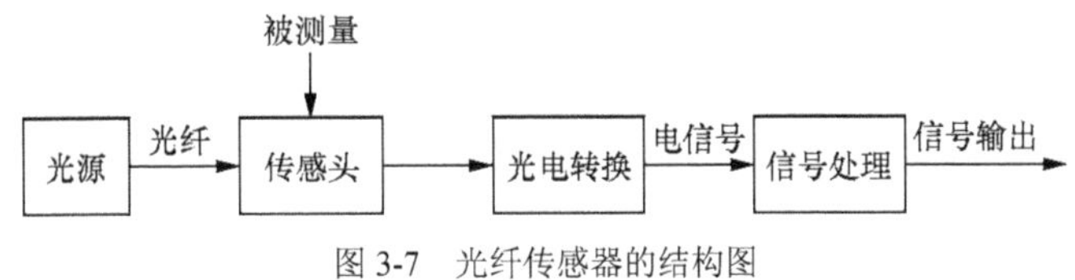

图 3-7　光纤传感器的结构图

（2）光纤传感器的应用

光纤传感器具有强抗干扰性，所以它的应用范围很广，尤其适用于恶劣环境，解决了许多行业长年来一直存在的技术难题，具有很大的市场需求。我们从以下两个方面来看光纤传感器的强抗干扰性的特点在各个领域中的应用。

在石油化工系统、矿井、大型电厂等需要检测氧气、碳氢化合物、一氧化碳等气体的场所，采用电磁类传感器不但达不到要求的精度，而且易引起安全事故，因此，研究和开发高性能的光纤气敏传感器可以安全有效地实现上述检测。

在环境监测、临床医学检测、食品安全检测等方面，由于其环境复杂，影响因素多，使用其他传感器达不到所需要的精度，而由于光纤传感器具有很强的抗干扰能力和较高的精度，可以实现对上述各领域的生物量的快速、方便、准确地检测。目前，我国水源的污染情况严重，临床检验、食品安全检测手段比较落后，光纤传感器在这些领域具有极好的市场前景。

3.2.3　传感器在物联网中的应用

作为物联网数据的输入端，传感器在物联网中的位置是不可或缺的。物联网的目标首先是检测和连接所有事物，其次才是确保所有这些事物都有智能。传感器正是实现物联网对事物的感知和检测功能的设备。在物联网的典型应用中，有很多基于传感器技术的例子，比如利用传感器、计算机以及现代无线通信等技术，对交通动态信息的采集，从而实现对交通的实时控制与指挥管理；通过部署传感器节点，实时对农作物进行检测和管理，等等。

举个具体的例子，在医疗领域，电子健康记录将在保健方面起到日益重要的作用。这些记录目前依靠人工输入，这限制了数据的准确度和规模。使用直接来自在患者身边的传感器感知患者信息（包括身份和生命特征），将可以解决这两个问题。但是，传感器依然必须依靠物联网的联网功能来完成实时反馈。另外，关于患者的健康史和习惯，可以不必依靠患者们填写调查问卷，传感器将更准确地自动记录和上报。联网后的医疗信息结合了来自数千乃至数百万个患者接受治疗的效果，将更加有利于医疗机构指出问题并建议可能的治疗方法，对医疗的信息化是极大的促进。

3.3 RFID

RFID（Radio Frequency Identification，射频识别技术）也称为电子标签技术，是自动识别技术的一种，通过无线射频方式进行非接触双向数据通信，对目标对象加以识别并获取相关数据。

RFID 技术是从 20 世纪 90 年代兴起的一项自动识别技术。与传统识别方式相比，RFID 技术具有很多突出的优点：RFID 技术不需要光学可视、不需要直接接触、不需要人工干预即可完成信息输入和处理。RFID 可以工作在较为恶劣的环境，能够识别高速运动物体并可同时识别多个标签，操作方便快捷，已经成为 21 世纪全球自动识别技术的发展方向。RFID 技术与互联网、通信等技术相结合，可实现全球范围内物品跟踪与信息共享。

RFID 技术最早应用于第二次世界大战中，但是由于成本和技术原因，一直没有得到广泛应用。20 世纪 90 年代以来，随着电子芯片、网络通信、信息安全等技术的发展，RFID 技术发展非常迅速，在很多国家和地区已经实现商业化。由于具有可以实现非接触识别、高速移动物体识别和多目标识别等特点，RFID 技术显示出巨大的发展潜力和应用空间，已得到全球业界的高度重视。

RFID 技术包含无线通信、芯片设计制造、系统集成、信息安全等高新技术领域，目前包括中国在内的一些国家和大型公司都在加速推动 RFID 技术的发展和行业应用进程。从全球范围来看，美国在 RFID 标准的建立、相关软硬件技术的开发、应用领域走在世界的前列，欧洲紧随美国的发展，基本处在同一阶段，而日本和韩国政府也同样对 RFID 技术给予了高度重视。当前我国在 RFID 应用市场上大项目比较少，但随着 RFID 技术的重要性日益明显，我国政府也更加重视该技术上的创新努力，希望 RFID 技术能够在改善人们的生活质量、提高企业经济效益、加强公共安全以及提高社会信息化水平等方面发挥重大作用。

在物联网的架构中，RFID 在感知层和网络层扮演着重要的角色。本节首先对 RFID 的技术原理进行了详细的阐述；然后重点介绍了 RFID 系统中的两个主要部分：RFID 电子标签和 RFID 读写器；接着概要地介绍了 RFID 的一些应用；最后简单描述了 RFID 的标准化状况，重点讨论了 ISO/IEC 的标准体系和 EPCGlobal 的标准体系。

3.3.1 RFID 技术原理与分类

1. RFID 系统组成

RFID 是一种自动识别技术，要想完成识别物体、读写相关数据信息以及将信息上报到信息中心进行数据共享，可以通过 RFID 系统来实现。RFID 系统是指利用 RFID 技术并集识别、传输、共享信息等功能于一体的智能系统。RFID 系统包括三部分：RFID 读写器、RFID 电子标签、中央信息系统。RFID 系统组成见图 3-8。

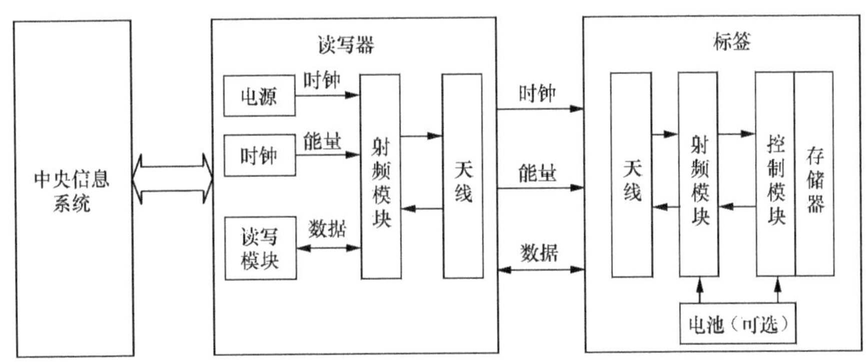

图 3-8 RFID 系统组成框图

第一部分是 RFID 电子标签。RFID 电子标签是 RFID 系统中必备的一部分，标签中存储着被识别物体的相关信息，通常被安置在被识别的物体表面上。当 RFID 电子标签被 RFID 读写器识别到或者电子标签主动向读写器发送消息时，标签内的物体信息将被读取或改写。RFID 电子标签可分为有源标签和无源标签两类，通过标签中是否有电池来区分。RFID 电子标签包括射频模块和控制模块两部分，射频模块通过内置的天线来完成与 RFID 读写器之间的射频通信，控制模块内有一个存储器，它存储着标签内的所有信息，并且部分信息可以通过与 RFID 读写器间的数据交换来进行实时修改。

第二部分是 RFID 读写器。RFID 读写器是 RFID 系统的中间部分，它可以利用射频技术读取或者改写 RFID 电子标签中的数据信息，并且可以把这些读出的数据信息通过有线或者无线方式传输到中央信息系统进行管理和分析。RFID 读写器的主要功能是读写 RFID 电子标签中的物体信息，它主要包括射频模块和读写模块以及其他一些基本功能单元。RFID 读写器通过射频模块发送射频信号，读写模块连接射频模块，把射频模块中得到的数据信息进行读取或改写。RFID 读写器还有其他的硬件设备，包括电源和时钟等。电源用来给 RFID 读写器供电，并且通过电磁感应可以给无源 RFID 电子标签进行供电；时钟在进行射频通信时用于确定同步信息。

第三部分是中央信息系统。中央信息系统是对识别到的信息进行管理、分析及传输的计算机平台。它一般包含一个数据库，存储着所有 RFID 电子标签的数据信息，用户可以通过中央信息系统查询相关的 RFID 电子标签信息。中央信息系统与 RFID 读写器相连，通过读写器对电子标签中数据信息的读取或改写，数据库内的数据信息也进行实时更新。

中央信息系统一般和互联网或专网相连接，RFID 电子标签中的数据信息可以得到大范围的共享，用户也可以实现远程操作功能。

2. RFID 系统基本工作原理

RFID 系统的工作流程就是将 RFID 系统内的 3 个部分依次连接起来，完成一次信息的传输、交换及管理。首先 RFID 读写器通过射频模块中的天线将无线电载波信号发射出去，形成读写器的一个有效识别范围，当 RFID 电子标签（无源标签）进入到这个识别范围时，电子标签被激活，通过读写器天线发出的电磁场提取工作能量，并通过电子标签内的射频模块将标签中存储的数据信息发射出去；然后读写器的天线接收到射频信号，射频模块对信号进行解调解码，通过中央信息系统或读写器自身判断其合法性后，针对不同的设定发出不同的指令，如读取信息或者改写信息；最后 RFID 读写器将经过读写模块处理后的数据信息传输至中央信息系统，中央信息系统对这些信息进行实时更新，然后将这些信息共享给用户。

在 RFID 系统中，始终以能量作为基础，通过一定的时序方式来实现数据交换。因此，在 RFID 系统工作的信道中存在 3 种事件模型：以能量提供为基础的事件模型、以时序方式实现数据交换的事件模型、以数据交换为目的的事件模型。下面将通过描述能量、时序和数据交换这 3 种事件模型来理解 RFID 系统的典型工作方式和工作流程。

（1）能量提供

对于无源标签来说，RFID 读写器向其提供工作能量。当电子标签进入读写器的工作范围之内以后，读写器发出的能量激活电子标签，电子标签通过整流的方法将接收到的能量转换并存储在电子标签中的电容里，从而为电子标签提供工作能量；当电子标签离开读写器的工作范围以后，电子标签由于没有获得读写器的能量激活而处于休眠状态。对于有源标签来说，有源标签一般不利用读写器发出的射频能量，它在进入读写器工作范围后处于激活状态，和读写器发出的电磁波相互作用，因而读写器能够以较小的发射能量取得较远的通信距离。

（2）时序

时序指的是 RFID 读写器和 RFID 电子标签的工作顺序。RFID 系统是一个双向系统，读写器可以向电子标签发送命令与数据，电子标签也可以向读写器发送存储的数据。对于这样的双向系统来说，就需要确定一种工作顺序，用来防止通信时产生冲突。在 RFID 系统中，RFID 读写器一般处于主动状态，即读写器发出询问后，电子标签给予回答，称这种方式为读写器先讲（Reader Talks First，RTF）方式；另一种情况是 RFID 电子标签进入读写器工作范围以后，首先发送信息，读写器根据电子标签发送来的信息，进行记录或者进一步发出询问信息，这样与电子标签构成一次完整的通信，来达到读写器对电子标签进行识别的目的，这种情况叫作 RFID 电子标签先讲（Tag Talks First，TTF）方式。

当 RFID 读写器的工作范围内存在多个 RFID 电子标签时，读写器可以分别识别这些电子标签，在这种工作方式下时序显得更为重要。一般情况下，RFID 读写器处于主动状态，即采用 RTF。读写器首先发出一系列的隔离指令，使得在读写器识读范围内的多个电子标签逐一或逐批的被隔离出去，最后只剩下一个处于活动状态的电子标签与读写器建立通信。通信结束后，读写器将当前活动状态的电子标签置为休眠状态，然后对刚才被隔离的电子标签进行唤醒命令，激活全部的被隔离标签，使得它们进入活动状态，再进一步逐次隔离，只选出一个电子标签进行无碰撞通信。如此重复，RFID 读写器即可实现对工作范围内多个 RFID 电子标签的识别功能。

RFID 系统的两种时序工作方式——RTF 和 TTF 各有优缺点，TTF 方式因为不需要等待 RFID 读写器而主动发送数据，所以具有识别速度快等特点，适用于需要高速识别的场合；而 RTF 方式是 RFID 读写器处于主动状态，能够无碰撞地识读多个 RFID 电子标签，可靠性能较好，适用于一些重要数据识别的场合。

（3）数据交换

RFID 系统最终要完成的功能是对数据的获取，这种在系统内的数据交换有两个方面的内容：RFID 读写器向 RFID 电子标签方向的数据传输和 RFID 电子标签向 RFID 读写器方向的数据传输。

第一个方面是从读写器向电子标签方向的数据传输。在 RFID 系统的工作流程中，首先，RFID 读写器通过天线向外发射射频信号，形成一个读写器的有效识别区域，然后读写器可以对在识别区域内的 RFID 电子标签发送命令信息或者写入数据。这就是从读写器向电子标签方向的数据传输包含的内容。

首先，考虑 RFID 读写器是否向 RFID 电子标签发送命令信息方面，可以分为两种情况：电子标签只接受能量激励和既接受能量激励又接受读写器的命令信息。一些简单的 RFID 系统中，RFID 电子标签在其工作频带内的射频能量激励下，成为激活状态，同时将标签中存储的信息反射回去。这种 RFID 系统中电子标签只接受能量激励而不接受读写器的命令信息，它一般不具有多标签的识别能力，目前主要应用于铁路车号识别系统中。在一些复杂的 RFID 系统中，RFID 读写器不但能够激活其工作范围内的 RFID 电子标签，还能够将命令信息发送到 RFID 电子标签中去，然后电子标签依据命令信息做出相应的动作。电子标签接受读写器的命令信息有两个目的，即进行改写操作和实现多标签读取。

其次，考虑 RFID 读写器是否对 RFID 电子标签进行改写方面，也可以分为两种情况。在只读而不改写的 RFID 系统中，RFID 读写器在得到了 RFID 电子标签的数据信息后，就直接将此信息上传给中央信息系统，而不再对电子标签进行任何操作。而对于另一些 RFID 系统，RFID 读写器在读取完 RFID 电子标签中的数据信息后，读写器再把改写的命令信息发送给电子标签，将电子标签中的存储信息进行改写。

第二个方面是从电子标签向读写器方向的数据传输。RFID 电子标签的工作目的是实现电子标签向 RFID 读写器方向的数据传输。从电子标签向读写器方向的数据传输的工作方式包含以下两种：① 电子标签激活以后，直接向读写器发送电子标签中存储的数据信息；② 电子标签激活以后，根据读写器的命令信息，进入数据发送状态或者休眠状态。

3. RFID 系统的特点

自动识别技术是以计算机技术和通信技术的发展为基础的综合性科学技术，它是信息数据自动识读、自动输入计算机的重要方法和手段。归根到底，自动识别技术是一种高度自动化的信息和数据采集技术。自动识别技术近几十年来在全球范围内得到了迅猛发展，初步形成了一个包括条码技术、磁条磁卡技术、IC 卡技术、光学字符识别技术、射频技术、声音识别及视觉识别等集计算机、光、磁、物理、机电、通信技术为一体的高新技术学科。从技术演变过程来看，RFID 技术是 IC 卡技术的改进和延伸。与目前广泛使用的自动识别技术，如条码、IC 卡等相比，RFID 技术具有很多突出的优点。

（1）非接触操作，长距离识别（几厘米至几十米），因此完成识别工作时无需人工干预，应用便利。

（2）无机械磨损，寿命长，并可工作于各种油渍、灰尘污染等恶劣的环境。

（3）形状和大小多样化。RFID 电子标签基本不受尺寸大小与形状之限制，此外，RFID 电子标签更加小型化。因此 RFID 的应用范围更加广泛。

（4）可识别高速运动物体并可同时识别多个电子标签。

（5）数据的记忆容量大。数据容量会随着存储器容量的发展而扩大，未来物品所需携带的信息量越来越大，对扩充容量的需求也增加，对此 RFID 不会受到限制。

（6）读写器具有不直接对最终用户开放的物理接口，保证其自身的安全性。

（7）数据安全方面除电子标签的密码保护外，数据部分可以用一些加宽算法实现安全性管理。

（8）在部分安全性要求较高的场合，读写器与标签之间存在相互认证的过程，实现安全通信和存储。

表 3-3 所示为常用的自动识别技术比较。

表 3-3　　常用的自动识别技术比较表

系统参数	条形码	话音识别	光学识别	生物测量	接触型 IC 卡	射频识别 RFID
存储容量	1～100Bytes	/	1～100Bytes	/	16～64KB	16～64KB
数据密度	小	高	小	高	很高	很高
机器可读性	好	费时	好	费时	好	好
个人可读性	受限	容易	容易	困难	不可能	不可能
受污染影响	严重	/	严重	/	可能	无影响
光遮影响	失效	/	失效	可能	/	无影响
方向位置影响	很小	/	很小	/	一个方向	无影响
磨损	有条件	/	有条件	/	接触	无影响
购置费	很少	很高	一般	很高	很少	一般
非允许篡改	容易	可能	容易	不可能	不可能	不可能
阅读速度	4s	>5s	3s	>5s	4s	0.5s
使用距离	0～50cm	0～50cm	<1cm	接触	接触	0～5m
智能化	无	/	无	/	有	有
读写性能	可读	可读	可读	可读	可读写	可读写
多标签同时识别	不能	不能	不能	不能	不能	能

4. RFID 系统分类

（1）按信号频段分类

不同的使用频率会在读写距离、数据交换速度和抗干扰性等方面上产生区别。可以说，决定 RFID 系统主要性能和应用可行性的主要因素，首先是该系统所用的无线电频率。由于频率不同，一些电子标签能穿透液体或金属被读取，另一些却被一堵薄薄的墙阻挡。RFID 频段主要分为 3 个频段。

低频（9～135kHz）：使用这个频段的系统有一个缺点，识读距离只有几厘米。但是由于该频段的信号能穿透动物体内的高湿环境，因此被应用于动物识别。

中频（13.56MHz）：这是一个开放频段，标签的识读距离最远至 1～1.5m，写入距离最远也可达 1m。在这个频段运行的标签绝大部分是无源的，依靠读写器供给能源。采用这个频段的 RFID 系统得到许多 RFID 制造商的支持，如德州仪器、索尼和飞利浦等，有广泛的应用基础。

高频（300MHz～1.2GHz）：这个频段的标签和读写器在空气中的有效通信距离最远。这个频段的信号虽然不能穿透金属和湿气，但是数据传输速率更快，并可同时读取多个标签。但是这个频段在各国均被分配为移动通信专用频段，很容易引起国家之间的频段碰撞。

（2）按电子标签分类

标签可以通过读写器发射的无线电信号产生感应磁场而获得能量，也可以由内置的电池驱动。前者称为被动标签，后者为主动标签。被动标签范围为几厘米到 10m，而主动标签读取距离可达 1～200m。由于标签读取距离扩大后必须考虑诸如多标签防碰撞算法等复杂问题，因此主动标签比被动标签成本要高，使用期限也受到电池制约。另外，还存在半主动标签，只需通过读写器的射频能量唤醒标签工作。

RFID 标签的应用方式可分为粘贴式、可拆卸式、内置式和流动式。粘贴式标签一旦贴上就不能摘下，而可拆卸式标签则可以重复使用。内置式标签被设计成物体永久的一部分，用于长期监控。流动式标签是指 RFID 认证卡、ATM 卡等可以随身携带的标签。

3.3.2 RFID 电子标签

RFID 技术是一种非接触式的自动识别技术，它通过射频信号自动识别目标对象并获取相关数据信息，识别工作无需人工干预，可工作于各种恶劣环境。RFID 技术之所以被广泛应用，其根本原因在于这项技术真正实现了自动化管理，不再像条形码那样需要扫描。RFID 电子标签由耦合元件（天线）及内置芯片（包括控制模块和存储单元）组成，一般附着在物体目标对象上。RFID 电子标签内有唯一的电子编码，一个电子标签就是一个身份标识。RFID 电子标签中存储了物体目标对象的相关信息，通过无线数据通信，根据 RFID 读写器内编写的程序可以自动地被 RFID 读写器所读取或改写。RFID 电子标签为了适应各行业的应用，形式种类多样，使用十分方便。通常电子标签的芯片体积很小，厚度一般不超过 0.35mm，可以印制在纸张、塑料、木材、玻璃、纺织品等包装材料上，也可以直接制作在商品标签上，通过自动贴标签机进行自动贴标。

RFID 电子标签十分便于大规模生产，并且能做到日常免维护使用。如果 RFID 电子标签能够与电子供应链紧密联系，那它很有可能在几年内取代条形码扫描技术，电子标签的应用将给物流、零售等行业带来重大变化。

1. RFID 电子标签的功能和特性

RFID 电子标签通常具有以下功能：具有一定的存储容量，可以存储被识别物品的相关信息；在一定工作环境及技术条件下，电子标签存储的数据能够被读出或写入；维持对识别物品的识别及相关信息的完整；数据信息编码后，及时传输给读写器；可写入，并且在写入以后，永久性数据不能修改；具有确定的使用期限，使用期限内不需维修；对于有源标签，通过读写器能够显示电池的工作状况。

RFID 电子标签的特性包括以下几点。

（1）存储物体数据信息。RFID 电子标签的主要功能之一就是要对目标对象的数据信息进行存储。电子标签中有控制模块和存储器，当 RFID 读写器对其进行读操作时，电子标签中的控制模块把存储器中的数据信息传送出去；读操作完成后，控制模块又把修改后的数据信息保存在存储器中。

（2）对物体进行唯一标识。RFID 电子标签内有唯一的电子编码，它代表着被标识的物体身份。当 RFID 电子标签进入 RFID 读写器的工作范围内时，读写器首先要验证这个电子编码，看它是否是安全的，或者是否是需要被读写的电子标签。电子编码的唯一性使得 RFID 电子标签在零售和物流行业内应用非常广泛，也是 RFID 成为物联网关键技术的重要原因。

（3）电子标签可以被读写器识别和读写。

（4）具有较长的使用寿命。RFID 电子标签有不易损坏、能够长时间工作、使用寿命长的特性。RFID 电子标签一般被安置在物体表面上以后，会经历较恶劣的环境。

2. RFID 电子标签的基本组成

从功能上来说，RFID 电子标签一般由天线、射频模块、控制模块、存储器、电池（可选）等组成，如图 3-9 所示。

天线是 RFID 电子标签中信号的出入口，它能够接收 RFID 读写器发出的射频信号，还能够把电子标签中经过射频模块处理后的射频信号发送出去。射频模块是对数据信息进行射频化的一个设备，首先把存储器中得到的二进制信息进行基带编码，然后把基带信号调制到相应的发送频带上，再通过天线将数据信息发送出去。控制模块在接收到 RFID 读写器发送过来的写入信息时，经过信号解码后写入到存储器中；在读写器要读取存储器的数据信息时，控制模块先要对该信息进行编码然后才传送到射频模块。也就是说，控制模块就是对存储器的信息进行编解码并对其控制的设备。存储器保存着物体的相关数据信息，包括 RFID 电子标签唯一的电子编码。存储器中的信息不但可以读取，还可以被改写。RFID 电子标签中的电池是可选设备，只有有源标签中才有电池，无源标签通过与 RFID 读写器进行电磁感应获得工作能量，不需要电池。

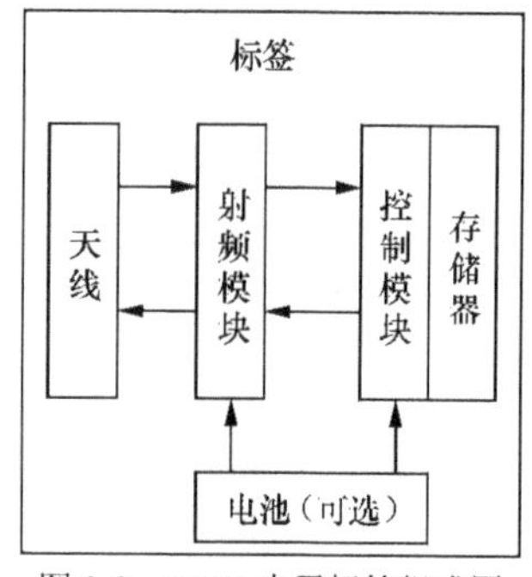

图 3-9 RFID 电子标签组成图

3. RFID 电子标签的分类

（1）按供电方式不同分为有源标签和无源标签。有源标签有内置电池供电，通常具有较远的通信距离，但寿命有限（取决于电池的供电时间）、体积较大、价格相对较高，且不适合在恶劣环境中工作，主要应用于对贵重物品远距离检测等场合。无源标签不带电池，其所需能量由读写器所产生的电磁波提供，价格相对便宜，但其工作距离、存储容量等受能量来源及生产成本限制，一般用于低端的 RFID 系统。

（2）按载波频率分为低频标签、中频标签和高频标签。低频标签的频率主要有 125kHz 和 134.2kHz 两种，中频标签频率主要为 13.56MHz，高频标签主要为 433MHz、915MHz、2.45GHz 和 5.8GHz 等多种。低频标签主要用于短距离、低成本的应用中，它可以在油渍灰尘等恶劣的环境中使用，在校园卡、动物监管、货物跟踪等场合应用广泛。中频标签用于门禁控制系统以及需要传送大量数据的应用场合。高频标签应用于需要较长的读写距离和高速识别的场合，其天线波束方向较窄且价格较高，在火车监控、高速公路收费等系统中应用较为广泛。

（3）按标签内是否含有电池可分为主动式标签和被动式标签。主动式标签用自身的电池能量主动地发送数据给读写器，标签自身因带有独立的电源，主要用于有障碍物或传输距离要求较高的应用中。被动式标签使用调制散射方式发射数据，它必须利用读写器的载波来调制自己的信号，该类标签适合在门禁或交通系统中应用，由于读写器与标签的作用距离较短，读写器可以确保只激活一定范围和区域内的标签。

（4）按作用距离可分为密耦合标签、遥耦合标签和远距离标签。密耦合系统是具有很小作用距离的 RFID 系统，典型的范围是从 0 到 1cm，这种系统必须把标签插入读写器中或紧贴读写器，或者放置在读写器为此设定的表面上。遥耦合系统把读和写的作用距离增至 1cm 到 1m，在这种系统中读写器和标签之间通信是通过电感（磁）耦合。远距离系统典型的作用距离是从 1m 到 10m，这种系统是在微波波段内以电磁波方式工作，工作的频率较高，一般包括 915MHz、2.45GHz、5.8GHz 和 24.125GHz。

（5）根据标签的读写功能来划分，可将 RFID 标签分为 3 类：只读标签、一次写多次读标签和可读写标签。只读标签的结构功能最简单，出厂时已被写入，包含的信息较少，识别过程中数据或信息只可读出不能被更改，标签内部一般包含只读存储器（ROM）和随机存储器（RAM）；一次写多次读标签是用户可以一次性写入数据的标签，写入后数据不变，存储器由可编程只读存储器和可编程阵列逻辑组成；可重写型标签集成了容量为几十字节到几千字节的存储器，一般为可编程只读存储器（E^2PROM），标签内的信息可被读写器读取、更改或重写，因此生产成本较高，价格较贵。

（6）依据封装形式的不同标签又可以分为信用卡标签、线形标签、纸状标签、玻璃管标签、圆形标签以及特殊用途的异形标签等。

3.3.3 RFID 读写器

RFID 系统包括 RFID 读写器、RFID 电子标签和中央信息系统三大部分。RFID 读写器是 RFID 系统的基本单元，在整个系统中有着举足轻重的作用。RFID 读写器又称为阅读器、读头、扫描器、查询器等，其主要任务是向 RFID 电子标签发射读取或写入信号，并接收 RFID 电子标签的应答，对电子标签的对象标识信息进行解码，并将对象标识信息连带标签上其他相关信息传输到中央信息系统以供处理。RFID 读写器可外接天线，用于发送和接收射频信号，分为手持式（便携式）和固定式两种。RFID 读写器可以是单独的整体，也可以作为部件的形式嵌入到其他系统中。读写器可以单独具有读写、显示和数据处理等功能，也可与计算机或其他系统进行互联，完成对RFID标签的相关操作。RFID读写器的频率决定了RFID系统的工作频段，读写器的功率直接影响射频识别的距离。

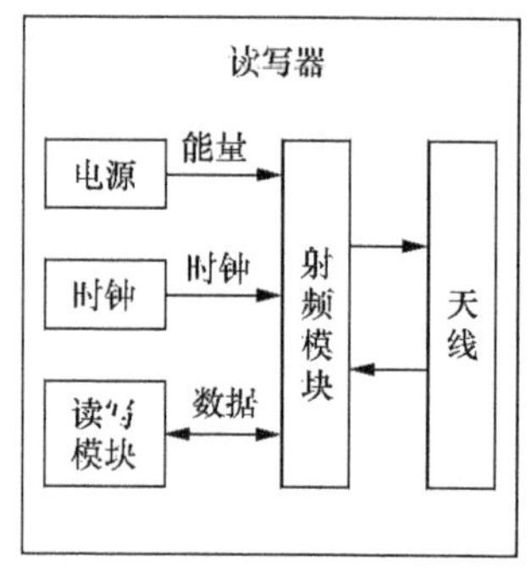

图3-10　RFID读写器组成图

1. RFID读写器的基本组成

各种RFID读写器虽然在耦合方式、通信流程、数据传输方法，特别是在频率范围等方面有着根本的差别，但是在功能原理上，以及由此决定的构造设计上，各种读写器是十分类似的，其详细结构如图3-10和图3-11所示。

从图中可以看出，RFID读写器的基本组成包括射频模块、天线、读写模块以及其他一些基本功能单元。

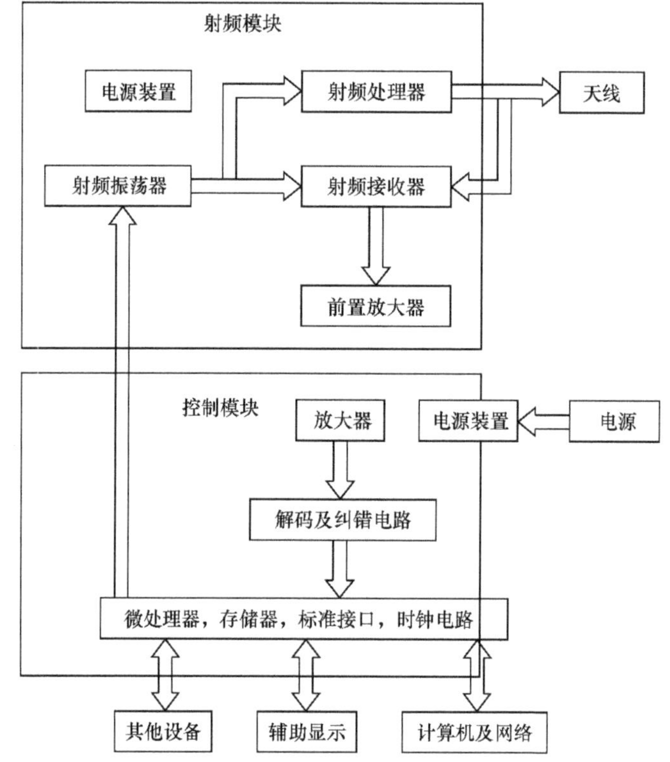

图3-11　RFID读写器详细结构图

（1）射频模块

射频模块由射频振荡器、射频处理器、射频接收器以及前置放大器组成。射频模块可发射和接收射频载波。射频载波信号由射频振荡器产生并经射频处理器放大，然后该载波通过天线发送出去。射频接收器接收到从天线处传来的RFID电子标签信号，通过前置放大器和射频处理器的处理后，将处理过的信息传给读写模块。

射频模块主要完成射频信号的处理功能，包括产生射频能量，激活无源电子标签并为其提供能量；将读写器欲发往标签的命令调制到读写器发射的载频信号上，形成已调制的发射信号，经读写器天线发送出去。发送出去的已调制射频信号经过空中信道传送到电子标签上，电子标签对接收到的射频信号做出响应，形成返回读写器天线的反射回波信号；射频模块将电子标签返回到读写器的回波信号进行必要的加工处理并从中解调，提取出电子标签回送的数据。

（2）读写模块

读写模块一般由放大器、解码及纠错电路、微处理器、时钟电路、标准接口以及电源组成，它可以接收射频模块传输的信号，解码后获得 RFID 电子标签内的信息，或将要写入电子标签的信息编码后传递给射频模块，完成写入 RFID 电子标签的操作。读写模块还可以通过标准接口将 RFID 电子标签内容和其他信息传送给中央信息系统。

读写模块主要完成对 RFID 电子标签进行读写的控制操作，包括控制与 RFID 电子标签的通信过程；传递信号的编、解码；对读写器和电子标签间传送的数据进行加密和解密；进行读写器和电子标签之间的身份验证；与中央信息系统进行通信，并执行从中央信息系统发来的动作指令。

（3）天线

天线是发射和接收射频载波信号的设备。RFID 读写器必须要通过天线来发射能量，形成电磁场，通过电磁场来对 RFID 电子标签进行识别。天线所形成的电磁场范围就是射频系统的可读区域。在确定的工作频率和带宽条件下，天线发射由射频模块产生的射频载波，并接收从电子标签发射或反射回来的射频载波，传送给射频模块进行相关处理。

（4）电源、时钟等基本功能单元

电源给 RFID 读写器提供必要的工作能量，并且通过电磁感应的方式可以给无源 RFID 电子标签提供工作能量。时钟为 RFID 读写器在通信过程中提供同步时钟信息。这些基本功能单元有时被集成在 RFID 读写器的读写模块当中，有时被当作单独的模块来放置，但它们的功能是类似的。

2. RFID 读写器的功能特性与工作方式

在无线射频识别系统中，RFID 读写器是 RFID 系统构成的主要部分之一。如果我们想要通过计算机应用软件对 RFID 电子标签写入或读取其所携带的数据信息，由于电子标签的非接触性质，因此我们必须借助位于中央信息系统与 RFID 电子标签之间的读写器来实现数据读写功能。

在 RFID 系统的工作流程中，通常由 RFID 读写器在一个特定区域内发送射频能量形成电磁场，RFID 读写器发射功率的大小决定了 RFID 系统的工作范围。RFID 电子标签通过这一区域时被触发，通过电磁感应获得工作能量后，把存储在电子标签中的数据发送出去，或者根据读写器的指令改写存储在 RFID 电子标签中的数据。RFID 读写器可以接收电子标签发送过来的数据或者向电子标签发送指令数据，并且能够通过标准接口与中央信息系统进行通信。

RFID 读写器的基本任务是触发作为数据载体的 RFID 电子标签，与这个电子标签建立通信联系，并且在中央信息系统和一个非接触的数据载体之间传输数据。这种非接触通信的过程中涉及的一系列任务，如通信的建立、防止碰撞和身份验证等都是由 RFID 读写器来进行处理。

RFID 读写器与 RFID 电子标签的所有行为均由中央信息系统中的应用软件控制完成。

在 RFID 系统结构中，应用系统软件作为主动方对读写器发出读写指令，而读写器则作为从动方只对应用软件的读写指令做出回应。RFID 读写器接收到应用软件的动作指令后，根据指令的不同，对电子标签做出不同的动作，与之建立通信关系。RFID 电子标签接收到 RFID 读写器的指令，对指令进行响应。在这个过程中，读写器变成指令的主动方，而电子标签则是从动方。

在前面介绍 RFID 系统工作方式的时序事件模型时，我们知道读写器主要有两种工作方式，一种是读写器先发言（Reader Talks First，RTF），另一种是标签先发言（Tag Talks First，TTF），这是读写器为了防止通信冲突而设计的工作方式。

在一般状态下，RFID 电子标签处于“等待”或称为“休眠”的工作状态，当 RFID 读写器发出射频信号，而 RFID 电子标签进入到读写器的工作范围时，电子标签能够检测到一定的射频信号，便从“休眠”状态转到“接收”状态，接收读写器发送的命令后，进行相应的处理，并将结果返回读写器。这种只有接收到读写器特殊命令才发送数据的电子标签被称为 RTF 方式；与此相反，进入读写器的能量场获取工作能量后就主动发送自身电子编码和存储的数据信息的 RFID 电子标签被称为 TTF 方式。

和 RTF 相比，TTF 的射频标签具有识别速度快的特点，适用于需要高速应用的场合；另外，它在处理标签数量动态变化的场合更为实用，在噪声环境中也更稳健。因此，TTF 方式更适于工业环境的追踪应用。

3. RFID 读写器的分类

按双工方式分类，RFID 读写器可以分为全双工和半双工。全双工方式是指 RFID 系统工作时，允许 RFID 读写器和 RFID 电子标签在同一时刻双向传送消息。半双工方式是指 RFID 系统工作时，在同一时刻仅允许 RFID 读写器向 RFID 电子标签传送命令或消息，或者是 RFID 电子标签向 RFID 读写器返回消息。

按通信方式来分类，RFID 读写器可以分为读写器先发言 RTF 和标签先发言 TTF 两类。根据不同的应用，RFID 系统采用不同的通信方式。

按应用模式来分类，可以分为固定式读写器、便携式读写器、一体式读写器和模块式读写器。固定式读写器是指天线、读写器和主控机分离，读写器和天线可分别固定安装，主控机一般在其他地方安装。便携式读写器是指天线、读写器和主控机集成在一起，读写器只有一个天线接口。一体式读写器是指天线和读写器集成在一个机壳内固定安装，而主控机一般在其他地方安装或安置，一体式读写器与主控机可有多种接口。模块式读写器指读写器一般作为系统设备集成的一个单元，读写器与主控机的接口与应用有关。

根据应用环境的不同，必须考虑 RFID 读写器的工作频率、输出功率、输出端口、读写器结构形式、匹配天线等技术参数选择适当的 RFID 读写器。在工作频率方面，RFID 读写器的工作频率要和 RFID 电子标签统一。在输出功率方面，读写器的输出功率必须能够激活无源标签并给予工作能量，输出功率还必须符合国家或地区对于无线发射功率的许可标准，以满足人类健康需要。在输出端口方面，根据需要可选择 RS-232、RS-485、RJ-45、无线网络等接口中的一种或多种。读写器结构形式方面，考虑选择固定式或者手持式 RFID 读写器。匹配天线方面，RFID 读写器选定后还需要考虑与之匹配的天线的类型和数量。

随着射频识别技术的发展，RFID 系统的结构和性能也会不断提高。越来越多的应用和各种不同的应用环境对 RFID 系统的读写器提出了更高的要求。未来的 RFID 读写器将有以下特点：多功能、小型化、便携式、嵌入式、模块化、成本更低、智能多天线端口、具有多种数据接口、多制式、多频段兼容等。

3.3.4 RFID 应用

RFID 技术在国外发展非常迅速，射频识别产品种类繁多。在北美、欧洲、亚太地区及非洲南部，RFID 技术被广泛应用于工业自动化、商业自动化、交通运输控制管理等众多领域，如高速公路不停车收费系统、停车场管理系统、物品管理、流水线生产自动化、安全出入检查、动物管理以及车辆防盗等。但是在国内还没有形成 RFID 的大规模应用，只有少数单位在试点应用 RFID，如铁道部利用 RFID 进行列车调度，中国邮政利用 RFID 分拣邮包，上汽集团将 RFID 应用于汽车制造质量管理中等。随着物联网的发展，我国将逐渐推进 RFID 的大规模应用。

1. RFID 技术在交通领域的应用

电子不停车收费系统（Electronic Toll Collection，ETC）是目前世界上较为先进的收费系统，是 RFID 技术在智能交通领域的应用之一。通过安装在车辆挡风玻璃上的 RFID 电子标签与在收费站 ETC 车道上的 RFID 读写器之间的专用短程通信，利用计算机联网技术与银行进行后台结算处理，从而达到车辆通过路桥收费站不需停车就能交纳费用的目的。它特别适于在高速公路或交通繁忙的桥隧环境下使用。虽然能实现不停车收费，但一般来说，车辆还是需要以较低速度通过。这种收费系统每车收费耗时不到 2s，其收费通道的通行能力是人工收费通道的 5～10 倍。

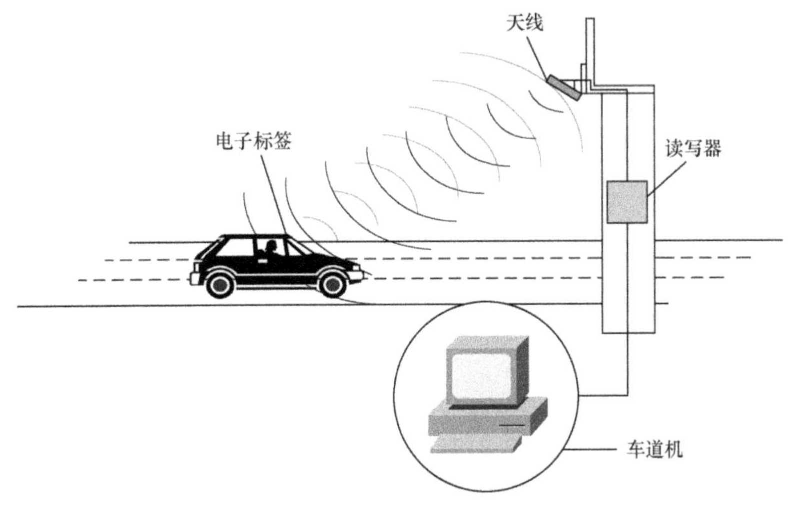

图 3-12　电子不停车收费系统 ETC 示意图

电子不停车收费系统不需要专门的收费员进行操作，它利用 RFID 技术，完全通过设备本身来完成对通行车辆的收费工作。存储有车型、车号、金额、有效期等信息的 RFID 电子标签被安装在汽车前方挡风玻璃上。当持卡车辆进入 ETC 车道时，装在车道上方的

ETC 系统中的读写器通过射频识别技术对 RFID 电子标签进行数据读取的操作。从 RFID 电子标签读取到的信息被送到车道控制计算机内进行分析比较验证，如果验证通过，则该标签被认为是有效标签，通过网络连接到银行的后台系统，对该 RFID 电子标签进行扣费操作后，ETC 车道上的通信信号灯由红色变为绿色，车辆可以直接通过。如果验证失败，则通信信号灯呈现红色，车辆不能通过，则需要行驶到旁边的人工收费站处交费。

近几年我国的电子不停车收费系统的研究和实施取得了一定进展，在很多高速公路的进出口收费站都装有 ETC 系统。随着我国公路事业的发展和不停车收费系统的开发应用，以及增长的交通需求，不停车收费系统在我国市场上会有广阔的发展前景。

2. RFID 技术在物流领域的应用

物流虽然只是 RFID 应用领域之一，但如果 RFID 技术能与电子物流紧密联系，它很有可能在几年以内取代条形码扫描技术，并将给物流管理带来革命性的变化。从采购、存储、包装、装卸、运输、流通加工、配送、销售到服务，都是物流上环环相扣的业务环节和流程。它们之间是相辅相成又相互制约的。RFID 技术正是有效解决物流管理上各项业务动作数据的输入、输出、业务过程的控制与跟踪等难题以及减少出错率的一种新技术。

在零售环节方面 RFID 可以改进零售商的库存管理，实现适时补货，有效跟踪运输与库存，提高效率，减少出错，同时 RFID 电子标签能够对某些具有时效性商品的有效期限进行监控，商店还能利用 RFID 系统在付款台实现自动扫描和计费，取代人工收款方式。

在采购环节，RFID 技术可以发挥积极作用。进货业务员根据手中的终端，利用信息技术调用后台资料，与实际库存资料进行实时对照，并可通过终端无线驱动打印机打印对照表。业务员根据实时对照表，现场决定是补货还是退货，通过终端调用后台数据库制定订单，以最快速度进行补货或退货，以维持生产、销售的正常进行和库存的合理性。

在仓储环节，RFID 系统与条码系统的结合，用于智能仓库货物管理，有效解决与仓库及货物流动有关的信息管理。通过将供应链计划系统制定的收货计划、取货计划、装运计划等与 RFID 技术相结合，能够高效地完成各种业务操作，如指定堆放区域、上架、取货与补货等，增强了作业的准确性和快捷性，提高了服务质量，降低了成本，节省劳动力和库存空间，同时减少了整个物流中由于商品误置、送错、偷窃、损坏和库存出货错误等造成的损耗。RFID 解决方案可提供有关库存情况的准确信息，实现快速识别和及时纠正低效率运作，从而实现快速供货并最大限度地减少储存成本。

在运输环节，通过对在途运输的货物和车辆贴上 RFID 标签，例如将标签贴在集装箱和装备上通过射频识别来完成设备与跟踪控制。RFID 接收转发装置通常安装在运输线的一些检查点上以及仓库、车站、码头、机场等关键地点。接收装置收到 RFID 标签信息后，连同接收地的位置信息上传至通信卫星，再由卫星传送给运输调度中心，送入数据库中。

在配送环节，采用 RFID 技术能大大加快配送的速度和提高拣选与分发过程的效率与准确率，并能减少人工，降低配送成本。商品在进入中央配送中心时，托盘通过一个门读写器，读取托盘上所有货箱上的标签内容。系统将这些信息与发货记录进行核对，检测出可能的错误，然后将 RFID 标签更新为最新的商品存放地点和状态。这样就确保了精确的库存控制，可确切了解货箱处于转运途中、转运的始发地和目的地以及预期的到达时间等信息。

美国已有 100 多家企业承诺支持 RFID 应用，其中包括：零售商沃尔玛；制造商吉列、强生、宝洁、物流行业的联合包裹服务公司以及政府方面国防部的物流应用。

RFID 技术使得合理的产品库存控制和智能物流技术成为可能，借助 RFID 电子标签，可以实现商场对原料、半成品、成品的运输、仓储、配送、上架、最终销售甚至退货处理等环节进行实时监控。通过 RFID 技术，可以实时了解货架情况并迅速补货，减少库存量，从而大大降低仓储成本。RFID 技术非常适用于物料跟踪、运载工具、仓库货架以及其他目标的识别等要求非接触采集和交换的场合，广泛用于物流管理中的仓库管理、运输管理、物料跟踪、运载工具和货架识别、商店，特别是超市中防盗等场合。

3. RFID 在其他领域的应用

RFID 在其他领域也取得了应用，包括以下方面。

（1）电子票：使用射频识别标签实现非现金结算，解决现金交易既不方便也不安全的问题。同时，射频识别标签可以用作各种票证以及人员管理等，达到方便、快捷的目的，如奥运会门票和世博会门票等。

（2）生产、制造业生产制造流程管理：使用射频识别技术实现生产、制造企业生产流程的控制、产品的质量监控、工人生产任务和生产质量的监控。

（3）医疗：通过使用射频识别技术监控医疗器械，管理重要医药，加快医疗处理的速度，降低医疗事故率。

（4）军事：在军事物流、后勤保障等领域有了大量的应用。

（5）动物跟踪和管理：射频识别技术可用于动物跟踪与管理。将用小玻璃封装的射频识别标签植于动物皮下，可以标识牲畜、监测动物健康状况等重要信息，为牧场的现代化管理提供了可靠的技术手段。

在大型养殖厂，可通过采用射频识别技术的动物耳标方式建立饲养档案、预防接种档案等，达到高效、自动化管理牲畜的目的，同时为食品安全提供了保障。射频识别技术还可用于信鸽比赛、赛马识别等，以准确测定到达时间。目前，在肉牛、奶牛、宠物的管理上已经有不少应用案例。

（6）资产追踪管理：将射频识别系统用于固定资产管理，可以有效地解决资产的盘点、维修以及资产流向等相关信息管理，如 RFID 图书馆应用管理系统、RFID 档案管理系统。

（7）人员管理：人员管理与门禁管理相结合，有高端的开放式人员管理也有传统的非开放式门禁管理。

（8）防伪认证识别：主要应用于烟酒、证书、证件的防伪认证识别。

3.3.5 RFID 标准化

1. RFID 标准化概况

目前 RFID 技术在世界范围内发展非常迅速，并且已经在很多国际大公司中开始进入实用阶段。RFID 技术是全球性的，为了推动 RFID 技术在全球范围内的发展，RFID 的标准化工作非常重要。相关的标准包括电气特性部分、通信频率、数据格式和元数据等。但是，RFID 尚未形成统一的全球化标准，市场表现为多种标准并存的局面。随着 RFID 在全球物流、交通行业的大规模商用，RFID 标准的统一已经成为业界认同的趋势。

RFID 系统主要由数据采集和后台数据库网络应用系统两大部分组成。目前已经发布或者是正在制定中的标准主要是与数据采集有关的，其中包括 RFID 读写器与 RFID 电子标签之间的空中接口、读写器与计算机之间的数据交换协议、RFID 电子标签与读写器的性能和一致性测试规范以及 RFID 电子标签的数据内容编码标准等。而后台数据库网络应用系统目前还没有形成正式的国际标准，只有少数产业联盟制定了一些规范，现阶段还在不断变化中。

与 RFID 技术和应用相关的国际标准化机构主要有：国际标准化组织（ISO）、国际电工委员会（IEC）、国际电信联盟（ITU）、世界邮政联盟（UPU）。此外还有其他的区域性标准化机构如欧洲标准化委员会（CEN）；国家标准化机构如英国标准学会（BSI）、美国国家标准学会（ANSI）、德国标准化协会（DIN）；产业联盟如汽车工业行动小组（AIAG）、电子工业协会（EIA）等。这些机构均在制订与 RFID 相关的区域、国家或产业联盟标准，并希望通过不同的渠道提升为国际标准。

目前主要有三大 RFID 标准体系：ISO/IEC、以美国为首的 EPCglobal、日本的 UID。这 3 个标准相互之间并不兼容，主要差别在通信方式、防冲突协议和数据格式。3 个标准实力相当，都有大公司和政府的支持，目前各标准体系正在积极发展和推广自己的标准，标准之间出现了部分融合。

1995 年国际标准化组织 ISO/IEC 联合技术委员会 JTC1，设立了子委员会 SC31（以下简称 SC31），负责 RFID 标准化研究工作。SC31 委员会由来自各个国家的代表组成，他们既是各大公司内部咨询者，也是不同公司利益的代表者。因此在 ISO 标准化制定过程中，有企业、区域标准化组织和国家 3 个层次的利益代表者。ISO/IEC 已出台的 RFID 标准主要关注基本的模块构建、空中接口、涉及的数据结构以及其实施问题。具体可以分为技术标准、数据内容标准、一致性标准及应用标准 4 个方面。目前最受瞩目的是 ISO/IEC 18000 系列协议，涵盖了从 125kHz 到 2.45GHz 的通信频率，识读距离由几厘米到几十米，包括无源标签和有源标签。在第 8 章实验部分将结合 ISO/IEC 15963 和 18000 协议进行 RFID 的相关实验。

EPCglobal 是由美国统一代码协会（UCC）和国际物品编码协会（EAN）于 2003 年 9 月共同成立的非营利性组织，其前身是 1999 年 10 月 1 日在美国麻省理工学院成立的非营利性组织 Auto-ID 中心。UCC 和 EAN 分别是推广北美和欧洲条形编码的组织。EPCglobal 目前以推广 RFID 电子标签的网络化应用为宗旨，继承了 Auto-ID 中心的行业内企业的技术标准制订工作，并成立公司（即 EPCGlobal Inc.）统一研究标准并推动商业应用，此外还负责 EPCGlobal 号码注册管理。

主导日本 RFID 标准研究与应用的组织是 T-引擎论坛，该论坛已经拥有成员 475 家，绝大多数成员是日本厂商，少部分来自其他国家的著名厂商。T-引擎论坛下属的泛在识别中心 UID 成立于 2002 年 12 月，具体负责研究和推广自动识别的核心技术，即在所有的物品上植入微型芯片，组建网络进行通信。UID 的泛在识别技术体系架构由泛在识别码（Ucode）、信息系统服务器、泛在通信器和 Ucode 解析服务器四部分构成。UID 的核心是赋予现实世界中任何物理对象唯一的泛在识别码 Ucode。它具备 128 位的充裕容量，更可以用 128 位为单元扩展至 256 位、384 位或 512 位。Ucode 的最大优势在于能包容现有编码体系的元编码设计，可以兼容多种编码，包括 UPC、ISBN、IPv6 地址甚至电话号码。UID 的泛在识别技术体系与 EPCglobal 的物联网有区别。EPC 采用业务链的方式，面向企业，面向产品信息的流动（物联网），比较强调与互联网的结合。UID 采用扁平式信息采集分析方式，强调信息的获取与分析，比较强调前端的微型化与集成。

目前关于 RFID 中间件、RFID 信息安全方面的标准制定还比较欠缺，这方面的工作对 RFID 系统融入物联网具有重要意义。值得一提的是，过去的几十年，在 RFID 标准化的制定过程中，我国的战略是在充分照顾我国国情和利用我国优势的情况下，采用参照或引用 ISO 等国际标准并做相应的本地化修改的方式来制定中国的国家标准，以避免引起知识产权争议，掌握国家在电子标签领域发展的主动权。我国于 2005 年 10 月成立了电子标签标准工作组，工作组的总体目标是努力建立一套基本完备的，能为我国 RFID 产业提供支撑的 RFID 标准体系，同时积极参与国际标准化工作，争取具有自主知识产权的我国的 RFID 标准成为国际标准，完成基础技术标准，包括电子标签、读写器、RFID 中间件、数据内容、空间接口、一致性测试等方面的标准，还有完成主要行业的应用标准，包括物流、生产制造、交通、安全防伪等方面的标准，积极推动我国 RFID 技术的发展与应用。

目前，我国的 RFID 仅有少数企业能够规模化生产基于 13.56MHz 频段的芯片，而国际上应用最广的 UHF 芯片则还在研制之中。HF 频段的标签封装技术和生产已经成熟，但还不能进行 UHF 频段的标签封装，封装设备还依靠进口，基本具有 HF 频段读写器设计和集成制造能力，但还没有 UHF 频段以上读写器设计和制造能力。RFID 的特性要求整个产业链必须同步发展，而我国在超高频技术、芯片制造、封装等关键环节的缺位，造成成本居高不下，从而制约了整个产业的发展。除此以外，当前国际上 RFID 在 UHF 频段主要使用 430MHz 和 860～930MHz 两个频段，但在我国，860～960MHz 频段已分配给专用业务、集群和公众移动通信等关系国计民生的重要无线电业务，没有空闲的频率直接规划给 RFID 使用，这就决定了现阶段该频段的 RFID 无法使用。

RFID 标准的竞争是高新技术标准竞争的一个缩影，关系着国家利益和国家发展战略的实施，在 RFID 的新兴领域内，我国的相关组织和本土企业必须尽快尽早的拿出成熟的标准对策，为我国在物联网发展所带来的全球 RFID 市场中争得利益。

2. ISO/IEC 的 RFID 标准化体系

ISO 是国际上最重要的标准化组织，被大多数国家所认可。RFID 标准化工作最早可以追溯到 20 世纪 90 年代。1995 年国际标准化组织 ISO/IEC 联合技术委员会 JTCl 设立了子委员会 SC31，负责 RFID 标准化研究工作。目前制定的 RFID 标准可以分为 4 个方面：数据标准（如编码标准 ISO/IEC 15691、数据协议 ISO/IEC 15692、ISO/IEC 15693）、空中接口标准（ISO/IEC 18000 系列）、测试标准（性能测试 ISO/IEC 18047 和一致性测试标准 ISO/IEC18046）、应用标准（如物流供应链方面 ISO 17363～17367）等。

在 ISO 有关 RFID 协议中，按照信息流向可以表述为以下层次关系，如图 3-13 所示。

在图 3-13 中，位于最底下的一层是 RFID 标签，它支持 ISO/IEC 18000 空中接口协议，在 RFID 标签中，存储的数据信息应该符合 ISO/IEC 15963 编码。ISO/IEC 15963 规定了电子标签唯一标识的编码体系，该体系兼容 ISO/IEC 7816-6、ISO/TS 14816、EAN、UCC 标准编码体系以及保留对未来扩展。在空中接口协议这一层，还包括了 ISO/IEC 18046 性能测试方法和 ISO/IEC 18047 一致性测试协议，这些协议规定了读写器与 RFID 标签之间的物理层通信协议与测试方法。

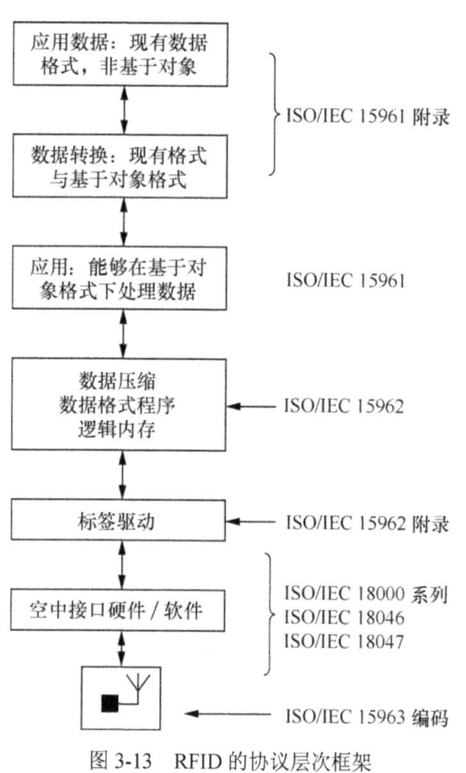

图 3-13　RFID 的协议层次框架

ISO/IEC 18000 是一系列空中协议。此标准是目前最新的也是最热门的标准，原因是它可用于商品的供应链。表 3-4 是 ISO/IEC 18000 标准的内容。其中 ISO/IEC 18000-6 基本上是整合了一些现有 RFID 厂商的产品规格和 EAN-UCC 所提出的标签架构要求而订出的规范。它只规定了空中接口协议，对数据内容和数据结构无限制，因此也可用于 EPC。实际上，若采用 ISO/IEC 18000-6 对空中接口的规定加上 EPC 系统的编码结构再加上 ONS 架构，就可以构成一个完整的供应链标准。第 8 章 RFID 实验主要基于 ISO/IEC 15963 和 ISO/IEC 18000 标准实现，读者可以从相关组织的网站上下载相关标准，限于篇幅在本章中不对标准细节进行展开讲解。

表 3-4　ISO/IEC 18000 标准组成

标 准 号	内　　容	应 用 领 域
18000-1	一般参数定义	
18000-2	135kHz 以下空中接口参数	适合短距离标签，如门禁卡
18000-3	13.56MHz 空中接口参数	适合中距离使用，如货架
18000-4	2.45GHz 空中接口参数	适合较长距离使用
18000-5	5.8GHz 空中接口参数	已中止
18000-6	860～930MHz 空中接口参数	适合较长距离使用
18000-7	433.92MHz 空中接口参数	易于被干扰

在空中接口协议之上是标签驱动部分，它是由 ISO/IEC 15962 附录部分来规定的。它的作用是将不同频段空中接口协议之间的差异封装起来，使得 ISO/IEC 15962 正文部分不再关心空中接口协议在不同频段之间的差异。另外标签驱动还实现读写器逻辑内存与标签逻辑内存之间的映射。ISO/IEC 15962 协议的正文部分定义了数据的编码、压缩以及如何格式化为电子标签中的存储格式以存放于逻辑内存中。该协议提供了一套数据压缩的机制，能够充分利用电子标签中数据存储空间，支持各种存储格式，有效利用电子标签以及数据访问过程。

ISO/IEC 15961 描述了读写器与应用程序之间的数据协议，侧重于应用命令与数据协议处理器交换数据的标准方式。它定义应用程序发出对电子标签数据的添加、修改、删除等操作命令，以及定义了错误响应消息。ISO/IEC 15961 数据协议的应用接口提供了一套独立于主应用程序、操作系统和编程语言，也独立于标签读写器与标签驱动之间的命令结构的通信协议。

ISO 对于 RFID 的应用标准由应用相关的子委员会制定。RFID 在物流供应链领域中的应用方面标准由 ISO TC 122/104 联合工作组负责制定，包括 ISO 17358 应用要求、ISO 17363 货运集装箱、ISO 17364 装载单元、ISO 17365 运输单元、ISO 17366 产品包装、ISO 17367 产品标签。RFID 在动物追踪方面的标准由 ISO TC23/SC19 来制定，包括 ISO 11784/11785 RFID 畜牧业的应用，ISO 14223 RFID 畜牧业的应用——高级标签的空中接口、协议定义。从 ISO 制订的 RFID 标准内容来说，RFID 应用标准是在 RFID 编码、空中接口协议、读写器协议等基础标准之上，针对不同使用对象，确定了使用条件、标签尺寸、标签粘贴位置、数据内容格式、使用频段等方面特定应用要求的具体规范，同时也包括数据的完整性、人工识别等其他一些要求。通用标准提供了一个基本框架，应用标准是对它的补充和具体规定。这一标准制定思想，既保证了 RFID 技术具有互通与互操作性，又兼顾了应用领域的特点，能够很好地满足应用领域的具体要求。

3. EPCGlobal 的 RFID 标准化体系

EPC 概念的提出源于射频识别技术的发展和计算机网络技术的发展。射频识别技术的优点在于可以以无接触的方式实现远距离、多标签甚至在快速移动的状态下进行自动识别。计算机网络技术的发展，尤其是互联网技术的发展使得全球信息传递的即时性得到了基本保证。在此基础上，人们大胆设想将两项技术结合起来应用于物品标识和物流供应链的自动追踪管理，由此诞生了 EPC。EPC 的标准是由 EPCGlobal 建立和推动，主要面向物流供应链领域。

EPC 系统最终目标是为每一商品建立全球的、开放的标识标准，主要包括 6 个方面，见表 3-5。

表 3-5　EPC 系统的构成表

系统构成	名　称	注　释
EPC 编码体系	EPC 编码	用来标识目标的特定代码
射频识别系统	EPC 标签	贴在物品之上或者内嵌在物品之中
	读写器	识读 EPC 标签
信息网络系统	EPC 中间件	EPC 系统的软件支持系统
	对象名称解析服务（Object Naming Service，ONS）	
	EPC 信息服务（EPC IS）	

从表 3-5 可以看出，EPC 系统主要由 EPC 的编码体系、射频识别系统及信息网络系统三部分组成。

EPC 编码（Electronic Product Code）是与 EAN UCC 编码兼容的新一代编码标准，在 EPC 系统中 EPC 编码与现行全球贸易项目代码（GTIN）相结合，因而 EPC 并不是取代现行的条码标准，而是由现行的条码标准逐渐过渡到 EPC 标准。EPC 编码是存储在射频标签中的唯一信息，且已经得到 UCC 和 EAN 两个国际标准的主要监督机构的支持。EPC 的目标是提供对物理世界对象的唯一标识，它通过计算机网络来标识和访问单个物体，就如在互联网中使用 IP 地址来标识、组织和通信一样。

射频识别（RFID）系统由 EPC 标签和 EPC 标签读写器组成。其中，EPC 标签是产品电子代码的信息载体，由天线、集成电路、连接集成电路与天线的部分、天线所在的底层四部分构成。EPC 标签附着于跟踪的物体上，可全球流通并被 EPC 读写器识别和读写。读写器是用来识别 EPC 标签的电子装置，与信息网络系统相连实现数据的交换。EPC 读写器与 EPC 标签之间利用无线感应方式进行信息交换。

信息网络系统由本地网络和全球互联网组成，是实现信息管理、信息流通的功能模块。EPC 系统的信息网络系统是在全球互联网的基础上，通过 EPC 中间件、对象名称解析服务（ONS）和 EPC 信息服务（EPC IS）来实现全球"实物互联"或是"物联网"。EPC 中间件具有一系列特定属性的"程序模块"或"服务"，并被用户集成以满足他们的特定需求。EPC 中间件的主要任务是在将数据送往企业应用程序之前进行标签数据校对、读写器协调、数据传送、数据存储和任务管理。对象命名解析服务（ONS）是一个自动的网络服务系统，类似于域名系统（DNS），ONS 给 EPC 中间件指明了存储产品相关信息的服务器。EPC 信息服务提供了一个模块化、可扩展的数据和服务的接口，使得 EPC 的相关数据可以在企业内部或者企业之间共享，它处理与 EPC 相关的各种信息。

在由 EPC 标签、读写器、EPC 中间件、Internet、ONS 服务器、EPC 信息服务以及众多数据库组成的 EPC 物联网中，读写器读出的 EPC 只是一个信息参考，该信息经过网络，传到 ONS 服务器，找到该 EPC 对应的 IP 地址并获取该地址中存放的相关的物品信息。而采用分布式 EPC 中间件处理和管理由读写器读取的一连串 EPC 信息，EPC 中间件将 EPC 代码传给 ONS，ONS 指示 EPC 中间件到一个保存着产品文件的 EPC 信息服务器（EPC Information Server，EPC IS）查找，该文件可由 EPC 中间件复制，因而文件中的产品信息就能传到供应链上。EPC 系统的工作流程如图 3-14 所示。

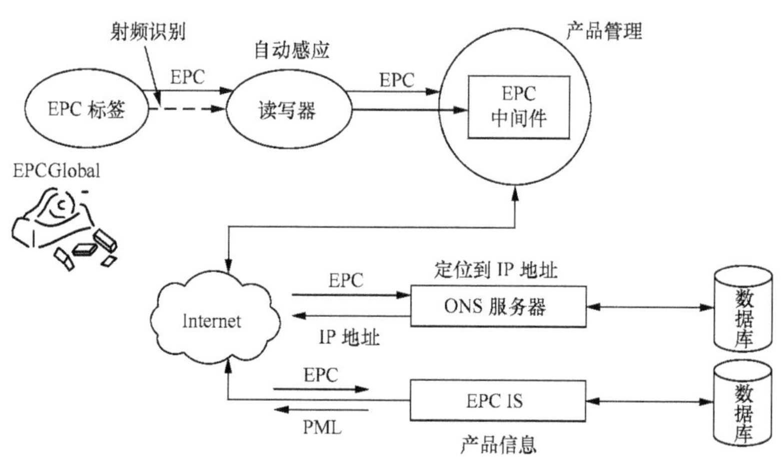

图 3-14　EPC 系统的工作流程

与 ISO 通用性 RFID 标准相比，EPCGlobal 标准体系是面向物流供应链领域，可以看成是一个应用标准。EPCGlobal 的目标是解决供应链的透明性和追踪性，透明性和追踪性是指供应链各环节中所有合作伙伴都能够了解单件物品的相关信息，如位置、生产日期等信息。为此，EPCGlobal 制定了 EPC 编码标准，它可以实现对所有物品提供单件唯一标识；

也制定了空中接口协议、读写器协议。这些协议与 ISO 标准体系类似。在空中接口方面，目前 EPCGlobal 的策略是尽量与 ISO 兼容，如 C1Gen2 UHF RFID 标准递交 ISO 将成为 ISO 18000 6C 标准。但 EPCGlobal 空中接口协议有它的局限范围，仅仅关注 UHF 860～930MHz。

除了信息采集以外，EPCGlobal 非常强调供应链各方之间的信息共享，为此制定了信息共享的物联网相关标准，包括 EPC 中间件规范、对象名解析服务（ONS）、物理标记语言（Physical Markup Language，PML）等。这样从信息的发布、信息资源的组织管理、信息服务的发现以及大量访问之间的协调等方面做出规定，形成了一个与现有互联网良好兼容的物联网标准体系。物联网标准是 EPCglobal 所特有的，ISO 仅仅考虑自动身份识别与数据采集的相关标准，数据采集以后如何处理、共享并没有做规定。物联网是未来的一个目标，对当前 RFID 应用系统建设来说具有长远的指导意义。

参考文献

[1] 李超，肖建，等．嵌入式 Linux 开发技术与应用．北京：电子工业出版社，2008.
[2] 王田苗，等．嵌入式系统设计与实例开发．北京：清华大学出版社，2006.
[3] 田裕鹏，姚恩涛，李开宇．传感器原理（第三版）．北京：科学出版社，2007.
[4] 孟立凡，蓝金辉．传感器原理与应用．北京：电子工业出版社，2007.
[5] 张洪润，张亚凡，邓洪敏．传感器原理及应用．北京：清华大学出版社，2008.
[6] 赵燕．传感器原理及应用．北京：北京大学出版社，2010.
[7] 戎华．光纤传感器的现状和应用．知识长廊，2005.
[8] 姚文山．光敏电阻器原理及检测方法．家电检修技术，2007(10).
[9] 百度百科．湿度传感器．http://baike.baidu.com/view/644959.htm? fr = ala0_1.
[10] 董雷，刘凯．RFID 技术在现代物流中的应用与实施研究[J]．物流科技，2010（1）：58-60.
[11] 彭玉芳．RFID 技术及在国内外的应用[J]．中国无线电，2010（3）：48-50.
[12] 张有光，杜万，张秀春，杨子强．全球三大 RFID 标准体系比较分析[J]．中国标准化，2006（3）：61-63.
[13] 周圆．基于物联网管理系统的 EPC 规范研究[D]．西南交通大学，2007.
[14] 田晓芳．EPC 物联网与信息共享技术的研究与实现[D]．中国地质大学，2005.
[15] 崔士津．RFID 系统关键技术研究[D]．哈尔滨工程大学，2008.
[16] 黎飞鸿．远距离高频段 RFID 读写器系统研究与设计实现[D]．华东师范大学，2007.
[17] 李秀萍．RFID 读写器及天线研究[D]．北京邮电大学，2009.
[18] 丁治国．RFID 关键技术研究与实现[D]．中国科学技术大学，2009.
[19] 董丽华，等．RFID 技术与应用．北京：电子工业出版社，2008.
[20] 周晓光，王晓华．射频识别（RFID）技术原理与应用实例．北京：人民邮电出版社，2006.

第 4 章

物联网通信

通信是物联网的关键功能，没有通信，物联网感知的大量信息无法进行有效的交换和共享，从而也不能利用基于这些物理世界的数据产生丰富的多层次的物联网应用。没有通信的保障，物联网设备无法接入虚拟数字世界，数字世界与物理世界的融合也无从谈起。物联网通信构成了物物互联的基础，是物联网从专业领域的应用系统发展成为大规模泛在信息化网络的关键。

由于物联网对通信的强烈需求，物联网通信包含了几乎现有的所有通信技术，包括有线和无线通信。然而考虑到物联网的泛在化特征，要求物联网设备的广泛互联和接入，最能体现该特征的是无线通信技术。正是无线通信技术的发展，使得大量的物和与物相关的电子设备能够接入到数字世界，而且能够适应现实世界的运动性。因此物联网虽然用到大量的有线通信技术，但本章重点介绍无线通信，包括移动通信网络、短距离无线通信和无线传感器网络三部分。

移动通信网络既包括无线的空中接口部分，也包括有线的核心网，并不严格区分。本章重点在于介绍现有的主流移动通信标准，特别是包含我国自主知识产权在内的第三代移动通信系统（3G）。

移动通信网络是一个广域的通信网络，需要中心化的基站和核心网来支持和维护移动终端间的通信。在物联网的应用场景中，传感器等物联网设备需要实时的交互共享信息，采用对等通信的方式，需要具有低功耗、无中心特征的短距离无线通信技术，无线传感器网络技术来建立局部范围内的物联网，再通过网关等特定设备接入互联网或广域核心网，成为名副其实的物联网。按照第 3 章中的分类，物联网设备分为一般的嵌入式系统和传感器两类。其中短距离无线通信技术目前主要用于包含嵌入式系统的电子设备之间的互联，无线传感器网络主要用于传感器之间的互联。

因此，考虑物联网的泛在特征，本章主要介绍与物联网密切相关的无线通信技术。同时考虑到全局网络和局部网络的关系，本章介绍了全局范围的移动通信网络、局部范围的无线短距离通信技术和无线传感器网络。

4.1 移动通信网络

移动通信网络具有覆盖广、建设成本低、部署方便、具备移动性等特点。而物联网的终端都需要以某种方式连接起来，发送或者接收数据（这些数据种类也是多种多样的，如声音、视频、普通信息数据等），即物联网需要一个无处不在的通信网络。考虑到方便性（需要数据线连接）、信息基础设施的可用性（不是所有地方都有方便的固定接入能力）以及一些应用场景本身需要随时监控的目标就是在移动状态下，因此移动通信网络将是物联网最主要的接入手段之一。

本节首先概述了移动通信的基本原理，分析移动通信的特点，并简要回顾了移动通信网络的发展历程。在此基础上，进一步对现有的 WCDMA、cdma2000、TD-SCDMA、WiMAX 和 LTE 5 种宽带移动通信系统的标准演进、网络架构和技术特点进行了简要介绍。

4.1.1 移动通信基本原理

1. 移动通信的特点

所谓移动通信就是移动物体之间的通信，或移动物体与固定物体之间的通信。移动物体可以是人，也可是汽车、火车、轮船、飞机等在移动状态中的物体。移动通信，顾名思义，其最本质的特色是“移动”二字，就是说这类通信不是传统静态的固定式通信，而是动态的移动式通信。

移动通信的发展可以从 1897 年马可尼做的移动物体与固定物体之间无线通信实验开始算起。1920 年美国开始使用警察车载无线电系统，它是工作在 2MHz 的专用移动系统，不能与公众网连接。1940 年美国的公用汽车电话网开始工作，实现了人工交换与公众电话网的接续。1960 年 150MHz 和 450MHz 移动通信系统实现了无线频道的自动选择和公众电话网的自动拨号接续。随着现代通信的发展，尤其是移动通信这一综合利用了有线和无线的传输方式商业化后，满足了人们在活动中与固定终端或其他移动载体上的对象进行通信联络的要求，移动通信有受时空限制少和实时性好的优点，从而得到了广泛的应用和迅速发展。

移动通信与有线通信比较起来，主要有以下不同之处。

（1）移动性。就是要保持物体在移动状态中的通信，因而它必须是无线通信，或无线与有线通信的结合。

（2）电波传播条件复杂。因为移动物体可能在各种环境中运动，电磁波在传播时会产生反射、折射、绕射、多普勒效应等现象，产生多径干扰、信号传播延迟和频谱展宽等现象。

（3）噪声和干扰严重。在城市环境中存在如汽车火花噪声、各种工业噪声，移动用户之间的互调干扰、邻道干扰、同频干扰等。

（4）系统和网络结构复杂。它是一个多用户通信系统和网络，必须使用户之间互不干扰，能协调一致地工作。此外，移动通信系统还应与市话网、卫星通信网、数据网等互联，整个网络结构比较复杂。

（5）要求频带利用率高，设备性能好。

移动通信以其可移动性而具有强大的生命力。由于移动通信是通过无线空间这一介质作为传播路径，这就决定了传播路径的开放性，但是也使得移动通信的无线电传播环境比有线通信更加恶劣。一方面，携带信息的电磁波的传输是扩散的；另一方面，地理环境复杂多变，用户移动随机不可预测，所有这些都造成了无线电波传输的损耗。因此，对无线电传播环境的了解研究，对整个移动系统的发展至关重要。

基站天线、移动用户天线和这两端天线之间的传播路径称之为无线移动信道。无线电波的传播路径可分为直射传播和非直射传播。一般情况下，在基站和移动台之间不存在直射信号，此时接收到的信号是发射信号经过若干次反射、绕射或散射后的叠加。而在某些空旷地区或基站天线较高时，可能存在直线传播路径。由于高大建筑物或远处高山等阻挡物的存在，常常会导致发射信号经过不同的传播路径到达接收端，这即是所谓的多径传播效应（Multipath Propagation）。多径信号经过不同的路径到达接收端时，具有不同的时延和入射角，这将导致接收信号的时延扩展（delay spread）和角度扩展（angle spread）。另外，移动用户在传播路径方向上的运动将使接收信号产生多普勒（Doppler）效应，其结果是导致接收信号在频域的扩展，同时改变了信号电平的变化率。

总之，传播的开放性、接收环境的复杂性和通信用户的随机移动性，这三个特点共同构成了移动通信的主要特点。上述的移动信道的主要特点和电磁传播的方式特点，决定了将会对无线信号的传输产生 3 类不同的损耗和 4 种效应。

3 类损耗包括路径传播损耗、大尺度衰落损耗、小尺度衰落损耗，具体含义如下。

（1）路径传播损耗。又称为衰耗，它是指电磁波在宏观大范围（即公里级）空间传播所产生的损耗。它反映了传播在空间距离的接收信号电平的变化趋势。

（2）大尺度衰落损耗。它是由于在电波传播路径上受到建筑物及山丘等的阻挡所产生的阴影效应而产生的损耗。它反映了中等范围内数百波长量级接收电平的均值变化而产生的损耗，一般遵从对数正态分布，其变化率较慢又称为慢衰落。

（3）小尺度衰落损耗。它主要是由于多径传播而产生的衰落，反映微观小范围内数十波长量级接收电平的均值变化而产生的损耗，一般遵从瑞利或莱斯分布。其变化率比慢衰耗快，所以称为小尺度衰落或快衰落。它又可以进一步划分为空间选择性衰落、频率选择性衰落、时间选择性衰落。选择性是指在不同的空间、频率、时间，其衰落特性不一样。

4 种效应包括阴影效应、远近效应、多径效应、多普勒效应，具体含义如下。

（1）阴影效应。由于大型建筑物和其他物体的阻挡，在电波传播的接收区域中产生传播半盲区。它类似于太阳光受阻挡后可产生的阴影，光波的波长较短，因此阴影可见，电磁波波长较长，阴影不可见，但是接收终端（如手机）与专用仪表可以测试出来。

（2）远近效应。由于接收用户的随机移动性，移动用户与基站之间的距离也是在随机变化，若各移动用户发射信号功率一样，那么到达基站时信号的强弱将不同，离基站近者信号强，离基站远者信号弱。通信系统中的非线性将进一步加重信号强弱的不平衡性，甚至出现了以强压弱的现象，并使弱者，即离基站较远的用户产生掉话（通信中断）现象，通常称这一现象为远近效应。

（3）多径效应。由于接收者所处地理环境的复杂性，使得接收到的信号不仅有直射波的主径信号，还有从不同建筑物反射过来以及绕射过来的多条不同路径信号，而且它们到达时的信号强度、到达时间以及到达时的载波相位都是不一样的。所接收到的信号是上述各路径信号的矢量和，也就是说多径信号之间可能产生自干扰，称这类自干扰为多径干扰或多径效应。这类多径干扰非常复杂，有时根本收不到主径直射波，收到的是一些连续反射波，等等。

（4）多普勒效应。由于接收用户处于高速移动中比如车载通信时传播频率的扩散而引起的，其扩散程度与用户运动速度成正比。这一现象只产生在高速（≥70km/h）车载通信时，而对于通常慢速移动的步行和准静态的室内通信，则不予考虑。

2. 移动通信的发展

移动通信从早期的大区制移动通信系统发展到后来的小区制蜂窝移动通信系统，主要是由于大区制下覆盖半径、系统容量的局限性所决定。小区制蜂窝通信具有小覆盖、小发射功率和资源重用等优点，决定了它在现代移动通信中的重要作用。蜂窝系统的概念和理论在20世纪60年代就由美国贝尔实验室等单位提了出来，但其复杂的控制系统（尤其是实现移动台的控制）直到20世纪70年代半导体技术的成熟、大规模集成电路设备和微处理器技术的发展以及表面贴装工艺的广泛应用，才为蜂窝移动通信的实现提供了技术基础。

（1）第一代移动通信系统

第一阶段是模拟蜂窝移动通信网，时间是20世纪70年代中期至80年代中期。这一阶段相对于以前的移动通信系统，最重要的突破是贝尔实验室在70年代提出的蜂窝网的概念。蜂窝网，即小区制，由于实现了频率复用，大大提高了系统容量。

第一代移动通信系统的典型代表是美国的AMPS系统和后来的改进型系统TACS，以及NMT和NTT等。AMPS系统使用模拟蜂窝传输的800MHz频带，在北美、南美和部分环太平洋国家广泛使用；TACS系统使用900MHz频带，分为ETACS（欧洲）和NTACS（日本）两种版本，英国、日本和部分亚洲国家广泛使用此标准。

第一代移动通信系统为模拟制式，以频分多址（FDMA）技术为基础，每隔30/25kHz有一个模拟用户信道。蜂窝移动通信的出现可以说是移动通信的一次革命，其频率复用技术大大增大了系统容量，网络智能化实现了越区转接和漫游功能，扩大了客户的服务范围。但上述模拟系统有以下缺点：频谱利用率低；业务种类有限；无高速数据业务；保密性差，易被窃听和盗号；设备成本高；体积大，重量大。

（2）第二代移动通信系统

为了解决模拟系统中存在的这些根本性技术缺陷，数字移动通信技术应运而生，这就是以GSM和IS-95为代表的第二代移动通信系统，时间是从20世纪80年代中期开始。第二代数字蜂窝移动通信系统的典型代表是美国的DAMPS系统、IS-95和欧洲的GSM系统。

GSM（全球移动通信系统）发源于欧洲，它是作为全球数字蜂窝通信的时分多址TDMA标准而设计的，支持64kbit/s的数据速率，可与ISDN互联。GSM使用900MHz

频带，使用1800MHz频带的称为DCS1800。GSM采用FDD双工方式和TDMA多址方式，每个载频支持8个信道，信号带宽200kHz。

DAMPS也称IS-54（北美数字蜂窝），使用800MHz频带，是两种北美数字蜂窝标准中推出较早的一种，指定使用TDMA多址方式。

IS-95是北美的另一种数字蜂窝标准，使用800MHz或1900MHz频带，指定使用CDMA多址方式，已成为美国PCS（个人通信服务）网的首选技术。CDMA应用于数字移动通信有以下优点。

① 系统容量大。CDMA数字移动通信网的系统容量理论上比模拟网大20倍，实际上比模拟网大10倍，比GSM大4.5倍。

② 系统通信质量更佳。软切换技术（先连接再断开）可以克服硬切换容易掉话的缺点。CDMA系统工作在相同的频率和带宽上，比TDMA系统更容易实现软切换技术，从而提高通信质量。CDMA系统采用确定声码器速率的自适应阈值技术，强有力的误码纠错、软切换技术和分离多径分集接收机，可提供极高的通信质量。

③ 频率规划灵活。用户按不同的序列码区分，不同CDMA载波可在相邻的小区内使用。因此CDMA网络的频率规划灵活，扩展简单。

④ 适用于多媒体通信系统。CDMA系统能方便地使用多CDMA信道方式和多CDMA帧方式传送不同速率要求的多媒体业务信息，处理方式和合成方式都比TDMA方式和FDMA方式灵活简便，有利于多媒体通信系统的应用。

由于第二代移动通信以传输话音和低速数据业务为目的，从1996年开始，为了解决中速数据传输问题，又出现了2.5G移动通信系统，如GPRS和IS-95B。

（3）第三代移动通信系统

第三代移动通信系统是一种能提供多种类型、高质量的多媒体业务，能实现全球无缝覆盖，具有全球漫游能力，与固定网络相兼容，并以小型便携式终端在任何时候、任何地点进行通信的通信系统。

3G系统与现有的2G系统有根本的不同。3G系统主要采用CDMA技术和分组交换技术，而不是2G系统通常采用的TDMA技术和电路交换技术。与现在的2G系统相比，3G将支持更多的用户，实现更高的传输速率。第三代移动通信系统的目标可以概括如下。

① 能实现全球漫游。用户可以在整个系统甚至全球范围内漫游，且可以在不同速率、不同运动状态下获得有质量保证的服务。

② 能提供多种业务。提供话音、可变速率的数据、视频会话等业务，特别是多媒体业务。

③ 能适应多种环境。可以综合现有的公众电话交换网（PSTN）、ISDN、无绳系统、地面移动通信系统、卫星通信系统，来提供无缝覆盖。

④ 足够的系统容量。强大的多种用户管理能力，高保密性能和高质量的服务。

3G移动通信系统将在下一节“宽带移动通信”中进行详细阐述。

4.1.2 宽带移动通信

由于前两代移动通信系统都只能支持话音和低速数据业务，只有第三代移动通信系统才能提供足够带宽支持多媒体业务，因此本节所说的宽带移动通信主要指第三代移动通信系统（3G），还包括正在向4G演进的LTE。第三代移动通信系统最早由国际电信联盟（ITU）于1985年提出，当时称为未来公众陆地移动通信系统（Future Public Land Mobile Telecommunication System，FPLMTS）。因为该系统的一期主频段位于2GHz频段附近，所以将其正式命名为IMT-2000。

3G标准化分为核心网和无线接口两部分。ITU最初的愿望是制定一个统一的无线接口标准和一个公共的网络标准，但因种种原因无法实现，所以ITU提出了一个“家族”的概念。核心网分别基于现有的第二代两大网络，即GSM MAP（GSM移动应用部分）和ANSI-41核心网来实现，而无线接口部分形成多个无线技术标准。经过一系列的评估与标准融合后，于1999年11月最终确定了第三代移动通信无线接口标准，并于2000年5月举行的ITU-T 2000年全会上最终得到批准通过，被正式命名为IMT-2000无线接口技术规范。此规范包括码分多址（CDMA）和时分多址（TDMA）两大类共5种技术，其中CDMA为目前公认的主流技术，它包括两种频分双工FDD和一种时分双工TDD技术，分别是IMT-2000 CDMA DS（WCDMA）、IMT-2000 CDMA MC（cdma2000）和IMT-2000 CDMA TD（TD-SCDMA和UTRA TDD）。2007年10月，ITU在日内瓦举行的无线通信（Radio Assembly）全体会议上，与会国家通过投票正式通过无线宽带技术WiMAX成为3G标准，以OFDMA WMAN TDD的名义成为3G新成员。LTE（Long Term Evolution，长期演进）是3GPP近两年来启动的最大的新技术研发项目，这种以OFDM/OFDMA为核心的技术，可以被看作“准4G”技术。它改进并增强了3G的空中接入技术，采用OFDM和MIMO作为其无线网络演进的唯一标准。当前，全球的移动通信产业对LTE都寄予了厚望，引起普遍关注，期望这一技术能够增强移动通信产业持续发展的能力。在2008年全球移动大会上，主流设备厂商不约而同地发布了LTE的研究成果和后续演进策略，LTE被进一步确立了向3G后续演进或者说向4G发展的核心地位。

在物联网中，采用新一代移动通信技术可实现无处不在的智能无线通信，移动通信网络将成为物联网最重要的信息基础设施，为人与人之间通信、人与网络之间的通信、物与物之间的通信提供服务。将推进国家传感信息中心建设，促进物联网与互联网、移动互联网融合发展。作为物联网产业中的重要一环，移动通信运营商也乘着3G的“东风”，不断推出3G行业应用，布局物联网。伴随着3G所带来的移动宽带能力，移动网络所支撑的物联网应用的前景更加广阔，物联网可能成为移动通信业的下一个巨大增长点。

下面分别对WCDMA、cdma2000、TD-SCDMA、WiMAX、LTE 5种宽带移动通信系统的标准演进过程和网络结构进行阐述。

1. WCDMA

（1）WCDMA的演进过程

IMT-2000 CDMA DS或称WCDMA最早由欧洲和日本提出，其核心网基于GSM/GPRS网络技术，空中接口采用直接序列扩频的宽带CDMA。目前这种方式得到欧洲、北美、亚太地区各GSM运营商和日本、韩国多数运营商的广泛支持，是第三代移动通信最具竞争力的技术之一。WCDMA的标准化工作主要由第三代合作伙伴计划（3rd Generation Partnership Project，3GPP）这一国际标准化组织来进行。3GPP成立于1998年12月，由欧洲的ETSI、日本的ARIB和TTC、韩国的TTA和美国的T1标准委员会等组成，采用欧洲和日本的

WCDMA 技术，构筑新的无线接入网络，在核心交换侧现有的 GSM 移动交换网络基础上平滑演进，提供更加多样化的业务。UTRA（Universal Terrestrial Radio Access）为无线接口的标准。

WCDMA 技术的标准化工作从 1999 年 12 月开始每三个月更新一次，目前已经有多个版本，包括 R99（WCDMA）、R4、R5（HSDPA）和 R6（HSUPA），以及 WCDMA 向 4G 演进的长期演进（Long Term Evolution，LTE）和 LTE-Advanced 相关的 R7、R8、R9 和 R10 等。下面介绍各版本标准，LTE 相关内容将在后面介绍。

① R99

R99 接入部分主要定义了全新的 5MHz 每载频的宽带码分多址接入网，采用了功率控制、软切换及更软切换等 CDMA 关键技术，基站只做基带处理和扩频，接入系统智能集中于 RNC 统一管理，引入了适于分组数据传输的协议和机制，数据速率可支持 144kbit/s、384kbit/s，理论上可达 2Mbit/s。基站和 RNC 之间采用基于 ATM 的 Iub 接口，RNC 分别通过基于 ATM AAL2 的 Iu-CS 和 AAL5 的 Iu-PS 分别与核心网的 CS 域和 PS 域相连。

在核心网定义的过程中，R99 充分考虑到了向下兼容 GPRS，其电路域与 GSM 完全兼容，通过编解码转换器实现话音由 ATM AAL2 至 64K 电路的转换，以便与 GSM MSC 互通。分组域仍然采用了 GPRS 的 SGSN 和 GGSN 的网络结构。相对于 GPRS，增加了服务级别的概念，分组域的业务质量保证能力提高，带宽增加。

从系统角度来看，系统仍然采用分组域和电路域分别承载与处理的方式，分别接入 PSTN 和公用数据网。从一般观点来看，R99 比较成熟，较适用于需要立即部署网络的新运营商，同时也适用于拥有 GSM/GPRS 网络的既有移动网络运营商，因其充分考虑了对现有产品的向下兼容及投资保护，目前的商业部署全都采用了 R99。

② R4

相对于 R99，R4 无线接入网网络结构没有改变，改变的只是一些接口协议的特性和功能的增强。R4 中最主要的特点是加入低码片速率 TDD 模式（LCR TDD），即由我国提出的 TD-SCDMA，提高无线接口性能并修改了相关规范中的无线射频和测试参数，在终端侧也加入相应 LCR TDD 的一致性测试规范。同时，还引入直放站来解决复杂地形覆盖问题，引入扇区降低终端和基站的发射功率的方法以提高容量；通过 Node B 同步减少系统邻近小区的交调干扰，降低传输网络的成本；引入 Iub 和 Iur 上的 AAL2 连接的 QoS 优化等。

R4 在电路域核心网中主要引入了基于软交换架构的分层架构，将呼叫控制与承载层相分离，通过 MSC、MGW 将话音和控制信令分组化，使电路交换域和分组交换域可以承载在一个公共的分组骨干网上。R4 主要实现了话音、数据、信令承载统一，这样可以有效降低承载网络的运营和维护成本，而在核心网中采用压缩话音的分组传送方式，可以节省传输带宽，降低传输建设成本。另外，由于控制和承载分离，使得 MGW 和 MSC 服务器可以灵活放置，提高了组网的灵活性，集中放置的服务器可以使业务的开展更快捷。由于 R4 网络主要是基于软交换结构的网络，为向 R5 的顺利演变奠定了基础。

③ R5（HSDPA）

WCDMA R5 在无线网络中主要引入了高速下行分组接入（High Speed Downlink Packet Access，HSDPA）的功能，下行理论峰值数据速率可高达 14.4Mbit/s。HSDPA 技术是提高 WCDMA 网络下行数据传输速率最为重要的技术，是 3GPP 在 R5 协议版本中为了满足上下行数据业务不对称的需求提出来的，它可以在不改变已经建设的 WCDMA 系统网络结构的基础上，大大提高用户下行数据业务速率。在 HSDPA 技术方案中，涉及的关键技术主要包括自适应编码调制、HARQ、快速蜂窝选择（FCS）、MIMO 等，在此不展开叙述。

在核心网，R5 协议引入了 IP 多媒体子系统（IMS）。IMS 叠加在分组域网络之上，由 CSCF（呼叫状态控制功能）、MGCF（媒体网关控制功能）、MRF（媒体资源功能）和 HSS（归属签约用户服务器）等功能实体组成。IMS 为多媒体业务（如 IP 网络上的音频、视频和短消息业务）提供支持，并提供呼叫控制功能。IMS 也包括媒体网关，提供与传统网络（如 PSTN）进行互通的能力，并能实现其他资源密集型功能（如将多方会议和代码转换后传送来的媒体流进行混合）。与 CS 域不同，信令实体（CSCF）与媒体处理是完全分离的。CSCF 使用会话发起协议（SIP）与媒体网关控制功能（MGCF）进行通信，而 MGCF 采用 ITU-T 的 H.248 协议对媒体网关进行控制。MGCF 在信令平面也提供必要的与外部网络互通的功能。IMS 的引入，为开展基于 IP 技术的多媒体业务创造了条件。

④ R6（HSUPA）

R6 功能于 2004 年 12 月确定。在网络架构方面，R6 没有太大的变更，主要是增加了一些新的功能特性，以及对已有功能特性的增强，主要包括以下几方面。

首先是引入高速上行分组接入（High Speed Uplink Packet Access，HSUPA）的方案，可以使最高上行速率达到 5.76Mbit/s。HSUPA 是 3GPP 协议体系在 R6 中引入的无线上行链路增强技术。HSUPA 通过采用多码传输、HARQ、基于 Node B 的快速调度以及 2ms 传输时间间隔的短帧传输等关键技术，使得单小区最大上行数据吞吐率达到 5.76Mbit/s，大大增强了 WCDMA 上行链路的数据业务承载能力和频谱利用率。

其次是提供多媒体广播和多播业务（MBMS）。增加广播和多播中心功能实体，另外基于广播需求对空中信道、接入网和核心网接口信令进行修改。

再次是进入 IMS 第二阶段。这是在 R5 IMS 第一阶段基础上提供的新特性，基于不同 IP 连接网的 IMS 互通，包括 3GPP IMS 用户与 3GPP2 IMS、固网 IMS 等用户之间的互通。

然后是支持 WLAN-UMTS 互通，通过 WLAN 接入的用户可与 UMTS 用户一样使用移动网业务，其间需要多个互通层面，包括统一鉴权、计费、利用移动网提供的分组业务和 IMS 业务、不同接入方式切换时业务不中断。

最后是增强 QoS，提供端到端 QoS 动态策略控制。

（2）WCDMA 系统结构

通用移动通信系统（Universal Mobile Telecommunications System，UMTS）是采用 WCDMA 空中接口技术的第三代移动通信系统，通常也把 UMTS 系统称为 WCDMA 通信系统。UMTS 系统采用了与第二代移动通信系统类似的结构，包括 UMTS 陆地无线接入网（UMTS Terrestrial Radio Access Network，UTRAN）和核心网络（Core Network，CN）。其中 UTRAN 处理所有与无线有关的功能，而 CN 处理 UMTS 系统内所有的话音呼叫和数据连接，并实现与外部网络的交换和路由功能。CN 从逻辑上分为电路交换域和分组交换域。UTRAN、CN 与用户设备（User Equipment，UE）一起构成了整个 UMTS 系统，其系统结构如图 4-1 所示。

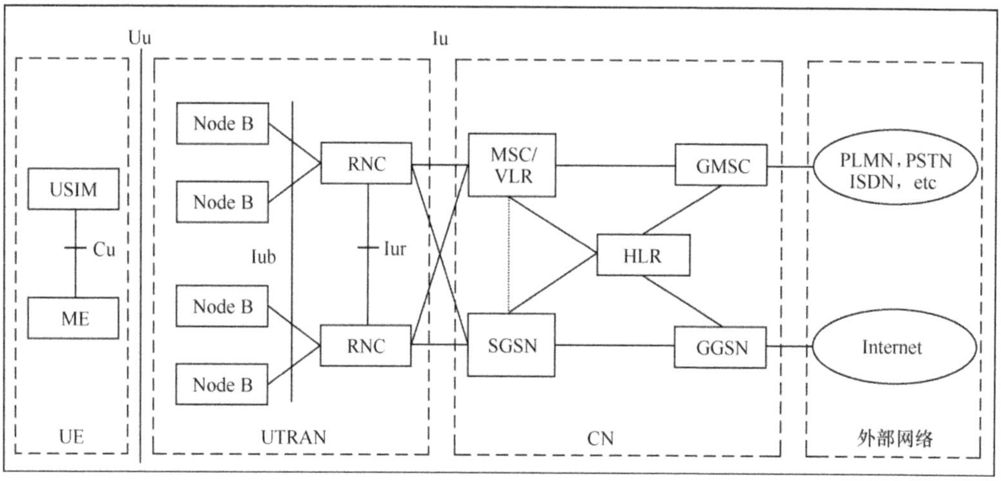

图 4-1 UMTS 系统网络结构图

从图 4-1 中可以看出 UMTS 系统的网络单元包括如下部分。

① UE

UE 是用户终端设备，它主要包括射频处理单元、基带处理单元、协议栈模块以及应用层软件模块等。UE 通过 Uu 接口与网络设备进行数据交互，为用户提供电路域和分组域内的各种业务功能，包括普通话音、数据通信、移动多媒体、Internet 应用（如 E-mail、WWW 浏览、FTP 等）。

UE 从逻辑上包括移动设备（ME）和用户身份模块（SIM）。移动设备由无线电通信设备组成，而身份模块包含着用户的身份信息。移动设备和身份模块的分离使得用户和设备可以分开使用，这样允许用户通过插入身份模块可以切换到另一台设备上使用。网络支持两种身份模块：与 GSM 系统类似的用户身份模块（SIM）和 UMTS 系统用户身份模块（USIM），具体使用何种身份模块取决于移动设备是属于基于 GSM 的系统还是基于 UMTS 的系统。

② UTRAN

UTRAN 由基站（Node B）和无线网络控制器（Radio Network Controller，RNC）两部分组成。

Node B 是 WCDMA 系统的基站，即无线收发信机，包括无线收发信机和基带处理部件，通过标准的 Iub 接口和 RNC 互联，主要完成 Uu 接口物理层协议的处理。它的主要功能是扩频、调制、信道编码及解扩、解调。信道解码还包括基带信号和射频信号的相互转换等功能。Node B 由下列几个逻辑功能模块构成：射频收发放大、射频收发系统、基带部分、传输接口单元和基站控制部分。

RNC 是无线网络控制器，主要完成连接建立和断开、切换、宏分集合并、无线资源管理控制等功能，具体为：执行系统信息广播与系统接入控制功能；切换和 RNC 迁移等移动性管理功能；宏分集合并、功率控制、无线承载分配等无线资源管理和控制功能。

③ CN

CN 即核心网络，负责与其他网络的连接以及对 UE 的通信和管理，主要功能实体包括 MSC/VLR、GMSC、SGSN、GGSN 和 HLR 等。

MSC/VLR 是 WCDMA 核心网 CS 域功能节点。它通过 Iu-CS 接口与 UTRAN 相连，通过 PSTN/ISDN 接口与外部网络（PSTN、ISDN 等）相连，通过 C/D 接口与 HLR/AuC 相连，通过 E 接口与其他 MSC/VLR、GMSC 相连，通过 CAP 接口与 SCP 相连，通过 Gs 接口与 SGSN 相连。MSC/VLR 的主要功能是提供 CS 域的呼叫控制、移动性管理、鉴权和加密等功能。

GMSC 是 WCDMA 移动网 CS 域与外部网络之间的网关节点，是可选功能节点。它通过 PSTN/ISDN 接口与外部网络（PSTN、ISDN）、PLMN 等相连，通过 C 接口与 HLR 相连，通过 CAP 接口与 SCP 相连。GMSC 的主要功能是充当移动网和固定网之间的移动关口局，完成 PSTN 用户呼叫移动用户时的路由功能，承担路由分析、网间接续、网间结算等重要功能。

SGSN（服务 GPRS 支持节点）是 WCDMA 核心网 PS 域功能节点，它通过 Iu-PS 接口与 UTRAN 相连，通过 Gn/Gp 接口与 GGSN 相连，通过 Gr 接口与 HLR/AuC 相连，通过 Gs 接口与 MSC/VLR 相连，通过 Ge 接口与 SCP 相连，通过 Gd 接口与 SMS-GMSC/SMS-IWMSC 相连，通过 Ga 接口与 CG 相连，通过 Gn/Gp 接口与 SGSN 相连。SGSN 能够处理用户的数据流，具有包括初始认证与授权、访问控制、计费与数据采集、无线资源管理、分组载体生成与保持、地址映射与转换、路由与移动性管理（在本服务区内）、分组压缩、RAN 传输加密等功能。PS 核心网与移动设备之间用于主动分组会话的相关信息被封装在一种分组数据协议环境中，该环境包括完成 SGSN 功能所必需的各种信息，包括所用分组数据协议的类型、相关地址、GGSN 上行数据流地址、进出接入网的分组路由等信息。

GGSN（网关 GPRS 支持节点）是 WCDMA 核心网 PS 域功能节点，通过 Gn/Gp 接口与 SGSN 相连，通过 Gi 接口与外部数据网络 Internet 相连。GGSN 提供数据包在 WCDMA 移动网和外部数据网之间的路由和封装。GGSN 主要功能是连接外部 IP 分组网络的接口，GGSN 需要提供 UE 接入外部分组网络的关口功能，从外部网络的观点来看，GGSN 就像是可寻址 WCDMA 移动网络中所有用户 IP 的路由器，需要同外部网络交换路由信息。GGSN 通常位于 PS 域的边缘，并将从外部网络进来的分组数据流引入 UMTS 网络，反之亦然。GGSN 在移动性管理、分组路由、封装和地址转换等方面扮演着重要的角色。GGSN 最显著的作用是将移动设备的输入数据流重定向到它当前所在的 SGSN。

HLR（归属位置寄存器）是 WCDMA 核心网 CS 域和 PS 域共有的功能节点，它通过 C 接口与 MSC/VLR 或 GMSC 相连，通过 Gr 接口与 SGSN 相连，通过 Gc 接口与 GGSN 相连，HLR 的主要功能是提供用户的签约信息存放、新业务支持等功能。

④ 外部网络

外部网络可以分为电路交换网络（CS Network）和分组交换网络（PS Network）两类。电路交换网络提供电路交换的连接服务，像通话服务。ISDN 和 PSTN 均属于电路交换网络。分组交换网络提供数据包的连接服务，Internet 属于分组数据交换网络。

2. cdma2000

IMT-2000 CDMA MC（或称 cdma2000）由北美最早提出，其核心网采用演进的 IS-95 CDMA 核心网——ANSI-41，能与现有的 IS-95 CDMA 后向兼容。cdma2000 技术得到 IS-95 CDMA 运营商的支持，主要分布在北美和亚太地区。其无线单载波 cdma2000 1x 采用与

IS-95 相同的带宽，但容量提高了一倍，第一阶段支持 144kbit/s 业务速率，第二阶段支持 614kbit/s。cdma2000 的标准化工作主要在 3GPP2 展开，目前已完成 cdma2000 1x 的标准化工作，但后续技术 cdma2000 3x 三载波方式技术较复杂，标准化和商用前景尚不明朗。目前增强型单载波 cdma2000 1x EV 在技术发展中较受重视，标准化工作正在进行，极具商用潜力，其中包括 DO（Data Only）和 DV（Data and Voice）两个阶段，韩国和美国已于 2001 年年初成功商用 cdma2000 1x，1x EV-DO 也已有北美和日本的几个运营商宣布采用。

cdma2000 的技术演进路线如图 4-2 所示，其中空中接口系列标准包括 cdmaOne、cdma2000 1x、1x EV-DO 和 1x EV-DV，核心网与无线接入网独立向前发展。

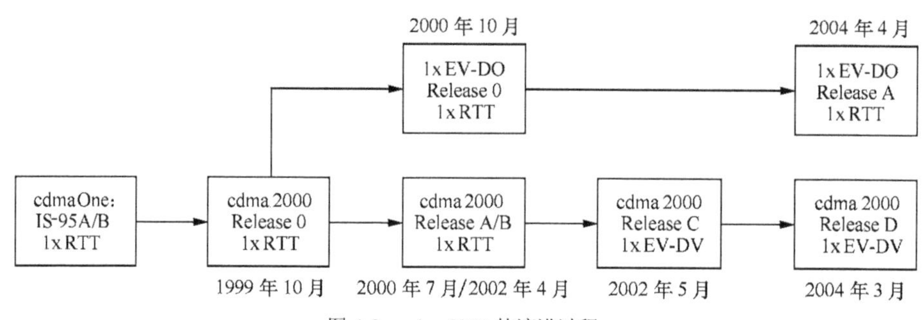

图 4-2　cdma2000 的演进过程

① cdmaOne

IS-95A 是 1995 年美国 TIA 正式颁布的窄带 CDMA（N-CDMA）标准，属于北美第二代移动通信系统标准之一，主要支持话音业务。IS-95B 是 IS-95A 的进一步发展，于 1998 年制定的标准，主要目的是能满足更高的比特速率业务的需求，IS-95B 可提供的理论最大比特速率为 115kbit/s，实际只能实现 64kbit/s。IS-95A 和 IS-95B 均有一系列标准，其总称为 IS-95。

cdmaOne 是基于 IS-95 标准的各种 CDMA 产品的总称，即所有基于 cdmaOne 技术的产品，其核心技术均以 IS-95 作为标准。

② cdma2000 1x

cdma2000 1x 完全后向兼容 IS-95。核心网部分增加了分组域以支持较高速率的分组数据业务，空中接口使用了前向快速功率控制、反向信道相干解调、快速寻呼、Turbo 码等关键技术，目的是改善无线传送的质量，提高频谱效率及系统容量。cdma2000 1x 具有 3G 系统的部分功能，可以从 IS-95 进行平滑升级，两者的商用时间之间的间隔不太长，业界有时也将 cdma2000 1x 作为 2.5G 系统看待。由于 cdma2000 1x 完全兼容 IS-95 系统功能，所以本节仅介绍 cdma2000 1x 的演进，而不再赘述 IS-95 向 cdma2000 的演进情况。

目前 cdma2000 1x 已经发展出 cdma2000 Release 0、Release A、Release B、Release C 和 Release D 5 个版本，商用较多的是 Release 0，部分运营网络引入了 Release A 的一些功能特性。Release B 作为中间版本被跨越，1x EV-DV 对应于 cdma2000 Release C 和 Release D。其中，Release C 增加了前向高速分组传送功能，Release D 增加了反向高速分组传送功能。

③ 1x EV-DO

1x EV-DO 是一种专为高速分组数据传送而优化设计的 cdma2000 空中接口技术，已经发展出 Release 0 和 Release A 两个版本。其中，Release 0 版本可以支持非实时、非对称的高速分组数据业务；Release A 版本可以同时支持实时、对称的高速分组数据业务传送。1x EV-DO 利用独立的载波提供高速分组数据业务，它可以单独组网，也可以与 cdma2000 1x 混合组网以弥补后者在高速分组数据业务提供能力上的不足。

1x EV-DO 前向链路采用了多种优化措施以提高前向数据吞吐量和频谱利用率，前向链路峰值速率可以达到 2.4Mbit/s；反向链路设计与 cdma2000 1x 有许多共同点，反向链路速率与 cdma2000 1x 相同。

在网络结构方面，1x EV-DO 与 cdma2000 1x 的无线接入网在逻辑功能上是相互独立的，分组核心网可以共用，这样既实现了高速分组数据业务的重点覆盖，又不会对 cdma2000 1x 网络和业务造成明显影响。

1x EV-DO 可以作为高速分组数据业务的专用网，并提供话音和中低速分组数据业务；同时利用 cdma2000 1x 网络的广域覆盖特性以弥补 1x EV-DO 网络建设初期在覆盖上的不足。

由于存在技术特点、网络结构、业务互补性等多方面的相容性，从 cdma2000 1x 向 1x EV-DO 演进，有利于快速部署网络，降低设备投资和网络运行维护成本。目前，1x EV-DO Release 0 在日本、韩国及美国等多个国家获得了成功。

④ 1x EV-DV

1x EV-DV 是对 cdma2000 1x 技术标准的继承和发展，它继承了 cdma2000 1x 的网络架构，使用与 cdma2000 1x 相同的频段。其主导思想是在 cdma2000 1x 载波的基础上提升前向和反向分组传送的速率并提供业务 QoS 保证。1x EV-DV 的物理层采用重传机制、时分与码分复用相结合及自适应调制编码等先进技术实现高效传输，其 MAC 层采用灵活的资源调度机制以提高系统资源的利用效率。此外，它还增加了用户分类和业务流分类机制以保障业务的 QoS。

1x EV-DV 把话音和分组数据业务放在同一个载波中传送，并且要求提供更高速率的数据业务服务，在技术实现和实际组网上都存在一定的困难。1x EV-DV 距离真正商用还有很长一段距离，最重要的因素在于市场对这一技术的需求和接受程度。全球主要的 cdma2000 运营商普遍认为 1x EV-DO 能够对高速无线数据及其应用提供良好的支持，而且在 1x EV-DO 的 Release A 版本上能够保证高效的 QoS，并在此基础之上提供诸如 VoIP 之类的实时业务。也就是说，1x EV-DV 并不具备明显的技术优势。同时，由于 1x EV-DV 标准较 1x EV-DO 复杂，在技术实现和开发进度上明显滞后于 1x EV-DO。因此，出于对以上两方面原因的考虑，国际上越来越多的主流 cdma2000 运营商对 1x EV-DV 的需求明显降低，而纷纷选择 1x EV-DO。

3. TD-SCDMA

（1）TD-SCDMA 的演进

IMT-2000 CDMA TD 为 TDD 方式，包括欧洲的 UTRAN TDD 和我国提出的 TD-SCDMA 技术。在 IMT-2000 中，TDD 拥有自己独立的频谱，并部分采用了智能天线和上行同步技术，适合高密度低速接入、小范围覆盖、不对称数据传输。2001 年 3 月 3GPP 通过 R4 版本，TD-SCDMA 被接纳为正式标准。

TD-SCDMA 采用直接序列扩频、低码片速率的 TDD（时分双工）模式，码片速率为

1.28Mchip/s，载波带宽为 1.6MHz。TD-SCDMA 采用了 TDD 方式，这使得它具有区别于其他两种标准的突出特点。TD-SCDMA 在系统性能方面具有明显的竞争优势，系统容量大，抗干扰能力强，频谱利用率高。系统可以在带宽为 1.6MHz 的单载波上提供高达 2Mbit/s 的数据业务和 48 路话音通信。

TD-SCDMA 不需要成对的工作频段，这对缓解当前移动频段资源紧张的问题是极为重要的。由于其节约了大量昂贵的频谱资源。同时采用低码片速率，以及对基站射频设计采取有效措施，显著地降低了硬件设备制造的技术难度，整个网络的投资费用大幅度降低。TD-SCDMA 能够提供第三代移动通信系统所规定的各种业务，包括高质量的话音、宽带数据和多媒体业务，尤其适合今后将迅速发展的 IP 等非对称数据业务。

TD-SCDMA 的演进从引入新技术角度和峰值速率角度大体可分为 4 个阶段：TD-SCDMA、HSPA TDD、LTE TDD、TDD 未来演进阶段（TDD B3G/4G）。

① TD-SCDMA 阶段

TD-SCDMA 阶段就是现在的 TD-SCDMA 系统，采用了智能天线、联合检测、动态信道分配、软件无线电、上行同步码分多址技术、接力切换、低码片速率、多时隙、可变扩频、自适应功率调整和 3GPP 提出的高层协议和核心网。TD-SCDMA 核心网采用 3GPP R4 版本。

TD-SCDMA 与 WCDMA 系统有很好的兼容性，并且满足了国际电联和 3GPP 提出的 3G 系统的指标要求，实现了 3G 的各种场景环境。由于采用 TDD 模式，上下行链路使用同一频率，同一时刻上下行链路的空间物理特性相似，可以采取一些自适应无线信号处理技术，同时实现上下行链路间的灵活切换。TD-SCDMA 与联合检测相结合，在传输容量方面有显著增益。通过引进智能天线，容量还可以进一步提高。

② HSPA TDD 阶段

TD-SCDMA 演进的第二阶段主要包括引入高速下行分组接入（HSDPA）和高速上行分组接入（HSUPA）。高速分组接入 HSPA 可以在现有 TD-SCDMA 网络的基础上进行演进，在无线接入网络进行相应地修改，使得下行传输速率提升到每载波 2.8Mbit/s，其中网络架构及核心网络保持不变。HSPA 为运营商提供了更广阔的空间，为数据业务最终超过话音业务奠定了技术基础。

HSPA 与普通传输技术相比，其主要区别在于对信道质量变化进行补偿。普通传输技术通过快速功率控制维持恒定的数据速率，适合实时数据的传输，如话音业务。而在 HSPA 中，所有用户的下行总发射功率在传输过程中维持恒定。假定每个用户的功率保持恒定，则离基站近的用户路损较小，干扰较低，从而信道容量更高；离基站远的用户信道容量相对较低，HSPA 通过改变编码调制方式，以及 HARQ 机制来使数据速率随信道容量的变化而变化。显然，这种方式不能用于承载实时业务，但对数据业务则非常合适。在这个阶段里，根据 3GPP 的 R5 版本，基于全 IP 的核心网将建成并投入使用，并引入 IMS 以提供基于 IP 的服务质量（QoS）。

③ LTE TDD 阶段

TD-SCDMA 演进的第三个阶段则是 LTE。LTE TDD 是 TD-SCDMA 在向 4G 系统演进过程中的过渡阶段，目的是在 3G 的平台上使用 4G 的技术，为 3G 系统向 4G 系统的平滑过渡起到良好的铺垫作用。现在 LTE 的大部分研究都集中在物理层，这个阶段的传输性能和通信参数与 TDD 未来演进十分接近，大多数技术特点是用于增强系统性能的，如使用 MIMO、OFDM、灵活的带宽选择和分布式无线接入网络。通过使用 MIMO 和 OFDM 技术，在 20MHz 的带宽内下行峰值速率可达到 100Mbit/s，上行可达到 50Mbit/s。所有的服务在共享和公用信道上提供，并且将使用基于全 IP 的核心网。

MIMO-OFDMA 是下一代通信系统中最具有革命性的技术，是 3GPP LTE 提高峰值速率和服务质量的基础。MIMO 多天线技术在提高频带利用率方面有杰出表现，然而，占用频带越宽，多径现象越明显。传统的单载波系统为了实现 MIMO 检测而大大增加了接收机的复杂度，而 OFDM 的出现恰好可以解决这一问题。

OFDM 可以有效减弱频率选择性衰落的影响和符号间干扰，所以很适合在无线宽带信道中实现高速率数据的传输。同时，OFDM 由于使用了 FFT 而变得容易实现，并且在每个子载波上使用自适应编码调制，可以更有效地利用频带。OFDM 的这些特点使其在 LTE 和 B3G 系统中极具竞争力。把 MIMO 和 OFDM 相结合，有频率选择性的 MIMO 信道可以被分成许多平坦的子信道，同时 MIMO 的检测系统也被简化。

④ TDD B3G/4G

对于基于 TD-SCDMA 的后 3G 或者 4G 系统来说，将采用 TDD 模式，主要目的在于实现先进国际移动通信（IMT-Advanced）提出的高速和低速移动环境下峰值速率分别达 100Mbit/s 和 1Gbit/s 的无线传输能力，使用的关键技术包括感知无线电、网络感知等，还将支持无线泛在服务（Wireless Ubiquitous Service）环境下的各种无线通信机制融合。在泛在服务体系架构下，采用各种先进技术，如超宽带（UWB）技术、感知无线电（Cognitive Radio）和网络感知技术等，以提供高速的数据传输和最佳的网络接入和网络布置方案。

在 TDD 未来演进时代，空中接口网络的多样性和共存性使得用户可以得到多样化的服务，但同时也给用户在不同系统之间进行切换、漫游带来很多不便，尤其是终端要适应于各种接入网络，并且实现起来不可过于复杂，成本也不可过高。结合软件无线电技术，终端可下载不同标准的接入网模式和流程，实现终端在不同网络之间的兼容。

（2）TD-SCDMA 的关键技术

TD-SCDMA 的关键技术包括多用户检测、智能天线、软件无线电等，下面简单介绍各种技术的特点和作用。

① 多用户检测

多用户检测是宽带 CDMA 通信系统中抗干扰的关键技术。在实际的 CDMA 通信系统中，各个用户信号之间存在一定的相关性，这就是多址干扰问题存在的根源。由个别用户产生的多址干扰固然很小，可是随着用户数的增加或信号功率的增大，多址干扰就成为宽带 CDMA 通信系统的一个主要干扰。由于传统的检测技术完全按照经典直接序列扩频理论对每个用户的信号分别进行扩频码匹配处理，因而抗多址干扰能力较差。多用户检测技术在传统检测技术的基础上，充分利用造成多址干扰的所有用户信号信息对单个用户的信号进行检测，从而具有优良的抗干扰性能，解决了远近效应问题，降低了系统对功率控制精度的要求，因此可以更加有效地利用链路频谱资源，显著提高系统容量。

② 智能天线

TD-SCDMA 系统由于结合了智能天线技术和多用户检测的迫零块线形均衡技术的优势从而实现了很高的性能。与传统的多扇区和全向天线不同，典型的 TD-SCDMA 系统配置的智能天线是由 8 个天线元素组成的天线阵列。

智能天线在上行链路采用空分技术，下行采用波束成型技术。而由于 TDD 的特点，可以很容易地使用上行链路的波束赋形矩阵得到下行链路的波束赋形矩阵，而且上下行链路具有对称的传输性能。在 TD-SCDMA 系统的发送端，智能天线根据接收到的移动台的信号在天线阵列上产生的相位差，利用 DSP 算法提取出移动台的位置信息，利用这个位置信息可以在基站的天线阵列产生多个波束赋形，每个波束指向一个特定的移动台并不断地跟踪它，从而可以有效地减少同频干扰，提高下行链路的容量。在接收端，智能天线通过空间选择性分集，可以大大提高接收机的灵敏度，有效合并多径分量，抵消多径衰落，提高上行链路容量。

③ 软件无线电

软件无线电是将标准化、模块化的硬件功能单元经过一个通用硬件平台，利用软件加载方式来实现各种类型的无线电通信系统的一种具有开放式结构的新技术。软件无线电的核心思想是在尽可能靠近天线的地方使用宽带 A/D 和 D/A 转换器，并尽可能多地用软件来定义无线功能，各种功能和信号处理都尽可能用软件实现。其软件系统包括各类无线信令规则与处理软件、信号流变换软件、信源编码软件、信道纠错编码软件、调制解调算法软件等。软件无线电使得系统具有灵活性和适应性，能够适应不同的网络和空中接口，并且它能支持采用不同空中接口的多模式手机和基站，能实现各种应用的可变服务质量控制。

④ 动态信道分配

动态信道分配（Dynamic Channel Allocation, DCA）的目的是进一步减少干扰，增加系统容量。与 2G 系统使用固定信道分配（Fixed Channel Allocation，FCA）不同，TD-SCDMA 系统提供的各种各样的对称和非对称服务需要更加灵活的信道分配体制。采用 DCA 策略可确保蜂窝系统能预见在不同的负载情况下需要分配的无线资源，因此能有效增加传输量、减少干扰、增加系统容量。

TD-SCDMA 系统继承了 CDMA 和 TDMA 的优点，一个典型的物理信道可以被载波频率、时隙和扩频码共同确定。在 TD-SCDMA 系统中，DCA 算法由 RNC 集中执行。具体而言，RNC 综合各种信息，包括路径损耗、可用的频率、时隙等，为目标终端附近的若干小区分配可用资源。在实际操作中，信道动态分配分为两个阶段：第一阶段是当呼叫建立时，执行慢速 DCA 对信道进行分配；第二阶段是当呼叫接入后，为了保证业务质量，DCA 使用快速 DCA 对资源进行再分配。

⑤ 接力切换

接力切换技术是 TD-SCDMA 系统的关键特征。该技术利用了软切换与硬切换技术的优点，基于同步 CDMA 和智能天线技术的信息，接力切换具有相当高的效率。这是因为系统能对移动终端进行精确的定位。在 TD-SCDMA 系统中，接力切换同时支持同频率切换和不同频率切换，而且具有相当高的切换精度。在与不同系统的切换过程中，其切换时延与在 TD-SCDMA 系统内切换的时延比较接近。接力切换的过程由三步组成：首先，移动台监听当前基站的广播信道以获得邻近小区的信息，包括位置、频率、发射功率、传输时延等；然后，当移动台发现处于切换极限时，系统发出切换命令，此时移动台给目标基站发出上行导频信号和闭环同步信号，同时保持与原基站信号和服务的联系；最后，在信号联系（例如与目标基站进行开环同步）被建立之后，移动终端中断与原基站的服务连接并与目标基站建立连接。

4. WiMAX

（1）WiMAX 的演进

1999 年，IEEE 802 局域网（LAN）/城域网（MAN）成立了 802.16 工作组来专门研究宽带无线接入标准，主要任务是制定一个全球统一的宽带无线接入标准，解决“最后一公里”的宽带无线城域网接入问题。IEEE 802.16 工作组由 3 个小工作组组成，每个小工作组分别负责不同方面：IEEE 802.16.1 负责制定频率范围在 10～66GHz 的无线接口标准；IEEE 802.16.2 负责制定宽带无线接入系统共存方面的标准；IEEE 802.16.3 负责制定频率范围在 2～11GHz 的无线接口标准。随着技术标准的不断发展，新的工作组也逐步形成，包括针对客户端能在 802.16 基站之间自由切换和漫游的 802.16e 工作组，以及旨在改进基站覆盖范围的 MESH 网络特别委员会——802.16f 工作组。

IEEE 802.16 工作组主要制定无线城域网的物理层和 MAC 层的规范和标准，但一个标准的通过并不意味着这项技术一定会被市场所接纳。为了促进 802.16 标准的发展完善和市场推广，一些世界知名通信企业联合发起了全球微波接入互操作性（World Interoperability for Microwave Access，WiMAX）论坛，在全球范围内推广 802.16 协议，从此 WiMAX 成为了 802.16 的代名词。

IEEE 802.16 标准规定了多业务点对多点宽带无线接入系统的空中标准，主要对物理层和 MAC 层进行了规范。到目前为止，IEEE 802.16 标准系列主要包括 IEEE 802.16-2001、IEEE 802.16a、IEEE 802.16c、IEEE 802.16-2004（也称为 802.16d）、IEEE 802.16e-2005、IEEE 802.16f、IEEE 802.16g、IEEE 802.16j、IEEE 802.16k 和 IEEE 802.16-2009 共 10 个标准。其中 IEEE 802.16、IEEE 802.16a 和 IEEE 802.16-2004 属于固定宽带无线接入空中接口标准；IEEE 802.16e-2005 属于移动宽带无线接入空中接口标准；IEEE 802.16f 定义了 IEEE 802.16 系统 MAC 层和物理层管理信息块以及相关的管理流程；IEEE 802.16g 规定了 802.16 系统管理流程和接口，以实现 802.16 设备之间的互操作性以及对网络资源、频谱资源和移动性的有效管理；802.16-2009 对上述已有的标准进行了综合，是 802.16 的最新版本；IEEE 802.16j 和 IEEE 802.16k 分别定义了移动多跳中继和 MAC 层网桥的相关规范。另外还有 IEEE 802.16m 标准正在制定中，它不属于 WiMAX 标准，但可以在两个标准之间建立一个共享平台。IEEE 802.16m 标准还将兼容未来的 4G 标准网络。

下面主要对 802.16d 和 802.16e 两个标准进行概述。

① IEEE 802.16d 协议

802.16d 标准是 802.16 标准系列中相对比较成熟并且最具有实用性的一个标准版本，它对 IEEE 802.16 和 802.16a 进行了整合和修订，详细规定了 10～66GHz 频段和小于 11GHz 频段的固定宽带无线接入空中接口的标准。IEEE 802.16d 协议标准是按照两层结构体系组织的，它的协议结构由一个物理层和一个 MAC 层组成。

物理层定义了两种双工方式：TDD 和 FDD，这两种方式都使用突发数据传输格式，这种传输机制支持自适应的突发业务数据，传输参数（调制方式、编码方式、发射功率等）可以动态调整，但是需要 MAC 层协助完成。

MAC 层分为了 3 个子层：业务汇聚子层（Convergence Sub-layer，CS）、公共部分子层（Common Part Sub-layer，CPS）和安全子层（Security Sub-layer，SS）。CS 负责处理外部网络数据与 MAC 业务流的映射。CPS 是 MAC 的核心部分，主要功能包括系统接入、带宽分配、连接建立和连接维护等，它通过 MAC SAP 接收来自各种 CS 的数据并映射到特定的 MAC 连接，同时通过物理层保证数据传输和调度的 QoS。SS 提供加密、鉴权、密钥交换等与安全有关的功能，保证无线链路上合法用户的接入，以及信息的安全性和完整性。

② IEEE 802.16e 协议

宽带化与移动化的结合是全球通信产业发展的必然趋势。于是，在推出了针对固定宽带无线接入的 IEEE 802.16、IEEE 802.16a 和 IEEE 802.16d 标准之后，IEEE 802.16 工作组又提出了支持终端移动性的接入方案，称为 IEEE 802.16e 标准，其目的是在移动环境下同时支持话音、多媒体和高速数据等业务，构筑一个高效率高扩展性的全 IP 的通信环境。

802.16e 的协议栈模型和 802.16d 相同。空中接口由物理层和 MAC 层组成，MAC 层又分为 3 个子层：业务汇聚子层、公共部分子层和安全子层。

物理层的实现方式基本与 802.16d 一致，主要的差别是对 OFMDA 进行了扩展。在 802.16d 中，仅支持 2048 个子载波的 OFDMA；而在 802.16e 中，可以支持 2048、1024、512 和 128 这 4 种不同子载波数量的 OFDMA，并引入了扩展的 OFDMA（Scalable OFDMA）概念，即保持子载波间隔不变，而信号带宽与子载波数量成正比，从而为运营商提供了更灵活的频谱规划和资源分配途径。在安全子层，实行双向认证，并引入 EAP 体系以提高认证系统的灵活性和强度。同时，增加了 AES-CCM 加密算法，加密密钥长度增加到 128Mbit，密钥的分发需要经过三次握手协议。

IEEE 802.16e 协议旨在 802.16d 基础上支持移动，需要考虑几个问题：移动台（Mobile Station，MS）所处位置多径干扰的影响和无线信号的衰减；MS 可能会跨越不同基站（BS）的覆盖范围，需要延续性；MS 可能处在不同 BS 或不同运营商的覆盖认证体系；MS 一般为便携式，由电池供电。为了支持终端的移动性，IEEE 802.16e 从接入管理、终端管理和移动性管理 3 个方面进行了增强。

（2）WiMAX 系统结构

WiMAX 论坛网络工作组（Network Working Group，NWG）提出了全 IP 的 WiMAX 端到端网络系统结构的参考模型，如图 4-3 所示。

参考模型是网络结构的逻辑表现，主要由实体以及实现实体互连的参考点构成。网络实体是多个功能的逻辑集合。每一个功能实体由单个或者分布式的多个物理器件实现。WiMAX 宽带无线网络的参考模型中的实体包括：MS（Mobile Subscriber，移动用户）、ASN（Access Service Network，接入服务网）、CSN（Connection Service Network，连接服务网）、NAP（Network Access Provider，网络接入提供者）、NSP（Network Service Provider，网络服务提供者）、ASP（Application Service Provider，应用服务提供者）。

参考点的提出是为了保证实体之间的互操作性。NWG 对于参考点的规范化是分阶段进行的。目前，一共有 8 个开放参考点（R1～R8）被提出。图 4-3 中的 R1～R5 是主要规范化的参考点，下面将介绍 WiMAX 系统结构参考模型中的实体和参考点的功能。

① ASN

ASN 为 MS 提供无线接入，由多个 BS 和一个 ASN-GW（接入服务网网关）组成。ASN 主要包括以下功能：在 BS 和 MS 之间建立物理层和 MAC 的连接；在 PMIP（Proxy Mobile

IP，代理移动 IP）模式下，将 AAA（鉴权、授权和计费）控制消息传递给 MS 所属的 H-NSP（归属网络服务提供者）协助完成鉴权、授权和计费；网络发现和选择功能；协助高层与 MS 建立网络层的连接，即 IP 地址分配；无线资源管理。

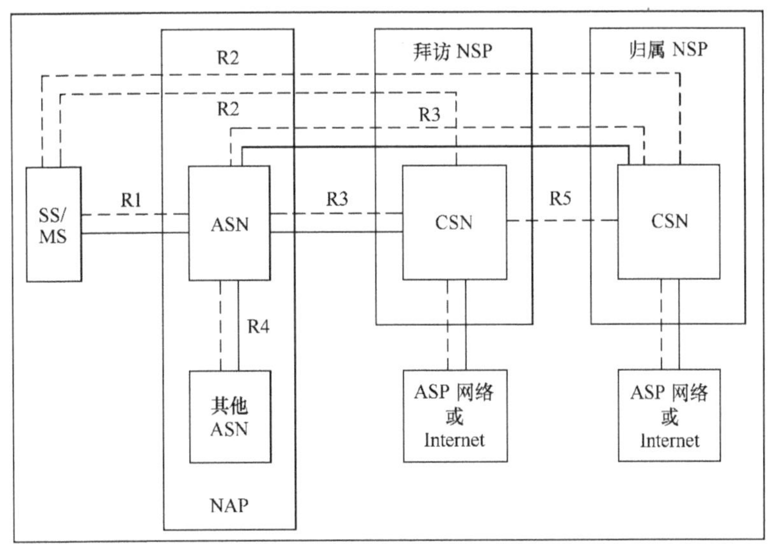

图 4-3 WiMAX 系统结构参考模型

② CSN

CSN 为 MS 提供 IP 连接，由路由器、AAA 代理/服务器、用户数据库、Internet 网关设备等组成。CSN 既可以作为全新的 WiMAX 系统的一个新建元素，也可以利用部分现有的网络设备实现。CSN 主要提供以下功能：为用户会话连接，给终端分配 IP 地址；Internet 接入；AAA 代理或者服务器；基于用户系统参数的 QoS 以及许可控制；ASN 和 CSN 之间的隧道建立以及管理；为漫游服务的 CSN 之间的隧道建立和管理；用户计费以及运营商之间的结算；ASN 之间的移动性管理；WiMAX 服务，例如基于位置的服务、点对点服务、广播和多播服务、交互式多媒体服务和紧急呼叫，等等。

③ NAP

NAP 是一种运营实体，为一个或多个 NSP 提供 WiMAX 无线接入设备。一个 NAP 可以拥有一个或多个 ASN。

④ NSP

NSP 也是一种运营实体，为用户提供 IP 连接和 WiMAX 业务。它所提供的服务必须满足事先与用户建立的服务协定，所以一个 NSP 需要与一个或者多个 NAP 签约，以使用接入网设备。NSP 的设备都在一个 CSN 内。一个 NSP 可以与其他的 NSP 建立漫游协定，也可以与第三方的业务提供者签约，为用户提供 WiMAX 服务。

从 WiMAX 用户的角度来看，NSP 可以分成 H-NSP（归属 NSP）和 V-NSP（拜访 NSP）。

⑤ ASP

ASP 的主要功能是提供增值业务以及三层之上的业务，例如 IMS（IP 多媒体子系统）、企业应用等，并提供和管理 IP 层之上的应用。

从应用的角度来看，一个典型的 WiMAX 网络由 NAP、NSP 和 ASP 组成。在某些应用场合下，WiMAX 网络可以简化：由 NSP 的 CSN 直接与 Internet 连接来提供 Internet 接入。一个 NAP 可以同时包括多个 ASN，不同的 NAP 的接入设备可以同时连接到一个 CSN 上，即同一个 NSP 可以用不同 NAP 提供的接入设备。因此，WiMAX 系统的运营和组网方式非常灵活，既可以是同一个运营商来提供所有的设备和服务，也可以是不同的运营商分别提供相应的设备和服务。

⑥ 网络参考点

R1 是 MS 与 ASN 之间的接口，与 IEEE 802.16 协议定义的包括物理层和媒体接入层的空中接口一致，可以根据需要增加管理面的功能。

R2 是 MS 与 CSN 之间的逻辑接口，提供鉴权、业务授权以及 IP 主机配置管理等服务。该接口仅仅是一个逻辑的接口，通过其他的物理接口提供实质的连接。

R3 包括控制面和承载面的协议栈。控制面包括 ASN 与 CSN 之间支持 AAA、策略执行和移动性管理能力的协议。承载面包括 ASN 和 CSN 之间传输用户数据的方法（比如隧道）。

R4 主要定义了起始/终止于 ASN 不同功能实体之间与 MS 移动性有关的控制面和承载面协议栈。R4 是相同或不同类 ASN 之间唯一的一个可互操作的参考点。

R5 包括控制面和承载面的协议栈，以满足拜访 NSP 运营的 CSN 与归属 NSP 运营的 CSN 之间互连需要。

R6 由承载面和控制面协议栈构成，以满足 BS 与 ASN-GW 之间通信的需要。承载面由 BS 和 ASN-GW 之间 ASN 内的数据路径构成。控制面包括与 MS 的移动事件相一致的路径建立、更改、释放控制协议。

R7 是一个可选择的 ASN-GW 内部接口，由控制面协议构成，包括 AAA、策略协商等协议。

R8 由控制面信息流和可选的承载面数据流组成，以满足基站之间快速无缝切换的需要。承载面定义了一套协议，允许切换时在所有涉及的 BS 之间传递数据。控制面包含了 BS 之间的通信协议，同时允许在切换时在所有涉及的 BS 之间传递控制信息。

5. LTE

（1）LTE 的背景概述

第三代移动通信系统普遍采用的是码分多址（CDMA）技术，此技术能支持的最大系统带宽为 5MHz，因此 3G 系统难以达到较高的通信速率，进而对无线多媒体业务的提供能力和质量无法满足人们参与网络、享受网络生活的通信需求。同时，为应对全球微波接入互操作（WiMAX）等新兴无线宽带接入技术的市场竞争，2004 年年底，第三代合作伙伴计划（The 3rd Generation Partnership Project，3GPP）提出了通用移动通信系统（UMTS）的长期演进（Long Term Evolution，LTE）项目，这项备受世界瞩目的技术和第三代合作伙伴计划 2（3GPP2）的超移动宽带（Ultra Mobile Broadband，UMB）技术、WiMAX 技术、电气和电子工程师学会（Institute of Electrical and Electronics Engineers，IEEE）的 802.20 移动宽带频分双工/移动宽带时分双工（Mobile Broadband FDD/TDD）等技术，统称为“准 4G”技术。

（2）LTE 的需求

① 系统性能需求

与现有的移动通信系统相比，为提高 LTE 系统的竞争力从而引发市场兴趣，增强 LTE

系统性能是网络运营商最迫切的需求，下面重点阐述对 LTE 系统性能评估所使用的主要衡量指标。

第一个是峰值速率。出于市场因素的考虑，不同无线接入系统的对比，首要衡量的指标就是每个用户所能达到的峰值速率。LTE 的无线接入系统能够显著提高峰值速率，峰值速率通常正比于系统所占用的带宽，对于 MIMO 系统，系统可达到的峰值速率还与系统使用的发射天线和接收天线的数量直接相关，一般情况下，发射天线和接收天线的数量越多，系统的峰值速率越大。基于终端配置两根接收天线和一根发射天线，LTE 系统在 20MHz 带宽下，下行峰值速率为 100bit/s，即峰值频谱效率为 5bit/（s • MHz）；上行峰值速率为 50bit/s，即峰值频谱效率为 2.5bit/（s • MHz）。对于 TDD 系统，上下行峰值传输速率通常分别计算，不需要同时在上下行实现上述峰值速率要求。

第二个是用户吞吐量和频谱效率，主要评价小区性能。小区级别的需求包括多种下面的指标，例如：小区平均吞吐量（bit/s/cell）和频谱效率（bit/（s • Hz）/cell）；用户平均吞吐量（bit/s/user）和用户频谱效率（bit/（s • Hz）/user）；小区边缘用户吞吐量（bit/s/user）和小区边缘用户频谱效率（bit/（s • Hz）/user）等。

第三个是移动性和小区覆盖 LTE 无线接入系统应该能够支持蜂窝网络中的移动性，系统应对较低的移动速度（0～15km/h）进行优化，在更高的移动速度下（15～120km/h）应该能够实现较高的性能，在 120～350km/h 的移动速度下要能够保持蜂窝网络的移动性，甚至在某些频段的 500km/h 时，仍能支持通信。这些需求意味着必须实现多小区间的无中断切换，换言之，就是实现无察觉延时和丢包的话音通信及可靠的数据业务传输。

第四个是用户面延时。用户面延时对于实时业务和交互业务来说是一个非常重要的性能指标。LTE 定义的用户面下行延时一个数据包从 RAN 边界节点的 IP 层传输到 UE 的 IP 层的时间，上行延时定义为一个数据包从 UE 的 IP 层传输到 RAN 边界节点的 IP 层的时间。这里的边界节点指 RAN 与核心网的接口节点。LTE 标准应该能够将“零负载”和“小 IP 包”情况下的用户单向延时控制在 5ms 以下。所谓“零负载”，就是指只有一个用户，且这个用户只有一个数据流的情况；所谓“小 IP 包”，就是只有一个 IP 包头，而不包含任何有效载荷的 IP 包。

第五个是控制面延时和容量。除了满足用户面延时需求外，呼叫建立延时需要比现在蜂窝系统明显降低。这不仅可提供良好的用户体验，还会增加移动终端的电池寿命。因为允许从空闲状态快速过渡到激活状态的系统设计能使终端有更多的时间维持在低功耗的空闲状态。

LTE 无线接入系统要求大大降低控制面延时，具体指标如下。

从驻留（Camped）状态（类似于 R6 标准中的空闲（Idle）模式）转换到激活（Active）状态（类似于 R6 中的 Cell-DCH 状态）的延时应控制在 100ms 以内。

从睡眠（Dormant）状态（类似于 R6 中的 Cell PCH 状态）向 Active 状态的转换时间（不包括 DRX（不连续接收）间隔）要控制在 50ms 以内，如图 4-4 所示。

请注意，在后续的 LTE 研究中，并没有沿用 Dormant 状态这种概念，而直接采用了 DTX（不连续发送）/DRX 的提法。

控制面的容量就是可以同时接入系统的用户的数量。考虑到今后“随时在线”（Always Online）业务的普及，LTE 系统必须能够“准同时”地支持大量 Active 状态用户。具体而言，LTE 需求规定，系统应该能够在 5MHz 频谱内每个小区同时支持至少 200 个 Active 用户。对于更大的系统带宽，应该能够支持至少 400 个 Active 用户。系统能够支持的 Dormant 用户和 Camped 用户的数量比 Active 用户的数量还要大得多。

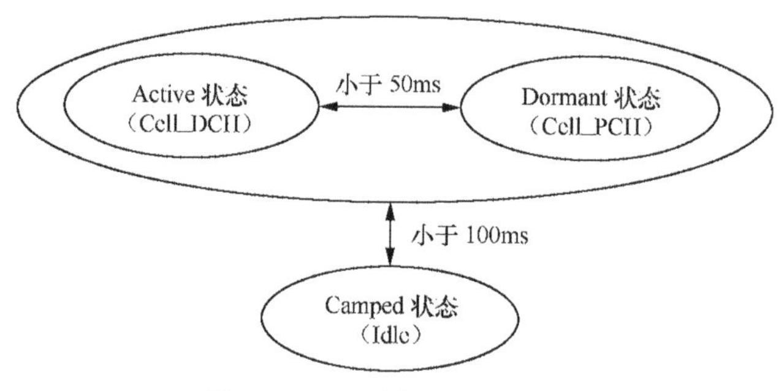

图 4-4　LTE 状态转换的延时要求

② 部署成本和互操作性

除了系统性能，其他方面的考虑对运营商来说也很重要，包括降低部署成本、灵活使用频谱及于原系统的互操作性等。这些基本需求可以使 LTE 系统采用多种部署方案，同时便于其他系统向 LTE 过渡。随着对移动通信频谱需求的增加，要求 LTE 上行和下行都可以工作在广泛频带内以及适应各种带宽的频谱分配。单个载波情况下，LTE 的频谱分配可以在 1.4～20MHz 变化，而且适用于目前 ITU-R 分配给 IMT 系统的包括 1GHz 以下的所有频带，同时 LTE 还能部署在一些原有无线接入系统所占用的频带内。根据可用的频谱，LTE 需要在对称和非对称频段情况下都可以运行，LTE 设计同时支持 FDD、TDD 和半双工 FDD 模式，从而保证高度的共通性，有利于多模终端的实现和支持全球漫游。

与其他无线接入技术灵活的互操作对于业务连续性很重要，LTE 演进的分组核心网络可以支持多种无线接入系统间的互操作，特别是支持早期 3GPP 技术（如 GSM/EDGE 和 UTRAN 等）和非 3GPP 技术（如 Wi-Fi、cdma2000 和 WiMAX 等）。

（3）LTE 的架构

LTE 无线接入系统 E-UTRAN 的体系统架构在 TS 36.300 和 TS 36.401 中描述，为了达到简化信令流程和缩短时延的目标，LTE 舍弃了 UTRAN 的传统 RNC/Node B 两层结构，完全由多个 eNode B 组成一层结构。整体网络拓扑结构组成如图 4-5 所示。在逻辑上 eNode B 之间由 X2 接口互相连接，底层采用 IP 传输，即常说的 MESH 型网络。这样的网络结构设计，有利于 UE 在整个网络的移动性，实现用户的无缝切换。每个 eNode B 通过 S1 接口又和演进型分组核心网（Evolved Packet Corenetwork，EPC）相连，S1 接口的用户面终止在服务网关（Serving Gateway，S-GW），其控制面终止在移动性管理实体（Mobile Management Entity，MME）上，用户面和控制面的另一端终止在 eNode B 上。S1 接口也采用了全部或部分 Mesh 型的连接形式，一个可以与多个 MME 互联，反之亦然。

从图 4-5 可以看出，与 UTRAN 系统相比，E-UTRAN 系统将 Node B 和 RNC 合并为一个网元，这样 eNode B 不仅具有 UMTS 系统 Node B 的所有功能，而且还增加了 RNC 的物理层、MAC 层、RRC 层以及调度、接入控制、承载控制、移动性管理和小区间无线资源管理等功能，即 eNode B 实现了接入网的全部功能。

（4）LTE 的关键技术

① 多址技术

在 LTE 中，下行采用的是正交频分多址接入（OFDMA）技术，OFDMA 技术是在 OFDM 技术的基础上发展起来的一种新型的多址方式。由于 OFDM 调制中子载波的正交性和独立性，那么每一个子载波可以以一种特定的调制方式和发射功率为特定用户传输数据，通过为每个用户分配这些子载波组中的一组或几组，就形成了一种新的多址方式——OFDMA。

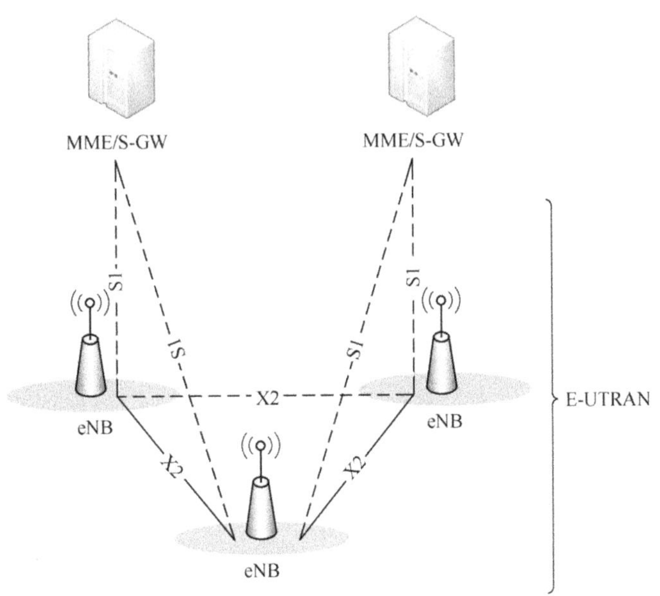

图 4-5　E-UTRAN 的网络架构

LTE 系统采用了多载波多址方案代替码分多址方案，存在一个棘手的问题——系统的峰均功率比（Peak-to-Average Power Ratio，PAPR）过高。因为多载波系统每个载波的信息可能会在时域进行叠加，导致很高的 PAPR，因此对信号发送端的功放提出了很高的要求。在下行链路中，由于基站发送信号，采用多载波技术后，相对其带来数据速率的大幅提升，PAPR 带来的功放成本可容忍。然而，在上行链路中，信号由用户发送，过高的发射功率会降低电池使用寿命，同时对系统功放的要求会增加设备的成本。因此，LTE 上行采用的是单载波—频分多址接入（SC-FDMA）技术，可以看成是对用户信号的频域分量进行正交频分多址（OFDMA），相比于普通 OFDMA，其优点是峰均值比较低，从而可以简化终端上的功放设计和更有效地利用终端上的功放资源。SC-FDMA 在每个传输时间间隔（TTI）内，基站会给每个 UE 分配一个独立的频段，以便发送数据，这样就可以将不同用户的数据在时间和频率上完全分开，保证了小区内同一时刻不同用户所使用上行载波的正交性，避免了小区内的同频干扰。

② 多天线技术

多天线技术是移动通信领域中无线传输技术的重大突破。使用多天线技术，可以把空间域作为另一个新资源，在追求更高频谱效率的要求下，多天线技术已经成为了最基本的解决方案之一。它可以用各种方式实现，主要的增益来源于 3 个方面：第一个是复用增益，在可用天线组合建立的多重空间层上，将多个不同的信号流传给单个用户；第二个是分集增益，即利用多天线提供的空间分集来改善多径衰落的影响；第三个是天线增益，通过预编码或波束赋形使能量集中在一个或多个特定的方向。

为了满足 LTE 在高数据率和高系统容量方面的要求，LTE 系统中的下行 MIMO 技术支持 2×2（两发两收）基本天线配置。下行 MIMO 技术主要包括空间分集技术、空间复用技术、波束赋形技术三大类。

空间分集技术的主要原理是利用空间信道的弱相关性，结合时间/频率上的选择性，为信号的传递提供更多的副本，提高信号传输的可靠性，从而改善接收信号的信噪比。空间复用技术则是一种利用空间信道的弱相关性的技术，其主要工作机理是在多个相互独立的空间信道上传递不同的数据流，从而提高数据传输的峰值速率。波束赋形技术是一种应用小间距天线阵列多天线传输技术，其主要原理是利用空间信道的强相关性，利用波的干涉原理产生强方向性的辐射方向图，使得辐射方向图的主瓣自适应地指向用户来波方向，从而提高信噪比，提高系统容量或覆盖范围。

与下行相同，LTE 系统也支持上行 MIMO 技术，包括空间复用和传输分集。在 LTE 中应用 MIMO 技术的上行基本天线配置为 1×2，即一根发射天线和两根接收天线。考虑到终端复杂度，LTE 目前对于上行并不支持一个终端同时使用两根天线发送信号，即只考虑存在单一上行传输链的情况，所以当前上行仅仅支持上行传输天线选择和上行多用户 MIMO。

③ 干扰抑制技术

OFDMA 和 SC-FDMA 多址技术的使用使小区内干扰基本得到消除，因此大部分干扰都来自于其他小区，对于小区中心的用户来说，其本身离基站的距离就比较近，而外小区的干扰信号距离又较远，则其信干比（Signal Interference Ratio，SIR）相对较大，但对小区边缘的用户，由于相邻小区占用同样载波资源的用户对其干扰比较大，加之本身距离基站比较远，其 SIR 相对就较低。这就导致了虽然小区整体的吞吐量较高，但小区边缘的用户服务质量却较差，吞吐量较低，因此，在 LTE 系统中十分重视小区间干扰问题的解决。

LTE 在 eNode B 间引入 X2 接口，该接口的一个功能是实现切换，另一个功能是使得相邻小区能共享负载信息和进行协调调度，以降低小区间干扰。LTE 部署时也可以考虑采用部分频率复用技术，其主要思想是让各相邻小区为位于其小区边缘的用户分配相互不重叠的子载波资源，从而确保小区边缘用户也能享受较高的数据速率，对非小区边缘用户则没有此限制。

4.2 短距离无线通信

随着电子技术的发展和各种便携式个人通信设备及家用电器等消费类电子产品的增加，人们对于各种消费类电子产品之间及其与其他设备之间的信息交互有了强烈的需求。对于使用便携设备并需要从事流动性工作的人们，希望通过一个小型的、短距离的无线网络为移动的商业用户提供各种服务，实现在任何时候、任何地点、与任何人进行通信并获取信息的个人通信，从而促使以蓝牙、Wi-Fi、超宽带（UWB）、ZigBee、60GHz 技术为代表的短距离无线通信技术应运而生。而物联网中“无处不在”这一概念正与此契合，因此随着短距离无线通信技术的发展，物联网的普及之路将变得更加清晰。与第 4.1 节的移动通信网络实现全局端到端物联网通信不同，短距离无线通信主要关注建立局部范围内临时性的物联网通信。

什么是短距离无线通信？到目前为止，学术界和工程界对此并没有一个严格的定义。一般来说，短距离无线通信的主要特点为通信距离短，覆盖距离一般为 10～200m。另外，无线发射器的发射功率较低，发射功率一般小于 100mW，工作频率多为免付费、免申请的全球通用的工业、科学、医学（Industrial，Scientific and Medical，ISM）频段。短距离无线通信的范围很广，在一般意义上，只要通信收发双方通过无线电波传输信息，并且传输距离限制在较短的范围内，通常是几十米以内，就可以称为短距离无线通信，本书中也称为无线短距离通信。

低成本、低功耗和对等通信，是短距离无线通信技术的三个重要特征和优势。一般来讲，短距离无线通信技术从数据速率可分为高速短距离无线通信和低速短距离无线通信两类。高速短距离无线通信的最高数据速率高于 100Mbit/s，通信距离小于 10m，典型技术有高速 UWB 和 60GHz；低速短距离无线通信的最低数据速率低于 1Mbit/s，通信距离低于 100m，典型技术有 ZigBee、低速 UWB、蓝牙。蓝牙技术载频选用在全球都可用的 2.45GHz ISM 频带，使用了跳频技术，数据速率可达 1Mbit/s。ZigBee 可谓是蓝牙的同族兄弟，它使用 2.45GHz 波段，采用跳频技术，基本速率为 250kbit/s。与蓝牙相比，ZigBee 速率低，但功率和成本也更低，并且可支持 254 个节点联网。超宽带技术（Ultra Wideband，UWB）通过基带脉冲作用于天线的方式发送数据。窄脉冲（小于 1ns）产生极大带宽的信号，脉冲采用脉位调制（Pulse Position Modulation，PPM）或二相相位键控（BPSK）调制。UWB 被允许在 3.1～10.6GHz 的频段内工作，在 10m 的传输范围内，信号传输速率可达 500Mbit/s。60GHz 采用 60GHz 附近频段，使用了定向天线、波束成型等技术，连续 5～7GHz 的带宽内可以提供高达每秒数吉比特的速率。

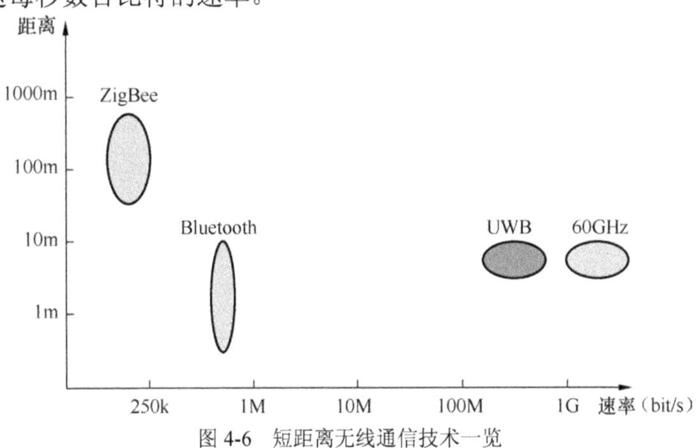

图 4-6　短距离无线通信技术一览

上面提到的这些短距离无线通信技术分别具有不同的优点和缺点，适用于不同的物联网应用场景。ZigBee 技术和 Bluetooth 都可以用来实现智能家居，而新涌现出来的 60GHz 无线通信技术可以在 10m 范围内传输无压缩的高清视频数据，因此根据不同的需要在不同的场景下可以使用不同的技术，而这也为物联网的实现提供了更多的选择。下面我们将分别介绍 ZigBee、Bluetooth、UWB、60GHz 技术的内容。

4.2.1 ZigBee

1. ZigBee 的来源与优势

对于多数的无线网络来说，无线通信技术应用的目的在于提高传输数据的速率和传输距离。而在诸如工业控制、环境监测、商业监控、汽车电子、家庭数字控制网络等应用中，系统所传输的数据量小、传输速率低，系统所使用的终端设备通常为采用电池供电的嵌入式系统，因此这些系统必须要求传输设备具有成本低、功耗小的特点。应此要求，2000 年 12 月 IEEE 成立了 IEEE 802.15.4 工作组，该小组制定的 IEEE 802.15.4 标准是一种经济、高效、低数据速率（小于 250kbit/s）、工作在 2.4GHz 和 868/928MHz 的无线技术，用于个人局域网和对等网状网络。

ZigBee 正是基于 IEEE 802.15.4 无线标准研制开发的，因 802.15.4 仅仅定义了物理层和 MAC 层，并不足以保证不同的设备之间可以对话，于是便有了 ZigBee。ZigBee 联盟成立于 2002 年 8 月，由英国 Invensys 公司、日本三菱电器公司、美国摩托罗拉公司以及荷兰飞利浦等公司组成。

ZigBee技术的名字来源于蜂群使用的赖以生存和发展的通信方式。蜜蜂通过跳 ZigZag 形状的舞蹈来通知发现新食物源的位置、距离和方向等信息，可以说是一种小动物通过简捷的方式实现“无线”的沟通。人们借此称呼这种专注于低功耗、低成本、低复杂度、低速率的短距离无线通信技术。ZigBee 过去又称为“HomeRFLite”“RF-EasyLink”或“FireFly”无线电技术，目前统一称为 ZigBee 技术，中文译名通常称为“紫蜂”技术。

ZigBee 技术具有以下优势。

（1）低功耗

ZigBee 主要通过降低传输的数据量，降低收发信机的忙闲比及数据传输的频率，降低帧开销以及实行严格的功率管理机制，例如关机及睡眠模式等方式来降低设备的功耗。ZigBee 节点在低耗电待机模式下，可以确保两节五号电池支持长达 6 个月到 2 年左右的使用时间，这也是 ZigBee 的支持者所一直引以为豪的独特优势。

（2）工作可靠

为了提高传输数据的可靠性，ZigBee 采用了载波侦听多址/冲突避免（CSMA/CA）的信道接入方式和完全握手协议。为需要固定带宽的通信业务预留专用时隙，避免了发送数据时的竞争和冲突。MAC 层采用了回复确认的数据传输机制，提高了可靠性。

（3）成本低

因为 ZigBee 数据传输速率低，协议简单，所以大大降低了成本，应用于主机端的芯片成本约 2.5 美元，其他终端产品的成本仅要 1.5 美元，比起蓝牙的 4～6 美元更具价格竞争力，而且 ZigBee 协议是免专利费的。

（4）网络容量大

每个 ZigBee 网络最多可支持 65 000 个节点，也就是说，每个 ZigBee 节点可以与数万个节点相连接。

（5）有效范围大

虽然设备之间的直接通信范围为 40～135m，但是通过加入多级 ZigBee 路由设备，网络覆盖范围可以拓展到数百米至上千米，具体依据实际发射功率的大小和各种不同的应用模式而定，基本上能够覆盖普通的家庭或办公室环境。

（6）时延短

针对时延敏感的应用做了优化，通信时延和从休眠状态激活的时延都非常短，通常时延都在 15～30ms。

（7）优良的拓扑能力

ZigBee 具有组成星、网和簇树网络结构能力。ZigBee 设备实际上具有无线网络自愈能力，能简单地覆盖广阔范围。

（8）安全性较好

ZigBee 提供了数据完整性检查和鉴权能力，加密算法采用通用的 AES-128。

（9）工作频段灵活

使用的频段分别为 2.4GHz、868MHz（欧洲）及 915MHz（美国），均为免执照频段。

2. ZigBee 协议架构

（1）ZigBee 的网络组成和网络拓扑

利用 ZigBee 技术组成的无线个人局域网（WPAN）是一种低速率的无线个人区域网（LR-WPAN），这种低速率无线个人区域网的网状结构简单、成本低廉，具有有限的功率和灵活的吞吐量。在一个 LR-WPAN 网络中，可同时存在两种不同类型的设备，一种是全功能设备（Full Functional Device，FFD），另一种是精简功能设备（Reduced Function Device，RFD）。

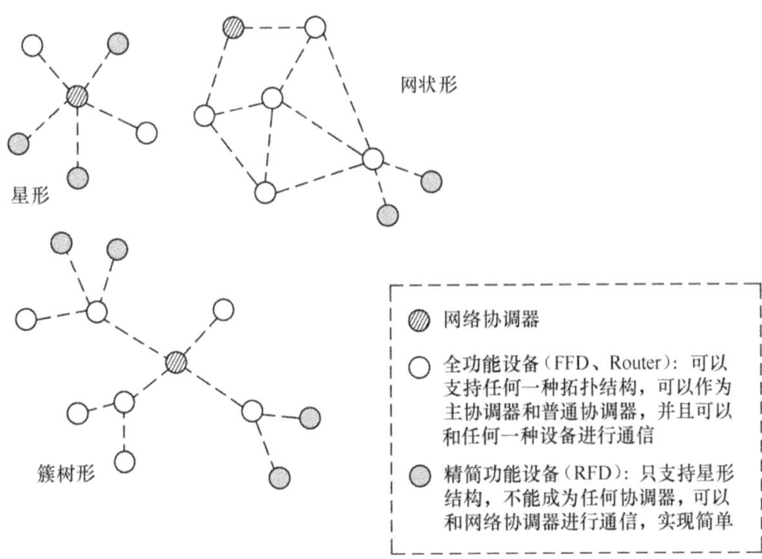

图 4-7　ZigBee 技术的三种网络拓扑结构

在网络中，FFD 通常有 3 种状态：① 作为一个主协调器；② 作为一个协调器；③ 作为一个终端设备。一个 FFD 可以同时和多个 RFD 或多个其他的 FFD 通信，而 RFD 只能和一个 FFD 进行通信。RFD 的应用非常简单，容易实现，就好像一个电灯的开关或者一个红外传感器，由于 RFD 不需要发送大量的数据，并且一次只能同一个 FFD 连接通信，因此，RFD 仅需要使用较小的资源和存储空间，这样就可以非常容易地组建一个低成本、低功耗的无线通信网络。

ZigBee 支持 3 种拓扑结构，如图 4-7 所示，包括星形、网状形和簇树形结构。在星形拓扑结构中，整个网络由一个网络协调器来控制。在网状形和簇树形拓扑结构中，ZigBee 协调器负责启动网络以及选择关键的网络参数。可以根据实际应用需要来选择合适的网络结构，星形网络是一种常用且适用于长期运行使用操作的网络；网状形网络是一种高可靠性监测网络，它通过无线网络连接可提供多个数据通信通道，一旦设备数据通信发生故障，则存在另一个路径可提供数据通信；簇树形网络是星形和网状形的混合型拓扑网络，结合了上述两种拓扑的优点。

（2）ZigBee 的协议架构

ZigBee 的体系结构如图 4-8 所示，采用了 IEEE 802.15.4 制定的物理层和 MAC 层作为 ZigBee 技术的物理层和 MAC 层，ZigBee 联盟在此基础上建立它的网络层（Network Layer，NWK）和应用层框架，这个应用层框架包括应用支持层（Application Support Sublayer，APS）、ZigBee 设备对象（ZigBee Device Object，ZDO）和制造商所定义的应用对象。

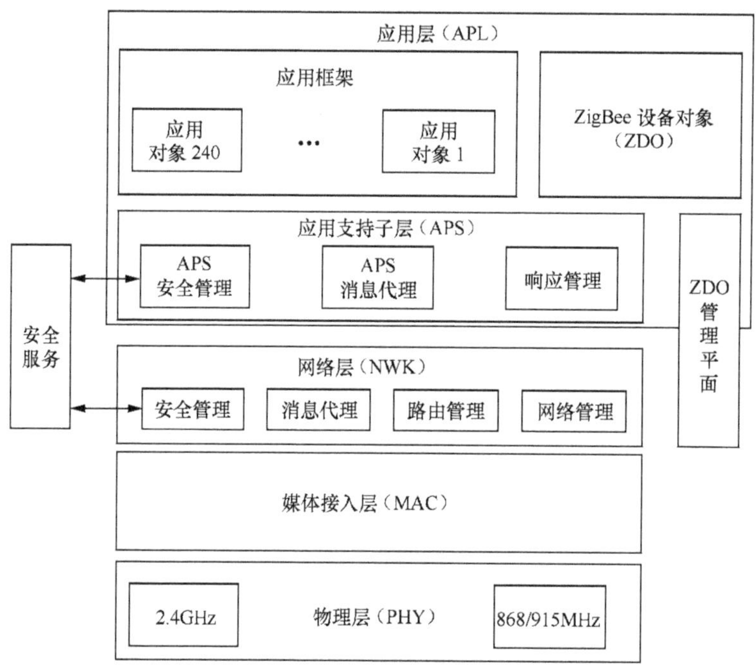

图 4-8　ZigBee 协议架构示意图

（3）IEEE 802.15.4 协议

IEEE 802.15.4 标准定义了 ZigBee 物理层和 MAC 子层，符合开放系统互联模型（OSI）。图 4-8 表明了协议层次之间的关系。协议栈的每层为其上层提供一套服务功能，其中数据实体提供数据传输服务，管理实体提供其他的服务。

IEEE 802.15.4 的物理层提供两类服务：物理层数据服务和物理层管理服务。物理层功能包括无线收发信机的开启和关闭、能量检测（ED）链路质量指示（LQI）、信道评估（CCA）和通过物理媒体收发数据包。MAC 层提供 MAC 层数据服务和 MAC 层管理服务，其主要功能包括 CSMA/CA 进行信道访问控制、信标帧发送、同步服务和提供 MAC 层可靠传输机制。所有的物理层服务均是通过物理层服务访问接口实现的，数据服务是通过 PD-SAP（Phy Data SAP，物理层数据访问接口），管理服务是通过 PLME-SAP（PLME's SAP，物理层管理实体访问接口），每个接口都提供相关的访问原语。

IEEE 802.15.4 定义了两种物理层，如图 4-9 所示。一种工作频段为 868/915MHz，系统采用直接序列扩频、BPSK 和差分编码技术，868MHz 频段支持 1 个信道，915MHz 频段支持 10 个信道；另一种物理层工作频段为 2450MHz，在每个符号周期，被发送的 4 个信息比特转化为一个 32 位的伪随机（PN）序列，共有 16 个 PN 码对应于这 4 个比特的 16 种变化，这 16 个 PN 码进行正交，随后系统对 PN 码进行 O-QPSK 调制，支持 16 个信道。表 4-1 给出了各国对 ZigBee 频率工作范围的划分。由于各个国家和地区采用的工作频率范围不同，为了提高数据传输速率，IEEE 802.15.4 对于不同的频率范围，规定了不同的调制方式。具体内容见表 4-2。

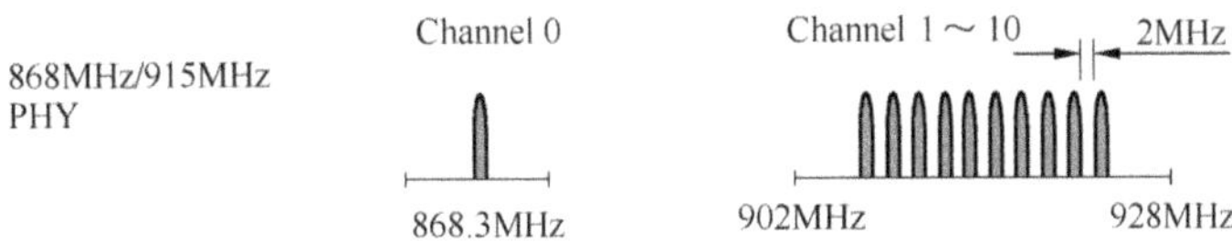

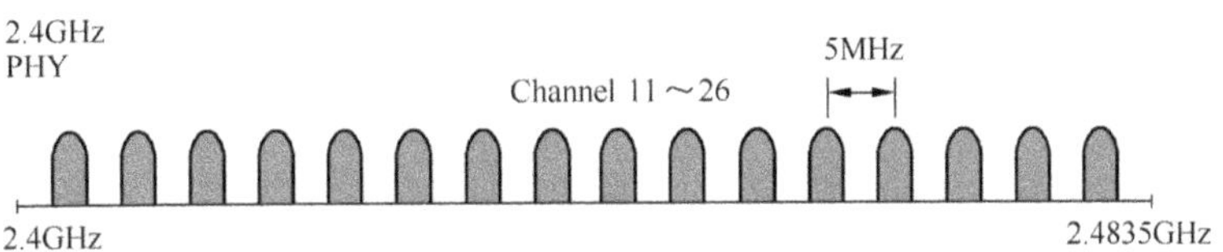

图 4-9 IEEE 802.15.4 中两个不同的物理层

表 4-1 各个国家和地区 ZigBee 频率工作范围

工作频率范围（MHz）	频段型	国家和地区
868～868.6	ISM	欧洲
902～928	ISM	北美
2400～2483.5	ISM	全球

表 4-2 频率和数据传输率

频段（MHz）	扩展参数		数据参数		
	码片速率（kchip/s）	调制	比特速率（kbit/s）	符号速率（kBaud/s）	符号
868～868.6	300	BPSK	20	20	二进制
902～928	600	BPSK	40	40	二进制
2400～2483.5	2000	O-QPSK	250	62.5	16 相正交

IEEE 802.15.4 所定义的 MAC 子层具有网络协调器产生网络信标、与信标同步、支持 PAN 网络的关联（association）与取消关联（disassociation）、为设备的安全性提供支持、信道接入方式采用 CSMA/CA 机制、在两个 MAC 实体之间提供数据可靠传输、支持安全机制、处理和维护保护时隙（Guaranteed Time Slot，GTS）机制等功能。

网络协调器负责整个网络的建立和维护。协调器首先需要为整个网络选择空闲信道，然后产生信标帧并定期发送，同时处理其他设备的关联或取消关联请求、数据传输等。对于普通的设备，在启动后，需要通过扫描寻求网络，通过向网络协调器注册身份以及身份验证实现网络关联，并与协调器同步、数据交换。当设备需要离开一个网络时，就使用取消关联操作。

MAC 子层提供了两种服务：MAC 层数据服务，提供了 MCPS（MAC Common Part Sublayer）、数据服务访问点（MCPS-SAP）；MAC 层管理实体（MAC Sublayer Management Entity，MLME），提供了 MLME-SAP 管理服务访问点。MAC 子层在 SSCS 层和 PHY 层之间提供了接口。MCPS-SAP 支持在两个 SSCS 实体之间的数据传输。MAC 子层的管理服务主要体现在：PAN 的建立与维护、关联请求与取消、与协调器的同步、数据的间接传输、GTS 的分配与管理等。

（4）ZigBee 的上层协议

ZigBee 联盟负责制定 ZigBee 的上层协议（包括应用层、网络层和安全服务），最新版本为 ZigBee2007/PRO，下面对其进行介绍。

应用层包括 3 个组成部分：应用支持子层（Application Support Sublayer，APS）应用框架和 ZigBee 设备对象（ZigBee Device Object，ZDO）。APS 内包含数据实体 APSDE 和管理实体 APSME，APSDE 为网络中的两个或更多的应用实体之间提供数据通信，APSME 负责应用层的安全服务、绑定设备并维护应用层信息库。APS 的接口包括应用层与上层的接口、与网络层的接口、APSDE 和 APSME 之间的接口。应用框架中厂家最多可定义 240 个独立的应用对象，编号为 1～240，端点 0 用于对 ZDO 的数据接口，端点 255 用于对所有应用对象的广播数据接口，端点 241～254 保留。设备对象 ZDO 负责初始化应用支持子层 APS、网络层和安全服务、设备和业务发现、安全管理、绑定管理等功能。

ZigBee 的网络层主要实现节点加入或离开网络、接收或抛弃其他节点、路由查找及传送数据等功能。ZigBee 支持前面所讲的簇树、网状型网络拓扑结构。

在安全方面，ZigBee 引入了信任中心的概念，负责分配安全密钥，通常情况下网络中的协调者会充当信任中心的角色。ZigBee 中定义了 3 种密钥，分别是网络密钥、链路密钥和主密钥。网络密钥可以在设备制造时安装，也可以在密钥传输中得到，用在数据链路层、网络层和应用层中。链路密钥是在两个端设备通信时共享的密钥，可以由主密钥建立，也可以在设备制造时安装，链路密钥应用在应用层。主密钥可以在信任中心设置或在制造时安装，还可以是用户访问的数据，如密码口令等，主密钥应用在应用层。

3. ZigBee 技术在物联网中的应用

基于 ZigBee 的无线传感器网络具有设备能力强、传输速率低、设备体积小、省电、网络自愈能力强等特点，ZigBee 可以广泛应用在家庭自动化、无线定位、工业控制、医疗监控等物联网领域。

（1）家庭自动化

家庭内部地理范围小，非常适合 ZigBee 技术对其进行联网，而 ZigBee 的最初切入点也正是家庭自动化。通过对电灯、窗帘、空调、电视等装载 ZigBee 模块，用户可以在家中或者通过家庭网关与电信网结合远程对其进行无线控制，比如在家中打开电视，灯光自动减弱；电话铃响起或拿起话机准备打电话时，电视机自动静音等。再比如通过手机或互联网随时了解家中的状况，在下班前远程控制家中的空调调节室温到设定温度，热水器打开烧好水，电饭煲开始煮饭。总之，可以把人们从日常琐事中解放出来，实现智能化家居，如图 4-10 所示。

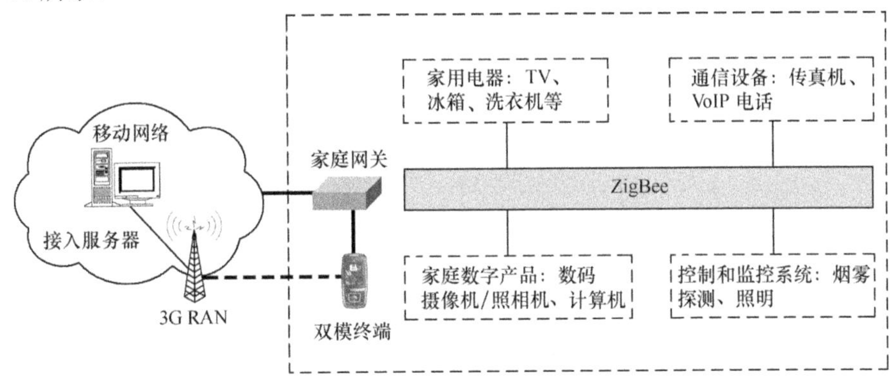

图 4-10 ZigBee 在家庭自动化中的应用

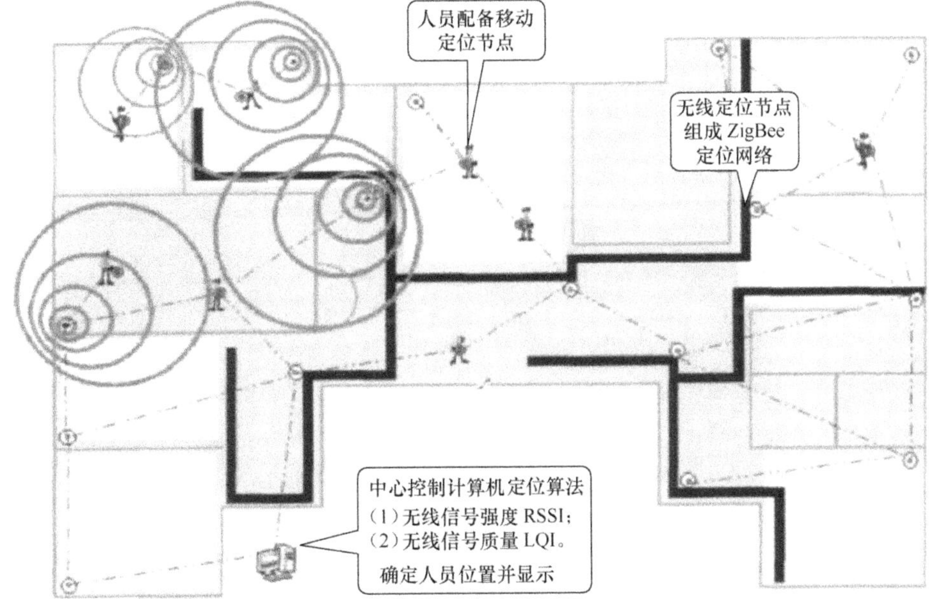

图 4-11 ZigBee 在无线定位中的应用

（2）无线定位

无线定位应用于煤炭、医疗看护、消防等众多行业中。在煤炭行业，可用于矿井人员定位。可以随时了解矿工的工作位置，并通过连接矿工随身装置的传感器，实时上报该区域的瓦斯浓度变化等相关信息。在医疗看护行业，可用于医院被看护对象定位。可以随时了解被看护对象活动区域或贵重医疗设备的放置场所。被看护对象也可以通过随身装置，向医护人员发出求救信号。在消防行业，可用于消防人员定位。可以动态掌握火灾现场消防员的活动区域，为现场指挥提供有效资料。消防员可通过随身装置传感器，向指挥车上报活动区域内有害气体浓度及自身状况。

在北京地铁4号线大兴线隧道工程项目中就采用了基于ZigBee技术的无线定位系统，如图4-11所示。在该地铁隧道工程安全预警系统中共有安全基站21个和50张ZigBee人员识别卡，负责工地人员位置定位、安全监控、地表位移检测、地表沉降检测等功能，为工程和人员提供安全保障。从图4-11中我们可以看出，该定位系统由三部分组成：移动目标节点、ZigBee无线定位节点网络和中心控制器。移动目标节点装有ZigBee模块，是既有身份识别又有感测功能的移动装备。定位网络中的参考节点接收目标节点信息，以无线方式或辅助其他方式发送到中心控制器进行处理。中心控制器根据无线信号强度和质量用定位算法对人员进行定位。

（3）工业领域

通过ZigBee网络自动收集各种信息，并将信息回馈到系统进行数据处理与分析，以利于掌握工厂整体信息。例如火警的感测和通知，照明系统的感测等，都可以由ZigBee网络提供相关信息。如图4-12所示，是ZigBee在智能能源中的应用。将ZigBee模块安装在家庭中的电表、水表、天然气表以及各家用电器上，通过公共抄表网络，能源企业和家庭用户之间进行双向通信，及时掌握用户的能源使用情况，并向用户反馈某些有用信息，比如提供实时价格信息，指导用户调整用电习惯等，从而可以有效地管理能源输送负荷。

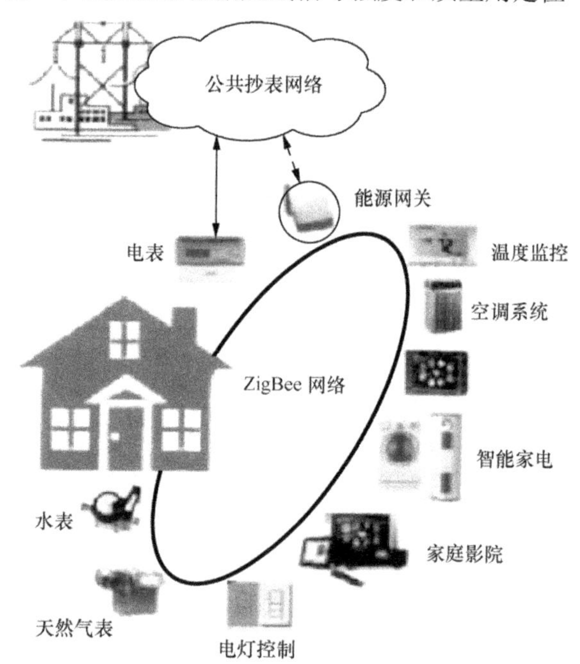

图4-12 ZigBee在智能能源中的应用

另外，ZigBee技术还可以用在医学领域，用来准确、实时的检测每个病人的血压、体温和心率等信息。ZigBee技术用在现代农业中，利用传感器可以将土壤湿度、氮浓度、pH值、降水量、气温、气压和采集信息的地理位置等经由ZigBee网络传送到中央控制设备，使农民能够及早而准确地发现问题，从而有助于保持农作物的产量。ZigBee技术也可以应用于智能交通，如果沿着街道、高速公路及其他地方分布式的装有大量的ZigBee终端设备，就不再担心会迷路，安装在汽车中的设备会告诉你当前的位置，这将方便人们的出行。

4.2.2 Bluetooth

1. Bluetooth的来源与特点

爱立信、IBM、Intel、Nokia和东芝5家公司于1998年5月联合成立了Bluetooth（蓝牙）

特别兴趣小组（Bluetooth Special Interest Group，BSIG），并制订了短距离无线通信技术标准——蓝牙技术。它的命名借用了10世纪一位丹麦国王Harald Bluetooth的名字，这位国王统一了丹麦和挪威，建成了当时欧洲北部一个有影响的统一王国。用蓝牙给该项技术命名，含有统一起来的意思。1999年7月BSIG推出了蓝牙技术标准的第一个版本。所谓蓝牙（Bluetooth）技术，实际上是一种短距离无线电技术，利用“蓝牙”技术，能够有效地简化掌上电脑、笔记本电脑和移动电话等移动通信终端设备之间的通信，也能够成功地简化以上这些设备与因特网之间的通信，从而使这些现代通信设备与因特网之间的数据传输变得更加迅速高效，为无线通信拓宽了道路。

蓝牙技术利用短距离、低成本的无线连接替代了电缆连接，从而为现存的数据网络和小型的外围设备提供了统一的连接。下面介绍一些它的主要技术特点。

（1）拓扑结构

蓝牙技术支持点对点或点对多点的话音、数据业务，采用一种灵活的无基站的组网方式使得一个蓝牙设备可同时与其他多个蓝牙设备相连，在有效通信范围内所有设备的地位都是平等的，具有相同的权限。首先提出通信要求的设备称为主设备（master），被动进行通信的设备称为从设备（slave）。利用TDMA（时分多址），一个master最多可同时与7个slave进行通信。一个master和一个以上的slave构成的网络称为主从网络（piconet，或称微微网），若两个以上的piconet之间存在着设备间的通信则构成了散射网（scatternet），如图4-13和图4-14所示。图4-13中给出了多个蓝牙系统组成的微微网，图4-14中给出了多个微微网组成的散射网。基于时分多址原理和设备的平等性，任一蓝牙设备在piconet和scatternet中，既可作master又可作slave，还可同时既是master又是slave，其中所有设备均可移动。每个微微网都有自己的跳频序列，它们之间并不跳频同步，这样就避免了同频干扰。

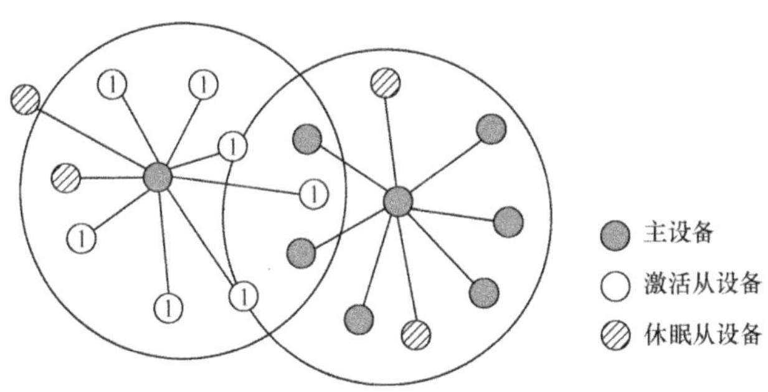

图4-13　多个蓝牙设备组成的微微网

（2）系统组成

蓝牙系统一般由天线单元、链路控制（硬件）、链路管理（软件）和蓝牙软件（协议）4个功能模块组成，如图4-15所示。

天线部分体积小巧，属于微带天线，空中接口遵循FCC对ISM频段的规定，天线电平设计为0dBm，需要时可通过功率控制达到20dBm。链路控制器（LC）的单元包括3个集成芯片：连接控制器、基带处理器以及射频传输/接收器，此外，还使用了单独调谐元件。链路控制器负责处理基带协议和其他一些低层常规协议，链路管理（LM）软件模块实现链路的建立、认证及链路硬件配置等。链路管理器可发现其他的链路管理器，并通过链路管理协议（LMP）建立通信联系。LM 提供的服务有：发送和接收数据、请求名称、链路地址查询、建立连接、鉴权、链路模式协商和建立、决定帧的类型等。

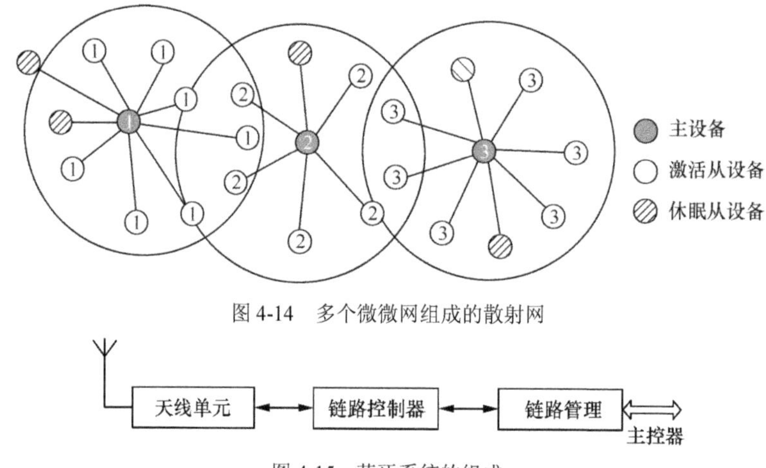

图 4-14　多个微微网组成的散射网

图 4-15　蓝牙系统的组成

（3）射频特性

蓝牙设备的工作频段选在全球通用的 2.4GHz 的 ISM（工业、科学、医学）频段，这样用户不必经过申请便可以在 2400～2500MHz 范围内选用适当的蓝牙无线电收发器频段。频道采用 23 个或 79 个，频道间隔均为 1MHz，采用时分双工方式。调制方式为 BT=0.5 的 GFSK（高斯移频键控），调制指数为 0.28～0.35。蓝牙的无线发射机采用 FM 调制方式，从而能降低设备的复杂性。最大发射功率分为 3 个等级：100mW（20dBm），2.5mW（4dBm），1mW（0dBm），在 4～20dBm 范围内要求采用功率控制，因此蓝牙设备之间的有效通信距离为 10～100m。

（4）跳频技术

跳频是蓝牙使用的关键技术之一。跳频是指在接收或发送一分组数据后，即跳至另一频点。与其他技术相比，蓝牙技术采用了更快的跳频和更小的分组数据。对于单时隙包，蓝牙的跳频速率为 1600 跳/秒；对于多时隙包，跳频速率有所降低，但在建立链路时则提高为 3200 跳/秒。使用这样高的调频速率，蓝牙系统具有足够高的抗干扰能力，且硬件设备简单。

（5）TDMA 结构

蓝牙的数据传输率为 1Mbit/s，采用数据包的形式按时隙传送，每时隙 0.625μs。蓝牙系统支持实时的同步定向联接和非实时的异步不定向联接，分别为 SCO 链路（Synchronous Connection Oriented Link）和 ACL 链路（Asynchronous Connectionless Link）。前者主要传送话音等实时性强的信息，在规定的时隙内传输；后者则以数据为主，可在任意时隙传输，但当 ACL 占用 SCO 的预留时隙，而系统需要 SCO 传输时，ACL 则自动让出这些时隙以保证 SCO 的实时性。蓝牙技术支持一个异步数据通道、3 个并发的同步话音通道或一个同时传送异步数据和同步话音的通道。每一个话音通道支持 64kbit/s 的同步话音，异步通道支持最大速率为 721kbit/s，反向应答速率为 57.6kbit/s 的非对称连接，或者是速率为 432.6kbit/s 的对称连接。

（6）软件的层次结构

蓝牙的通信协议采用层次结构，其程序写在一个 9mm × 9mm 的微芯片中。底层为各类应用所通用，高层则视具体应用而有所不同，大体分为计算机背景和非计算机背景两种方式，前者通过主机控制接口（Host Control Interface，HCI）实现高、低层的连接，后者则不需要HCI。层次结构使其设备具有最大的通用性和灵活性。根据通信协议，各种蓝牙设备无论在任何地方，都可以通过人工或自动查询来发现其他蓝牙设备，从而构成主从网和散射网，实现系统提供的各种功能，使用起来十分方便。

（7）纠错技术

蓝牙系统的纠错机制分为前向纠错编码（FEC）和包重发（ARQ），支持1/3率和2/3率的FEC编码。采用FEC编码方式的目的在于减少数据重发次数，但在无差错环境下，FEC编码方式会降低数据吞吐量。1/3率仅用3位重复编码，大部分在接收端判决，既可用于数据包头，也可用于SCO连接的包负载。2/3率编码使用一种缩短的汉明码，它既可用于SCO连接的同步包负载，也可用于ACI连接的异步包负载。在ACI连接中，可用ARQ结构。在这种结构中，若接收方没有响应，则发送端将包重发。每一负载包含有CRC，用来检测误码。

（8）编码安全

在全球范围内，蓝牙可应用于任意的小范围通信，每一蓝牙设备，都可根据IEEE 802标准得到一个唯一的48位的BD-ADDR。它是一个公开的地址码，可以通过人工或自动进行查询。在BD-ADDR基础上，使用一些性能良好的算法可获得各种保密和安全码，从而保证了设备识别码（ID）在全球的唯一性，以及通信过程中设备的鉴权和通信的安全保密。另外，蓝牙技术在物理层、链路层、业务层3个层次上提供安全措施，充分保证通信的保密性。

蓝牙规范公布的主要技术指标和系统参数见表4-3。

表4-3 主要技术指标和系统参数

指标类型	系统参数
工作频段	ISM频段，2.402～2.480GHz
双工方式	全双工，TDD时分双工
业务类型	支持电路交换和分组交换业务
数据速率 异步信道速率 同步信道速率	1Mbit/s 非对称连接为721kbit/s、57.6kbit/s，对称连接为432.6kbit/s，2.0+EDR规范支持更高的速率 64kbit/s，2.0+EDR规范支持更高的速率
功率	美国FCC要求小于0dBm（1mW），其他国家可扩展为100mW
跳频频率数	79个频点/MHz
跳频速率	1600跳/秒
工作模式	PARK/HOLD/SNIFF
数据连接方式	面向连接业务（SCO），无连接业务（ACL）
纠错方式	1/3 FEC、2/3 FEC、ARQ等
信道加密	采用0位、40位和60位密钥
发射距离	一般可达10cm～10m，增加功率的情况下可达100m

2. Bluetooth协议体系结构

在蓝牙的协议规范之中，遵循开放系统互联参考模型（Open System Interconnection

Referenced Model，OSI/RM）从低到高地定义了蓝牙协议栈的各个层次。蓝牙协议栈如图 4-16 所示。

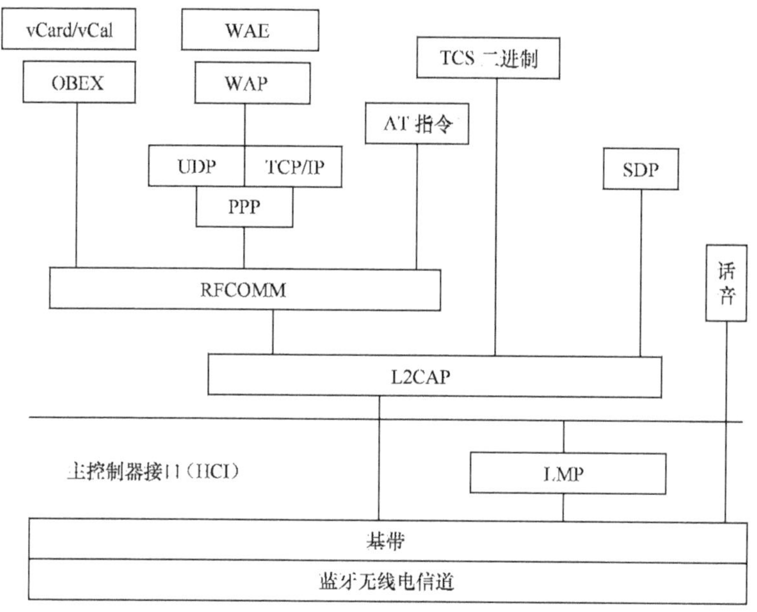

图 4-16　蓝牙协议栈

SIG 在制定蓝牙的协议栈时，一个重要的原则就是，高层尽量利用已有的协议，而不是对于不同的应用去定义新的协议，所以蓝牙协议堆栈中的许多协议并不是蓝牙规范所特有的，而是已经应用成熟的协议。还有一些协议是 SIG 基于其他协议修改而成的，如串口仿真协议（RFCOMM）和电话控制协议（Telephone Control Protocol Specification，TCS）。

具体来说，蓝牙的协议体系分为四层：核心协议层、替代电缆协议层、电话控制协议层和可选协议层。在核心协议层，包括基带（Baseband）、链路管理协议（Link Manager Protocol，LMP）、逻辑链路控制和适配协议（Logical Link Control and Adaptation Protocol，L2CAP）、服务发现协议（Service Discovery Protocol，SDP）；在替代电缆协议层，包括串口仿真协议（RFCOMM）；在电话控制协议层，包括二进制电话控制规范（TCS Binary）和 AT 指令（AT command）；可选协议层包括点到点协议（PPP）、用户数据报协议/传输控制协议/互联网协议（UDP/TCP/IP）、对象交换协议（OBEX）、无线应用协议（WAP）、无线应用环境（WAE）、电子名片（vCard/vCal）、红外移动通信（IrMC）。

除了以上这些协议，在基带控制器、链路控制器以及访问硬件状态和控制寄存器等提供主机控制器命令接口（Host Controller Interface，HCI）。

蓝牙核心协议由 SIG 制定的蓝牙指定协议组成，绝大部分蓝牙设备都需要核心协议（加上无线部分），而其他协议则根据应用的需要而定。因此，下面主要介绍蓝牙核心协议。

（1）基带协议：基带协议为两个或多个蓝牙单元之间建立物理射频连接。该协议还同步微微网内蓝牙设备的跳频频点和时钟，该协议对所有类型的包提供了不同层次的 FEC 或 CRC 差错校验，还提供数据加密功能。

（2）链路管理协议（LMP）：链路管理协议管理基带层内主从网络的运行，负责两个或多个设备之间的链路设置和控制，包括传递验证和加密，管理链路密钥。

（3）逻辑链路控制和适配协议（L2CAP）：逻辑链路控制和适配协议位于基带协议之上，为低层的数据服务，它向上层提供面向连接和无连接的数据服务，具有协议的复用能力、分组的分割与重组以及服务质量的传递。它与 LMP 的区别在于当业务数据不经过 LMP 时，L2CAP 为上层提供服务。

（4）服务发现协议（SDP）：服务发现协议在蓝牙技术框架中起到至关重要的作用，它是所有用户模式的基础。使用 SDP，可以查询到设备和服务类型，从而在蓝牙设备间建立相应的连接。

3. Bluetooth 的应用及产品

蓝牙 SIG 中定义了几种基本的应用模型，主要包括文件传输、Internet 网桥、局域网接入、同步、三合一电话（three-in-one phone）和终端耳机等。而在实际生活中，蓝牙的应用也是十分广泛的，涉及居家、工作、娱乐等方面。市面上的蓝牙产品主要包括蓝牙耳机、蓝牙适配器、车载蓝牙多媒体系统、车载蓝牙电话、蓝牙键盘和鼠标、蓝牙网关、蓝牙无线条码扫描枪等。我们可以利用蓝牙技术来连接其他的无线设备、下载照片、进行多人游戏，甚至可以进行自动存取款、订票。这可以为我们的生活带来极大的便利，使得物物联网的概念成为现实。

2010 年 7 月，蓝牙技术联盟（Bluetooth SIG）宣布正式采纳蓝牙 4.0 核心规范（Bluetooth Core Specification Version 4.0），并启动对应的认证计划。会员厂商可以提交其产品进行测试，通过后将获得蓝牙 4.0 标准认证。蓝牙 4.0 的标志性特色是 2009 年年底宣布的低功耗蓝牙无线技术规范。该技术拥有极低的运行和待机功耗，使用一粒纽扣电池甚至可连续工作数年之久。同时还拥有低成本、跨厂商互操作性、3ms 低时延、100m 以上超长距离、AES-128 加密等诸多特色，可以用于计步器、心律监视器、智能仪表等众多领域，大大扩展蓝牙技术的应用范围。当然，蓝牙 4.0 标准在提供低功耗技术的同时，依然保持了对旧标准的向下兼容性，包含经典蓝牙技术规范和最高速度 24Mbit/s 蓝牙高速技术规范。3 种技术规范可单独使用，也可同时运行。

4.2.3　超宽带（UWB）

1. 超宽带的定义

传统的无线传输技术一般都是带宽受限的，系统带宽通常在 20MHz 以下，可用频谱资源有限和信道的多径衰落特征是限制传输速率的主要瓶颈。超宽带（Ultra Wide Band，UWB）技术的显著特征则是采用 500MHz 至几个吉赫兹的带宽进行高速数据传输，在 10m 距离内提供高达 100Mbit/s 以上，甚至 1Gbit/s 的传输速率，同时与现有窄带无线系统很好地共存。

超宽带技术的历史可以追溯到 20 世纪 60 年代，当时专指借助非正弦的窄脉冲信号进行通信的无线技术，因此各种名称如基带、无载波或脉冲无线电等术语均混用。该技术一直被美国军方严格控制，主要应用于军事目的，如高功率雷达和保密通信。1989 年，美国国防部采用“超宽带”这一术语，并规定若一个信号在20dB处的绝对带宽大于1.5GHz或相对带宽大于25%，则这个信号就是超宽带信号。此后，超宽带这个术语才被业界沿用下来，即超宽带无线电指具有很高带宽比（射频带宽与其中心频率之比）的无线电技术，是从信号带宽的角度定义无线电信号，没有指明相应的实现方式。2002年2月，FCC批准将该技术应用于民用系统，对超宽带进行了重新定义，并划分了免授权使用频段。之后，超宽带技术开始进入民用领域。

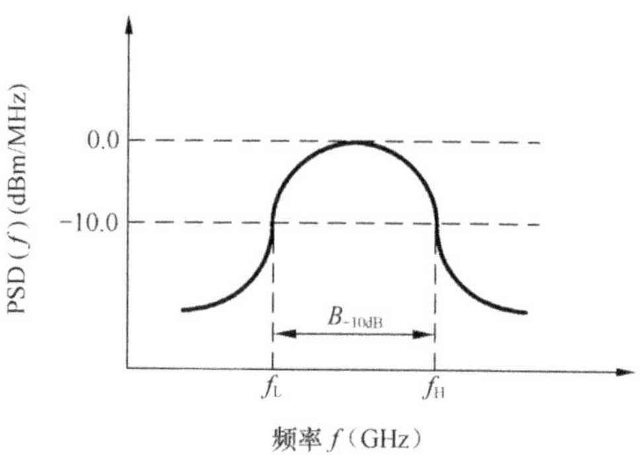

图4-17　绝对带宽的定义（PSD：信号功率谱密度）

在2002年FCC给出的超宽带信号最新定义中，仍然使用了绝对带宽（Absolute Bandwidth）和相对带宽（Fractional Bandwidth）两个指标。

绝对带宽是指信号功率谱最大值两侧某滚降点对应的上截止频率 f_H 与下截止频率 f_L 之差。例如，图4-17给出了信号的−10dB绝对带宽。

$$B_{-10\text{dB}} = f_H - f_L \tag{4-1}$$

实际应用中，绝对带宽有−3dB绝对带宽、−20dB绝对带宽等不同选择。

相对带宽是指绝对带宽与中心频率之比。由于超宽带系统经常采用无正弦载波调制的窄脉冲信号承载信息，中心频率并非通常意义上的载波频率，而是上、下截止频率的均值 $(f_H + f_L)/2$。例如，以−10dB绝对带宽计算的相对带宽为

$$B_{\text{Fractional}} = \frac{B_{-10\text{dB}}}{(f_H + f_L)/2} = \frac{2(f_H - f_L)}{f_H + f_L} \tag{4-2}$$

FCC规定UWB信号为绝对带宽 $B_{-10\text{dB}}$ 大于500MHz或相对带宽大于20%的无线电信号。根据FCC Part15规定，UWB通信系统可使用的免授权频段为3.1～10.6GHz共7.5GHz带宽。为保护现有系统（如GPS系统、移动蜂窝系统等）不被UWB系统干扰，FCC对UWB系统的辐射功率谱密度进行了严格限制，规定信号最高功率谱密度为−41.3dBm/MHz，因此UWB信号在3.1～10.6GHz频段的总发射功率仅为−2.55dBm。

2. 超宽带的技术特点与应用

基于超宽的信号带宽和极低的发射功率谱密度，UWB技术主要具有如下特点。

（1）传输速率高。由于UWB系统使用高达500MHz～7.5GHz的带宽，根据香农信道容量公式，即使发射功率很低，也可以在短距离上实现高达几百兆至1Gbit/s的传输速率。例如，如果使用7GHz带宽，即使信噪比低至−10dB，其理论信道容量也可达到1Gbit/s。

（2）通信距离短。超宽带信号具有极其丰富的频率成分。由于无线信道在不同频段表现出不同的传输特性，随着传输距离的增加，高频信号衰落得更快，这导致UWB信号产生严重的失真，从而影响系统的性能。因此，UWB系统更适合于短距离通信。研究表明，当收发信机之间距离小于10m时，UWB系统的信道容量高于传统的窄带系统，收发信机之间距离超过12m时，UWB系统在信道容量上的优势将不复存在。

（3）系统共存性好，通信保密度高。由于 UWB 系统发射功率谱密度的上限仅为 −41.3dBm/MHz，对于传统的窄带系统来说，该信号谱密度甚至低至背景噪声电平以下，因此，UWB 信号对同频带内工作的窄带系统的干扰可以视作宽带白噪声。这意味着 UWB 系统与传统的窄带系统有着良好的共存性，这对提高日益紧张的无线频谱资源的利用率是非常有利的。同时，极低的功率谱密度使 UWB 信号具有很强的隐蔽性，很难被截获，这对提高通信的保密性也非常有利。

（4）定位精度极高，抗多径能力强。由于 UWB 信号采用持续时间极短的窄脉冲，其时间、空间分辨能力都很强。超宽带脉冲宽度一般在亚纳秒级，因此具有厘米级的高精度测距和定位能力。同时，脉冲信号含有丰富的低频分量（早期系统的中心频段在 1GHz），因而具有很强的穿透地表面、墙壁和其他物体的能力，可在室内和地下进行精确定位。采用超宽带无线电通信，可以将定位与通信合一。宽度极短的脉冲信息又具有天然的高多径分辨率，抗多径能力强，从而在各种无线环境中具有优越的传输性能。

（5）体积小、功耗低。传统的 UWB 技术无需正弦载波，数据被调制在纳秒级基带窄脉冲上传输，接收机利用相关器直接完成信号检测。收发信机不需要复杂的载频调制解调电路和滤波器等。因此，可以大大降低系统复杂度，减小收发信机的体积和功耗。

总体来看，高速率和短距离两大典型特征决定了超宽带技术在通信领域的应用主要是组建高速局部物联网、无线个域网和家庭无线网络，作为各种设备之间的高速通信接口，满足各种物联网设备、娱乐设备和计算机设备之间的互连需求，其应用可包括以下范围。

（1）各种移动设备之间的高速信息传输，例如 PDA、MP3、可视电话、3G 手机等设备之间的短距离点到点通信，包括多媒体文件传输、游戏互动等。

（2）桌面 PC、笔记本电脑、移动设备与各种外设之间的无线连接，例如与打印机、扫描仪、存储设备等的无线连接。

（3）数字电视、家庭影院、DVD 机、投影机、数码相机、机顶盒等家用电子设备之间的可视文件和数据流的传输。

（4）结合 UWB 高精度的定位能力，应用企业仓储管理和智能交通等各类物联网系统中，为精准的存货追踪管理、汽车防撞系统、测速、收费系统提供解决方案。

还值得一提的是，窄脉冲具有很强的穿透各种障碍物，例如墙壁和地板的能力。UWB 技术还能实现隔墙成像，因此具有比红外通信更广泛的应用，例如在军事、勘探、安全等领域。

3. 脉冲无线电技术

脉冲无线电（Impulse Radio）是早期超宽带系统的代名词，专指采用冲激脉冲（超短脉冲）作为信息载体的非正弦载波无线电技术。该技术有别于传统使用正弦载波的窄带无线系统，属于基带、无载波通信的范畴。

（1）常用脉冲波形

脉冲无线电系统的性能在很大程度上依赖于脉冲信号功率谱密度的平坦性和功率谱覆盖范围。而功率谱的形状又取决于脉冲信号的形状。因此，脉冲信号的设计和产生显得尤为重要。当信号频率接近于零时，天线的发射效率大大下降，因此脉冲信号在接近零频段的信号能量应该很小。另外，收发端的天线对基带脉冲具有微分效应，即收端天线的输出波形是发端天线输入波形的二次微分形式。典型的 UWB 脉冲是高斯双叶脉冲（Gaussian Doublet），这种脉冲因为生成容易而被经常使用。

（2）基于脉冲调制的超宽带系统

UWB 系统常用的调制方式包括脉位调制（PPM）、脉幅调制（PAM）和二相调制（BPSK）。PPM 通过改变发射脉冲的时间间隔或发射脉冲相对于基准时间的位置来传递信息，它的优点就是简单，但是需要比较精确的时间控制。PAM 通过改变脉冲幅度的大小来传递信息，它可以改变脉冲幅度的极性，也可以仅改变脉冲幅度的绝对值大小。通常所讲的 PAM 只改变脉冲幅度的绝对值，即 OOK（On-off Keying）。BPSK 通过改变脉冲的正负极性来调制二元信息，所有脉冲幅度的绝对值相同。使用二相调制的一个原因就是在抗噪性能上它有优于 PPM 的 3dB 增益。

OOK 和 PPM 共同的优点是可以通过非相干检测恢复信息，但它们也有一个共同的缺点，即经过这些方式调制的脉冲信号将出现线谱。线谱使超宽带脉冲系统的信号难于满足一定的频谱要求。平滑线谱的一种方法就是加入伪随机码，并同时实现多用户接入。实际的多址方式有跳频（FH）和直扩（DS）两种，多址与调制方式相结合，可以得到 3 种典型的超宽带脉冲无线电系统，即 TH-PPM、TH-PAM 和 DS-BPSK。

4. 多带 OFDM（MB-OFDM）超宽带技术

在 2002 年 FCC 规定了 UWB 通信的频谱使用范围和功率限制后，全球各大消费电子类公司及其研究人员从传统窄带无线通信的角度出发，提出了有别于基带窄脉冲形式的带通载波调制超宽带方案 MB-OFDM（MultiBand OFDM）。该方案在标准化竞争中逐渐取代脉冲无线电技术，并得到 WiMedia 联盟的支持。2005 年 3 月，欧洲计算机制造商协会（ECMA）发布了基于 MB-OFDM 方案的 ECMA-368 和 ECMA-369 标准。上述标准于 2007 年通过 ISO 认证，正式成为第一个 UWB 的国际标准。

ECMA-368 协议规定了用于高速短距离无线网络的 UWB 系统的物理层与 MAC 层的特性，使用频段为 3.1～10.6GHz，最高速率可以达到 480Mbit/s。

（1）帧结构

ECMA-368 协议中的帧结构是由 PLCP（Physical Layer Convergence Protocol，物理层汇聚协议）前导、PLCP 头和 PSDU（PHY Service Data Unit，物理层服务数据单元）三部分组成的 PPDU（PLCP Protocol Data Unit，PLCP 协议数据单元），如图 4-18 所示。

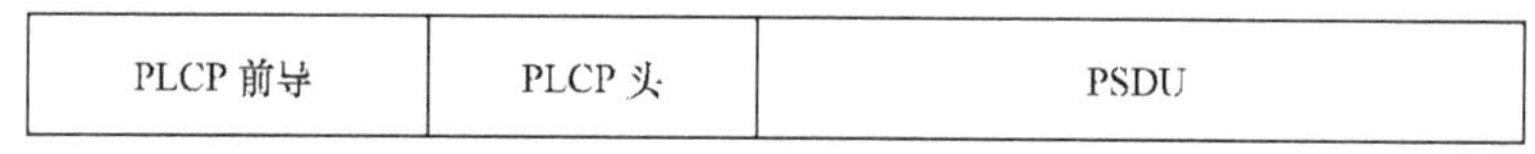

图 4-18 PPDU 结构图

PLCP 前导有标准和突发两种类型。PLCP 前导的结构分为同步序列和信道估计序列两段，标准类型前导的同步序列长度为 24 个 OFDM 符号，突发类型前导的同步序列长度为 12 个 OFDM 符号，两种类型前导的信道估计序列长度为 6 个 OFDM 符号。

（2）编码和调制

PPDU 的数据经过编码调制过程后形成 OFDM 时域信号，再经过射频发送到信道中。其中 PLCP 前导直接是时域信号，不用经过编码和调制直接形成 OFDM 信号，PLCP 头与

PSDU 部分则经过如图 4-19 所示的过程形成 OFDM 符号。

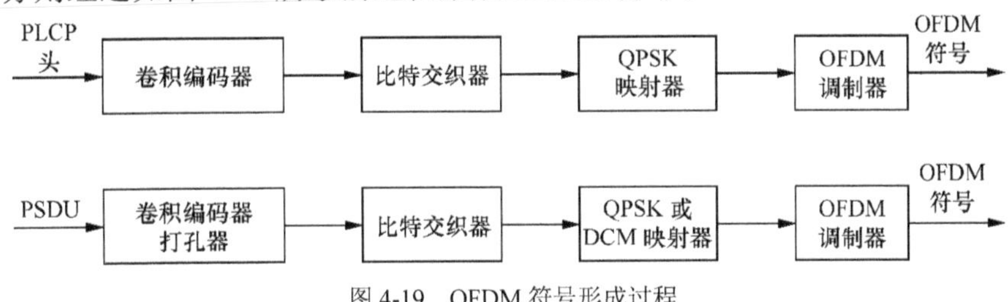

图 4-19 OFDM 符号形成过程

双载波调制（DCM）如图 4-20 所示，它把 4 个交织后的比特同时映射到两个 16 进制（16 点）的符号中，接下来把两个十六进制的符号映射到间隔 50 个子载波的两个子载波中。这样的好处是它把每两个信息比特同时映射到相隔至少 200MHz 的两个子载波上，而在这两个子载波上同时存在深衰落的概率是很小的。

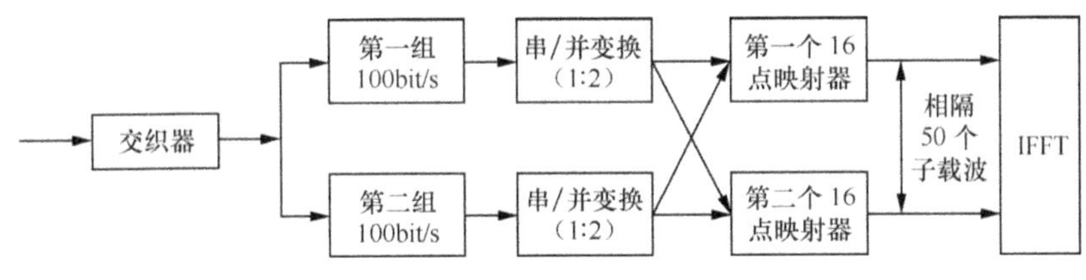

图 4-20 双载波调制（DCM）

（3）子带划分

在物理层上，该协议将频谱划分为 14 个带宽为 528MHz 的子带，这 14 个频带又分为 5 组，其中前 4 组内各含有 3 个子带，第 5 组内含有 2 个子带，如图 4-21 所示。实际方案中，先期仅采用 3.168～4.752GHz 的 3 个子带，在每个子频带上，信息采用 128 点 IFFT/FFT 的 OFDM 调制。

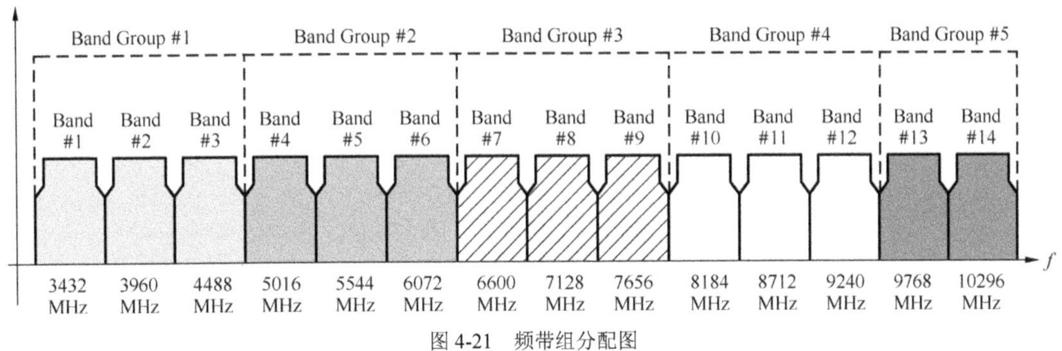

图 4-21 频带组分配图

MB-OFDM 定义了 7 组时频码，其中包括 4 组跳频与 3 组定频模式，跳频模式可使两个未经协调的微微网（Piconet）之间的干扰减小。为支持 4 个微微网同时工作，采用跳频多址技术，每个微微网使用特有的时频码（Time-Frequency Code，TFC），表 4-4 中列出了 7 种周期为 6 个符号时隙的时频码。7 个 TFC 中的 1、2、3 表示图 4-21 中的子带序号，而且在每个微微网传送的数据帧中采用不同的 OFDM 前导（Preamble）符号，OFDM 前导符号主要用于同步、载波频偏恢复和信道估计。不同微微网的 OFDM 前导符号之间相互正交。如表 4-4 所示，在 UWB-OFDM 系统中，每个 OFDM 符号根据时频码的定义依次地切换传输子带。

表 4-4　　6 个符号时隙周期的时频码

TFC 序号	类　型	前导类型	子带序号					
1	FEI	1	1	2	3	1	2	3
2	FEI	2	1	3	2	1	3	2
3	FEI	3	1	1	2	2	3	3
4	FEI	4	1	1	3	3	2	2
5	FEI	5	1	1	1	1	1	1
6	FEI	6	2	2	2	2	2	2
7	FEI	7	2	2	2	2	2	2

4.2.4　60GHz 通信

尽管超宽带技术将短距离应用的传输速率提升到了百兆比特数量级，但随着近些年数据业务的发展和人们日益增长的需求，众多的室内无线应用还需要更高速率的支持，例如面向高清晰度电视（HDTV）、视频点播、家庭影院、蓝光 DVD 播放机和高清摄像机的流媒体内容下载服务、高速互联网接入、实时数据传输和无线吉比特以太网等。上述应用所需的数据传输速率为 1～3Gbit/s，这促使人们去寻找新的技术解决方案，60GHz 技术因此应运而生。

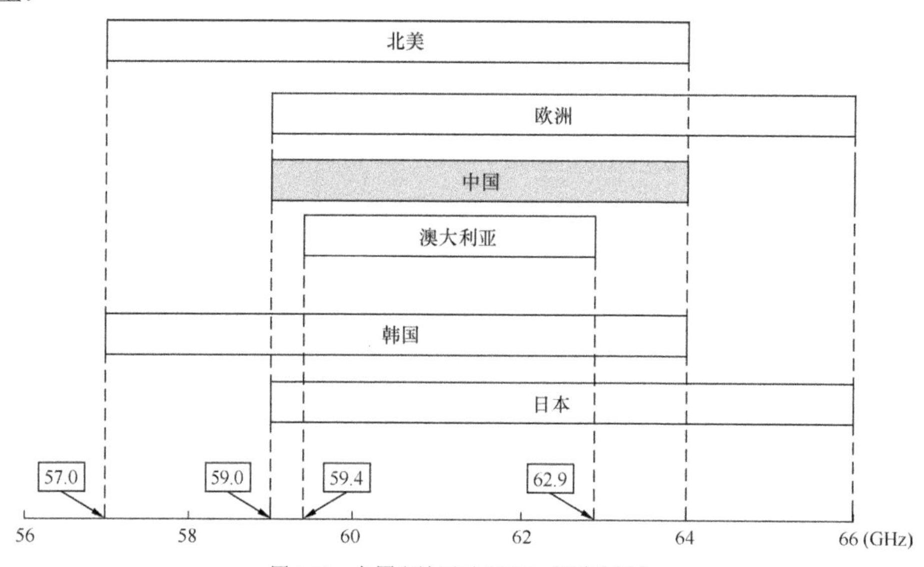

图 4-22　各国和地区对 60GHz 频谱的划分

从理论上看，要进一步提升系统容量，增加带宽势在必行。但是 10GHz 以下无线频谱分配拥挤不堪的现状已完全排除了这种可能，因此，要实现超高速无线数据传输，还需开辟新的频谱资源。自 2000 年以来，欧、美、日等众多国家和地区相继在 60GHz 附近划分出 5～7GHz 的免许可连续频谱用作一般用途。如图 4-22 所示，北美和韩国开放了 57～64GHz 频段，欧洲和日本开放了 59～66GHz，澳大利亚开放了 59.4～62.9GHz，中国目前也开放了 59～64GHz 频段。可以看出，在各国和地区开放的频谱中，大约有 5GHz 的重合，这非常有利于开发出世界范围适用的技术和产品。同时，我国开放的 59～64GHz 频段正好处于这个重合部分中。这一频段上数吉赫兹的带宽资源奠定了实现吉比特级传输速率的基础，免许可特性又使得用户无需负担昂贵的频谱资源允许费用，因此 60GHz 通信成为实现超高速室内短距离应用的必然选择，也是相关学术团体和标准化组织的最新研究热点。

1. 60GHz 通信的技术特点

（1）60GHz 信号传播特性

说起 60GHz 通信的技术特点，就不得不提到 60GHz 信号特有的传播特性。60GHz 电磁波属于毫米波范畴，其传播特性和 10GHz 以下的无线信号有明显区别，主要表现在以下几方面。

① 极大的路径损耗。电磁波的传播损耗随波长成二次方变化。因此，在同样传输距离下，60GHz 电磁波比 2.4GHz 要多出 28dB 的路径损耗。

② 氧气吸收损耗高。电磁波在发送和接收天线之间传输时存在的另一种损耗是大气吸收，水蒸气和氧气是产生这种衰减的主要因素。氧气吸收损耗的大小随电磁波的频率而变，60GHz 附近正好是一个氧气吸收峰值带，此处因氧气产生的吸收损耗高达 7～15.5dB/km。

③ 绕射能力差，穿透性差。60GHz 毫米波的波长较短，仅有 5mm 左右，所以绕射能力差，容易受到障碍物的遮挡。同时，物体对毫米波的衰减也会更大，导致信号穿透障碍物的能力减弱。表 4-5 对比了各种材料对毫米波和低频电磁波的穿透损耗。此外，测量显示 PC 显示器之类的金属物体对 60GHz 信号的衰减在 40dB 以上。

表 4-5　障碍物穿透损耗

物　质	60GHz	2.5GHz
石膏板	2.4dB/cm	2.1dB/cm
白板	5.0dB/cm	0.3dB/cm
玻璃	11.3dB/cm	20.0dB/cm
网眼玻璃	31.9dB/cm	24.1dB/cm

（2）60GHz 无线通信技术特点

60GHz 信号传输损耗高、绕射能力差的特点决定了它只适合于进行短距离视距（LOS）通信，并且需要采用一些相应的技术措施来克服其不利影响和提升系统性能，例如定向波束成型、多跳中继、空间复用等。

① 定向发射和接收

为了对抗信号传输过程中面临的高路径损耗和吸收损耗，可以加大发射功率、减小接收端噪声或是增加收发天线增益。但是实际设备在提高发射功率和抑制噪声方面都受到很大限制，因此一般只能采用高增益的定向天线来大幅补偿 60GHz 信号额外增加的 20～40dB 损耗。

幸运的是，与 2.4/5GHz 相比，60GHz 频段上更容易使用多天线波束成型技术实现高天线增益。这是因为 60GHz 信号波长更短，天线之间的距离可以做得很近，同样面积下能够放置更多的天线单元，简单灵活的波束成型算法很容易实现 10～20dB 的方向性增益。小体积的天线阵列还可以同时配置在接入点和用户终端，收发定向天线联合就能实现 20～40dB 的定向增益，足以弥补信号传输中的高损耗。

定向发射和接收为 60GHz 通信带来了巨大的好处。首先，它能显著减小信号多径时延扩展，在一定程度上简化收发信机物理层设计；其次，定向发射意味着干扰区域的减小，同时毫米波的高衰减特性也缩短了信号的干扰距离，不同链路之间的干扰大为降低。这使得 60GHz 无线通信在通信的安全性和抗干扰性方面存在天然的优势。

但是，定向发射和接收也给系统带来了一个很大的麻烦，即出现因收发设备初始天线方向没有对准而产生的“听不见（deafness）”现象。此时需要在 MAC 协议设计中专门考虑如何解决定向通信环境下的设备发现、网络初始化操作等问题。

② 多跳中继

由于 60GHz 信号绕射能力和穿透性差，室内环境中的常见物体，例如家具、墙壁、门和地板等都会阻断信号传输。因此，毫米波通信主要建立在视距通信的基础上，而且决定信号实际覆盖范围的往往不是电磁波在自由空间的传播损耗，而是穿透损耗，其有效通信范围常常仅限于一个房间之内。同时，室内人体的移动也会对信号传播造成很大影响。当视距（LOS）通路被人体遮挡时，信号会额外产生 15dB 甚至更高的衰减，从而导致正在进行的通信中断。为了扩大 60GHz 网络覆盖范围并保持足够高的强健性，可以借助中继利用协同或多跳等方式来进行组网。只要在一些关键的位置上布置很少的中继，通过节点之间的接力即可绕过障碍物，保持整个网络的连通性。有实验表明，4 跳 60GHz 系统已可实现与 WLAN 相同的覆盖范围，并保持每秒数吉比特的超高速率。

③ 空间复用

定向链路之间的低干扰特性意味着 60GHz 网络具有很大的空间复用潜力，即允许多条同频通信链路在同一空间内共存，从而有效提升网络容量。这一特性对于办公室或公共场所等密集通信场景尤为重要，此时需要在一个很小的空间内同时提供多条上吉比特每秒的数据连接，必须借助空间复用能力才能实现。

④ 单载波调制与 OFDM

在 60GHz 物理层技术方案的选择上，目前有单载波调制和 OFDM 两大备选技术。由于 60GHz 通信采用定向视距传输，多径效应不是主要问题，OFDM 技术并无明显优势，而且具有高峰均功率比、对相位噪声敏感以及能耗较高等缺点。两种技术有大致相当的频谱效率，可以根据不同的应用和场景结合使用。例如，单载波调制实现成本低，可用于速率在 2Gbit/s 以下的低端应用。

2. 60GHz 标准化进程

学术界、工业界和标准化组织已经投入大量精力研究 60GHz 技术及标准。其中工业界有 WirelessHD 和 WiGig 联盟，标准化组织有 ECMA、IEEE 802.15.3c（TG3c）和 IEEE 802.11ad（TGad）小组。下面分别介绍这些组织所做的工作。

（1）WirelessHD

2006 年 10 月，索尼、松下、三星电子公司等六大供应商巨头成立了 WirelessHD 工作组，旨在开发一种无线数字高清传输技术，让各种高清设备如电视、影碟播放机、机顶盒、录像机、游戏机等实现高清信号的无线传输。2008 年 1 月，WirelessHD 联盟宣布完成首个高清视频传输标准 WirelessHD 1.0 的开发。WirelessHD 1.0 标准的数据传输速率可达 4Gbit/s，其核心技术可支持高达 25Gbit/s 的理论速率。2010 年 1 月，WirelessHD 联盟宣布将对 WirelessHD 1.0 规范进行强化，扩大对便携式和个人计算设备的支持。新一代 WirelessHD 规范（WirelessHD 2.0）向下兼容 WirelessHD 1.0，并将使数据速率提高到 10～28Gbit/s。

（2）WiGig

2009 年 5 月，英特尔、微软、戴尔和松下等公司宣布成立一个简称 WiGig（Wireless Gigabit Alliance）的技术联盟，旨在打造一个由消费电子、手持设备、个人电脑实现可互操作、极高品质互连的全球无线生态系统，以实现人们在数字时代的无缝通信。2009 年 12 月，该联盟宣布完成了无线标准 WiGig v1.0 的制定。WiGig v1.0 支持高达 7Gbit/s 的数据传输速率，是对 IEEE 802.11 媒质接入控制层（MAC）的补充和延伸，向后兼容 IEEE 802.11 标准，物理层同时满足 WiGig 设备对低功耗和高品质的要求，可确保设备互操作性和吉比特速率通信的要求。

（3）ECMA

2008 年 12 月 8 日，ECMA 组织在官方网站上公布了超高速短距离无线应用 60GHz 标准 ECMA-387。ECMA-387 规定了物理层（PHY）、分布式媒质访问控制（MAC）子层和 HDMI 协议适应层（PAL）。ECMA-387 定义了 4 个频段，每个频段宽度为 2.160GHz，可支持 1.728GBaud/s 的符号速率。在未使用信道绑定的情况下，可以取得的最大数据速率高达 6.350Gbit/s，而将相邻的 2 或 3 个频段绑定，又可以获得更高的数据速率。

（4）IEEE 802.15.3c（TG3c）

2005 年 3 月 IEEE 设立了 802.15.3c 小组，其主要目的是进行 60GHz 无线个域网（WPAN）的物理层和媒体接入控制层的标准化工作。2009 年 10 月 TG3c 小组宣布已经通过 IEEE 802.15.3c-2009 标准。该标准主要是对 IEEE 802.15.3-2003 的修正，定义了一种可工作在 60GHz 频段的物理层以及相应的 MAC 层，可提供的最高数据速率超过 5Gbit/s。其中，WirelessHD 1.0 技术规范作为一种工作模式 AV-OFDM 也被 IEEE 802.15.3c 标准所接纳。

（5）IEEE 802.11ad（TGad）

IEEE 802.11 小组于 2009 年 1 月启动 IEEE 802.11ad 标准制定工作。TGad 是从审议现行高速 WLAN IEEE 802.11n 后续标准的工作组“VHT（Very High Throughput）”派生出来的工作组之一，目标是制订 60GHz 频段的 WLAN 技术规范，与之并行的另一个工作组 TGac 则计划使用低于 6GHz 的频段实现高速 WLAN 演进。目前拟定的草案规定传输速度为 1Gbit/s 时，数据传输距离至少要达到 10m。在传输高清视频（1080P、24 比特/像素，60 帧/秒）时，速率必须达到 3Gbit/s 以上，时延不能超过 10ms。

3．IEEE 802.15.3c 协议简介

（1）802.15.3 的微微网

从前面的内容，我们了解了微微网的概念。下面我们介绍 802.15.3 中的微微网。802.15.3 协议所定义的微微网的结构如图 4-23 所示，是一个基于中央控制的自组织网络。

通常微微网的通信范围在10m以内，基本元素是设备（DEV），设备间可以独立地进行数据通信。微微网在初始化时，会选择其中一个DEV充当微微网协调器PNC（Piconet Coordinator）。PNC的主要作用之一就是传送带有微微网信息的信标（Beacon），以信标形式为微微网提供基本定时功能，并负责服务质量请求、功率节省和访问控制等功能。当802.15.3微微网中的某一个DEV能够充当PNC开始发送信标时，就认为微微网形成了。DEV通过关联过程加入微微网，PNC会广播微微网内所有DEV的信息，并将新的DEV信息放到信标中，从而使网内其他DEV和新加入的DEV知道彼此的信息。如果PNC将要离开网络并且微微网中的其他DEV都没有能力成为PNC来协调网络时，PNC将会通过发送带有PNC中断信息的信标通知微微网中的其他DEV，微微网将结束工作。

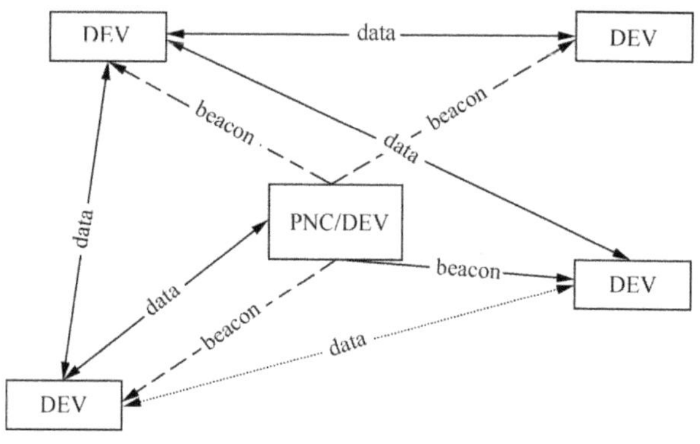

图 4-23　802.15.3无线个域网的微微网结构

IEEE 802.15.3c无线个域网的微微网结构与IEEE 802.15.3类似，IEEE 802.15.3c协议也是对IEEE 802.15.3做出修正，以适用于60GHz的无线通信。

（2）物理层

为了适应不同的应用，IEEE 802.15.3c中定义了3种物理层模式。

① Single Carrier（SC）

单载波模式是为WPAN便携式设备进行视距通信设计，它支持以普通的速率来传输所有的信标和信号并且支持一个强制的1.5Gbit/s的传输速率。另外，通过不同的调制和编码机制，可以使物理层支持的数据速率高达5.2Gbit/s。

② High Speed Interface（HSI）OFDM

高速率接口模式是为非可视距的操作设计，使用了OFDM技术，支持的最大物理层数据速率高达5.7Gbit/s。

③ Audio/Video（AV）OFDM

音视频模式是为了支持在非可视距的情况下传输无压缩的高清视频设计，又可以分为两种物理层模式：High-Rate PHY（HRP）和Low-Rate PHY（LRP），两者都使用了OFDM技术。

（3）MAC层

① 802.15.3超帧结构

超帧（superframe）是微微网中时间划分的基本单位，其结构如图4-24所示，主要包括3个部分：信标（Beacon）、竞争接入期（Contention Access Period，CAP）、信道时间分配期（Channel Time Allocation Period，CTAP）。信标的位置是在每一个超帧的开始，主要用于设定时间分配和交互管理信息。竞争接入期（CAP）采用CSMA/CA机制来竞争信道资源，用于交互命令和（或）异步数据。信道时间分配期（CTAP）又包括信道时间分配（Channel Time Allocation，CTA）和管理信道时间分配（Management CTA，MCTA）。CTAP中采用的是时分多址（Time Division Multiple Aeeess，TDMA）的信道接入方式，MTCA只适用于 DEV 和 PNC 之间的通信。CTA 可以用于传输同步数据流以及异步数据流。它的长度由 PNC 根据 DEV 所发送的信道时间请求命令而决定。CTAP 中的数据传输机会都是基于 PNC 预先设定的时隙分配，一旦 DEV 得到了某段 CTA 的使用许可，就意味在这段信道时间内不会有其他 DEV 与它竞争，而 DEV 所采用的传输数据长度等信息则由其自行决定。CTA 在超帧中的位置是可以动态改变的，这样 PNC 可以灵活地分配 CTA 的时间给 DEV，从而提高信道资源的利用率。

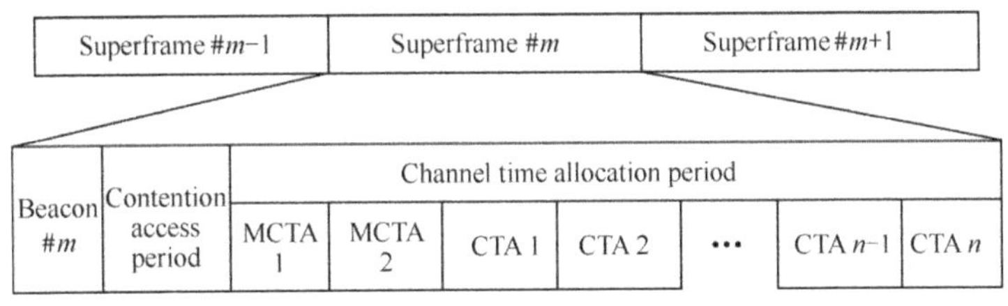

图 4-24　802.15.3 微微网超帧结构

② 802.15.3c 超帧结构

IEEE 802.15.3c 提出了全向模式（omni mode）和准全向模式（quasi-omni mode）的概念。全向模式是指设备使用全向天线进行通信，这时 802.15.3c 的帧结构与 802.15.3 中相同。而准全向模式是分辨率最低的模式，通常指覆盖设备周围很大区域一种天线模式（也包括这个设备作为 PNC 时）。此时 802.15.3c 的帧结构如图 4-25 所示。

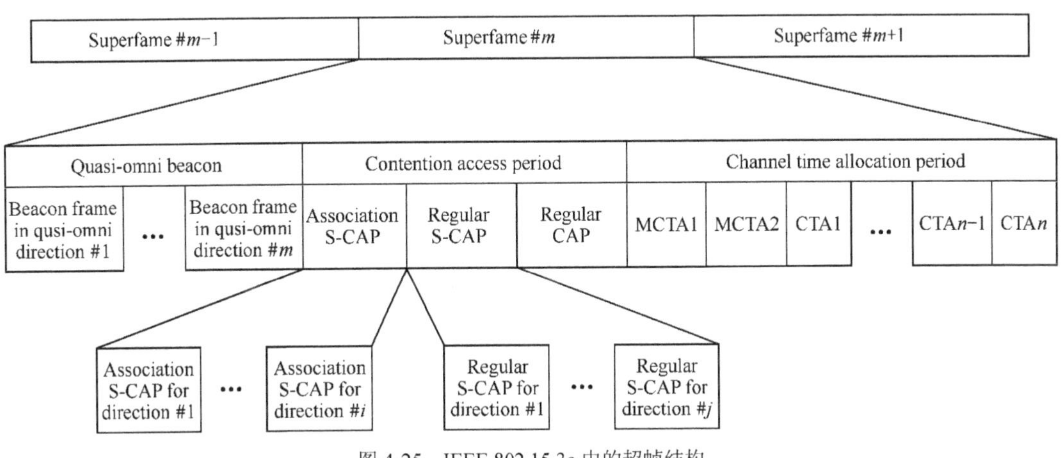

图 4-25　IEEE 802.15.3c 中的超帧结构

其中，准全向信标（Quasi-omni beacon）是指在准全向模式时，PNC 采用循环的方式在不同的方向上发送同样的信标，使得在不同方向的设备均可以加入同一个微微网。竞争接入期又分为 3 部分：关联子竞争接入期（Association Sub-Contention Access Period，Association S-CAP）、定期子竞争接入期（Regular Sub-Contention Access Period，Regular S-CAP）、定期竞争接入期（Association Contention Access Period，Association CAP）。在关联子竞争接入期中，确定 PNC 和 DEV 之间的最佳和次最佳通信方向对。Regular S-CAP 和 Regular CAP 中可以进行一些命令和数据的交换。在分配好的每一个 CTA 中，可以进行数据的通信，并且由于关联阶段发现的天线方向对不一定是最佳的，因此在信道时间分配区又进行了粗调和细调两个阶段的波束发现过程，最终确定了最精确的波束对。

802.15.3c 中确定最佳方向对和最优波束对的过程，是一个遍历的过程。在粗调和细调的过程中分别通过遍历 PNC 和 DEV 的所有发射方向和接收方向、发射波束和接收波束来确定最佳波束方向对。另外，协议支持周期性的插入波束跟踪过程，在已经发现的粗调波束对中选择最佳粗调波束对，可以节省时间开销。

4. ECMA-387 简介

ECMA-387 包括如下主要特征。

（1）频段规划

如图 4-26 所示，ECMA-387 指定了 4 个频段，每一个的宽度为 2.160GHz，符号速率为 1.728GSymbol/s，这对所有的设备都是相同的。标准支持两个相邻信道的绑定。信道绑定可以获得更高的数据速率，而使用有效的低阶调制也可以获得相同的速率，802.15.3c 也使用同样的频段划分。

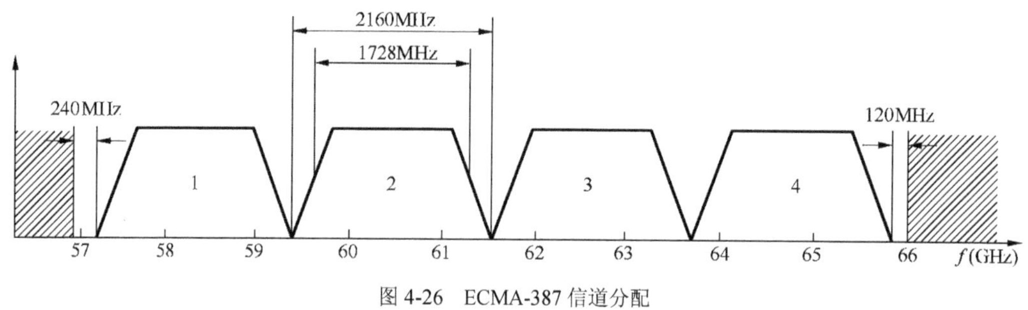

图 4-26 ECMA-387 信道分配

（2）异构的网络同样适用

ECMA-387 提出了一个异构的网络解决方案，相同类型的设备之间可以互相操作，不同类型的设备之间也可以共存和互操作。

（3）支持 3 种类型设备

ECMA-387 定义了 A、B、C 3 种设备，ECMA-387 定义了一个单一的 MAC 层协议，但却具有不同的物理层。这使得 3 类设备具有不同的功能。其中 A 类设备提供 10m 范围内的可视距/非视距多径环境下的视频流和无线个域网应用；B 类设备提供较短距离（1～3m）点对点可视距链路的视频和数据应用；C 类设备提供 1m 以内的可视距点对点链路的数据应用。

（4）MAC 协议

设备通过在探索频道中发送信标及轮询帧来发现其他设备。信标和轮询帧在探索频道中的传输使用载波侦听多址/冲突检测（CSMA/CD）机制且退避是随机的。使用的是基于竞争的信道接入机制。ECMA-387 使用定向天线来传输，支持同时有多个连接，而设备也需要发送多个信标以避免有些需要通信的设备没有收到信标。通过信标的交换，来协商信道的使用。3 类不同的设备具有不同的信道使用等级。MAC 协议还为阻断的链路提供了动态的中继传输功能，使用了分段和重组以及聚合机制，支持根据链路质量的反馈情况来调节数据的传输速率，通过活动状态和休眠状态两种方式来进行功率控制。

另外，ECMA-387 还在空间复用和共存和互操作性上提出了自己的解决方案。

4.3 无线传感器网络

4.3.1 无线传感器网络概述

无线传感器网络（Wireless Sensor Network，WSN）由部署在监测区域内的大量微型传感器节点组成，节点之间通过无线通信方式形成的多跳自组织网络系统，它是当前在国际上备受关注、涉及多学科的前沿研究领域，综合传感器技术、嵌入式计算技术、现代网络及无线通信技术、分布式信息处理技术等，其目的是协作地感知、采集和处理网络覆盖区域中感知对象的信息（如光强、温度、湿度、噪声、震动和有害气体浓度等物理现象），并以无线的方式发送出去，通过无线网络最终发送给观察者。传感器、感知对象和观察者构成了传感器网络的 3 个要素。如果说 Internet 构成了逻辑上的信息世界，改变了人与人之间的沟通方式，那么无线传感器网络就是将逻辑上的信息世界与客观上的物理世界融合在一起，改变人类与自然界的交互方式，也是物联网的基本组成部分。人们可以通过传感器网络直接感知客观世界，从而极大地扩展现有网络的功能和人类认识世界的能力。无线传感器网络作为一项新兴的技术，越来越受到国内外学术界和工程界的关注，其在军事侦察、环境监测、医疗护理、空间探索、智能家居、工业控制和其他商业应用领域展现出了广阔的应用前景，被认为是将对 21 世纪产生巨大影响的技术之一。

无线传感器网络除了具有 Ad hoc 网络的移动性、自组织性等特征以外，还具有很多其他鲜明的特点。这些特点向我们提出了一系列挑战性问题。

（1）动态性网络

无线传感器网络具有很强的网络动态性。由于能量、环境等问题，会使传感器节点死亡或者由于节点的移动性，会有新节点随时加入网络中，从而使得整个网络的拓扑结构发生动态变化，这就要求无线传感器网络系统要能够适应这种变化，使网络具有可调整性和可重构性。

（2）硬件资源有限

节点由于受价格、体积和功耗的限制，使得节点在通信能力、计算能力和内存空间等方面比普通的计算机要弱很多。通常节点的通信距离一般在几十米到几百米范围内，因此，节点只能与它的相邻节点直接通信，如果希望与其射频覆盖范围之外的节点进行通信，则需要通过中间节点进行路由，这样每个节点既可以是信息的发起者，也可以是信息的转发者。另外，由于节点的计算能力受限，而传统 Internet 上成熟的协议和算法对无线传感器网络而言开销太大，难以使用，必须重新设计简单有效的协议。

（3）能量受限

网络节点由电池供电，电池的容量一般不是很大。其特殊的应用领域决定了在使用过程中，不能经常给电池充电或更换电池，一旦电池能量用完，这个节点也就失去了作用（死亡）。因此在传感器网络设计过程中，任何技术和协议的使用都要以节能为前提。因此，如何在网络工作过程中节省能源，最大化网络的生命周期，是无线传感器网络重要的研究课题之一。

（4）大规模网络

为了对一个区域执行高密度的监测感知任务，往往有成千上万甚至更多的传感器节点投放到该区域，较无线自组织网络规模成数量级的提高，甚至无法为单个节点分配统一的物理地址。传感器节点分布非常密集，才能够减少监测盲区，提高监测的精确性。此外，大量冗余节点的存在，使系统具有很强的容错性，但这也要求中心节点提高数据融合的能力。因此，无线传感器网络主要不是依靠单个设备能力的提升，而是通过大规模、冗余的嵌入式设备的协同工作来提高系统的可靠性和工作质量。

（5）以数据为中心

在无线传感器网络中人们只关心某个区域的某个观测指标的值，而不会去关心具体某个节点的观测数据，这就是无线传感器网络以数据为中心的特点。而传统网络传送的数据是和节点的物理地址联系起来的。以数据为中心的特点要求无线传感器网络能够脱离传统网络的寻址过程，快速有效地组织起各个节点的感知信息并融合提取出有用信息直接传送给用户。

（6）广播方式通信

由于无线传感器网络中节点数目庞大，使得其在组网和通信时不可能如 Ad hoc 网络那样采用点对点的通信，而要采用广播方式，以加快信息传播的范围和速度，并可以节省电力。

（7）无人值守

传感器的应用与物理世界紧密联系，传感器节点往往密集分布于需要监控的物理环境中。由于规模巨大，不可能人工“照顾”每个节点，网络系统往往在无人值守的状态下工作。每个节点只能依靠自带或自主获取的能源（电池、太阳能）供电。由此导致的能源受限是阻碍无线传感器网络发展及应用的最重要的瓶颈之一。

（8）易受物理环境影响

无线传感器网络与其所在的物理环境密切相关，并随着环境的变化而不断地变化。这些时变因素严重地影响了系统的性能，如低能耗的无线通信易受环境因素的影响；外界激励变化导致的网络负载和运行规模的动态变化；随着能量的消耗，系统工作状态的变化都要求无线传感器网络系统要具有动态环境变化的适应性。

无线传感器网络结构如图 4-27 所示，传感器网络系统通常包括传感器节点（sensor node）、汇聚节点（sink node）和管理节点。大量传感器节点随机部署在检测区域（sensor field）内部或附近，能够通过自组织方式构成网络。传感器节点检测到的数据沿着其他传感器节点逐跳地进行传输，在传输过程中检测数据可能被多个节点处理，经过多跳路由后到汇聚节点，最后通过互联网或卫星到达管理节点。用户通过管理节点对传感器网络进行配置和管理，发布检测任务以及收集检测数据。

传感器节点的处理能力、存储能力和通信能力相对较弱，通过携带能量有限的电池供电。从网络功能上看，每个传感器节点兼顾传统网络节点的终端和路由器双重功能，除了进行本地信息收集和数据处理外，还要对其他节点转发来的数据进行存储、管理和融合等处理，同时与其他节点协作完成一些特定任务。汇聚节点的处理能力、存储能力和通信能力相对较强，它连接传感器网络与 Internet 等外部网络，实现两种协议栈之间的通信协议转换，同时发布管理节点的检测任务，并把收集的数据转发到外部网络上。汇聚节点既可以是一个具有增强功能的传感器节点，有足够的能量供给和更多的内存与计算资源，也可以是没有检测功能仅带有无线通信接口的特殊网关设备。

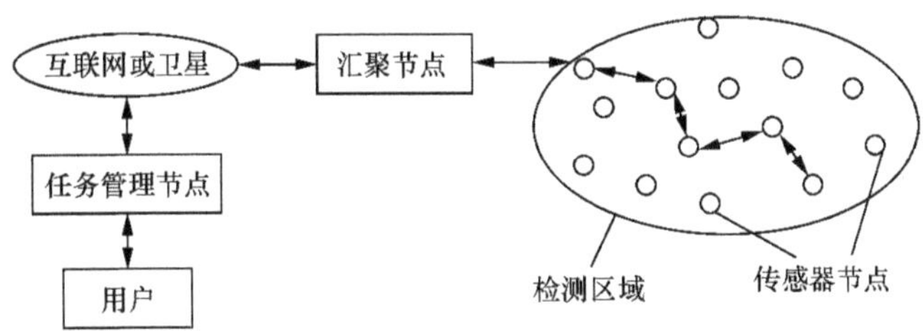

图 4-27　无线传感器网络结构

4.3.2 无线传感器网络 MAC 协议

1. 无线传感器网络 MAC 协议特点与设计原则

在多点之间的多个用户进行通信时需要采用多址接入（Multiple Access）技术或多址访问技术。这种技术不需要使用复用器和集中器，而是通过共享一个物理链路（信道）将所有用户都连接起来。由排队论可知，多址信道可以看成有多个排队的队列，共享的信道相当于服务员，要为多个队列服务。多址接入技术的主要目的就是要设法避免不同的用户同时使用同一信道，否则就会产生相互干扰（主要是碰撞）的问题。理想的多址接入协议应能够使所有排队队列成为一个总队列，然后由信道来服务，从而使信道利用率最高。

多址接入技术的一个核心问题是：对于一个共享信道，当信道的使用产生竞争时，如何采用有效的协调机制或服务准则来分配信道的使用权，这就是媒体访问控制（Medium Access Control，MAC）技术。MAC 协议就是定义以一定的顺序和有效的方式分配节点访问媒体的规则，是 MAC 技术的基本内容。MAC 协议的功能包括决定终端通过何种方式接入介质传送数据包，处理 MAC 的组织结构及协调终端节点共享信道资源，规范网络中业务源的接入、避免冲突、功率控制、QoS 管理等。

网络的性能（吞吐量、时延等）主要取决于 MAC 子层的接入协议，而且系统的频谱利用率、系统容量、小区结构、设备的复杂度和成本也受 MAC 协议的影响。所以，选择适当的 MAC 协议，根据网络业务特征有效地配置信道资源，提高无线资源的使用效率，提高系统的容量和传输质量，是无线传感器网络的重要课题。

在 WSN 中，MAC 协议不仅要为传感器节点建立可靠的通信链路，协调节点公平有效地使用信道资源，而且由于 WSN 独特的资源限制和应用要求，在设计 MAC 协议时，还要完成以下几个设计原则。

（1）能量有效性：能量有效性是 WSN 的 MAC 协议的重要性能指标。由于节点一般采用电池供电，并且电池能量难以补充和更换，因此有效利用节点的能量，尽量延长网络生存时间，是设计网络各层协议都需要考虑的一个重要问题。在节点的能量消耗中，无线收发电路的能量消耗占绝大部分，而 MAC 协议直接控制无线收发电路，因此 MAC 协议的能量有效性直接影响节点和网络的生存寿命。

（2）可扩展性：可扩展性是指 MAC 协议适应网络大小、拓扑结构、节点密度不断变化的能力。由于节点数目、分布密度等在 WSN 的生存过程中不断变化，节点可能不断地移动，可能有新节点加入网络，所以 WSN 的拓扑结构具有动态性。一个好的 MAC 协议应具有可扩展性，以适应网络的动态变化。

（3）冲突避免：冲突避免是 MAC 协议的基本任务，它决定网络中的节点何时、以何种方式访问共享的信道资源。在 WSN 中，冲突避免的能力直接影响网络的吞吐量性能、带宽利用率以及节点的节能效果。

（4）延迟：延迟是指从发送节点向接收节点发送一个数据包需要的时间。在 WSN 中，延迟的重要性取决于具体的应用要求。网络延迟性能不仅与网络协议有关还与网络拓扑结构有关。

（5）吞吐量：吞吐量是指在单位时间内从发送节点到接收节点传输的数据量。网络的吞吐量受许多因素的影响，例如冲突避免机制的有效性、信道利用率、延迟、控制开销等。

（6）公平性：公平性是指网络中的节点能够平等地共享信道。WSN 中的所有节点共同协作完成同一个任务，如果某些节点不能公平地接入信道，就会影响整个任务的完成，而且会增加时延或者引起数据重传，造成节点能量的浪费。

总之，传统的 MAC 协议的设计目标是最大化吞吐量、最小化时延并且提供公平性，而为无线传感器网络设计的 MAC 协议关注的是最小化能耗，这就决定了它要适度地减小吞吐量和增加时延。另外，无线传感器网络的一些典型应用（如战场目标跟踪）也对其 MAC 协议的设计提出了不同于传统无线网络的要求。

2. 无线传感器网络 MAC 协议的分类

目前，对无线网络 MAC 协议有着多种划分形式。根据信道的分配策略可以分为固定分配类、随机竞争类和按需分配类 3 种方式；根据协议的应用场合和业务种类分为面向话音业务类、面向数据业务类和面向综合话音与数据业务类 3 类方式；根据网络的拓扑结构分为有基础设施结构的中心类和用于 Ad hoc 结构的分布式两类方式；根据媒质接入方式的不同大致可分为基于竞争的 MAC 协议和基于调度的 MAC 协议。以下部分将主要根据媒质接入的划分方式来介绍几种常见的无线 MAC 协议。

（1）基于竞争的 MAC 协议

基于竞争的随机访问 MAC 协议采用按需使用信道的方式。它的基本思想是当节点需要发送数据时，通过竞争方式使用无线信道，如果发送的数据产生了碰撞，就按照某种策略重新发送数据，直到数据发送成功或放弃发送。大多数基于竞争的协议遵循 CSMA 操作模式，结合握手信号和退避机制来减少冲突可能性。但是，它们的能量保存技术不同。有的是集中解决由于冲突造成的能量浪费，有的是通过减少无线收发模块处于空闲模式的时间来节省能量。这里只讨论其中典型的 DCF 协议和 PAMAS 协议的节能机制。

① DCF 协议

IEEE 802.11 标准的 DCF（Distributed Coordination Function）分布协调功能是一个基于竞争的协议，它主要是从 MACAW 协议演进而来的。因为这种协议很简单并且能很大程度上解决隐藏终端问题，所以被广泛应用于 Ad hoc 无线网络。但是研究表明这种 MAC 协议在节点处于空闲状态时消耗的能量很大，因为该协议要求射频接收部分一直处于侦听状态，消耗了大量的能量，所以不适合无线传感器网络。IEEE 802.11 协议也有一个节省能量的模式，但是在多跳通信模式中效率不高。

② PAMAS 协议

PAMAS（Power Aware Medium Access Protocol and Signaling）是一个基于 CSMA 的协议，不传输或不接收的节点会自动关闭无线收发模块以节省能量。这个协议需要每个节点使用控制和数据两个不同的信道，控制信道为了实现握手过程，数据信道为了正常的传输数据。两个不同的信道能够最小化数据冲突的可能性。每个节点只有当它的邻居并不接收或发送时，才侦听数据信道并回复连接请求。未能建立连接成功的发送者进入睡眠模式并稍后重试。节点处在睡眠模式的时间长度是通过与邻近的节点之间控制信道上特殊的探测信息而得到的。实验证明使没参加通信的节点进入睡眠模式能够达到 70%的能量节省。然而，协议需要节点为传输侦听信道，而且不能完全消除冲突。另外，协议要求节点有两个分离的信道（控制和数据），增加了传感器节点设计的成本和复杂度。

（2）基于调度的 MAC 协议

基于调度的 MAC 协议通过集中控制点预先安排其控制的所有节点在互相独立的子信道接入共享媒质，有时分复用 TDMA、频分复用 FDMA 和码分多址 CDMA 等方案，其中基于 TDMA 的 MAC 协议因其信道分配的简单而成熟的机制，在无线传感器网络中得到了广泛的研究。具有代表性的协议有 TRAMA、SMACS/EAR、D-MAC 等，这里主要介绍前两个。

① TRAMA 协议

TRAMA（Traffic Adaptive Medium Access）协议是一种感知路由的分布式 TDMA 调度协议，包括 3 个协议：邻居协议 NP（Neighbor Protocol）、调度交换协议 SEP（Schedule Exchange Protocol）和自适应时隙选择算法 AEA（Adaptive Election Algorithm）。TRAMA 协议将时间划分为连续时隙，根据两跳范围内的局部信息，采用分布式机制选举每个时隙的发送者，通过避免将时隙分配给无流量的节点和让非发送/接收节点休眠实现节能。为了适应网络拓扑结构的变化，也将时隙分为周期性调度和随机访问两个阶段，其中随机访问主要用于网络维护，如新节点加入、节点失效等引起的网络拓扑变化等。

② SMACS/EAR

SMACS/EAR（Self-Organizing Medium Access Control for Sensor Networks/Eaves-drop And Register）协议是结合 TDMA 和 FDMA 的 MAC 协议，为每一对邻居节点分配一个特有频率进行数据传输，不同节点之间的频率互不干扰，从而避免传输碰撞。SMACS 协议主要用于静止节点间链路的建立。链路由随机选择的时隙和固定的频率组成，在连接阶段使用一个随机唤醒机制，在空闲时关掉无线收发装置以节能。EAR 协议则用于建立少量运动节点与静止节点之间的通信链路。运动节点侦听固定节点发出的“邀请”消息，根据消息的信号强度、节点 ID 号等信息决定是否建立链路；在建立链路后，通过与对方交换信息分配一对通信时隙和通信频率。

3. 典型的无线传感器网络 MAC 协议

（1）S-MAC 协议

S-MAC（Sensor MAC）是在 IEEE 802.11 MAC 协议的基础上，第一个完全针对无线

传感器网络设计的 MAC 协议，具有有效节能、扩展性和冲突避免三大优点。S-MAC 协议对网络做了三大基本假设：拥有很多小的传感器节点；采用 Ad hoc 网络配置；节点致力于协作完成一个或多个共同任务。为了达到无线传感器网络对 MAC 协议，S-MAC 采用的主要机制如下。

① 周期监听和睡眠机制

S-MAC 协议将时间分为帧，帧长度由应用程序决定。帧内分监听工作阶段和睡眠阶段。监听/睡眠阶段持续时间根据应用可调，当节点处于睡眠阶段就关掉无线电波以节省能量，但需缓存这期间收到的数据以便工作阶段集中发送，并设置一个唤醒定时器。节点还需发送周期同步信息以同步相邻节点，相邻节点也可采用相同的监听/睡眠策略，新节点也可加入进来，节点还需要广播它们各自的监听/睡眠计划，这样使得 S-MAC 具有良好的扩展性。S-MAC 协议发送数据期间不会进入睡眠阶段。该机制的不足是由于采用周期睡眠会带来一定的通信延迟，此外会占用大量存储空间缓存数据，这在资源受限的无线传感器网络中显得尤为突出。

② 冲突和串音避免机制

为了减少冲突和避免串音，S-MAC 采用了物理和虚拟载波（使用网络分配矢量 NAV）监听机制和 RTS/CTS 握手交互机制。与 IEEE 802.11 MAC 协议不同的是当邻居节点正在通信时，S-MAC 协议节点直接进入睡眠阶段；当接收方节点处于空闲并正在监听周期时，就会被唤醒。串音分组通常是不需要的分组，它随着节点密度和业务负载增加而变得更加严重，因而造成能量浪费。串音可以通过更新基于 RTS/CTS 的 NAV 来避免，当 NAV 不为零就进入睡眠阶段，从而避免串音现象发生。一个可以遵循的原则就是当发送方和接收方的所有邻居在节点发送数据期间监听到 RTS/CTS 后就应当进入睡眠阶段。

③ 消息传递机制

S-MAC 协议采用了消息传递机制以支持长消息的发送。对于无线信道，传输差错和消息长度成正比，短消息传输成功的概率要大于长消息。消息传递技术根据这一原理，将长消息分为若干个短消息，采用一次 RTS/CTS 交互的握手机制预约这个长消息发送的时间，集中连续发送全部短消息，既可以减少控制报文开销，又可以提高消息成功发送率。

④ 流量自适应监听机制

在多跳无线传感器网络中，节点周期性睡眠会导致通信延迟的累加。S-MAC 协议采用了流量自适应监听机制，减小了通信延迟的累加效应。主要思想就是在一次通信过程中，通信节点的邻居节点在通信结束后不立即进入睡眠阶段，而是保持监听一段时间。如果节点在该时间段内收到 RTS 分组，则可立即接收数据，无须进入下一次监听工作周期，从而减少了数据分组的传输延迟。如果这段时间没有收到 RTS 分组，则转入睡眠阶段直到下一次监听工作周期。尽管流量自适应监听机制将通信延迟减少到一半以上，但周期睡眠造成的延迟依然很显著（特别是当网络负载增大的时候）。因此，S-MAC 并不适合健康监测、目标跟踪等实时性较高的应用。

（2）T-MAC 协议

T-MAC（Timeout-MAC）协议是在 S-MAC 协议基础上改进的，也将时间分为帧，帧长度固定，监听工作长度可变。T-MAC 协议规定了 5 种事件和一个计时器 TA，根据 TA 确定监听工作阶段的结束时间。5 种事件分别是：帧长度超时，即周期时间定时器溢出；

节点在无线信道收到数据；通过接收信号强度指示（RSSI）感知数据传输冲突；节点的数据或确认发送完成；通过监听 RTS/CTS 确认邻居节点完成数据交换。如果在 TA 内，通信模块没有监听到这 5 种事件中的任何一种，就认为信道进入空闲状态，节点就关闭无线电波通信模块，进入睡眠阶段。为了减少空闲监听能耗，可以采用低能耗监听技术。T-MAC 协议节点周期性地短时间监听信道，以确定信道空闲状态。如果无线信道空闲，节点再次进入睡眠阶段。如果信道忙，节点继续监听信道，直到数据接收完毕或信道再次空闲。节点在发送数据时，帧前加入唤醒前导，使得接收节点在帧的数据部分发送前进入工作状态，以接收数据。加入唤醒前导，增加了发送和接收数据的控制开销，但减少了空闲监听的能耗。针对此问题，T-MAC 协议在保持周期长度不变的基础上，根据通信流量动态调节活动时间，用突发方式发送消息，从而减少空闲监听时间。相比 S-MAC，T-MAC 协议减少了处于活动阶段的时间。在每个活动阶段的开始，T-MAC 按照突发方式发送所有数据，其中 TA 决定每个周期最小的空闲监听时间，它的取值对于整个协议性能至关重要，T-MAC 协议的基本交互过程如图 4-28 所示。

（3）Sift 协议

Sift 协议是 K.Jamieson 等提出的基于事件驱动的无线传感器网络 MAC 协议，不同于上面 IEEE 802.11 和其他基于竞争的 MAC 协议，它充分考虑了无线传感器网络的 3 个特点：大多数传感器网络是事件驱动的网络，因而存在事件检测的空间相关性和事件传递的时间相关性；由于汇聚节点的存在，不是所有节点都需要报告事件；感知事件的节点密度随时间动态变化。

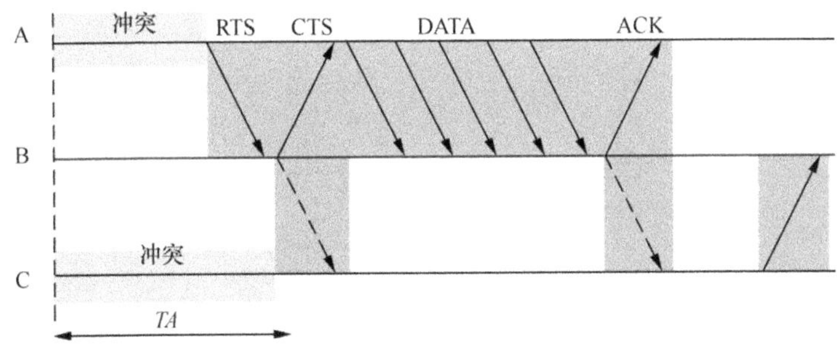

图 4-28　T-MAC 协议的基本交互过程

Sift 协议设计的目的是当共享信道的 N 个传感器节点同时监测到同一事件时，希望 R 个节点（$R \leqslant N$）能够在最小时间内无冲突地成功地发送事件检测消息，抑制剩余（$N-R$）个节点的消息发送。Sift 协议不但保留了 S-MAC 和 T-MAC 协议都具有的尽可能让节点处于睡眠阶段以节省能量的功能，而且由于无线传感器网络的流量具有突发性和局部相关性，Sift 协议很好地利用了这些特点，通过在不同时隙采用不同的发送概率，使得在短时间内部分节点能够无冲突地广播事件，从而在节省能量的同时也减少了消息传输的延迟，这是和以往的 MAC 协议的最大不同之处。

通常一般的基于窗口的竞争性 MAC 协议中，当有数据需要发送时，节点首先在发送窗口[1, CW]内随机选择一个发送时隙，然后节点监听直到选择的发送时隙到来。如监听期间没有其他节点使用信道，则节点立即发送数据，否则需在信道空闲时重新选择发送时隙。当多个节点选择同一个时隙时就会发生冲突。多数协议都是规定冲突节点倍增 CW 值，并在新窗口内重新选择发送时隙，以增大无冲突发送的概率。但是，这种方法使无线传感器网络存在新的问题，即当多个节点同时监测到同一事件，并同时发送数据时，导致事件区域内节点同时闲忙，忙时竞争加剧，需要经过很长时间来调整 CW 值，以适应发送节点的数目；如果 CW 值很大，而同时监测同一事件的节点数目很少时，就会造成报告事件的延迟较大；此外，CW 取值是为了保证所有活动节点都有机会发送数据，而无线传感器网络只需 N 个活动节点中有 R 个节点能够无冲突地报告事件。Sift 协议采用的是 CW 值固定的窗口，节点不是从发送窗口选择发送时隙，而是在不同时隙中选择不同发送数据的概率。因此，关键在于如何在不同时隙为节点选择合适的发送概率分布，使得监测到同一事件的多个节点能够在竞争窗口前面各个时隙内无冲突地发送数据消息。

Sift 协议工作过程如下：当节点有消息发送时，首先假定当前有 N 个节点与其竞争发送。如果在第一个时隙内节点不发送消息，也无其他节点发送消息，则节点就减少假想的竞争发送节点的数目，并相应地增加选择在第二个时隙发送数据的概率；如果节点没有选择第二个时隙，且无其他节点在该时隙发送消息，则节点继续减少假想的竞争发送节点数目，并进一步增加选择第三个时隙发送数据的概率。依次类推，节点在选择第 r 个时隙发送数据的概率 P_r 为：

$$P_r = \frac{(1-\alpha)\alpha^{CW}}{1-\alpha^{CW}}\alpha^{-r}, \quad r = 1, \cdots, CW \tag{4-3}$$

式中，α为分布参数（$0<\alpha<1$）。如果选择时隙过程中有其他节点发送消息，节点就重新开始竞争过程。Sift 协议就是通过非均匀概率分布将优胜节点从整个竞争节点中筛选（Sift）出来的。式（4-3）中参数α的选择与 N 和 CW 值相关。

Sift 协议和 S-MAC 以及 T-MAC 协议一样只是从发送数据的节点考虑问题，对接收节点的状态考虑较少，需要节点间保持时钟同步，特别适合于传感器网络内局部区域使用。例如在分簇结构网络中，簇头可以一直处于监听状态，这样节点发送消息给一直处于活动状态的簇头节点，通过簇头节点的能量消耗换来消息传输延迟的缩短。

4.3.3 无线传感器网络路由协议

1. 无线传感器网络路由协议特点与设计原则

与传统网络的路由协议相比，无线传感器网络的路由协议具有以下特点。

（1）能量优先

传统路由协议在选择最优路径时，很少考虑节点的能量消耗问题。而无线传感器网络中的节点的能量有限，延长整个网络的生存期成为传感器网络路由协议的重要目标，因此需要考虑节点的能量消耗以及网络能量均衡使用的问题。

（2）基于局部拓扑信息

无线传感器网络为了节省通信能量，通常采用多跳的通信模式，而节点有限的存储资源和计算资源，使得节点不能存储大量的路由信息，不能进行太复杂的路由计算。在节点只能获取局部拓扑信息和资源有限的情况下，如何实现简单高效的路由机制是无线传感器网络的一个基本问题。

（3）以数据为中心

传统的路由协议通常以地址作为节点的标识和路由的依靠，而无线传感器网络中大量节点随机部署，所关注的是监测区域的感知数据，而不是具体哪个节点获取的信息，不依赖于全网唯一的标识。传感器网络通常包含多个传感器节点到少数汇聚节点的数据流，按照对感知数据的需求、数据通信模式和流向等，以数据为中心形成信息的转发路径。

（4）应用相关

传感器网络的应用环境千差万别，数据通信模式不同，没有一个路由机制适合所有的应用，这是传感器网络性的一个体现。设计者需要针对每一个具体应用的需求，设计与之适应的特定路由机制。

根据在无线传感器网络路由的特点，现阶段 WSN 路由协议设计要遵从如下原则。

（1）能量利用率优先考虑

由于 WSN 节点采用电池一类的可耗尽能源，因此能量受限是 WSN 的主要特点。实施有效的节能策略是延长 WSN 的生存时间的重要手段。无线传感器网络的路由协议都是以节能为目标，通过采用数据描述机制、基于数据描述的协商机制、数据融合技术、本地化算法等各种方式减少通信消耗。同时，为了延长整个网络的生存期和推迟出现网络分割的时间，有些路由协议将转发负载平均分配到各个节点来保证节点的电池耗费相对公平。

（2）数据为中心

以数据为中心的路由协议要求采用基于属性的命名机制。传感器节点通过命名机制来描述数据，并通过向所有节点发送对某个命名数据的 interest（任务描述符）完成数据收集。由于以数据为中心的路由协议关心的不是单个节点产生的数据，因此某个节点的故障并不会影响整个协议的运行，从而提高了网络的强健性。

（3）不影响传感器节点探测精度条件下的数据聚合

WSN 中的每个传感器以不同精度感知目标环境中相同的特征，因此，以数据为中心的路由协议在数据采集和传递过程中会产生大量冗余和重叠的信息。数据聚合技术利用抑制（消除重复）、最小、最大和平均计算等操作将来自不同源点的相似数据结合起来，通过数据的简化实现传输数量的减少，从而达到能节约源的目的。在一些网络体系结构中，数据聚合又被称为数据融合。在数据融合中，节点不仅能实现数据的简化，还可以针对特定的应用环境，将多个传感器节点所产生的数据按照数据的特点综合成有意义的信息，从而提高了感知信息的准确性，同时增强了系统的强健性。

（4）实现节点定位和目标追踪

节点定位是指确定每个传感器节点在 WSN 系统中的相对位置或绝对地理坐标。在许多情况下，WSN 路由协议需要传感器节点的位置信息来估算节点间的距离和传输数据所消耗的能量以便达到路由决策的目的。另外通过节点定位，WSN 系统可以智能地选择一些特定的节点来完成任务，这种工作模式可以大大降低整个系统的能量消耗，提高系统的生存时间。

2. 无线传感器网络路由协议的分类

无线传感器网络路由协议的分类基本上延续了传统 Ad hoc 网的分类方法，根据不同的角度可以进行不同的分类。根据路由发现策略的角度，可分为主动路由和被动路由两种类型；根据网络管理的逻辑结构可将路由协议分为平面路由和分层结构路由两类；根据路由的发现过程可以分为以数据为中心的路由协议和以位置信息为中心的路由协议两类。

（1）按路由发现策略划分

① 主动路由

主动路由也叫表驱动（Table Driven）路由，主动路由的路由发现策略与传统路由协议类似，节点通过周期性地广播路由信息分组，交换路由信息，主动发现路由。同时，节点必须维护去往全网所有节点的路由。它的优点是当节点需要发送数据分组时，只要去往目的节点的路由存在，所需的时延就会很小；缺点是需要花费较大开销，尽可能使得路由更新能够紧随当前拓扑结构的变化，浪费了一些资源来建立和重建那些根本没有被使用的路由。

② 被动路由

被动路由也叫按需（On Demand）路由，与主动路由相反，被动路由为在动态变化的网络环境中，没有必要维护去往其他所有节点的路由。它仅在没有去往目的节点路由的时候才“按需”进行路由发现。被动路由协议根据网络分组的传输请求，被动地搜索从源节点到目的节点的路由。当没有分组传递请求时，路由器处于静默状态，并不需要交换路由信息。拓扑结构路由表内容按需建立，它可能仅仅是整个拓扑结构信息的一部分。它的优点是不需要周期性的路由信息广播，节省了一定的网络资源；缺点是发送数据分组时，如果没有去往目的节点的路由，数据分组需要等待因路由发现引起的时延。

（2）按网络管理的逻辑结构划分

① 平面路由

平面结构是指网络中各节点在路由功能上地位相同，没有引入分层管理机制。其优点是网络中没有特殊节点，网络流量均匀地分散在网络中，路由算法易于实现；缺点是可扩展性小，在一定程度上限制了网络的规模。

② 分层路由

与平面路由协议相对应的是分层结构路由协议。它采用簇的概念对传感器节点进行层次划分。若干个相邻节点构成一个簇，每一个簇有一个簇首，簇与簇之间可以通过网关通信。网关可以是簇首也可以是其他簇成员，网关之间的连接构成上层骨干网，所有簇间通信都通过骨干网转发。分层路由协议包括成簇协议、簇维护协议、簇内路由协议和簇间路由协议 4 个部分。成簇协议解决如何在动态分布式网络环境下使移动传感器节点高效地聚集成簇，它是分层路由协议的关键。簇维护协议要解决在节点移动过程中的簇结构维护，其中包括移动节点退出和加入簇，簇的产生和消亡等功能。分层路由协议比较适合于无线传感器网络，但成簇过程会产生一定的能源消耗，如何产生有效的簇类是这种路由方法的关键。

（3）按路由的发现过程划分

① 以数据为中心的路由协议

它对传感器网络中的数据用特定的描述方式命名，数据传送基于数据查询并依赖数据命名，所有的数据通信都限制在局部范围内。这种方式的通信不再依赖特定的节点，而是依赖于网络中的数据，从而减少了网络中大量传送的重复冗余数据，降低了不必要的开销，从而延长了网络生命周期。

② 以位置信息为中心的路由协议

利用节点的位置信息，把查询或者数据转发给需要的地区，从而缩减数据的传送范围。实际上许多传感器网络的路由协议都假设节点的位置信息为已知，所以可以方便地利用节点的位置信息将节点分为不同的域。基于域进行数据传送能缩减传送范围，从而延长网络的生命周期。

3. 典型的无线传感器网络路由协议

（1）扩散法和闲聊法

扩散法（Flooding）是一种古老的传统泛洪式路由技术，不要求维护网络的拓扑结构和相关的路由计算，仅要求接收到消息的节点以广播形式转发数据包。例如，某节点 S 希望发送一段数据给节点 D，节点 S 首先通过网络将数据副本传送给它的每一个邻居节点，每一个邻居节点又将其传输给各自的每一个邻居节点，除了刚刚给它们发送数据副本的节点 S 外。如此继续下去，直到将数据传输到目标节点 D 为止，或者为该数据所设定的生存期限变为零为止。

对于自组织的无线传感器网络，Flooding 路由是一种较直接的实现方法。它的优点是：实现简单；不需要为保持网络拓扑信息和实现复杂的路由发现算法而消耗计算资源；适用于强健性要求高的场合。Flooding 的缺点是：存在信息爆炸问题，即出现一个节点可能得到一个数据多个副本的现象；出现部分重叠现象，如果处于同一观测环境的两个相邻同类传感器节点同时对一个事件做出反应，二者采集的数据性质相同，数值相近，最后导致这两个节点的邻居节点将收到两份数据副本；盲目使用资源，Flooding 不考虑各节点能量可用状况因而无法做出相应的自适应路由选择，给数据设定生命期限可以在一定程度上节省网络的功耗。

为了克服 Flooding 算法的这些缺陷，人们又提出了闲聊式策略（Gossiping）。为节约能量，Gossiping 算法使用随机性原则，即节点发送数据时不再采用广播形式，而是随机选取一个相邻节点转发它接收到的数据副本。如果一个节点 E 已收到它的邻居节点 B 的数据副本，若再次收到，那么它将此数据发回它的邻居节点 B。虽然 Gossiping 算法通过随机传送数据方式避免了消息的“内爆”现象，但是仍无法解决部分重叠现象和盲目使用资源现象所引起的传输时延长、传输速度慢等问题。

（2）SPIN

SPIN（Sensor Protocol for Information via Negotiation，基于信息协商的传感器协议）是一组基于协商并且有能量自适应功能的路由协议。该协议的设计基于两个想法。一是为了避免由于节点间重复地收发大量的冗余信息所造成的能源浪费，每个节点在发送数据前需要通过协商来确定其他节点是否需要该数据。每个节点可以通过元数据（meta-data，描述传感器节点采集的数据属性的数据）来确定接收数据中是否有重复信息存在。二是网络中的节点必须实时监控本地的能源消耗，并根据能量等级改变工作模式来延长节点自身和整个网络的运行时间。

SPIN 在运行过程中每个节点使用 3 种类型的信息进行通信，即 ADV、REQ 和 DATA 信息：ADV 用于新数据广播，当一个节点有数据可共享时，它以广播方式向外发送 DATA 数据包中的元数据；REQ 用于请求发送数据，当每一个节点希望接收 DATA 数据包时，发送 REQ 数据包；DATA 包含附上元数据头的实际数据包。

SPIN 的协商过程采用三次握手方式。运行 SPIN 协议的源节点在传送 DATA 信息前，首先向邻居节点广播包含 DATA 数据描述机制的 ADV 信息，如图 4-29（a）所示；需要该 DATA 信息的邻居节点，向信息源发送 REQ 请求信息，如图 4-29（b）所示；源节点根据收到的 REQ 信息后，有选择地将 DATA 信息发送给相应的邻居节点，如图 4-29（c）所示；收到 DATA 后，该邻居节点可以作为信息源将 DATA 信息传播到网络的其他节点，如图 4-29（d）、（e）、（f）所示。重复类似的过程，整个网络中所有需要该 DATA 信息的传感器节点都将获得数据的副本。

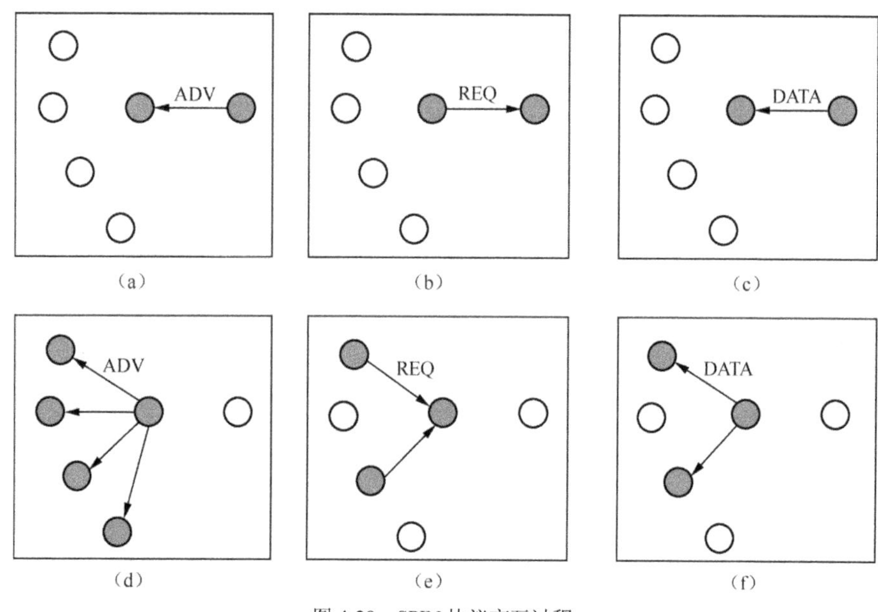

图 4-29　SPIN 协议交互过程

SPIN 协议簇包含 4 种不同的协议。

① SPIN-PP

采用点到点的通信模式，并假定两节点间的通信不受其他节点的干扰，数据包不会丢失，功率没有任何限制。要发送数据的节点通过 ADV 向它的相邻节点广播信息，感兴趣的节点通过 REQ 发送请求。数据源向请求者发送数据，接收到数据的节点再向它的邻居节点广播 ADV 消息。如此重复该过程，使所有节点都有机会接收到任何数据。

② SPIN-EC

在 SPIN-PP 的基础上考虑节点的功耗，只有能够顺利完成所有任务且能量不低于设定阈值的节点才可参与数据交换。

③ SPIN-BC

设计了广播信道，使所有在有效通信半径内的节点可以同时完成数据交换。为了防止产生重复的 REQ 请求，节点在听到 ADV 消息以后，设定一个随机定时器来控制 REQ 请求的发送，若有其他节点听到该请求，则主动放弃请求权力。

④ SPIN-RL

它是对 SPIN-BC 的完善，主要考虑如何恢复无线链路引入的数据包差错与丢失，记录 ADV 消息的相关状态，如果在预定时间间隔内接收不到请求数据，则发送重传请求，重传请求的次数有一定限制。

基于数据描述的协商机制和能量自适应机制的 SPIN 协议能够很好地解决传统的 Flooding 和 Gossiping 协议所带来的信息内爆、信息重复和资源浪费等问题。此外，由于协议中每个节点只需知道其单跳邻居节点的信息，拓扑改变呈现本地化特征，几乎不需要了解一跳范围内的节点状态，网络的拓扑改变对节点的影响有限，因此该协议也适合在节点可以移动的 WSN 中使用。SPIN 协议的缺点是数据广告机制不能保证数据的可靠传递，如果对数据感兴趣的节点远离源节点或者在源节点和目的节点之间的节点对数据不感兴趣，那么数据就不可能被传递到目的地。因此，对于入侵发现等需要在定期间隔内可靠传递数据的应用系统来说，SPIN 并不是一个很好的选择。

（3）定向扩散（DD）协议

定向扩散（Directed Diffusion，DD）协议是以数据为中心的路由协议发展过程的里程碑。其他的以数据为中心的路由协议都是基于定向扩散协议进行改进或者采用类似的关键思想来提出的。

DD 算法的最大特点就是引入了网络梯度的概念，基于数据进行通信。DD 算法采用查询驱动数据传送模式。汇聚节点（Sink）向所有传感器节点发送兴趣（interest，即通过分配不同属性值来表示不同任务的描述符），每个传感器节点在收到兴趣后保存在各自的 Cache 中。每个兴趣项（interest entry）包含一个时间标签域（timestamp field）和若干个梯度域（gradient field，按成本最小化和能量自适应原则引导数据扩散的方向）。当一个兴趣（interest）传遍整个网络后，从源节点（即兴趣所在区域的传感器节点）到汇聚节点或基站之间的梯度就建立起来了。一旦源节点采集到兴趣所需的数据，那么源节点沿着该兴趣的梯度路径传输数据到汇聚节点或基站。其中，源节点采集的数据首先在本地采用数据融合技术进行整合，然后在网上传输。定向扩散协议的缺点是没有形成到 Sink 节点的多条路由，路由强健性不够好。当 Sink 节点对某事件发出查询命令时就开始一个新的定向扩散过程，它由查询扩散、初始梯度建立和数据传送 3 个阶段构成。

定向扩散协议采用邻节点间通信的方式来避免维护全局拓扑，采用查询驱动数据传送模式和局部数据聚集而减少网络数据流，因此是一种高能源有效性的协议，适用于持续性查询的应用而不适用于一次性查询的应用。但是它也存在一定的缺点：在需要连续数据传送的应用中（如环境监测等）不能很好的应用；数据命名只能针对于特定的应用预先进行；初始查询的扩散开销大等。

（4）低功耗自适应分簇路由协议(LEACH)

LEACH（Low-Energy Adaptive Clustering Hierarchy）是第一个在无线传感器网络中提出的层次式路由协议，在无线传感器网络路由协议中占有重要地位，其他基于层次的路由协议大都由 LEACH 发展而来。该协议的思路是根据节点接收到的信号强度进行集群分组。

LEACH 协议主要通过随机选择簇头节点，平均分担中继通信业务来实现。LEACH 定义了“轮”（round）的概念，每一轮由初始化和稳定工作两个阶段组成。在初始化阶段，LEACH 协议随机选择一个传感器节点作为簇头节点，成为簇头的节点向周围广播成为簇头的信息，其他传感器节点根据接收到广播信息的强度来选择它所要加入的簇，并向其发送成为其成员的数据包告知相应的簇头节点。随机性确保簇头 Sink 节点之间数据传输的高能耗成本均匀地分摊到所有传感器节点。当簇头节点收到来自成员节点的“报到”消息后，基于成员节点的数目，簇头节点会产生一个 TDMA 时隙表，为每个成员分配时隙，并用广播的形式发送给成员节点，从而保证了数据消息间没有冲突，当各节点知道了自己的时隙就进入稳定工作阶段。

簇头节点的建立过程是：传感器节点从 0 到 1 的随机数中任意选择一个数值，若当前轮中这个数值小于设定的阈值 $T(n)$计算方法见式（4-4），则该节点成为簇头节点。

$$T(n)=\begin{cases}\dfrac{p}{1-p\times[r \bmod (1/p)]} & n\in G\\ 0 & \text{其他}\end{cases} \tag{4-4}$$

P 为期望的簇头节点在所有传感节点中的百分比，r 是当前轮数，G 是在最后的一轮中未成为簇头节点的节点集。

在稳定工作阶段，节点持续采集监测数据，成员节点在属于自己时隙的时刻向簇头节点发送数据，由簇头节点对数据进行必要的融合处理之后，发送到终端节点。经过一段时间的数据传送后，节点进入新一轮的工作，不断循环。每个簇采用不同的 CDMA 代码进行通信来减少其他簇内节点的干扰。

采用 LEACH 方法使因能量耗尽而失效的节点呈随机分布状态，因而与一般的多跳路由协议和静态分簇算法相比，LEACH 可以将网络生命周期延长 15%。由于 LEACH 的数据采集是集中的和周期性的，因此非常适合于要求连续监控的应用系统。但是，LEACH 假设所有的节点都能直接与簇头节点通信，采用连续数据发送模式和单跳路径选择模式，因此在需要监测面积范围大的应用中不适用，而且簇头节点的选择未考虑节点能量、地理位置等信息，动态分簇带来了拓扑变换和大量广播这样的额外开销。

（5）SAR 协议

SAR（Sequential Assignment Routing）协议是第一个具有 QoS 意识的路由协议。该协议以基于路由表驱动的多路径方式满足网络低功耗和强健性的要求。它的特点是路由决策不仅要考虑到每条路径的能源，还要涉及端到端的延迟要求和待发送数据包的优先级。

为了在每个源节点与汇聚节点间生成多条路径，需要维护多个树结构，每个树以落在汇聚节点有效传输半径内的节点为根向外生长，枝干的选择需满足一定的 QoS 要求并要有一定的能量储备。这一处理使大多数传感器节点可能同时属于多个树，节点可以根据每条路径的能源、附加的 QoS 度量和包的优先级选择某棵树将信息返回给汇聚节点。与只考虑路径能量消耗的最小能量度量协议相比，SAR 能量消耗更少。该算法的缺点是不适用于大型和拓扑频繁变化的网络。

4.3.4 无线传感器网络的应用

与短距离无线通信技术一样，无线传感器网络具有很大的应用价值，它已经引起了许多国家军事部门、工业界和学术界的广泛关注，这项技术逐渐地被广泛应用于军事、工业、农业、医疗、环境监测等领域，这些领域的应用都与物联网密切相关。

（1）军事领域的应用

在军事领域，由于 WSN 具有密集型、随机分布的特点，使其非常适合应用于恶劣的战场环境。利用 WSN 能够实现监测敌军区域内的兵力和装备、实时监视战场状况、定位目标、监测核攻击或者生物化学攻击等。

（2）辅助农业生产

WSN 特别适用于以下方面的生产和科学研究。例如，大棚种植室内及土壤的温度、湿度、光照监测、珍贵经济作物生长规律分析与测量、葡萄优质育种和生产等，可为农村发展与农民增收带来极大的帮助。采用 WSN 建设农业环境自动监测系统，用一套网络设备完成风、光、水、电、热和农药等的数据采集和环境控制，可有效提高农业集约化生产程度，提高农业生产种植的科学性。

（3）生态监测与灾害预警

WSN 可以广泛地应用于生态环境监测、生物种群研究、气象和地理研究、洪水、火灾监测。环境监测为环境保护提供科学的决策依据，是生态保护的基础。在野外地区或者不宜人工监测的区域布置 WSN 可以进行长期无人值守的不间断监测，为生态环境的保护和研究提供实时的数据资料。具体的应用包括：通过跟踪珍稀鸟类等动物的栖息、觅食习惯进行濒危种群的研究；在河流沿线区域布置传感器节点，随时监测水位及水资源被污染的情况；在泥石流、滑坡等自然灾害容易发生的地区布置节点，可提前发出灾害预警，及时采取相应抗灾措施；可在重点保护林区布置大量节点随时监控内部火险情况，一旦发现火情，可立刻发出警报，并给出具体位置及当前火势的大小；可将节点布置在发生地震、水灾等灾害的地区、边远山区或偏僻野外地区，用于临时应急通信。

（4）基础设施状态监测系统

WSN 技术对于大型工程的安全施工以及建筑物安全状况的监测有积极的帮助作用。通过布置传感器节点，可以及时准确地观察大楼、桥梁和其他建筑物的状况，及时发现险情，及时进行维修，避免造成严重后果。

（5）工业领域的应用

在工业安全方面，传感器网络技术可用于危险的工作环境，例如在煤矿、石油钻井、核电厂和组装线布置传感器节点，可以随时监测工作环境的安全状况，为工作人员的安全提供保证。另外，传感器节点还可以代替部分工作人员到危险的环境中执行任务，不仅降低了危险程度，还提高了对险情的反应精度和速度。

WSN 还可以用于制造领域，从生产流水线到精密机器设备，安装相应的传感器节点，可以随时掌握设备的工作状况，及早发现设备的问题，从而减少损失。在高新科技产业领域里，如集成电路芯片生产、大型精密设备状态监测等方面有着巨大的需求和市场，WSN 技术在这些领域将大有作为。

除此之外，由于 WSN 部署方便、组网灵活，其在仓储物流管理和智能家居方面也逐渐发挥作用。无线传感器网络使得物联网重要的感知设备即传感器形成局部物联网，能够实时地交换和获得信息，并最终汇聚到物联网，形成物联网重要的信息来源和基础应用。

参考文献

[1] 吴伟陵，牛凯．移动通信原理．北京：电子工业出版社，2005．

[2] 吴煜．WCDMA 核心网的演进．现代电信，2006（6）．

[3]（芬）霍尔马，（芬）托斯卡拉著．WCDMA 技术与系统设计：第三代移动通信系统的无线接入（原书第 3 版）．陈泽强，等译．北京：机械工业出版社，2005．

[4] 中兴通讯．WCDMA 基本原理培训教材．

[5] 华为．WCDMA 系统基本原理．

[6] 张智江，刘申建，等．cdma 2000 1x EV-DO 网络技术．北京：机械工业出版社，2005．

[7] 李扬，万屹．cdmaOne 和 cdma 2000 标准体系及其演进．电信科学，2002（4）．

[8] 赵军辉．cdma 2000 1xEV 技术特点及展望．电信科学，2002（4）．

[9] 万屹．cdma 2000 系统的下一代技术．电信科学，2002（18）．

[10] 潘洁，李方伟．TD-SCDMA 的发展与增强．电信科学，2006（12）．

[11] 彭木根，李勇，王文博．TD-SCDMA 移动通信系统的增强和演进．中兴通讯技术，2007（2）．

[12] 卜翠．基于移动 WiMAX 的切换技术的研究．华北电力大学硕士学位论文，2008．

[13] 朱斌．802.16 WiMAX 系统中 QoS 和节能机制研究．中国科学技术大学博士学位论文，2009．

[14] http://www.ieee802.org/15/pub/TG4.html．

[15] http://www.zigbee.org．

[16] IEEE std. 802.15.4. Part 15.4:Wireless MAC and PHY specifications for Low-Rate Wireless Personal Area Networks, May 2003．

[17] 钱志鸿，杨帆，周求湛，等．蓝牙技术原理、开发与应用．北京：北京航空航天大学出版社，2006．

[18] 孙戈，等．短距离无线通信及组网技术．西安：西安电子科技大学出版社，2008．

[19] http://www.bluetooth.com．

[20] 金纯，林金朝，万宝红，等．蓝牙协议及其源代码分析．北京：国防工业出版社，2006．

[21] WirelessHD™. WirelessHD Specification Version 1.0 Overview. http://www. wirelesshd.org/technology.html．

[22] http://wirelessgigabitalliance.org/specifications.

[23] ISO/IEC 13156:2009,Standard ECMA-387:High Rate 60 GHz PHY, MAC and HDMI PAL [s].

[24] IEEE 802.15 WPAN Millimeter Wave Alternative PHYTask Group 3c (TG3c). http://www.ieee802.org/15/pub/TG3c.html.

[25] IEEE 802.15.3c-2009, Standard for Information Technology-Telecommunications and Information Exchange between systems-Local and Metropolitan networks-Specific requirements-Part 15.3: Wireless Medium Access Control (MAC) and Physical Layer (PHY) Specifications for High Rate Wireless Personal Area Networks (WPANs) Millimeter-wave based Alternative Layer Extension Amendment is ratified by Standards Board of IEEE[s].

[26] 孙利民，李建中，等．无线传感器网络．北京：清华大学出版社，2005．

[27] 于海斌，曾鹏．智能无线传感器系统．北京：科学出版社，2006.

[28] 高传善，杨珉，毛迪林．无线传感器网络路由协议研究综述[J]．世界科技研究与发展，2005（8）.

[29] 梁英，于害斌，曾鹏．无线传感器路由协议[J]．信息与控制，2005（3）.

[30] 王娅．无线传感器网络路由协议设计原则．湖北第二师范学院学报，2009（2）.

[31] 史美林，英春．自组网络路由协议综述．通信学报，2001（11）：93-103.

[32] 肖永康，山秀明，任勇．无线 Ad hoc 网络及其研究难点．电信科学，2002（6）：12-14.

[33] 郭小勇．无线传感器网络路由协议研究．大庆石油学院硕士学位论文，2008 年 3 月.

[34] 王琳震．无线传感器网络路由协议的研究．沈阳航空工业学院硕士学位论文，2008 年 1 月.

[35] Hedetnemis，S. Liestman A. A survey of gossiping an broadcasting communication networks [J] Networks, 1988, 18 (4): 319-349.

[36] Wendi Rabiner Heinzelman, Joanna Kulik, Hari Balakrishnan. Adaptive Protocols for Information Dissemination in Wireless Sensor Networks. Proc.5th ACM/IEEE, Mobicom, Seattle, WA, 1999：174-185.

[37] Intanagonwiwat C, Govindan R, Estrin D. Directed Diffusion: A Scalable and Robust Communication Paradigm for Sensor Networks. In the Proeeedings of the 6th Annual ACM/IEEE International Conference on Mobile Computing and Networking，2000.

[38] Intanagonwiwat C, Govindan R, Estrin D. Directed Diffusion for wirelesss sensor networking. IEEE/ACM Transactions on Networking, 2003.

[39] Heinzelman W, Chandrakasan A, Balakrishnan H. Energy efficient communication protocol for wireless microsensor networks. In Proceeding of the 33rd Hawaii International Conference on System Sciences. Maui:IEEE Computer Society, 2000：3005-3014.

[40] Akyildiz LF,Su WL,Sankarasubramaniam Y.A survey on sensor networks.IEEE Communications Magazine,2002,40 (8): 102-114.

[41] Chee-Yee Chong,Srikanta P Kumar, “Sensor Networks:Evolution,Opportunities, and Challenges” Proceedings of the IEEE,vol.91,No.8,Aug.2003.

[42] IEEE 802.11 WG, Part 11:Wireless LAN Medium Access Control (MAC) and Physical Layer (PHY) Specification. Aug. 1999.

[43] Akyildiz I,Su W,Sankarasubramaniam Y,Cayirci E.A survey on sensor networks. IEEE Communication Magazine,2002,40 (8): 102-116.

[44] Kulkarni S, Arumugam M. Tdma service for sensor networks. In Proceedings of the 24th International Conference on Distributed Computing Systems Workshops. Washington, D. C., USA, 2004：604-609.

[45] Demirkol I, Ersoy C, Alagoz F. MAC protocols for wireless sensor networks. IEEE Communications Magazine, 2006, 44 (4): 115-121.

[46] Arisha K A, Youssef M A, Younis M F. Energy-aware TDMA-based MAC for sensor networks. In Proceedings of IEEE Workshop on Integrated Management of Power Aware Communications, Computing and Networking. New York, USA, 2002: 189-201.

[47] Ye W, Heidemann J, Estrin D. An energy-efficient MAC protocol for wireless sensor networks. In Proceedings of the 21st Annual Joint Conference of the IEEE Computer and Communications

Societies. New York, USA, 2002: 1567-1576.

[48] Dam T V, Langendoen K. An adaptive energy-efficient MAC protocol for wireless sensor networks. In Proceedings of the 1st International Conference on Embedded Networked Sensor Systems. California, USA, 2003: 171-180.

第 5 章

物联网中间件

物联网中间件是物联网目前发展过程中一个具有挑战性的新领域，是物联网软件的基础组成部分。尤其是在物联网这样的大规模分布式的异构网络中，如何有效生成通用的应用和服务，与物联网中间件密切相关。物联网中间件向上提供了不同的应用开发框架，同时屏蔽了异构网络和硬件平台的差异，有利于生成具有良好的可扩充性、易管理性、高可用性和可移植性的物联网服务。本章在介绍物联网中间件定义、分类、特点的基本概念的基础上，主要介绍物联网中间件的关键技术，包括 Web 服务、嵌入式 Web、上下文感知技术及 Web of Things，最后本章例举了两个中间件编程实例。本章与软件应用密切相关，关注物联网支撑网络服务和应用的中间件平台，是本书硬软结合、原理与应用结合的特色的体现。

5.1 物联网中间件基本概念

中间件技术作为物联网中的基础软件部分，有着举足轻重的地位。下面我们从中间件的定义和分类开始进行详细介绍。

5.1.1 物联网中间件的定义和分类

在阐述物联网中间件定义之前，我们先了解什么是中间件。中间件是一种独立的系统软件或服务程序，分布式应用软件借助中间件在不同的技术之间实现资源共享。中间件应用于客户机、服务器的操作系统之上，主要用于管理计算机资源和网络通信。中间件是连接两个独立应用程序或独立系统的软件，主要功能是使得相连接的系统即使具有不同的接口，利用中间件仍然能相互交换信息。执行中间件的一个关键途径是信息传递。通过中间件，应用程序可以工作于多平台或操作系统 OS（Operating System）环境。图 5-1 所示为中间件示意图。

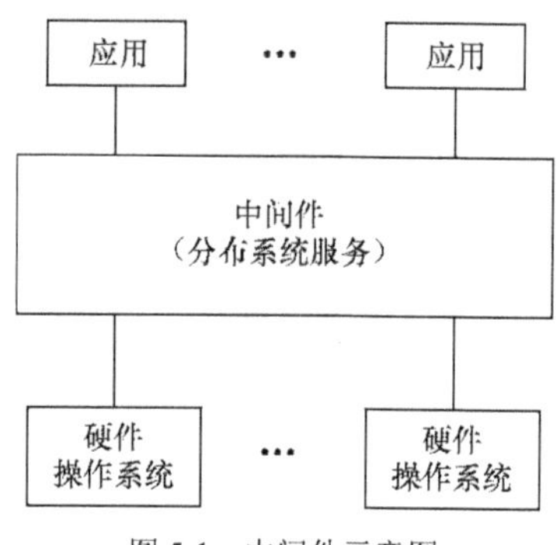

图 5-1 中间件示意图

最早具有中间件技术思想及功能的软件是 IBM 的 CICS（Customer Information Control System），而 CICS 不是分布式环境的产物，因此人们一般把 Tuxedo 作为第一个严格意义上的中间件产品。Tuxedo 是 1984 年在当时属于 AT&T 的贝尔实验室开发完成的，由于分布式处理当时并没有在商业应用上获得像今天一样的成功，Tuxedo 在很长一段时期里只是实验室产品，后来被 Novell 收购，在经过 Novell 并不成功的商业推广之后，1995 年被现在的 BEA 公司收购。BEA 公司 1995 年收购 Tuxedo 才成为一个真正的中间件厂商。IBM 的中间件 MQSeries 也是 20 世纪 90 年代的产品，其他许多中间件产品也都是最近几年才成熟起来。

中间件主要特点包括：满足大量应用的需要；运行于多种硬件和 OS 平台；支持分布计算，提供跨网络、硬件和 OS 平台的透明的应用或服务的交互；支持标准的协议；支持标准的接口。

由于标准接口对于可移植性和标准协议对于互操作性的重要性，中间件已成为许多标准化工作的主要部分。对于应用软件开发，中间件远比操作系统和网络服务更为重要，中间件提供的程序接口定义了一个相对稳定的高层应用环境，不管底层的计算机硬件和系统软件怎样更新换代，只要将中间件升级更新，并保持中间件对外的接口定义不变，应用软件几乎不需任何修改，从而保护了企业在应用软件开发和维护中的重大投资。中间件主要应用于以下情形，如连接公司 LAN 和早期系统、交换两个邮件系统间的信息、支持 Web 客户机与数据库服务器交换信息等。

了解了中间件之后，我们来看何为物联网中间件。物联网的定义在第 1 章中介绍过，通过定义我们得出物联网中间件就是在物联网中采用中间件技术，以实现多个系统和多种技术之间的资源共享，最终组成一个资源丰富、功能强大的服务系统。

了解基本定义后，我们来看物联网中间件的分类。中间件所包括的范围十分广泛，针对不同的应用需求涌现出多种各具特色的中间件产品。基于目的和实现机制的不同，业内将中间件分为以下几类：远程过程调用中间件（Remote Procedure Call）；面向消息的中间件（Message-Oriented Middleware）；对象请求代理中间件（Object Request Brokers）。

上面几类中间件可向上提供不同形式的通信服务，包括同步、排队、订阅发布、广播等，在这些基本的通信平台之上，可构筑各种框架，为应用程序提供不同领域内的服务，如事务处理监控器、分布数据访问、对象事务管理器等。平台为上层应用屏蔽了异构平台的差异，而其上的框架又定义了相应领域内的应用的系统结构、标准的服务组件等，用户只需告诉框架所关心的事件，然后提供处理这些事件的代码。当事件发生时，框架则会调用用户的代码。用户代码不用调用框架，用户程序也不必关心框架结构、执行流程、对系统级 API 的调用等，所有这些由框架负责完成。因此，基于中间件开发的应用具有良好的可扩充性、易管理性、高可用性和可移植性。

物联网中间件的发展可以分成如下 3 个阶段：应用程序中间件阶段（Application Middleware）、架构中间件阶段（Infrastructure Middleware）、解决方案中间件阶段（Solution

Middleware)。目前国外各大 IT 产商为了争夺未来物联网技术所带来的巨大商业利益，都在大力开发相关的软件产品，他们的产品已经不再是简单点对点的应用程序中间件了，而是相对高级的架构中间件产品，如 Oracle 开发的 Oracle Warehouse Management、Sun 开发的 Sun Java System RFID Software、SAP 开发的 SAP Business Information Warehouse 等，并且他们现在的研发重点正在转移到更高级的解决方案中间件。

目前，物联网中间件最主要的代表是 RFID 中间件，其他的还有嵌入式中间件、数字电视中间件、通用中间件、M2M 物联网中间件等。下面，重点介绍一下 RFID 中间件。

RFID 中间件扮演 RFID 标签和应用程序之间的中介角色，从应用程序端使用中间件所提供一组通用的应用程序接口（API），即能连到 RFID 读写器，读取 RFID 标签数据。这样一来，即使存储 RFID 标签数据的数据库软件或后端应用程序增加或改由其他软件取代，或者读写 RFID 读写器种类增加等情况发生时，应用端不需修改也能处理，省去多对多连接的维护复杂性问题。

从发展趋势来看，RFID 中间件也可分为三大类发展阶段。

（1）应用程序中间件发展阶段

RFID 初期的发展多以整合、串接 RFID 读写器为目的，该阶段多为 RFID 读写器厂商主动提供简单 API，以供用户将后端系统与 RFID 读写器串接。以整体发展架构来看，此时用户须自行花费许多成本去处理前后端系统连接的问题。

（2）基础架构中间件发展阶段

本阶段是 RFID 中间件成长的关键阶段。由于 RFID 的应用前景，沃尔玛与美国国防部等关键使用者相继进行 RFID 技术的规划，促使各国际大厂商持续关注 RFID 相关市场的发展。本阶段 RFID 中间件的发展不但已经具备基本数据搜集、过滤等功能，同时也满足企业多对多（Devices-to-Applications）的连接需求，并具备平台的管理与维护功能。

（3）解决方案中间件（Solution Middleware）发展阶段

未来在 RFID 标签、读写器与中间件发展成熟过程中，各厂商针对不同领域提出各项创新应用解决方案，例如 Manhattan Associates 提出“RFID in a Box”，企业不需再为前端 RFID 硬件与后端应用系统的连接而烦恼，该公司与 Alien Technology Corp 在 RFID 硬件端合作，发展 Microsoft .Net 平台为基础的中间件，针对该公司 900 家的已有供应链客户群发展供应链执行解决方案（Supply Chain Execution Slution，SCE）。原本使用 SCE 的企业只需通过“RFID in a Box”，就可以在原有应用系统上快速利用 RFID 来加强供应链管理的透明度。

5.1.2 物联网中间件的基本组成和特点

物联网要实现的是全球物品的互联互通与信息的实时共享，首先要做的就是要实现全球物品的统一编码，即对于在地球上任何地方生产出来的任何一件产品，都首先给它打上电子标签。电子标签里携带有一个电子产品编码，这个电子产品编码全球唯一，它代表这个物品的基本的识别信息，如它可以表示“A 公司于 B 时间在 C 地点生产的 D 类产品的第 E 件”。目前，比较主流的电子产品编码有欧美支持的 EPC（Electronic Product Code）和日本支持的 UID（Ubiquitous Identification）编码等。其次，要实现每个小的应用环境或系统的标准化以及它们之间的通信，在后台应用软件和物联网设备之间，必须设置一个通用的平台和接口，也就是中间件。以 RFID 为例，图 5-2 描述了中间件在系统中的位置和作用。

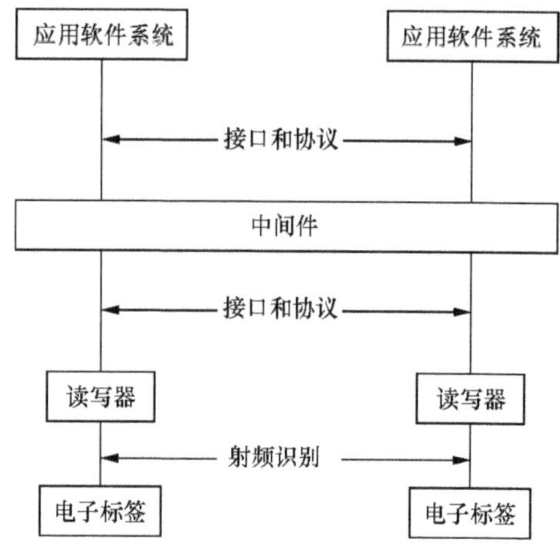

图 5-2 RFID 中间件在系统中的位置和作用

如图 5-2 所示，在应用软件系统和读写器之间加上了一个中间件，而现有的 RFID 系统中，两者是直接通信的。在物联网中，除了电子标签的编码要统一外，与中间件相关的接口与协议也必须统一化和标准化。中间件的引入，使得原先应用软件系统与读写器之间的非标准的、非开放的通信接口，变成了应用软件系统与中间件之间、读写器与中间件之间的标准的、开放的通信接口。同时，中间件具有标准接口使得现有的封闭的 RFID 系统能够在未来的物联网中实现彼此的电子标签的信息共享。中间件能够跨越两个应用系统，就是说明了这个特点。

物联网中间件具有以下特点。

（1）独立于架构。中间件独立并介于物联网设备与后端应用程序之间，并且能够与多个后端应用程序连接，以减轻架构与维护的复杂性。

（2）数据流。物联网的主要目的在于将实体对象转换为信息环境下的虚拟对象，因此数据处理是中间件最重要的功能。中间件具有数据搜集、过滤、整合与传递等功能，以便将正确的对象信息传到上层的应用系统。

（3）处理流。物联网中间件采用程序逻辑及存储再转送（Store-and-Forward）的功能来提供顺序的消息流，具有数据流设计与管理的能力。

（4）标准化。物联网中间件需要为不同的上层应用和下层设备提供标准的接口和通信协议，因此物联网中间件的标准化十分重要。

5.1.3 物联网中间件举例

目前，已经有很多研究型项目和产品在推进物联网中间件实现的进程，本节将对两个主流的物联网中间件进行简单介绍：ASPIRE 和 Hydra。

（1）ASPIRE

在 RFID 应用开发的过程中，中间件的发展出现了一段空白，无法完全满足应用开发的需求，这时 ASPIRE 就应运而生了。作为欧盟在物联网领域的一个项目，ASPIRE 旨在使得 RFID 应用渗透到中小型企业。为了达到这样的目的，ASPIRE 改变了现有的 RFID 应用开发模式，它引入并推进一种完全开放的中间件，同时完全有能力支持原有模式中核心部分的开发。

ASPIRE 之所以可以达到这样的要求，是因为其具有的一系列特征：轻量级、可重新编程、智能、适合当前标准、可升级、安全性高、完整。ASPIRE 的解决办法是完全开源和免版权费用，这大大降低了总的开发成本。与此同时，可重新编程和轻量级的特点有利于向后兼容当前 IT 中小型企业的基础设施。另外，ASPIRE 在设计时就具备了安全性高的特点，这意味着未来和 RFID 有关的隐私特征都可以很容易应用到这个平台上。总之，ASPIRE 就像是一个发动机，可以推动实现当前 RFID 应用开发模式下所提出的快捷的目标。同时，ASPIRE 中间件平台也融合了基于 RFID 的泛在感知领域的一些创新方法。

（2）Hydra

Hydra 项目的第一个产品是为了开发基于面向服务结构的中间件。这种中间件同时支持分布式和集中式的架构，具有安全、自我管理以及模式驱动应用开发的特征。Hydra 中间件可以同时部署在新的或者已经存在的分布式无线和有线设备网络上。这种支持嵌入式设备和面向移动服务的架构将提供跨平台的共享操作数据和信息功能。Hydra 的第二个产品是为了能基于 Hydra 中间件生产出可以简化开发过程的工具，即供开发者使用的软件或者设备开发套件。

在对 Hydra 中间件做了简单的概述之后，下面将对其基本架构做一个大致的介绍。Hydra 中间件定位于操作系统和应用之间的中间件层。中间件包含了众多软件组成部分，它们被设计用于处理各种任务，以完成一个有效利用成本的智能物联网应用开发过程。中间件可以在新的和已经存在的分布式设备网络上协作。它提供了便于使用的网络服务接口来控制不同类型的设备，而不需要考虑它们的网络接口技术。它是基于语义模式驱动的架构，这种架构便于编程，适合设备和服务发现、点对点通信和诊断。由 Hydra 驱动的设备通过分布式安全组件获得了安全可靠的通信能力。

Hydra 中间件利于实现环境感知行为和解决在资源受限设备中处理数据的持久性问题。环境感知服务可以泛在感知周围的环境并且收集关于环境的信息，从而根据这些信息按照由用户自己定义好的规则做出处理。

关于安全方面，Hydra 安全框架部署了一个规则框架，包括执行组件、决定组件、形成组件、解决冲突组件和 Hydra 核心语言。这些组件保证了个体用户做出的安全决定在需要和必要时能够执行。

Hydra 还有一种虚拟化结构。Hydra 把虚拟化结构应用于不同的设施：虚拟设备或者代理，它们扮演的是逻辑表达设备的角色，相当于增加了一个保护层，以此来防御对于真实设备的攻击。通过给一个物理设备定义一个代理，就有可能把一个非 Hydra 驱动的设备集成到一个 Hydra 驱动的设备网络中。除此以外，物理设备可以被安排到一个特定的虚拟设备分类中以达到最适合控制的目的。

5.2 物联网中间件关键技术

第 5.1 节主要介绍了物联网中间件基本概念，本节则将重点介绍与物联网中间件相关的关键技术，包括在互联网中广泛使用的 Web 服务，融合物联网嵌入式设备的嵌入式 Web 和 Web of Things，以及具有感知特征的上下文感知技术。

5.2.1 Web 服务

随着互联网的发展及 Web 2.0 的普及，“软件即服务”已经在悄悄地走到我们身边。

服务将是网络应用发展的大势，未来的软件应用很可能将都建立在 Web 之上。而作为基础底层架构软件的中间件，为 Web 的开发发挥着重要的支撑作用。Web 服务（Web Services）就是一种可以通过 Web 描述、发布、定位和调用的模块化应用。Web 服务可以执行多种功能，从简单的请求到复杂的业务过程。一旦 Web 服务被部署，其他的应用程序或是 Web 服务就能够发现并且调用这个部署的服务，本书认为 Web 服务也是互联网上实现互操作性的中间件。Web 是互联网的核心，物联网是互联网的延伸，Web 服务以及相关的 Web 技术必将在未来物联网中间件发展中起到重要作用，本节首先介绍 Web 服务及相关概念，也为下一节的嵌入式 Web 技术奠定基础。

Web 服务（Web Services）向外界提供一个能够通过 Web 进行调用的 API（Application Programming Interface，应用程序编程接口），能够用编程的方法通过 Web 来调用这个应用程序。我们把调用这个 Web Services 的应用程序叫作客户。

为了讲清楚 Web Services 的定义，这里我们先举个例子。现在需要创建一个 Web Services，它的功能是返回当前的天气情况，那么可以建立一个 ASP（Active Server Page，动态服务器页面），它接受邮政编码作为查询字符串，然后返回一个由逗号隔开的字符串，包含了当前的气温和天气。要调用这个 ASP 页面，客户端需要发送下面这个 HTTP GET 请求。

http://host.company.com/weather.asp?zipcode=20171

返回的数据就应该是这样："21，晴"。

这个 ASP 页面就应该可以算作是 Web Services 了。因为它基于 HTTP GET 请求，提供了一个可以通过 Web 调用的 API。当然，Web Services 还有更多的东西。

下面我们对 Web Services 做一个更加精确的解释：建立可互操作的分布式应用程序的平台。Web Services 平台是一套标准，它定义了应用程序如何在 Web 上实现互操作性。你可以用任何你喜欢的语言，在任何你喜欢的平台上写 Web Services，只要我们可以通过 Web Services 标准对这些服务进行查询和访问。Web Services 为实现物联网的应用与服务提供了一个基本的框架。

Web Services 通过简单对象访问协议（Simple Object Access Protocol，SOAP）来调用。SOAP 是一种轻量级的消息协议，它允许用任何语言编写的任何类型的对象在任何平台之上相互通信。SOAP 消息采用可扩展标记语言（XML）进行编码，一般通过 HTTP 进行传输。通过 WSDL 描述调用服务所必需的数据，通过 UDDI 来发现和获得服务的元数据。与其他的分布式计算技术不同，Web Services 是松耦合的，而且能够动态地定位其他在 Internet 上提供服务的组件，并且与它们交互。

了解了 Web Services 之后，我们来看什么是 SOA。SOA（Service-Oriented Architecture，面向服务的体系结构）是一个组件模型，它将应用程序的不同功能单元通过这些服务之间定义的接口和协议联系起来。接口是采用中立的方式进行定义的，它应该独立于实现服务的硬件平台、操作系统和编程语言。这使得构建在各种这样的系统中的服务可以用一种统一和通用的方式进行交互。这种具有中立的接口定义的特征称为服务之间的松耦合。松耦合系统的优势主要有两点，一点是它具有很高的灵活性，另一点是当组成整个应用程序的每个服务的内部结构和实现逐渐地发生改变时，它能够继续存在。对 SOA 的需求来源于需要使业务信息化系统变得更加灵活，以适应业务中的改变，对致力于实现深度信息化的物联网应用与业务开发有重要的借鉴意义。

5.2.2 嵌入式中间件技术

嵌入式系统是以应用为中心，以计算机技术为基础，并且软硬件可裁剪，适用于应用系统对功能、可靠性、成本、体积、功耗有严格要求的专用计算机系统。它一般由嵌入式微处理器、外围硬件设备、嵌入式操作系统以及用户的应用程序 4 部分组成，用于实现对其他设备的控制、监视或管理等功能。举例来说，大到油田的集散控制系统和工厂流水线，小到家用 VCD 机或手机，甚至组成普通 PC 终端设备的键盘、鼠标、软驱、硬盘、显示卡、显示器、Modem、网卡、声卡等均是由嵌入式处理器控制的，物联网领域中各种 RFID、传感器等智能设备都是以嵌入式系统为基础的硬件设备。

嵌入式中间件是在嵌入式应用程序和操作系统、硬件平台之间嵌入的一个中间层，通常定义成一组较为完整的、标准的应用程序接口。它主要为嵌入式应用软件的开发提供跨操作系统和跨硬件平台、层次化、模块化和可扩展的接口，同时，根据嵌入式应用的编程特点提供必要的编程工具。

借助嵌入式中间件，应用程序可以独立于操作系统和硬件平台，使产品的开放性和可移植性更强。有了中间件以后，应用程序不仅可以运行于不同硬件平台，也可以在不同的操作系统上运行，从而在提高开发效率、减少开发成本的同时能够跟上技术的发展，使应用的开发变得更加简捷。本节主要介绍两个的重要嵌入式中间件平台：嵌入式 Web 和 Java VM 平台。

1. 嵌入式 Web

随着计算机技术、嵌入式系统的迅速发展以及物联网应用的要求，资源共享需求的迅速膨胀，嵌入式系统正朝着网络化、智能化方向发展。嵌入式系统以 PC 不可比拟的软硬件可裁剪性、结构灵活性、稳定性和经济性成为计算机工业的新的增长点，将嵌入式系统与 Internet 技术结合成为嵌入式发展的一个趋势，为其打开了更为广阔的应用前景。对于物联网来说，大量的嵌入式设备需要联网，在嵌入式系统中使用网络系统自然也成为一项最基本的要求。因而，将 Web 技术应用到嵌入式系统中，对基于嵌入式系统的物联网产品的开发具有重大意义。

嵌入式 Web 除具备上面介绍的一般 Web 的各种特性和技术特点外，还具有自身独特性。嵌入式 Web 服务器是随着 Web 应用环境的改变而提出的。嵌入式 Web 服务器（Embedded Web Server，EWS）是指将 Web 服务器引入到嵌入式设备中，在相应的硬件平台和软件系统的支持下，使传统的嵌入式设备转变为具备了以 TCP/IP 为底层通信协议、Web 技术为核心的基于万维网的网络化嵌入式设备。实现嵌入式 Web 服务器的关键技术主要有 HTTP 协议和通用网关接口 CGI。嵌入式 Web 是利用 Web 框架建立物联网中间件的重要技术，嵌入式 Web 服务主要具有以下优点。

（1）统一的客户界面：客户端只需要一个通用的 Web 浏览器，解决了统一用户界面的问题。

（2）平台独立性：浏览器所运行的平台与嵌入式 Web 服务器所在的硬件平台无关，真正实现了跨平台。

（3）高可扩展性：服务器端可以在任何需要的时候进行功能的增强与扩展，而且管理员通过客户端即可完成这些操作，实现了远程管理和控制。

（4）并行性与分布性：嵌入式 Web 不仅实现了跨平台功能，也是一个多处理机系统和分布式系统，可并发处理多个不同用户的服务请求。

嵌入式 Web 有两类主要的组成部分：Web 服务器和 Web 客户端。对 Web 服务器而言，在物理设备上是指存放那些供客户访问的信息资源的计算机或嵌入式系统；在软件上是指能够按照客户的请求将信息资源传送给客户的应用程序。对 Web 客户端而言，在物理设备上是指客户所使用的本地计算机或者嵌入式设备；在软件上是指能够接受 Web 服务器上的信息资源并展现给客户的应用程序。

嵌入式 Web 同样具备上面介绍的一般 Web 的各种特性和技术特点，但嵌入式 Web 还具有自己的特点。嵌入式 Web 服务是随着 Web 应用环境的改变而提出的。因为在应用当中，特别是在嵌入式设备当中，一个 Web 服务器不可能是很全面的，它必须拥有足够小的容量，并且不影响嵌入式系统的整体性能，但又必须具备一个 Web 服务器应有的特征。一个典型的嵌入式 Web 设备模型如图 5-3 所示。

嵌入式 Web 服务器技术的核心是 HTTP 协议引擎。HTTP 协议是 Web 应用的标准协议。嵌入式 Web 服务器通过 CGI 接口和数据动态显示技术，可以在 HTML 文件或表格中插入运行代码，供 RAM 读取/写入数据。

CGI 是通用网关接口（Common Gateway Interface）的缩写。它是 Web 服务器主机与外部扩展应用程序交互的一种标准接口。它提供了将参数传递给程序并将结果返回给浏览器的一种机制。Web 服务器可以通过 CGI 读取客户端所需要的动态信息（如数据库）。通过 CGI 可以提供静态 HTML 网页无法实现的一些功能，比如基于 Web 的搜索引擎、基于 Web 的数据库访问等。一般来说，一个 CGI 接口的功能就是在超文本文件和服务器主机应用程序间传递信息。任何一种程序语言，只要能在服务器主机上利用 CGI 接口来编写应用程序，都可以叫作 CGI 程序语言。C 语言高效、便于修改和移植，有利于产品的升级和继承，所以我们一般采用 C 语言来进行 CGI 的开发。

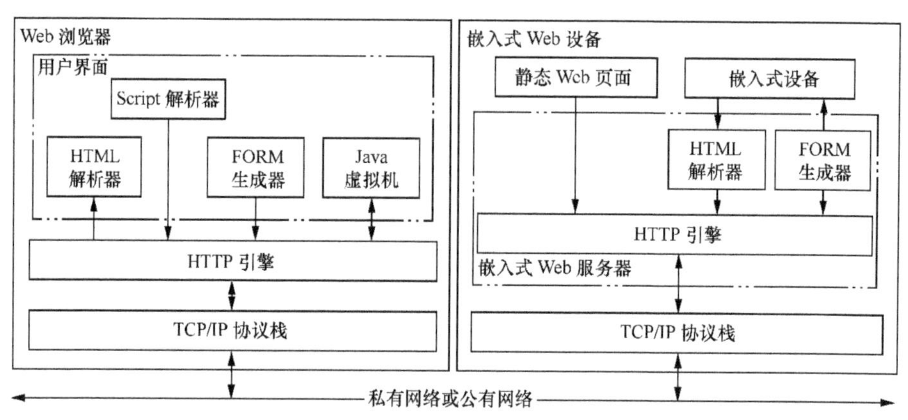

图 5-3　典型的嵌入式 Web 服务器系统模型

实现动态 Web 页面的第一步是用 HTML 语言编写 Web 页面及内建表单。编写 Web 页面时，要由 ACTION 属性来指定相关的 CGI 程序，由 METHOD 来指明所用的提交数据方法。实现 Web 页面的第二步是采用 C 语言编写 CGI 程序，CGI 程序分为以下几部分：

根据 POST 方法或 GET 方法从提交的表单中接收数据；URL 编解码；用 printf（）函数产生 HTML 源代码，并将解码结果返回给浏览器。

CGI 主要功能是在 Web 环境下，从客户端传递一些请求信息给 Web 服务器，CGI 脚本通过标准输入 STDIN 从 Web 服务器得到输入信息，最后将处理结果使用 STDOUT 输出 HTML 形式的结果文件，经 Web 服务器送回浏览器显示给用户。STDIN 和 STDOUT 是标准输入和标准输出的缩写，它们是预定义的流或文件的句柄。由于用户能传递不同的参数给 CGI 脚本，所以 CGI 技术使得浏览器和服务器之间具有交互性。其工作流程如图 5-4 所示。

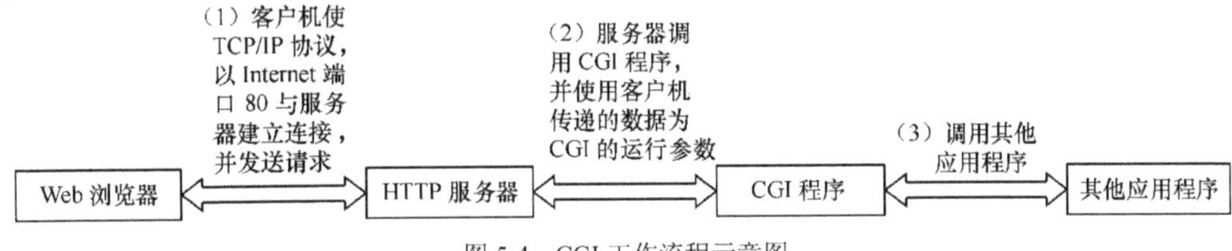

图 5-4　CGI 工作流程示意图

CGI 程序可以通过以下两种调用方式来获取客户请求的内容：一是通过 URL 直接调用，二是通过交互式表单（Form）来调用。在客户端浏览器向服务器提出请求的时候也就定义了用何种方法接收数据。在服务器端，使用什么方法是通过环境变量传送给脚本的。CGI 与表单之间的信息交互方法有两种模式："GET" 和 "POST"。选择哪一种模式取决于表单的 "METHOD" 字段的设置，使用 GET 方式编写 CGI 程序会更加简单，但是 POST 方式则更先进。

在第 5.3.1 节中将利用 Ruby on Rails 的 Web 应用开发框架实现一个物联网应用编程实例。

2. Java VM

除了利用 Web 实现中间件外，Java VM 以其良好的跨平台特性成为了物联网中间件的重要平台。Java VM 全称为 Java Virtual Machine，即 Java 虚拟机。根据名称就很好理解，事实上，这是一台假想的机器。设计者用软件模拟实现了假想的硬件，而目的则是为 Java 开发者提供一个跨平台的开发环境。

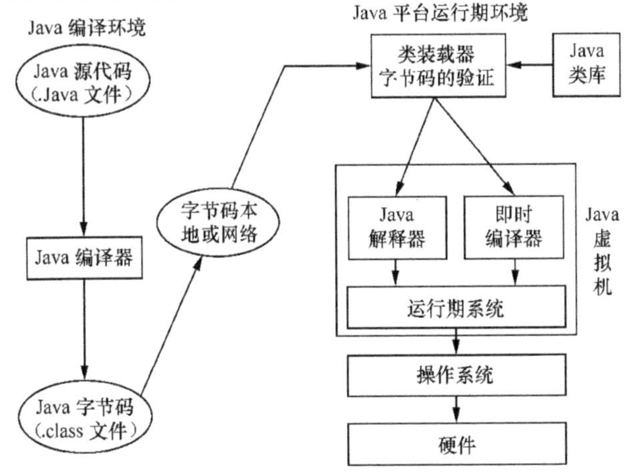

图 5-5　Java 编译执行流程图

我们知道，一般的高级语言如果要在不同的平台上运行，至少需要编译成不同的目标代码，而引入 Java 虚拟机后，Java 语言在不同平台上运行时不需要重新编译。Java 语言使用 Java 虚拟机屏蔽了与具体平台相关的信息，使得 Java 语言编译程序只需生成在 Java 虚拟机上运行的目标代码（字节码），就可以在多种平台上不加修改地运行。Java 虚拟机在执行字节码时，把字节码解释成具体平台上的机器指令执行。以此可以看出，Java 虚拟机扮演了一个“翻译”的工作，把 Java 源代码翻译成为对应平台上所支持的机器指令。图 5-5 是 Java 源码从编译到执行的流程图。

Java VM 主要由以下几个部分组成。每个 Java VM 都有两种机制一个是装载具有合适名称的类（类或是接口），叫作类装载子系统；另一个是负责执行包含在已装载的类或接口中的指令，叫作运行引擎。每个 Java VM 又包括方法区、Java 堆、Java 栈、程序计数器和本地方法栈这 5 个部分，这几个部分和类装载机制与运行引擎机制一起组成的体系结构如图 5-6 所示。

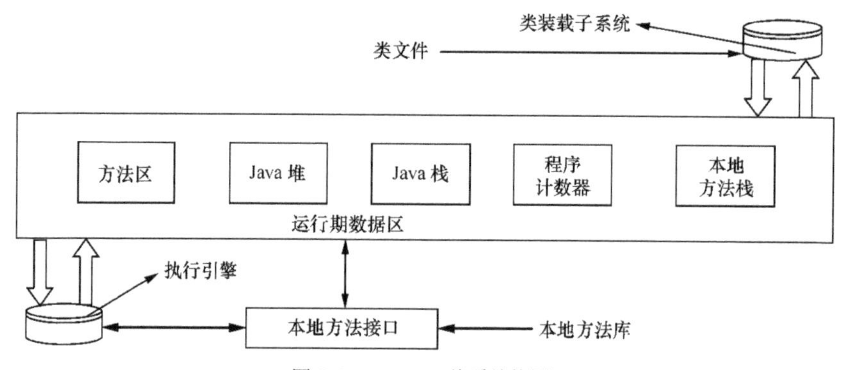

图 5-6　Java VM 体系结构图

目前使用范围最广的 Java 虚拟机就是 Sun 公司开发的 JRE（Java Runtime Environment，Java 运行环境），包括 Java 虚拟机、Java 平台核心类和支持文件。当然，JRE 不包括开发工具——编译器、调试器和其他工具。如果用户需要开发 Java 软件，则需要下载 JDK（Java Development Kit）。它包括了 JRE、Java 开发工具和 Java 基础的类库（rt.jar）。除 Sun 公司之外，还有很多公司和组织都开发了自己的 JDK，例如 IBM 公司开发的 JDK、BEA 公司的 Jrocket，还有 GNU 组织开发的 JDK，等等。

Java VM 作为一种基于各种嵌入式平台的中间件平台，具有跨平台特性，不同的底层嵌入式操作系统平台对于上层应用是完全透明的，Java VM 将操作系统的能力和资源通过 API 的形式开放给了上层应用，符合 Java VM 编程标准的应用程序可以运行在任何嵌入式操作系统上，如 IPTV、传感器、手机等。有了这样的跨平台嵌入式中间件平台，就使得异构的嵌入式资源趋于同构化，可以将物联网中不同的设备数据通过统一平台开放出来，达到物与物互联的目的。在第 5.3.2 节中将提供利用基于 Java VM 的 J2EE 框架实现 Web 服务的编程实例。

5.2.3　万维物联网（Web of Things）

随着互联网的蓬勃发展，Web 技术作为互联网领域应用最广泛的技术之一已经不仅仅是信息传播和汇聚的工具，而成为了互联网时代一种最典型的应用形式。近几年来，随着物联网的兴起，越来越多的研究正在考虑将 Web 技术与物联网技术相结合，通过 Web 的形式将各种各样的智能物联网设备汇聚到互联网中，通过 Web 应用的形式实现物与物、物与人的信息交互与互联。基于这样的思想就产生了万维物联网（Web of Things）的概念。

Web of Things 这一概念在企业管理、交通运输及日常生活中得到了广泛的应用，人们对 Web of Things 的需求也逐渐增多。那么什么是 Web of Things 呢？即将带有传感器的智能物体通过 Web 的方式和规则进行相互互联，智能物体产生的数据以 Web 的方式开放给互联网用户，并以互联网 Web 应用的形式展现给不同的目标用户，实现人与物、物与物的实时交互与信息交换。

Web of Things 具有以下特性。

（1）使用 HTTP 作为应用协议，HTTP 不仅是用来连接传感器和网络的传输协议。这种方式在 Web Services 领域已经得到了应用。

（2）通过 REST 接口（或 REST API）将智能设备的同步功能开放出来，一般意义上遵守 ROA 框架，即“面向资源架构”。

（3）智能设备的异步功能开放采用广为接受的 Web 聚合标准，例如 Atom_(standard) 或 server-push Web 机制 Comet_(programming)。这些机制保证了由智能物体提供的业务松耦合。同时，提供一致化的接口进入并构建智能物体的功能。

（4）前端利用 Web 的呈现方式，提供直观、友好的用户体验，非常适合呈现泛网业务（监视、管理、预警）。

（5）开放平台。基础业务功能通过 REST Web API 开放给第三方，面向开发者，开发者可根据开放接口实现第三方业务。

Web of Things 为物联网应用带来了众多便利，以下列举其几点优势：减少智能设备安装、整合、执行和维护开销；加快智能设备安装和移除速度；对智能设备可进行移动和临时安装；任何时刻、任何地点都可以提供实时信息服务；增强可视化、可预见、可预报和维护日程的能力；确保各类应用有效和高效率执行。

Web of Things 是围绕互联网资源展开的，通过传感器将客观实物与互联网资源联系起来，使得互联网不再是虚拟的二进制码，而是有着具体实现形式的应用和服务。网络节点通过 API 与网络服务器连接，实现与互联网的交互。目前在 Web of Things 领域的重要成果包括终端节点在网络中的接入、基于 REST 风格终端节点及网络 Mashup 功能。综合三者即构成了 Web of Things 的基本框架，如图 5-7 所示。

Web of Things 的基本框架由以下 3 部分组成。

（1）网络节点集成接口（Integration Interface of Network Node）

目前，有两种网络节点集成方法可以将 Web 嵌入到设备中，使终端设备可以基于 REST 架构调用 Web 资源，实现 Web of Things。第一种方式是将设备作为 Web 的一部分，通过 API 直接连接 Web 服务器，调用 Web 资源。设备本身支持 Web 各种协议和软件，在设备上直接提供 Web API 接口，分配 URL 进行识别和调用。第二种方式是 Web 终端通过智能网关接入。随着 Web of Things 的广泛应用，对网络节点的要求也越来越高，不能保证所有节点都支持 IP 协议。所以作为第一种接入方式的补充，提出了第二种接入方式，即通过智能网关接入，将智能网关作为一个中间件。每个智能网关支持 Web 协议，可以作为 REST 风格的 API 接入 Web，可以分配到 URL 接入网络。这种接入方式降低了对网络节点的要求，也得到了广泛的应用。

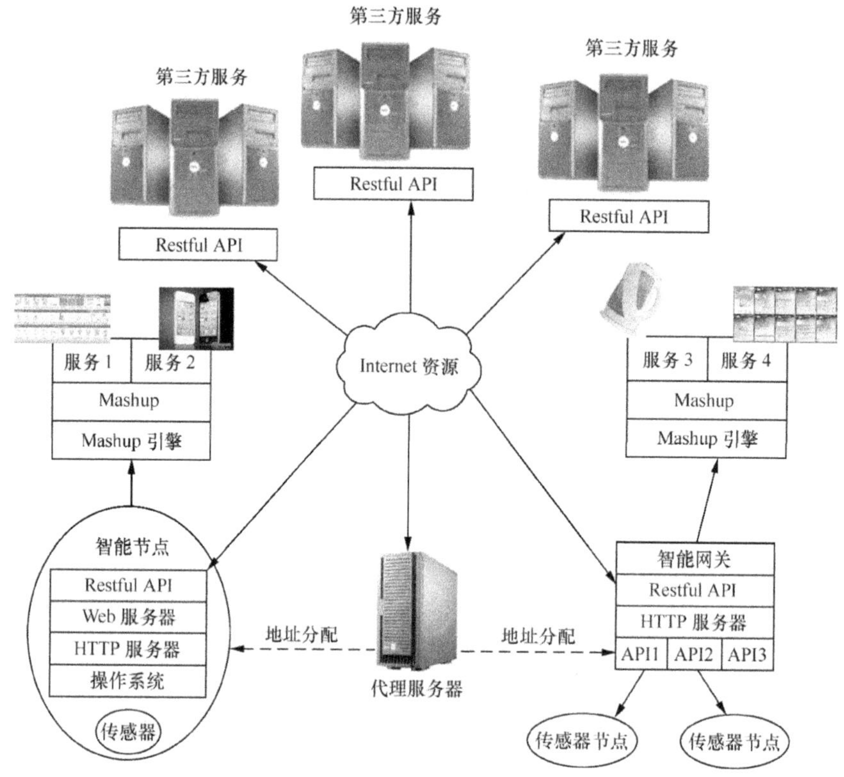

图 5-7　基于 REST 风格的 Web of Things 架构

（2）基于 REST 风格终端节点（Terminal Nodes Based on REST Style）

REST（Representational State Transfer，表述性状态转移）是一种针对网络应用的设计和开发方式，与传统网络服务相比，HTTP 不只用于网络数据的传输，同时还作为主体的应用协议。REST 是面向资源的设计概念，主要设计方案为：将网络上的所有事物都抽象为资源（resource），对每个资源确定一个唯一的资源标识（resource identifier），终端节点的系统通过通用的连接器接口（generic connector interface）API 对资源进行操作。RSET 风格架构的基本操作命令包括 GET、PUT、DELETE 和 POST，采用 HTTP。通过 REST 风格的 Web of Things 架构设计，可以降低整个网络开发的复杂性，提高系统的可伸缩性。

基于 REST 风格的应用开发架构为 ROA 架构。ROA（Resource Oriented Architecture，面向资源的架构）是一种把实际问题转换成 REST 式 Web 服务的方法，它使 URI、HTTP 和 XML 具有与其他 Web 应用一样的工作方式，从而容易被程序员所使用。它具有资源、资源名称、资源的表示、资源间的连接这些功能成分。

（3）网络 Mashup 功能（Web Mashup Function）

Mashup 技术是一种网络应用，将分立的网络资源带有的功能进行融合，也叫功能混搭。Mashup 的目的是将多种功能集成在一起，形成新的应用和功能。融合的单元通常使用 XML、HTML 语言形式。一般普通的网络集成需要引入 Mashup 引擎提供支持 XML、HTML 语言的内核，将网络资源解析为浏览器可以呈现的形式。同时，Mashup 应用于 Web of Things，可以将各种功能集成在同一的终端节点设备上，充分利用了网络的资源。

综上所述，该架构为实现物联网中间件要求的信息交换与控制提供了一个很合理的参考架构，这种架构完全基于互联网设计，更开放、更轻量、更有扩展性。

5.2.4 上下文感知技术

随着计算机、移动计算以及传感器网络的发展，计算变得无处不在。1991 年，美国 Xerox PAPC 实验室的 Mark Weiser 博士提出了一种超越桌面计算的全新计算模式——普适计算（Ubiquitous or Pervasive Computing）。他认为，“最伟大的计算技术是那些消失了的技术，它们将自己融入到日常生活用品中，以至于它们从人们的视线中消失”。

普适计算体现了信息空间与物理空间融合的趋势，反映了人们对信息服务模式的更高需求。它具有两个关键特性：一是随时随地访问信息的能力；二是不可见性，即通过在物理环境中提供多个传感器、嵌入式设备、移动设备和其他任何有计算能力的设备，从而在用户不察觉的情况下进行了计算、通信，并提供各种服务，最大限度地减少用户的介入。这种计算模式的最终目标，是将由通信和计算机构成的信息空间与人们生活和工作的物理空间融为一体，支持用户“随时随地”并“透明”地获得符合其个性化需求的信息服务和计算能力，使人类生活的物理环境与计算机提供的信息环境之间的关系发生革命性改变，这也是物联网的愿景。物联网的应用要求物联网设备能够感知用户所处的上下文及其变化，并做出相应的动作。人们把这种能感知用户上下文信息进而调整系统行为的技术称为上下文感知（Context-aware）技术。

上下文感知技术是用来描述一种信息空间和物理空间相融合的重要支撑技术，它能够使用户可用的计算环境和软件资源动态地适应相关的历史状态信息，从而根据环境的变化自动地采取符合用户需要或者设定的行动。例如，一个具有上下文感知能力的手机能通过定位知道用户现在正在会议室，并综合其他信息判断出用户正在开会，此时，一些非重要的电话就会被这个手机自动拒绝接听。物联网是一种包含多元化信息的新兴研究与应用，物联网通过将传感设备、智能设备联网来感知人与周边的环境，其应用领域就需要根据周边环境变化才去符合用户需要或者设定的行动，物联网是一个对上下文感知技术有强烈需求的技术领域。根据感知到的环境信息等建立上下文信息，为物联网应用提供基本的感知能力，这也是物联网中间件不同于一般系统中间件的特征，因此上下文感知技术是实现支撑物联网智能应用的中间件的重要组成部分。

首先我们来看何为上下文？上下文（context）是一个内涵不断演化的概念，随着技术的发展和社会生活的改变，在不同阶段人们可能对上下文信息有不同的理解，到目前为止，并没有一个确定的定义。在普适计算研究的最初，上下文主要是指用户所处的位置信息。随后，上下文又被归纳为“使用位置以及周围人和物的集合和这些物体的变化情况”。总之，上下文作为人的理性推理中一种含蓄的直觉，通常指向兴趣中心的周边环境，提供原始信息（例如何时、何地、何种情况）及对这些信息的直接理解，即“能用来描述一个物体当前所处情形的信息”。

在实际的普适计算环境中，并不是所有与用户有关的信息都可称为上下文信息。Gregory D.Abowd 和 Elizabeth D.Mynatt 曾将“5W：Who，What，Where，When，Why”作为在普适计算环境中必需的上下文信息的最小集合，下面对 5W 进行介绍。

Who：谁，即参与当前系统交互的特定用户的身份。

What：干什么，即当前系统的交互必须去感知用户正在干什么。

Where：在哪儿，即当前用户所处的地理位置及环境。它是上下文中被探究得最多的部分，通常与上下文中其他的信息（如 When）相结合。例如在导航系统中，把物理世界与历史记录相结合，根据用户的历史习惯分析潜在兴趣，从而提供更加精确更加个性化的服务。

When：时间，既可以指当前的具体时间，也可以指时间的持续长度，或者是时间的变化规律。例如，通过观察用户在展览中的参观时长，了解用户的兴趣关注点；通过观察老人每天作息时间的变化，来辅助日常的医疗护理和治疗。

Why：为什么，即要在了解用户在做什么之后理解用户为什么要这样做，通过觉察相关的上下文信息暗示获得用户内在的情感状态。

这个最小集合主要描述了与用户有关的上下文信息，其内容必须进行融合，才能比较准确地推导出用户的行为方式，有效地为人们提供服务。从认知领域的角度，上下文可分为用户上下文、计算上下文、环境上下文。其中用户上下文包括用户的外形、用户的位置、用户的状态；计算上下文包括网络连接、连接耗费、交互的带宽；环境上下文包括光线的强度、噪音的分贝值。在移动应用方面，上下文可以分为 4 种类型：位置、身份、时间和活动。许多其他种类的上下文都能从上述 4 种上下文集合中推导出来。例如，用户的身份能帮助决定用户的权限、E-mail 地址和他与当前环境里其他人的关系；用户位置也能用来推导环境里面的其他人和对象，还有周围发生的一些活动。但到目前为止，对上下文的分类并没有一个统一的标准。在不同的应用领域中对上下文有不同的分类方法，强调了某些因素，有可能就忽略了另外一些因素。这种状况只能通过应用发展、用户反馈和管理者的观察进行改进。

上下文感知系统首先必须知道整个物理环境、计算环境、用户状态等方面的静态和动态信息，即上下文（context）。只有具有上下文感知能力，才有可能根据具体情况采取最合适的动作自主、自动地为用户提供透明式的服务。上下文能力的获取依赖于上下文感知技术，主要包括上下文的采集、建模、推理及融合等。上下文感知技术是实现服务自发性和无缝移动性的关键。

（1）上下文采集

根据上下文的应用领域不同，上下文的采集方法也有不同。通常情况下，有 3 种方法：传感类上下文、派生出的上下文（根据信息记录和用户设定）、明确提供的上下文。

在物联网环境中，上下文信息的采集主要是通过各种各样的传感器，获得气味、温度、重力、加速度、地理位置、人体姿势、磁场、电场、声音、图像等信息。虽然目前传感器已经在机器人和工业中得到了广泛应用，但相对于在机器人和工业中的应用，物联网中传感器更多地用于监测更为灵活和非结构化的信息，在这种环境里面，上下文信息是动态的，并且这些变化需要通过传感器设施进行捕获。采集技术属于物联网感知层的技术。

（2）上下文建模

要正确地利用上下文信息，必须对获得的上下文信息进行建模。上下文信息模型反映了设计者对上下文的理解，决定了使用什么方法把物理世界里面的一些无意义和无规律的数据转化成计算世界中的逻辑结构语言，为实现上下文的正确运行打下了基础。

模型的基本元素是一些描述物理和逻辑实体的对象和对象之间的关系。对于上下文建模来说，由于物联网环境的特殊性，还存在一些更深层的问题。上下文是一种特别类型的信息，在建模的时候必须考虑上下文的一些特性，这些特性就是暂时性、不确定性、并行性（不同事件同时发生）、从属性（不同来源数据的关系）。此外，在物联网环境中，由于设备的异构性和物理范围的广泛性，还必须对上下文进行共享，为应用提供一种可理解的上下文。目前，通常采用的上下文模型包括链值对模型、标记配置模型、图模型、面向对象模型、基于逻辑模型、基于本体模型、上下文工具箱模型等。

（3）上下文推理

系统中的所有上下文信息构成上下文知识库，基于这些知识库，可以进行上下文的推理。实现推理一般有两种方式：一是将逻辑规则用程序编码实现，二是采用基于规则的推理系统。前者往往用于规则数量较少的系统，当规则数量很多时变得难以维护，所以大多数中间件采用后者基于规则的推理系统。一方面由于规则定义和推理实现的分离降低了耦合度，添加和修改规则不至于影响编码实现；另一方面可以利用很多成熟的逻辑模型。

（4）上下文融合

在上下文感知计算中，要获得连续的上下文的解决方法，必须联合相关的上下文服务从而聚集上下文信息，称为上下文融合。这种上下文的融合类似于目前已被广泛应用的传感器融合，其关键在于处理不同上下文服务边界之间的无缝融合。当同样的上下文被多个服务并发地提供时，系统要能够从竞争的服务中决定出有用的信息。从多个源获得的信息融合能够提高对事件解释的可信度，并行的服务融合也能够提供可信赖的上下文，例如消除噪声、提供更广的覆盖范围等。

那么，如何将上下文感知技术应用于物联网之中？在物联网中，上下文是指可用于表征实体状态的信息。上下文感知计算是指利用上下文的信息自动为用户提供适合当前情景（包括任务、位置、时间、用户的身份等）的服务，关注物联网设备感知和生成的信息如何与具体的物联网应用需求相互融合，生成真正的智能物联网服务。上下文感知应用则指应用的行为能与用户的上下文联系在一起。目前该领域里比较公认的第一个上下文感知应用项目，是 1992 年 Schilit.B 和 Want.R 等人所从事的 Olivetti Active Badge 项目，它以办公大楼为场景，利用上下文信息实现了自动电话转接服务。之后，上下文感知技术逐渐被应用于许多领域，如智能办公、家居环境、旅游、移动计算、医疗卫生等。其中，智能办公与家居环境是上下文感知技术应用最早也是最多的领域。乔治亚理工学院开发的会议助手感知应用，是根据每个与会者的位置、偏好以及会议安排推送相应的会议信息等，微软研究院的 Easy Living 系统则为我们描绘了未来的家居和工作环境。此外，旅游方面，利用上下文感知技术的导游助手可以根据游客位置进行景点推荐、路线导游、订票服务等；移动计算中，可以根据用户设备能力以及偏好等上下文信息推送合适的内容服务；在医疗卫生领域，基于上下文感知技术的智能医院通过各种生物学传感器捕捉病人的身体状况，可以实现实时的监测和预警，甚至给出初步的病情诊断。

5.3 物联网中间件编程实例

本节将通过具体的实例重点介绍如何用现有的编程语言和编程框架，如 Ruby on Rails、J2EE 实现物联网中间件。

5.3.1 利用 Ruby on Rails 开发基于 REST 风格的中间件

目前，我们使用 Ruby on Rails 致力于 Web 应用的开发、部署和维护。Ruby on Rails 也简称 RoR 或 Rails，是一个使用 Ruby 语言写的开源网络应用框架，它使开发变得更加容易。自从发布第一个版本以来，Rails 已经从一个默默无闻的工具蜕变成了一种世界性的现象，很多个人甚至很多跨国公司正在用它来开发自己的 Web 应用。

像其他 Web 框架一样，Rails 采用 MVC 的开发框架。但相比与其他框架，Rails 更加简单易用，这一方面得益于 Ruby 语言的特性：Ruby 语言一向以自然、简介、快速著称，有丰富的类库，并且全面地支持面向对象的程序设计。另一方面是由于 Rails 的基本设计原则，包括“不要重复你自己”（Don’t Repeat Yourself，简称 DRY）以及“惯例重于配置”。DRY 的意思是系统中每项知识只应该在一个地方描述，每件事情只需要说一遍，这样可以最大限度地减小代码重复。众所周知，代码重复在很大程度上会影响代码的可读性和可维护性。Rails 在这方面做得很好，在 Rails 中几乎不会看到重复的代码。现在整个 Ruby 社区也都把 DRY 作为程序开发的一项设计原则。“惯例重于配置”也同样重要，在 Rails 中有一套默认的规则，也是一套命名惯例，只要遵循这一命名惯例，编写一个 Rails 应用所需的代码量比典型的、使用 XML 配置的 Java Web 应用要少很多。这可以在很大程度上简化程序的配置和编写。如果你不想遵守这些惯例时，在 Rails 中也可以同样简单地对其进行更改。

Rails 是一种敏捷的框架，它强调与客户的交互，随时准备“响应变化”。这也得益于前面提到的 Rails 的设计原则，在 Rails 中，对需求的变化往往只需要更改很少的代码即可实现。Rails 提倡测试驱动开发，所有的 Rails 应用内嵌对于测试的支持。当你增加功能时，Rails 会自动帮你建立新功能的测试存根。Rails 框架让测试变得更容易、更充分。如果你不喜欢 Rails 内建的测试机制，你也可以采用 Ruby 的其他测试框架如 Rspec 来进行测试，它也很简单易用。

1. Ruby on Rails 开发环境搭建

Ruby on Rails 可以运行在各种操作系统下，其平台是独立的。总的来说，要安装运行一个 Rails 应用需要下列组件。

（1）Ruby 解释器：我们在此使用 Ruby-1.8.6。Ruby 也有最新版本的解析器，但是从兼容性考虑，我们选择 Ruby-1.8.6，这个版本的解析器可以很好地满足 Rails 以及后续一些 Ruby Gems 的要求。

（2）RubyGems：它是一个标准的 Ruby 程序包管理器，可以很方便地在线安装各种

Ruby 程序包，包括 Rails 等。它会自动检测各个程序包之间的依赖关系，省去我们自己检测并分别下载安装的麻烦。

（3）Ruby on Rails 框架：为简单起见，我们采用 gem 自动进行安装，在撰写本书时 Rails 的最新版本为 2.3.8。

（4）数据库：Rails 的最新版本默认是采用 SQLite 3 的数据库，在此为了通用性考虑，我们采用最常用的 MySQL 数据库。不必担心，不采用默认的数据库并不会给我们带来多少麻烦，Rails 对于 MySQL 的支持是很好的。

（5）一些必要的库：采用 MySQL 数据库只需要安装 mysql gem 包即可。如果使用 Rails 默认的数据库，则需安装 sqlite3-ruby gem 包。

下面我们主要介绍在 Windows 下安装部署 Rails 的具体过程。由于很多程序针对 Windows 平台都有很方便的一键式安装，所以在 Windows 下安装 Rails 还是很轻松的。

（1）安装 Ruby 解释器。可以从 Ruby 的官网（http://www.ruby-lang.org/en/downloads/）上下载 Ruby-1.8.6 One-Click 的安装包，然后就像安装其他程序一样进行方便的安装，在此就不赘述了。为了检验是否安装成功，可以从 Windows 的开始菜单点击“运行”，输入“cmd”，启动 Windows 命令提示符，然后输入“ruby –v”（回车），如能正确显示 Ruby 程序的版本号则证明安装成功。

（2）安装 RubyGems。可以从 RubyForge（http://rubyforge.org/）或是 RubyGems 的官网（http://rubygems.org/）上下载最新的安装包。下载完成后将该压缩包进行解压，我们假设解压后根目录为${dir}目录；然后启动命令提示符，并切换到${dir}中，然后输入 ruby setup.rb 运行 RubyGems 的安装程序。为了验证是否安装成功，可以从 Windows 命令提示符中输入“gem –v”（回车）；如能正确显示 RubyGems 的版本号则安装成功。

（3）安装 Ruby on Rails。在命令提示符中输入“gem install rails”（回车），然后将会在线安装 Rails 的程序以及 Rails 的一些依赖包。安装完成后可以通过“rails –v”命令查看 Rails 的版本号来验证是否安装成功。

（4）MySQL 数据库。在 MySQL 官网上下载最新的 MySQL-5.1 版本的安装程序，然后进行安装即可。具体安装过程也可参考官方的安装说明（http://dev.mysql.com/doc/refman/5.1/zh/installing.html）。

（5）安装 mysql gem 包。在命令提示符中输入“gem install mysql”进行在线安装。

至此 Rails 的安装过程就已经全部完成。在 Linux 下的安装也大同小异，主要是安装 Ruby 和 mysql 时略有不同，其他安装步骤都和 Windows 下安装相同，因为其他安装包都是通过 RubyGems 安装的。网上也有很多 Linux 下安装 Rails 的相关的安装教程，可以作为参考，在此不再赘述。

2. Ruby on Rails 编程实例

下面的章节将简单介绍一个关于温度的 Rails 物联网中间件实例。Rails 是一个网络应用框架，它可以很方便地处理各种应用请求，客户端和 Rails 服务器之间采用统一的 REST 接口，它们通过 HTTP 协议来向服务器端发送请求。

本示例的系统整体架构如图 5-8 所示。在该示例中温度传感器也认为是 Rails 服务器的一个客户端，它会实时地向服务器端发送数据，服务器会把这些数据处理后保存到数据库中以供浏览器或其他客户端调用。服务器的另一种客户端是浏览器或是手机 Widget 应用，这些客户可以向服务器端发送请求来获取自己所关心的数据。

本示例中采用 REST 的方式来进行服务器端的设计，我们将温度（temperature）看作是一种资源，每个资源有相应的 id、温度值、更新时间、设备名称等信息。本示例中对于温度资源的操作只包括 Put 和 Get 两种操作，这两种操作分别通过 HTTP 的 Post 和 Get 请求来完成。具体为温度传感器通过 Post 请求向服务器上传温度数据，而浏览器通过 Get 请求来从服务器获得温度数据的记录。对于 REST 中的其他资源操作如 Update、Destroy 等操作在本示例中可以不需要，所以进行了省略。Ruby on Rails 是支持所有的 REST 操作的，可以通过 scaffold 来进行实现。假定对于这种资源的 Put 操作对应 HTTP 的 Post 请求，请求的 URL 为{root_dir}/temperature/post_temperature；获取资源的 Get 操作对应 HTTP 的 Get 请求，请求的 URL 为{root_dir}/temperature/index。

在此示例中采用 mysql 数据库，其实由于 Rails 对于不同数据库接口有很好的封装和适配，采用不同的数据库不会对代码产生太大影响。针对该示例，数据库中只建立一张表来进行数据的存储。表的结构见表 5-1，其中 id 字段用于标识每条记录，value 字段记录温度值，time 字段记录上传的时间，device_id 字段记录上传数据的设备标识。

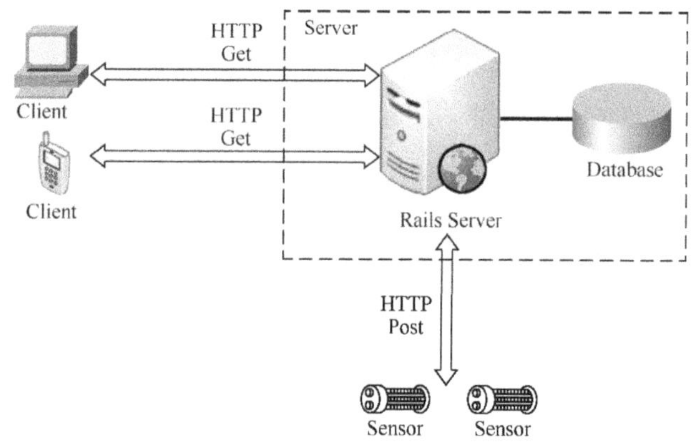

图 5-8　温度传感中间件系统架构示意图

表 5-1　温度表结构

id	value	time	device_id

本示例的实现步骤包括以下几步。

（1）建立工程。建立一个名称为 smart_sensor 的工程，首先在命令提示符中进入待建工程的目录，在此使用 F:\example 目录，然后输入 rails--database=mysql smart_sensor，如图 5-9 所示。

```
F:\example>rails --database=mysql smart_sensor
      create
      create  app/controllers
      create  app/helpers
      create  app/models
      create  app/views/layouts
```

图 5-9　建立 smart_sensor 工程

（2）建立数据库。此时修改 smart_sensor\config\database.yml 文件，在这个文件中会有 3 个数据库配置选项，分别为 development、test、production，在此修改 development 选项即可，修改成如下格式。

```
development:
adapter: mysql
encoding: utf8
reconnect: false
database: smart_sensor_development
pool: 5
username: root
password: mysql
host: localhost
```

需要修改的主要是 username 和 password，修改成 mysql 数据库的用户名和密码即可。然后在命令行根目录 smart_sensor 下执行 rake db:create 来建立数据库，数据库名称默认为 smart_sensor_development，如图 5-10 所示。下面的命令如没有特别说明均是在 smart_sensor 根目录下执行的。

```
F:\example\smart_sensor>rake db:create
(in F:/example/smart_sensor)
```

图 5-10　建立数据库

（3）建立基本的 Model 类。下面需要建立基本的数据表，在 Rails 中数据表是由一个 Model 来管理的，可以用 Rails 的命令来建立基本的 Model。在根目录下输入 ruby script\generate model temperature，如图 5-11 所示。

```
F:\example\smart_sensor>ruby script\generate model temperature
      exists  app/models/
      exists  test/unit/
      exists  test/fixtures/
      create  app/models/temperature.rb
      create  test/unit/temperature_test.rb
      create  test/fixtures/temperatures.yml
      create  db/migrate
      create  db/migrate/20100608074609_create_temperatures.rb
```

图 5-11　建立基本的 Model

此时在 db\migrate 目录下会生成一个 xxx_create_temperatures.rb 的文件，打开该文件并修改成如下结果。这里主要是设置数据表的各个字段的类型以及其他细节。

```
class CreateTemperatures < ActiveRecord::Migration
  def self.up
    create_table :temperatures do |t|
      # establish the data table
      t.decimal  :value,     :precision => 4, :scale => 1
      t.datetime  :time
      t.integer  :device_id
      t.timestamps
    end
  end
  def self.down
    drop_table :temperatures
  end
end
```

然后执行 rake db:migrate 命令将 temperatures 表的结构写入数据库。

（4）建立 temperature 控制器。控制器的功能主要是对外部的请求进行处理并返回相应的结果。此处可以通过 Rails 的基本命令来建立基本的控制器。在根目录下输入命令 ruby script\generate controller temperature index，如图 5-12 所示。

然后修改 app\controllers\temperature_controller.rb 文件以真正实现该示例需要的方法。在此我们将实现 index 方法以输出所有的 temperature 数据，并且增加一个添加数据的方法以把传感器发来的数据存入数据库，具体修改如下。

```
F:\example\smart_sensor>ruby script\generate controller temperatur
e index
      exists  app/controllers/
      exists  app/helpers/
      create  app/views/temperature
      exists  test/functional/
```

图 5-12　生成基本的控制器

```
class TemperatureController < ApplicationController
# list all the temperatures in the database
  def index
    @temperatures = Temperature.all
    respond_to do |format|
      format.html # index.html.erb
      format.xml  { render :xml => @temperatures }
    end
  end

  #process the post request and store the data in the database
  def post_temperature
    begin
        # construct an instance of Temperature
        a_temperature=Temperature.new(
            :value =>params[:value],
            :time  =>params[:time],
            :device_id =>params[:device_id])
        #store a_temperature in the database
        a_temperature.save
    rescue
      #return Fail if fails store the data
      render :text => "Fail"
      return
    end
    #return OK if all success
    render :text => "OK"
    return
  end
end
```

这里增加了两个方法，index 和 post_temperature。其中 index 方法用于输出当前存入数据库的所有温度的记录，post_temperature 方法是用来处理传感器发来的提交数据的请求，并把这些温度数据存入数据库，执行成功则返回“OK”，否则返回“Fail”。

（5）修改 view 页面。在此因为 index 方法会返回一个 html 文件，来控制返回结果的显示。在 Rails 中会在 views 目录下对返回的页面文件进行集中的管理。在此需要修改 app\views\temperature\index.html.erb 文件，修改结果如下。

```
<div id="temperature-list">
  <h1>Listing temperatures</h1>
  <table>
  <% for temperature in @temperatures %>
    <tr>
       <td>    <%=temperature.id%> </td>
       <td>    <%=temperature.value%> </td>
       <td>    <%=temperature.time%> </td>
       <td>    <%=temperature.device_id%> </td>
    </tr>
  <% end %>
  </table>
</div>
```

（6）修改路由。为了让 Rails 当收到某个请求时知道该调用哪个控制器下的哪个方法来进行处理，在此需要修改 Rails 的路由以符合该示例的要求。在 Rails 中修改路由也十分简单，只需要修改 config\routes.rb 文件即可。在该文件的最后已经有两条默认的路由格式，需要修改这些路由规则以符合我们的需要，具体如下。

```
  map.connect 'temperature/post_temperature', :controller => "temperature",
:action => "post_temperature", :conditions => {:method => :post}
  map.connect ':controller/:action'
  map.connect ':controller/:action.:format'
```

这里解释一下这 3 条路由分别的含义。① 当收到发往 temperature/post_temperature 这个路径的 Post 请求时调用 temperature 控制器的 post_temperature 方法来进行处理。② 当收到:controller/:action 格式的路由时，则将第一个参数作为 controller，第二个作为 action。例如，发送 temperature/index，此时则会采用 temperature 控制器的 index 方法来进行处理。③ 前面与（2）相同，另外增加了:format 参数用来控制返回的格式，例如，发送 temperature/index.html 则采用 temperature 控制器的 index 方法，采用 html 格式的返回结果。如果发送 temperature/index.xml，则以 xml 格式返回结果。路由的匹配规则是从上向下依次进行匹配，如果遇到匹配的规则，则采用该规则，并且停止向下匹配。

（7）修改控制器的认证过滤器。在此我们采用外部客户主动 POST 数据的方式来向 Server 发送请求。Rails 中为了避免恶意的 POST 数据，采用了认证授权的机制来防止这种攻击，类似我们现在采用的 POST 的方式进行上传数据，则会引发 Rails ActionController::InvalidAuthenticityToken 异常，并且不会对我们的 POST 操作进行处理。此处我们需要禁用该认证机制，方法也很简单，只要修改 app\controllers\application_controller.rb 文件即可，修改结果如下。

```
class ApplicationController < ActionController::Base
  helper :all # include all helpers, all the time
  protect_from_forgery # See ActionController::RequestForgeryProtection for details

#allow upload the data directly
  skip_before_filter :verify_authenticity_token

  # Scrub sensitive parameters from your log
  # filter_parameter_logging :password
end
```

（8）功能测试。接下来我们对本实例的功能进行测试，包括两部分：数据上传和数据显示。

① 数据上传。我们采用 Curl 来发送 HTTP 的 POST 请求。Curl 工具是 Linux 下的默认工具，现在也有 Windows 版的，可以直接在 Curl 的官网进行下载（http://curl.haxx.se/download.html），在此我们选用 Win32-Generic 的禁用 SSL 的版本。

首先开启一个终端，在根目录下输入 ruby script/server，启动 WEBrick 的服务器。然后在 curl 的解压目录下输入 curl –d"value=25.8&time=2010-06-09%2009:30:21&device_id=T1101" http://localhost:3000/temperature/post_temperature。然后可以收到来自服务器端的 OK 的返回，如图 5-13 所示。同时也可以查看服务器终端的 log 来分析请求处理的过程。

```
D:\curl-7.19.5>curl -d "value=25.8&time=2010-06-09%2009:30:21&devi
ce_id=T1101" http://localhost:3000/temperature/post_temperature
OK
D:\curl-7.19.5>
```

图 5-13　发送 POST 请求

② 数据显示。首先在根目录下输入 ruby srcript/server 来启动服务器（如果已经启动服务器可跳过此步骤）。然后在浏览器地址栏输入 http://localhost:3000/temperature 或 http://localhost:3000/temperature/index.html 来显示当前数据库中保存的温度数据，如图 5-14 所示。

你也可以采用 XML 的格式来显示这些数据，只需要在浏览器地址栏输入 http://localhost:3000/temperature/index.xml 即可，如图 5-15 所示。

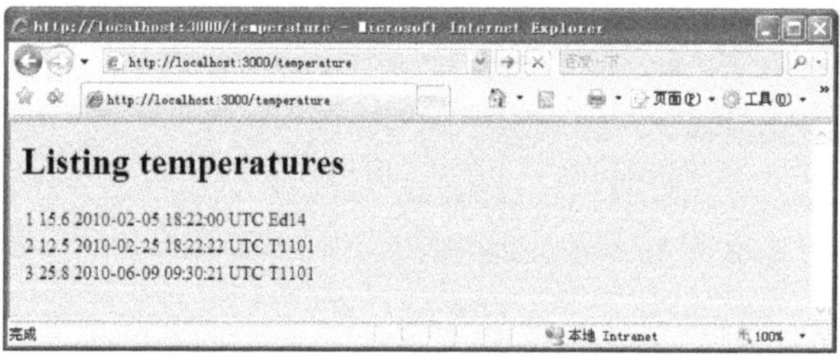

图 5-14　HTML 显示当前数据库中的数据

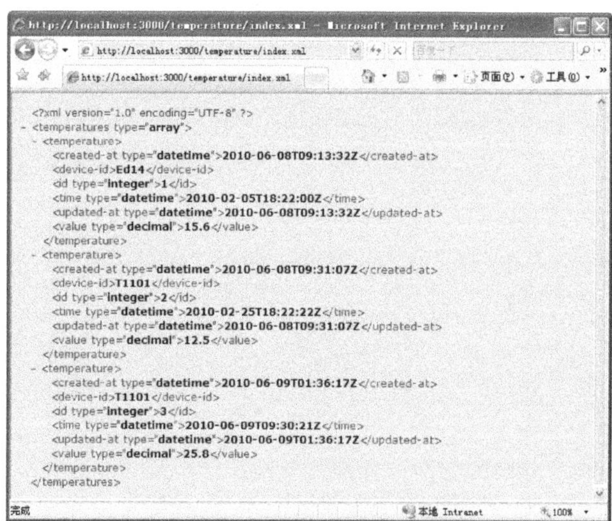

```
<?xml version="1.0" encoding="UTF-8" ?>
- <temperatures type="array">
  - <temperature>
      <created-at type="datetime">2010-06-08T09:13:32Z</created-at>
      <device-id>Ed14</device-id>
      <id type="integer">1</id>
      <time type="datetime">2010-02-05T18:22:00Z</time>
      <updated-at type="datetime">2010-06-08T09:13:32Z</updated-at>
      <value type="decimal">15.6</value>
    </temperature>
  - <temperature>
      <created-at type="datetime">2010-06-08T09:31:07Z</created-at>
      <device-id>T1101</device-id>
      <id type="integer">2</id>
      <time type="datetime">2010-02-25T18:22:22Z</time>
      <updated-at type="datetime">2010-06-08T09:31:07Z</updated-at>
      <value type="decimal">12.5</value>
    </temperature>
  - <temperature>
      <created-at type="datetime">2010-06-09T01:36:17Z</created-at>
      <device-id>T1101</device-id>
      <id type="integer">3</id>
      <time type="datetime">2010-06-09T09:30:21Z</time>
      <updated-at type="datetime">2010-06-09T01:36:17Z</updated-at>
      <value type="decimal">25.8</value>
    </temperature>
  </temperatures>
```

图 5-15　XML 显示当前数据库中的数据

5.3.2　用 J2EE 开发 Web Service 中间件

J2EE（Java 2 Platform Enterprise Edition）是一套完全不同于传统应用开发的技术架构，包含诸多组件，可简化和规范应用系统的开发与部署，进而提高可移植性、安全性与重复利用价值。J2EE 核心是一组技术规范与指南，其中所包含的各类组件、服务架构及技术层次，均有相通的标准与规格，让各种依循 J2EE 架构的不同平台之间，存在良好的兼容性，解决了过去企业后端使用的信息产品彼此之间无法兼容，企业内部或外部难以互通的窘境。

轻量级 J2EE 组件 SSH（Struts、Hibernate、Spring）是目前 J2EE 快速开发的最佳组合。Struts 实现了 MVC 模式的非常成熟的 Web 应用组件，广泛应用于各种 Web 应用系统的表现层中。Hibernate 是成熟的 ORM 组件，主要用于实现数据持久化功能，最大作用在于构筑了面向对象 Java 语言与关系型数据库之间的桥梁，使得可以直接通过对 Java 对象的持久化操作完成对数据的持久化操作。Spring 则作为轻量级 J2EE 框架，其核心是一个功能强大的 IoC 容器，在此容器的基础上又提供了对 AOP 的支持，以及对持久层和表现层的封装实现。简而言之，Struts 用来做控制，是 MVC 模式的控制层；Hibernate 用来做持久化，也是数据库层，对数据库进行封装；Spring 用来整合 J2EE 各层之间的中间层，提高了层与层之间的松耦合，使得各层之间成为对立的模块。

1. J2EE 开发环境搭建

J2EE 快速开发的最佳组合 SSH 架构，其中以 Struts 为例，实现了 J2EE 开发 Web Service 案例。需要安装和配置的软件，包括 Tomcat、Struts 及其插件等，具体实现步骤如下。

Tomcat 安装过程包括以下几个步骤。

（1）版本与下载地址

Tomcat 服务器现有最新版本 6.0.29，可在 http://tomcat.apache.org/download-60.cgi 官方网站下载。对于 Windows 操作系统，可以下载 zip 格式或者 exe 格式两种格式文件。zip 格式文件解压即可使用，也可以选择其他格式的文件，以 6.0.18 版本为例，如图 5-16 所示。

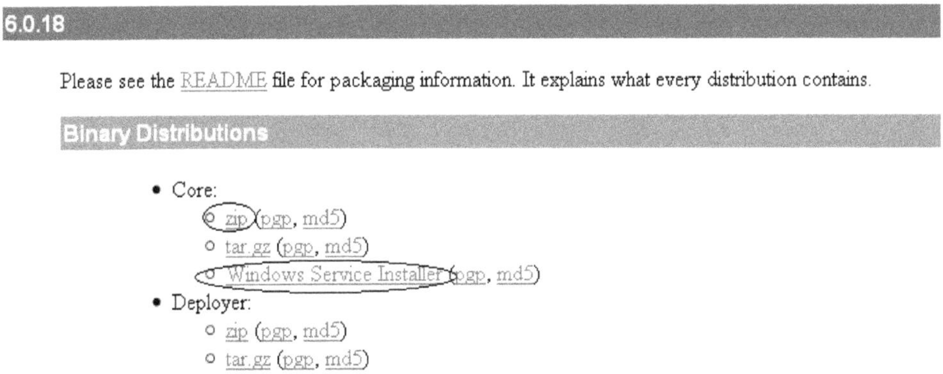

6.0.18

Please see the README file for packaging information. It explains what every distribution contains.

Binary Distributions

- Core:
  - zip (pgp, md5)
  - tar.gz (pgp, md5)
  - Windows Service Installer (pgp, md5)
- Deployer:
  - zip (pgp, md5)
  - tar.gz (pgp, md5)

图 5-16　Tomcat 服务器下载界面

（2）配置环境变量

安装 Tomcat 后，在“我的电脑”→“属性”→“高级”→“环境变量”→“系统变量”中添加以下环境变量（假定 Tomcat 安装在 c:\tomcat）。

```
CATALINA_HOME: c:\tomcat
CATALINA_BASE: c:\tomcat
TOMCAT_HOME: c:\tomcat
```

然后修改环境变量 classpath，把 Tomcat 安装目录 common\lib 下的 servlet.jar 加载到 classpath 中，修改后的 classpath 如下所示。

```
classpath=.;%JAVA_HOME%\lib\dt.jar; %JAVA_HOME%\lib\tools.jar; %CATALINA
_HOME%\lib\servlet-api.jar
```

（3）启动 Tomcat，IE 中访问 http://localhost:8080。若见到 Tomcat 欢迎页面，则说明安装成功，可进入下一步骤。

（4）创建属于自己的 jsp app 目录

Tomcat 安装目录的 webapps，可以见到 ROOT、examples、tomcat-docs 之类 Tomcat 自带的文件目录，并拷贝 ROOT 目录下的 WEB-INF 目录。

在 webapps 目录下新建一个目录，命名 myapp，并将上一步拷贝的 WEB-INF 目录粘贴到此目录下。

在 myapp 下新建 jsp 测试页面，文件名为 index.jsp，文件内容如下。

```
<html>
<body>
<center>
Now time is: <%=new java.util.Date()%>
</center>
</body>
</html>
```

重启 Tomcat。

打开浏览器，输入 http://localhost:8080/myapp/index.jsp，如果页面上显示出当前的时间，则说明安装配置成功。

（5）测试 Javabean

Struts 的安装过程包括以下几个步骤。

① 版本和下载网址

Struts 最新版本是 2.0.12，官方网站下载地址 http://struts.apache.org/download.cgi#struts 2012，下载 struts-2.0.12-all.zip（91MB）即可，其他文件均包含在此文档中。

② 安装与配置

由于 struts1.x 和 struts2 有很大区别，而现今许多书都是针对 struts1.x 所写。在 struts1.x 版本中 struts-config.xml 是重要的配置文件，而在 struts2 中，它变成了 struts.xml，而且文件的描述内容和 struts-config.xml 也有所差异，所以须小心谨慎。而且许多资料一开始就直接用 IDE 环境（如 MyEclipse）来呈现 Struts 功能框架，使得我们在理解 Struts 框架时，也会有些疑惑。因为 Tomcat 服务器可用记事本等小型的文本编辑器来实现 jsp 编写，而如果读者没有集成完备、功能强大的 MyEclipse IDE，可能还需要下载和安装，这样必然会让人觉得比较麻烦和费时。实际上，只要弄清楚了 Struts 结构，完全可以用记事本来实现 Struts 的功能框架。

下面的章节将以 HelloInternet 为例来引领读者进入 J2EE 开发 Web Service 的大门，并在今后的深入研究与开发中，结合物联网的背景，开发出更多功能丰富的物联网创新应用。

2. J2EE 编程实例

用 J2EE 实现 Web Service 实例时，以 Struts 框架实现工程 Struts2_HelloInternet 为例，具体实现过程及步骤如下。

（1）在 webapps 目录下建立目录 Struts2_HelloInternet，完善目录结构，如图 5-17 所示。

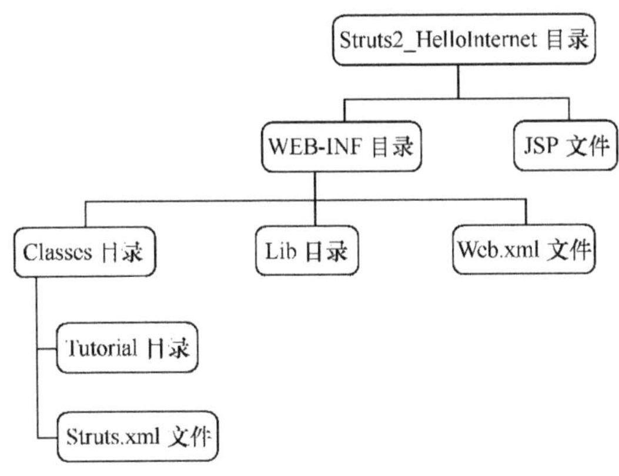

图 5-17　J2EE 实例框架图

（2）在 Lib 目录中添加以下 jar 文件：commons-logging-1.0.4.jar，freemarker-2.3.8.jar，ognl-2.6.11.jar，struts2-core-2.0.12.jar，xwork-2.0.6.jar。

（3）配置 Web.xml 文件，内容如下。

```
<?xml version="1.0" encoding="UTF-8"?>
<web-app version="2.4"
    xmlns="http://java.sun.com/xml/ns/j2ee"
    xmlns:xsi="http://www.w3.org/2001/XMLSchema-instance"
    xsi:schemaLocation="http://java.sun.com/xml/ns/j2ee
    http://java.sun.com/xml/ns/j2ee/web-app_2_4.xsd">
<display-name>Struts 2.0 Hello Internet</display-name>
<!--配置 web.xml 文件，对标签 filter、filter-mapping、welcome-file-list 进行相关配置-->
<filter>
   <filter-name>struts2</filter-name>
   <filter-class>org.apache.struts2.dispatcher.FilterDispatcher</filter-class>
</filter>
<filter-mapping>
   <filter-name>struts2</filter-name>
   <url-pattern>/*</url-pattern>
   </filter-mapping>
   <welcome-file-list>
```

```
    <welcome-file>index.jsp</welcome-file>
    </welcome-file-list>

</web-app>
```

（4）配置 struts.xml 文件，内容如下。

```
<!DOCTYPE struts PUBLIC
        "-//Apache Software Foundation//DTD Struts Configuration 2.0//EN"
        "http://struts.apache.org/dtds/struts-2.0.dtd">
<!--配置 struts.xml 文件-->
<struts>
    <include file="struts-default.xml"/>
     <package name="tutorial" extends="struts-default">
        <action name="HelloInternet" class="tutorial.HelloInternet">
            <!--当动作发生时，实现 HelloInternet.jsp-->
            <result>HelloInternet.jsp</result>
        </action>
    </package>
</struts>
```

（5）建立 SayHello.jsp 文件，内容如下。

```
<%@ page contentType="text/html; charset=UTF-8" %>
<%@ taglib prefix="s" uri="/struts-tags" %>
<!DOCTYPE HTML PUBLIC "-//W3C//DTD HTML 4.01 Transitional//EN">
<html>
    <!--标题为“Say Hello”，内容为“Say ‘Hello’ to:”以及可编辑文本框，供用户输入-->
    <head>
        <title>Say Hello</title>
    </head>
    <body>
        <h3>Say "Hello" to: </h3>
        <s:form action="HelloInternet">
            Name: <s:textfield name="name" />
            <s:submit />
        </s:form>
    </body>
</html>
```

（6）建立 HelloInternet.jsp 文件，内容如下。

```
<%@ page contentType="text/html; charset=UTF-8" %>
<%@ taglib prefix="s" uri="/struts-tags" %>
<!DOCTYPE HTML PUBLIC "-//W3C//DTD HTML 4.01 Transitional//EN">
<html>
    <head>
        <title>Hello</title>
    </head>
    <body>
        <h3><s:property value="name" /></h3>
    </body>
</html>
```

（7）建立 HelloInternet.java 文件，并将编译完的.class 类文件拷贝至 WEB-INF\classes

目录。HelloInternet.java 文件内容如下。

```
    Package tutorial;
    Import com.opensymphony.xwork2.ActionSupport;
    Public class HelloInternet extends ActionSupport{
        //定义 String 类型变量 name，源文件 HelloInternet.java 实现业务逻辑
        Private String name;
        //实现 String 类型变量 name 的 getName()、setName(String name)方法，方便存取变量
    Public String getName()
    {
         Return name;
    }
    Public void setName(String name)
    {
         this.name = name;
    }
    //操作并返回 String 类型 name 值
    Public String execute()
    {
         Name = "Hello," + name + "!";
         Return SUCCESS;
    }
}
```

（8）通过浏览器测试基于 Struts 框架编写的 Struts2_HelloInternet.jsp 文件。打开 Tomcat 服务器，打开 Firefox 或者 IE 浏览器，地址栏键入 http://localhost:8080/ Struts2_HelloInternet/SayHello.jsp，将看到页面，如图 5-18 所示。

在“Name：”编辑框处，输入“Internet of things”，点击 Submit 按钮，将出现如图 5-19 所示的动态界面。

图 5-19 所示界面说明 Struts2 框架所写 HelloInternet 运行成功。熟悉了 Struts 框架后，读者可以开始进入更为高深且充满乐趣的 J2EE 之旅。了解 J2EE 的实现特性后，随而结合物联网所提供具体的应用场景，应用开发者可以开发出个性化与实用化的 Web Services。

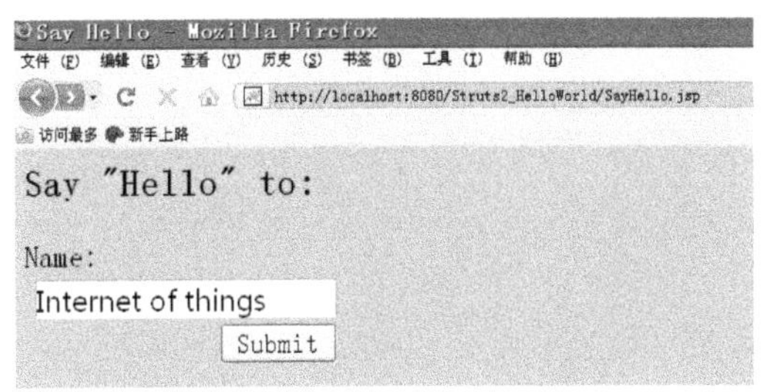

图 5-18　SayHello.jsp 页面截图

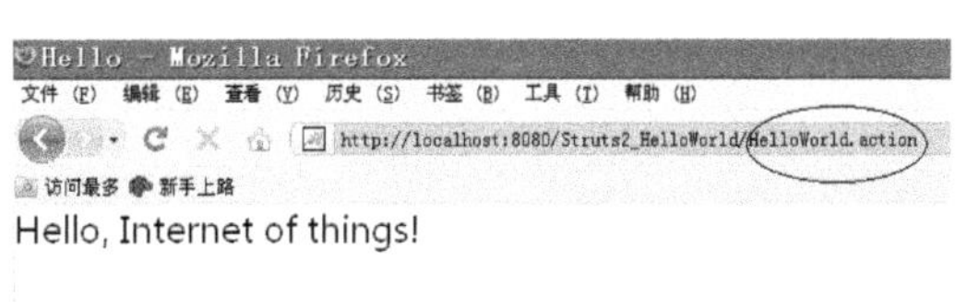

图 5-19　HelloInternet 动态页面截图

参考文献

[1] 钟福金，辜丽川，张友华．Semantic Web 应用研究综述．计算机工程与设计，2009，30（17）．

[2] 田春虎．国内 Semantic Web 研究综述．情报学报．2005，24（2）．

[3] 张武，李睿阳．物联网中间件系统的研究与设计．上海大学硕士学位论文．

[4] 张罡．RFID 技术与物联网．科技信息．2009，34．

[5] ABOWD G, MYNATT E. Charting Past, Present, and Future Research in Ubiquitous Computing [J]. ACM Transactions on Computer-Human Interaction.2000, 7（1）:29-58.

[6] Ghita Kouadri Most efaoui, Jacques Pasquier-Rocha,Patrick Br ezillon.Context-Aware Computing: A Guide for the Pervasive Computing Community[C]//Proceedings of the IEEE/ACS International Conference on Pervasive Services.[S.I.]:[s.n.],2004.

[7] T. Strang and C. Linnhoff-Popien "A Context Modeling Survey", In First International Workshop on Advanced Context Modeling. Reasoning And Management,UbiComp 2004.

第6章

物联网业务与应用

将有感知能力、处理能力的物体联网，提高社会生产效率、优化资源、降低成本是物联网的核心价值，即提供智能的业务和应用是物联网的核心价值。可以说，业务和应用既是物联网的核心价值，也是推动物联网发展的关键影响因素。

从“智慧的地球”到“感知中国”，物联网的概念在不断扩展和延伸，而 M2M 业务则是物联网实现的关键。目前，M2M 重点在于机器对机器的无线通信，是现阶段物联网最普遍的应用形式。本章将对 M2M 的定义、系统架构、通信协议、关键支撑技术和业务应用等相关知识进行简单地介绍。

近年来，在信息技术领域，云计算作为一种新兴的计算模式被提出，并迅速从概念走向应用。云计算的超大规模、虚拟化、多用户、高可靠性、高可扩展性等特点正是物联网规模化、智能化发展所需的技术。本章将对云计算的定义、参考模型、发展历史、关键技术及应用实例进行介绍，并简要探讨物联网与云计算的关系。

物联网用途广泛，遍及智能交通、环境保护、政府工作、公共安全、平安家居、智能消防、工业监测、老人护理、个人健康、水系监测、食品溯源、情报搜集等多个领域，使人类能够以更加精细的方式管理生产和生活，达到“智慧”状态，从而节约成本，提高资源利用率和生产力水平，改善人与自然的关系。本章选取了智能物流、智能视频监控、智能交通、智能家居 4 个典型的物联网应用，从系统的原理、组成及支撑技术等方面进行了介绍，以求建立一个对物联网的业务和应用较为直观的认识。

6.1 M2M 业务

6.1.1 M2M 概述

就如互联网之初也是由一个个局域网构成，现有的 M2M 应用已经是物联网的构成基础。未来的物联网将是由无数个 M2M 系统构成，类似于人类身体的不同机能，不同的 M2M 系统会负责不同的功能处理，通过中央处理单元协同运作，最终组成智能化的社会系统。M2M 是现阶段物联网最普遍的应用形式，是实现物联网的第一步。

M2M 的全称是机器对机器（Machine-to-Machine），提供了设备实时数据在系统之间、远程设备之间、机器与人之间建立无线连接的简单手段，旨在通过通信技术来实现人、机器、系统三者之间的智能化、交互式无缝连接，从而实现人与机器、机器与机器之间畅通无阻、随时随地的通信。M2M 综合了数据采集、远程监控、通信、信息处理等技术，能够使业务流程自动化，集成公司 IT 系统和非 IT 设备的实时状态，并创造增值服务。M2M 可在安全监测、自动读取停车表、机械服务和维修业务、自动售货机、公共交通系统、车队管理、工业流程自动化、电动机械、城市信息化等环境中运行提供广泛的应用和解决方案，目前已经得到了 HP、CA、Intel、IBM、AT&T、Ericsson、Nokia、OMRON 等设备商和运营商的支持。

下面首先介绍 M2M 的系统结构，包括 M2M 终端、M2M 管理平台和应用系统 3 个主要组成部分，然后介绍 M2M 的典型通信协议——无线机器管理协议（WMMP），进而对 M2M 的关键支撑技术和业务应用领域进行介绍，并给出了一个 M2M 的应用实例——基于 GPRS 无线网络的远程自动雨量监测网络，最后分析 M2M 的产业和标准发展现状以及面临的问题。

6.1.2 M2M 系统架构和通信协议

1. M2M 系统架构

M2M 业务流程涉及众多环节，其数据通信过程内部也涉及多个业务系统，包括 M2M 终端、M2M 管理平台、应用系统 3 个主要组成部分，具体系统结构如图 6-1 所示。

（1）M2M 终端

M2M 终端具有的功能主要包括接收远程 M2M 平台激活指令、本地故障报警、数据通信、远程升级、使用短消息/彩信/GPRS 等几种接口通信协议与 M2M 平台进行通信。M2M 终端类型主要包括行业专用终端、无线调制解调器、手持设备 3 种类型。

① 行业专用终端。通常由终端设备（TE）、无线模块（MT，移动终端）两部分构成。TE 主要完成行业数字模拟量的采集和转化；MT 主要完成数据传输、终端状态检测、链路检测及系统通信功能。终端管理模块为软件模块，可以位于 TE 或 MT 设备中，主要负

责维护和管理通信及应用功能，为应用层提供安全可靠和可管理的通信服务，包括参数配置、出厂预设、监测通信状态、故障恢复、报警、安全、功能切换、通信链路维持等。

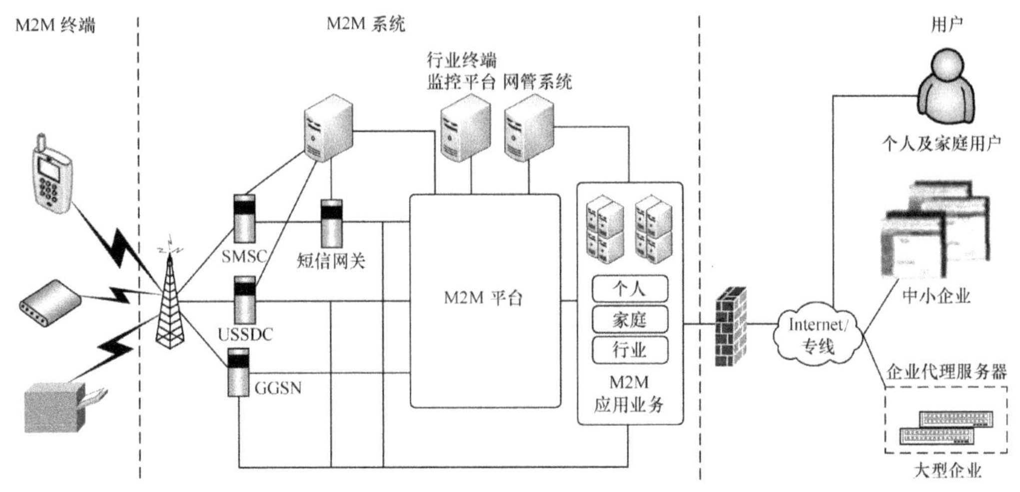

图 6-1 M2M 系统结构

② 无线调制解调器。又称为无线模块，具有终端管理模块功能和无线接入能力。用于在行业监控终端与系统间无线收发数据。

③ 手持设备。通常具有查询 M2M 终端设备状态、远程监控行业作业现场和处理办公文件等功能。

（2）M2M 管理平台

M2M 管理平台为客户提供统一的移动行业终端管理、终端设备鉴权；支持多种网络接入方式，提供标准化的接口使得数据传输简单直接；提供数据路由、监控、用户鉴权、内容计费等管理功能。

M2M 平台按照功能划分为通信接入模块、终端接入模块、应用接入模块、业务处理模块、数据库模块、Web 模块等。

① 通信接入模块包括行业网关接入模块、GPRS 接入模块。行业网关接入模块负责完成行业网关的接入，通过行业网关完成与短信网关、彩信网关的接入，最终完成与 M2M 终端的通信。GPRS 接入模块使用 GPRS 方式与 M2M 终端传送数据。

② 终端接入模块负责 M2M 平台系统通过行业网关或 GGSN 与 M2M 终端收发协议消息的解析和处理。该模块支持基于短消息、USSD、彩信、GPRS 几种接口通信协议消息，通过将不同网络通信承载协议的接口消息进行处理后，封装成统一的接口消息提供给业务处理模块，从而使业务处理模块专注于业务消息的逻辑处理，而不必关心业务消息承载于哪种通信通道，保证了业务处理模块对于不同网络通信承载协议的稳定性。终端接入模块实现对终端消息的解析和校验，以保证消息的正确性和完整性，并实现流量控制和过负荷控制，以消除过量的终端消息对 M2M 平台的冲击。同时，终端接入模块负责完成与行业网关的各种通信方式的处理，并接收行业网关从行业终端采集的完整信息，实现终端上线认证、参数配置、数据转发、终端的故障上报信息统计等功能。

③ 应用接入模块实现 M2M 应用系统到 M2M 平台的接入。通过该模块 M2M 平台对接入的应用系统进行管理和监控，从结构上又可以分为以下几种：应用接入控制模块，负

责接收 M2M 应用系统的连接请求，并对应用系统进行身份验证和鉴权，以防止非法用户的接入；应用监控模块，对应用系统的运行行为进行监控和记录，包括系统的状态、连接时间、退出次数等进行记录，并对应用发送的信息量、信息条数、接收的信息量进行记录；应用通信模块，与 M2M 应用系统通过 TCP/IP 方式进行通信，实现上行到应用的业务消息的路由选择，通过 M2M 平台与 M2M 应用之间的接口协议进行数据传输。

④ 业务处理模块是 M2M 平台的核心业务处理引擎，实现 M2M 平台系统的业务消息的集中处理和控制。它负责对收到的业务消息进行解析、分派、路由、协议转换和转发，对 M2M 应用业务实时在线的连接和维护，同时维护相应的业务状态和上下文关系，还负责流量分配和控制、统计功能、接入模块的控制，并产生系统日志和网管信息。业务处理模块完成各种终端管理和控制的业务处理，它根据终端或者应用发出的请求消息的命令执行对应的逻辑处理，也可以根据用户通过管理门户发出的请求对终端或者应用发出控制消息进行操作。

⑤ 数据库模块保存各类配置数据、终端信息、集团客户（EC）信息、签约信息和黑/白名单、业务数据、信息安全信息、业务故障信息等。

⑥ Web 模块提供 Web 方式操作维护与配置功能。

（3）应用系统

M2M 终端获得了信息以后，本身并不处理这些信息，而是将这些信息集中到应用平台上来，由应用系统来实现业务逻辑。应用系统的主要功能是把感知和传输来的信息进行分析和处理，做出正确的控制和决策，实现智能化的管理、应用和服务。应用系统的业务逻辑集中化，可以降低终端的处理能力要求，从而减小体积、降低功耗、节约成本。通过建设标准化、可定制的 M2M 应用系统，可降低应用开发的门槛，促进整个 M2M 产业向更好的方向发展。M2M 业务系统可以支持的 M2M 应用详见第 6.1.4 节。

2. M2M 通信协议

M2M 终端可通过 GSM、WCDMA、TD-SCDMA 等不同的移动通信网络接入，通信方式包括短信、彩信等。为了屏蔽不同的通信网络、不同的通信方式的差异性，便于 M2M 终端设备快速接入 M2M 系统，需要对 M2M 终端设备与 M2M 管理平台之间的通信协议进行规范。

目前，我国典型的 M2M 通信协议是由中国移动提出的无线机器管理协议（Wireless Machine Management Protocol，WMMP）。WMMP 协议是为实现行业终端与 M2M 平台数据通信过程而设计，属于与具体通信网络及通信接入方式无关的应用层协议，建立在 UDP 之上，协议栈结构如图 6-2 所示。

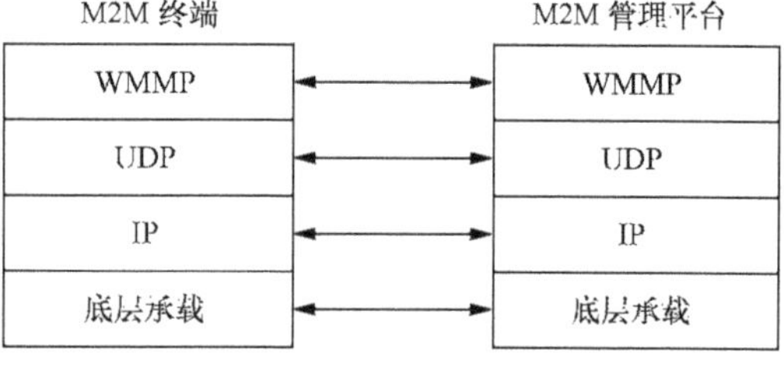

图 6-2 WMMP 协议栈结构

由于 GPRS 网络带宽较窄，延迟较大，不适于采用 TCP 进行通信。采用 UDP 无连接方式传输，其优点是效率高、流量小、节省网络带宽资源，缺点是没有确认机制，有可能引起丢包。根据实际经验发现，通过在 UDP 的上层应用层协议实现类似 TCP 的包确认和重传机制，采用 UDP 方式传输，丢包率能控制在 1%以下，从而提高通信效率及可靠性。

WMMP 协议通信方式主要有两种：长连接和短连接。所谓长连接，指在一个过程中可以连续发送多个数据包，如果没有数据包发送，需要行业终端发送心跳包以维持此连接。短连接是指通信双方有数据交互时，就建立一个 WMMP 过程，数据发送完成后，则断开此 WMMP 过程。

长连接过程中采用了心跳作为维持、监测链路的手段。在长连接模式，通信双方以客户/服务器方式建立 WMMP 过程，用于双方信息的相互提交。当信道上没有数据传输时，M2M 终端应每隔时间 *C* 发送心跳包以维持此连接，当心跳包发出超过时间 *T* 后未收到响应，应立即再发送心跳包，再连续发送 *N*-1 次后仍未得到响应则结束此过程。参数 *C*、*T*、*N* 原则上应可配置，可通过 M2M 管理平台结合实际应用进行合理配置。长连接适用于需要长时间一直在线的企业应用。

短连接由于数据的交互在较短的时间内完成，可以不需要心跳包来维持链路，但 M2M 终端仍然需要通过心跳包告知 M2M 平台它的运行状态，以便进行监控和故障报警。短连接的操作流程与长连接一致，唯一的区别在于平台并非通过心跳包来判断终端链路的存在，而是判断终端是否处于工作状态。在短连接模式，M2M 终端平时处于下线状态，当本地由于数据需要传输或达到定时上线时间等类似策略时，行业终端作为客户端以客户/服务器方式建立 WMMP 过程，传送数据完成后，结束该过程。通信消息发送后等待 *T* 秒后未收到响应，应立即重发，再连续发送 *N*−1 次后仍未得到响应则停发。参数 *T*、*N* 原则上应可配置，可通过 M2M 管理平台结合实际应用进行合理配置。短连接适用于数据量少，不需要一直在线的企业应用。

WMMP 协议主要实现的功能和流程包括以下几点。

（1）M2M 终端序列号的注册和分配。终端在未注册状态下，需要向 M2M 管理平台注册。M2M 管理平台对终端序列号进行有效性校验，并按需要为终端分配序列号。

（2）M2M 终端登录系统。M2M 管理平台对终端进行审核鉴权，决定是否允许接入平台。

（3）M2M 终端退出系统。当 M2M 终端退出服务时向 M2M 管理平台发送消息，M2M 管理平台给予响应。

（4）M2M 连接检查。实现长连接模式的链路维持，以及短连接模式下对终端工作状态的监控和管理。

（5）终端上线失败错误状态上报。M2M 终端在上线失败后发送报警短信，得到 M2M 管理平台短信确认后进入休眠。M2M 管理平台可在故障排除后将其激活。

（6）M2M 终端按照 M2M 管理平台的要求上报采集数据、告警数据或统计数据，以及向 M2M 管理平台请求配置数据。

（7）M2M 管理平台从 M2M 终端提取所需的数据，或向终端下发控制命令和配置信息。

（8）M2M 终端软件的远程升级。

6.1.3　M2M 支撑技术

在 M2M 系统结构中涉及很多技术问题需要解决。例如，M2M 终端（机器）之间如何连成网络？M2M 终端（机器）使用什么样的通信方式？数据如何整合到原有或者新建立的信息系统中？M2M 系统结构中涉及 5 个重要的支撑技术，包括机器、M2M 硬件、通信网络、中间件和应用，如图 6-3 所示。

应用（Applications）
中间件（Middleware）
通信网络（Communication Network）
M2M 硬件（M2M Hardware）
机器（Machines）

图 6-3 M2M 系统的关键支撑技术

1. 机器（Machines）

实现 M2M 的第一步就是从机器/设备中获得数据，然后把它们通过网络发送出去。不同于传统通信网络中的终端，M2M 系统中的机器应该是高度智能化的机器，即机器具有“开口说话”的能力，具备信息感知、信息加工（计算能力）、无线通信能力。使机器具备“说话”能力的基本方法有两种。

（1）生产设备的时候嵌入 M2M 硬件。

（2）对已有机器进行改装，使其具备与其他 M2M 终端通信/组网能力。

2. M2M 硬件

M2M 硬件是使机器获得远程通信和联网能力的部件。在 M2M 系统中，M2M 硬件的功能主要是进行信息的提取，从各种机器/设备那里获取数据，并传送到通信网络。目前，现有的 M2M 硬件产品可分为 5 种。

（1）嵌入式硬件

嵌入到机器里面，使其具备网络通信能力。常见的产品是支持 GSM/GPRS 或 CDMA 无线移动通信网络的无线嵌入数据模块。典型产品有：Nokia 12 GSM 嵌入式无线数据模块、Sony Ericsson 的 GR 48 和 GT 48 以及 Motorola 的 G18/G20 for GSM、C18 for CDMA 等。

（2）可改装硬件

在 M2M 的工业应用中，厂商拥有大量不具备 M2M 通信和连网能力的设备仪器，可改装硬件就是为满足这些机器的网络通信能力而设计的。实现形式也各不相同，包括从传感器收集数据的 I/O 设备（I/O Devices）；完成协议转换功能，将数据发送到通信网络的连接终端。典型产品如 Nokia 30/31 for GSM 连接终端。

（3）调制解调器（Modem）

上面提到嵌入式模块将数据传送到移动通信网络上时，它的作用就是调制解调器。如果要将数据通过公用电话网络或者以太网送出，分别需要相应的调制解调器。典型产品有：BT-Series CDMA、GSM 无线数据 Modem 等。

（4）传感器

传感器可分成普通传感器和智能传感器两种，传感器以及传感器网络的原理详见本书第 3.2 节和第 4.3 节。智能传感器（Smart Sensor）是指具有感知能力、计算能力和通信能力的微型传感器。由智能传感器组成的传感器网络（Sensor Network）是 M2M 技术的重要组成部分。一组具备通信能力的智能传感器以 Ad hoc 方式构成无线网络，协作感知、采集和处理网络覆盖的地理区域中感知对象的信息，并发布给观察者，也可以通过 GSM 网络或卫星通信网络将信息传给远方的 IT 系统。典型产品如 Intel 的基于微型传感器网络的新型计算发展规划——智能微尘（Smart Dust）等。

（5）识别标识

识别标识（Location Tags）如同每台机器、每个商品的“身份证”，使机器之间可以相互识别和区分。常用的技术如条形码技术、射频识别技术等。标识技术已经被广泛用于商业库存和供应链管理。

3. 通信网络

通信网络在整个 M2M 技术框架中处于核心地位，包括广域网（无线移动通信网络、卫星通信网络、Internet、公众电话网）、局域网（以太网、WLAN、Bluetooth）、个域网（ZigBee、传感器网络）。通信网络知识详见本书第 4 章。

在 M2M 技术框架的通信网络中，移动通信网络起着重要作用。3G 移动通信网络除了提供话音服务之外，数据业务的开拓是其发展的重点。随着移动通信技术向 3G 的演进，必定将 M2M 应用带到一个新的境界。国外提供 M2M 服务的网络有 AT&T Wireless 的 M2M 数据网络计划、Aeris 的 MicroBurst 无线数据网络等。

4. 中间件（Middleware）

中间件包括两部分：M2M 网关、数据收集/集成部件。网关是 M2M 系统中的“翻译员”，它获取来自通信网络的数据，将数据传送给信息处理系统，主要的功能是完成不同通信协议之间的转换。典型产品如 Nokia 的 M2M 网关。

数据收集/集成部件的目的是将数据变成有价值的信息。对原始数据进行不同加工和处理，并将结果呈现给需要这些信息的观察者和决策者。这些中间件包括：数据分析和商业智能部件、异常情况报告和工作流程部件、数据仓库和存储部件等。

5. 应用

在 M2M 系统中，应用的主要功能是通过数据融合、数据挖掘等技术把感知和传输来的信息进行分析和处理，为决策和控制提供依据，实现智能化的 M2M 业务应用和服务。

6.1.4 M2M 业务应用

1. M2M 应用领域

从狭义上说，M2M 只代表机器和机器之间的通信。目前，人们提到 M2M 的时候，更多的是指非 IT 机器设备通过移动通信网络与其他设备或 IT 系统的通信。放眼未来，我们认为 M2M 的范围不应拘泥于此，而是应该扩展到人对机器、机器对人、移动网络对机器之间的连接与通信。

M2M 起源于 20 世纪 90 年代中后期，当时各种信息通信手段蓬勃发展，不安于现状的人们开始关注如何对设备和资产进行有效的监视和控制，甚至如何用设备控制设备，这是 M2M 的最初轮廓。

2002 年年底，美国水处理产品供应商 BioLab 公司采用 M2M 技术对游泳池水中的 pH 值和消毒剂水平进行远程监控，并且自动添加化学清洁药品，由此开启了 M2M 的商用时代。此后，M2M 技术在世界各地得到了广泛应用。现在，M2M 应用遍及电力、交通、工业控制、零售、公共事业管理、医疗、水利、石油等多个行业，以及车辆防盗、安全监测、自动售货、机械维修、公共交通管理等日常生活当中。表 6-1 列举了 M2M 的应用领域。

表 6-1 M2M 应用领域

移动 POS 终端	物流配送
	送货服务
	商业零售
	金融、电信、邮政、石化、市政客户服务厅自助服务终端
金融	无线 POS
	实时金融信息集成
供应链自动化	交易监控
	订单数据传送
	货物跟踪、定位
	货品识别
	系统集成
智能化运输	库存优化供应链自动化
	商用车队营运
	紧急车辆监控与派遣
	车队管理
	车辆安全监控
	自动货物辨识
	汽车导航
	公共运输动态信息
	交通控制与管理
工业自动化	工厂监控
	环境与防灾监控
	工程安全监控
	大楼/物业监控
	公共事业监控 （水/电/油/气）
智能建筑	设备监控与管理
	节能控制
	建筑群系统集成
	智能小区
智能家居	灯光照明控制
	家庭安防
	家庭环境监控
	可视对讲
	家电控制
消防	应急联动
	自动喷淋
	火灾现场实时监控
	消防救援定位
	火情数据实时分析
	远程调度

续表

公共安全	城市照明监控
	电视信号控制
	城市应急服务
	市民身份识别
	灾害恢复
环境保护	污染排放点实时监测
	污染报警
气象	短期降雨、中期降水预报
	监测设备远程控制
	洪水预报
数字化医疗	医疗设备监护
	临床设备信息的自动获取、归档、分析
	计算机辅助诊断
	病程记录
遥感勘测	火山和冰川监测
	森林生态环境监测
	地震监测
	海洋突发性事件的监测与预警
	农作物动态监测、农业灾害预报、监测和评估
军事	敌军兵力和装备的监控
	战场的实时监视
	目标的定位
	战场评估
	核攻击、生物化学攻击的监测和搜索
空间探索	星球表面监测
	地球站与空间站之间的通信
	空间站之间的通信
农业	农作物灌溉监测
	土壤空气情况监测
	牲畜和家禽的环境状况监测
	温室控制
	跟踪家禽、牲畜
林业	森林防火
	森林灭火
	森林勘察业务
水务	水质、水量监测
	大坝安全监测
	水资源调度
	突发性污染报警
电力	远程抄电表
	用电实时监控
	重要电力节点监控
煤矿	通风设备管理
	瓦斯浓度监测

续表

石化	险情预警
	油井监测
	异常情况报警
	生产监控
	储运监控

下面简要介绍 M2M 在交通运输、能源、电力、医疗等领域的应用。

（1）交通运输行业

交通运输行业是现在 M2M 应用的一个重要领域，涵盖了车辆管理、流量控制、路况监测等多个方面。对各种车辆的定位和安全监控是目前最为广泛的应用，例如报警器与司机座位附近的触发开关相连；摄像头记录下车内乘客的影像；录音器 LED 显示屏固定在车后窗内，平时滚动播放各种公共信息，当司机遇到危险按下报警器后立刻切换至求救信息；其他诸如录音器、计价器、车门车锁等车内应用都可以利用车辆内安装的 M2M 终端上预留的多种 I/O 接口与之进行交互。以上所有采集或接收的数据信息都借助于数据转发服务器通过 2G/3G 网络与后台的应用服务器进行通信。上述方案已广泛应用在国内外多个大中城市，并有效地提高了车辆和司机的安全，有效地助力政府各级部门提升应急管理能力，从而显著提高公共资源利用效率，更加有效地保护人们的生命和财产安全。同时，广告信息的发布能帮助商家实现运营收入多元化。

值得一提的是，通过简单地增减应用组件就可以满足其他特种车辆的 M2M 解决方案，如增加多个摄像系统就能适应长途车的多路监控需求，添设永远在线式的 GPS 定位装置就能迎合公安部门的追踪需求，甚至增添黑匣子检测、轴温检测等功能就能满足轨道交通的特殊需求。

（2）能源行业

能耗和安全问题一直困扰着能源行业，但其当今世界的龙头产业的地位，身前背后巨大的价值链，仍在激发着人们对能源行业高效运作的想象力。众所周知，石油及矿业中有许多生产环境是极其恶劣危险的，但恰恰一些宝贵的资源都是需要在恶劣的环境里搜集，如果派人员去采集，无疑从安全到成本上都表现不佳。一个更理想的方法就是通过机器及无线网络进行资源的开采和挖掘。

例如，M2M 业务应用于石油行业中，主要包括采集油井工作情况信息，通过无线通信网络传回后台监控中心，根据油井现场的工作情况，远程对油井设备进行遥调遥控，降低工作人员管理劳动强度，及时准确了解油井设备的工作情况等。

（3）电力行业

具有广阔 M2M 应用市场的电力行业大致可以分为两个领域：一是对电力设备运行状态的监测，二是我们熟知的抄表业务。传统的电表为模拟式电表，由专门的人员挨家挨户地抄送，成本不断增加却不能保证数据传送的准确和实时。现在电表慢慢更新换代为数字式电表，摆脱原始的抄表方式的捷径就是利用 M2M。M2M 业务应用于电力行业不仅节约了大量的人力成本，也方便了后台数据的统计和再利用。

无线智能网可以无线连接煤气表、水表和电表。各仪表之间可彼此通信连接，甚至可以告知用户为草坪浇水以及运行洗衣机和烘干机等高能耗家电的最佳时间。有些专家将这一概念进一步延伸，正在开发工作原理相同的无线连接的温控器。温控器可通过无线网络安全地传递指令，从而发现潜在的断电隐患，并自动调整受影响地区的家庭和办公室的HVAC（混成自动电压控制）系统。它们可作为有效的自动预警系统，预防停电。这不仅能够节约公共设施的能源和资源，也能够降低用户成本并提升服务的可靠性。

（4）医疗保健

随着越来越多的人进入退休年龄，医疗保健正成为一个重要问题，而其中尚有许多未解难题。幸运的是，M2M已逐渐成为引人注目的解决方案。

首批在医疗保健领域成功商用的M2M解决方案之一是由CardioNet提供的。CardioNet是提供移动、连续、实时的医疗门诊管理解决方案的领先供应商，其方案主要用于及时监测相关诊断信息。公司突破性的解决方案是在一个可佩带的无线终端中集成心脏监测装置，这款终端通过与cdma 2000 1x无线网络连接，最终与医疗监测网络相连。监测器在病人的心电图中发现心律异常时，就会自动通过无线终端将数据发送到CardiNet监控中心，并由有医疗执照的监测技术人员及时分析诊断审阅。

此外，Proteus Biomedical公司已成功研制了一种内置微型传感器的药丸，病人服下药丸后，传感器可以及时通过无线连接向医生或家里的电脑发送报告，使护理人员能够更有效地监测患者是否遵照医嘱服药。这一突破性的M2M解决方案不仅造福了病人，也给医护人员带来了极大的便利。这一市场具有极大的潜在发展空间。

从现在应用的案例来看，M2M不是简单的数据在机器和机器之间的传输，更重要的是，它是机器和机器之间的一种智能化、交互式的通信。也就是说，即使人们没有实时发出信号，机器也会根据既定程序主动进行通信，并根据所得到的数据智能化地做出选择，对相关设备发出正确的指令。可以说，智能化、交互式成为了M2M有别于其他应用的典型特征，这一特征下的机器也被赋予了更多的“思想”和“智慧”。

2. M2M应用实例

移动通信和Internet技术的发展正给社会带来深刻的变化，而GPRS无线数据传输技术的成熟使它在许多行业中得以应用，这也为测控系统的数据传输提供了一种新的手段。本小节主要介绍M2M在气象监测领域的一个应用实例——基于GPRS无线网络的远程自动雨量监测网络。

自动气象站是由电子设备或计算机控制的自动进行气象观测和资料收集传输的气象站。从数据传输方式上分通常有两种形式：通过有线网络发送信息的自动气象站和通过GPRS无线方式直接发送信息的自动气象站。将多个自动气象站数据信息利用有线或无线方式连接至数据中心处理系统就构成了自动气象监测网络，通常它采集到的数据是多要素的气象信息。这里所介绍的是雨量监测网络采集的是单要素雨量信息，通过扩展自动站的传感器系统即可实现多要素信息采集。

该自动雨量监测网络是由自动雨量站、数据通信网络（有线和无线两种方式）、数据中心工作站及其局地计算机网络组成的自动气象数据采集系统，如图6-4所示。

自动雨量站作为系统的端站安装于各个观测点。其中无线自动雨量站主要由传感器单元、单片机系统和GPRS数据终端单元构成。有线自动雨量站由传感器单元和单片机系统构成，并配有局地微机系统。

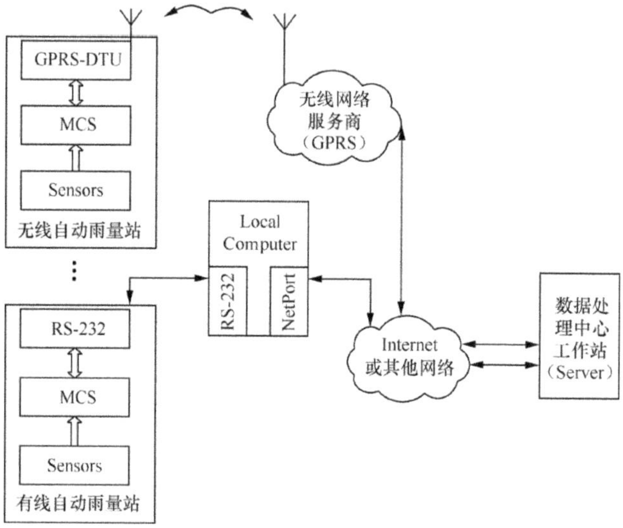

图 6-4　自动雨量监测网络示意图

系统中 GPRS 无线数据终端（DTU）在使用时需要安装 SIM 卡，和手机一样在移动网中具有唯一的 ID。自动雨量采集设备有多个，它们用各自的 GPRS 数据终端将数据打成 IP 包，经 GPRS 空中接口接入无线 GPRS 网络，由移动服务商转接到 Internet，最终通过各种网关和路由到达统一的数据处理中心工作站。需要指出的是，GPRS 终端向数据业务中心发送数据是间断性发送，可以根据需要调整发送数据的频率，这在一定程度上也降低了无线信息传输费用。在整个无线网络设计过程中首先要解决的关键问题包括：如何进行气象信息采集单元与 GPRS 终端的连接，如何根据具体无线网络情况合理设置，如何进行数据打包发送并在数据中心工作站实现接收。

有线雨量站中通过单片机把传感器获得的雨量信息用串行通信的方式送到局地微型计算机。计算机首先把数据进行处理和编码，然后通过互联网把数据信息送到有固定 IP 的数据业务中心站。在这一过程中，需要开发局地计算机数据处理和发送软件，进行数据传送，同时数据业务中心站要有对应的服务器端数据接收软件实现数据接收和保存。

数据处理中心工作站是整个网络系统的主控部分，由一台主服务器和三台数据处理服务器组成。主服务器在公网上有固定的 IP 地址，3 台数据服务器通过集线器与主服务器联网。主服务器上安装有相应的数据库软件（例如 SQL Server 2000），用于接收和处理雨量资料。3 台数据处理器分别负责接收来自 GPRS 无线传输的雨量站信息，接收来自有线传输的雨量站信息和对政府部门提供雨量数据服务（如网页浏览、信息服务等）。从各测站发回的气象资料经整理后存入 SQL Server 数据库，并通过网页浏览方式提供给政府决策部门及其他用户。

6.1.5　M2M 发展现状

1. M2M 产业发展现状

国内外 M2M 应用繁多，在国内，中国电信、中国移动、中国联通已经开始进入 M2M

市场。

早在 2006 年年底，中国移动 M2M 运营中心就在重庆成立。经过多年发展，中国移动 M2M 业务的发展重心已经由发展成熟技术转为商用实施，并形成了监控类、定位类、交易类、协同类和智能类 5 类重要应用。以电力行业为例，中国移动的 M2M 服务已帮助南方电网、北京和重庆等地电力公司实现了 104 万台电表的远程抄表；而在江西省电网，中国移动的 M2M 服务为分布在江西范围内的 2 万台配电变压器提供了用电检查、电能质量监测、负荷管理、线损管理、需求侧管理等高效一体化管理。此外，中国移动目前已经在北京、上海、辽宁等地出租车及公交车上安装了超过 110 万台 M2M 终端设备，在重庆市为 1200 部电梯部署了带有传感器的 M2M 终端。

中国联通 2006 年在浙江、广东、北京、江苏和山东 5 个地区开展 M2M 业务，Motorola、SK 电讯、深圳宏电公司为其合作开发商，应用领域涉及电力、水利、交通、金融、气象等行业，其中 GPRS 网络系统应用比较典型的有江苏省无锡供电局配网自动化、湖北省气象局气象监控、江西省水利监控、北京市商业银行 POS 机业务等。在 CDMA 网络系统开展的典型应用包括江苏省扬州供电局配网自动化、江苏省气象局的气象监控、胜利油田油井监控等。

中国电信广州研究院于 2005 年受中国电信集团委托开始立项研究 M2M 产业，并在 2005 年年底对中国电信进入 M2M 产业运营模式提出建议。中国电信 2007 年年底开始了 M2M 运营平台的建设，于 2008 年年底除计费系统外基本建设完成。基于这个平台，中国电信目前在全国开始推广全球眼监控、智能家居、水电抄表、远程无人彩票销售系统等业务。

在国外，Orange 是最早开始关注 M2M 的运营商之一，2004 年开始进入 M2M 市场，推出了 M2M Connect、Cell ID 等多项 M2M 业务。Telenor 与设备商 Telit 达成合作协议，共同致力于简化蜂窝 M2M 通信解决方案的连接，为客户提供一个包含无线 M2M 硬件以及对板连接的完整解决方案。T-Mobile 与设备商 Sierra Wireless 达成合作协议，合作内容包括：抢占一个共享的 M2M 市场区域，找准目标客户、特别关注汽车、船舶、导航等行业，打造一个联合的 M2M 解决方案，评估在 T-Mobile 网络上植入 Sierra Wireless 产品的可行性。Vodafone 目前在 M2M 市场是全球第一，提供 M2M 全球服务平台以及应用业务，为企业客户的 M2M 智能服务部署提供托管，能够集中控制和管理许多国家推出的 M2M 设备，企业客户还可通过广泛的无线智能设备收集有用的客户数据。

2. M2M 标准化现状

M2M 的技术标准制定工作主要在欧洲电信标准协会（European Telecommunication Standards Institute，ETSI）和 3GPP 两个国际标准化组织进行，国内主要是在中国通信标准化协会（CCSA）的泛在网技术委员会（TC10）进行。

（1）ETSI 的 M2M 标准化进展

ETSI 专门成立了一个专项小组（M2M TC）以研究如何对快速成长的 M2M 技术进行标准化。ETSI 成立 M2M TC 主要是考虑目前虽然已经有一些 M2M 的标准存在，涉及各种无线接口、格状网络、路由和标识机制等方面，但这些标准主要是针对某种特定应用场景，相互独立。如何将这些相对分散的技术和标准放到一起并找出标准化的缺点和不足，这方面所做的工作还很少。在这样的研究背景下，ETSI M2M TC 的主要研究目标是从端到端的全景角度研究机器对机器通信，并与 ETSI 内 NGN 的研究及 3GPP 已有的研究进行协同工作。

M2M TC 的职责是：从利益相关方收集和制定 M2M 业务及运营需求；建立一个端到端的 M2M 高层体系架构（如果需要会制定详细的体系结构）；找出现有标准不能满足需求的地方并制定相应的具体标准；将现有的组件或子系统映射到 M2M 体系结构中；M2M 解决方案间的互操作性（制定测试标准）；硬件接口标准化方面的考虑；与其他标准化组织进行交流及合作。

ETSI M2M TC 目前首先进行的工作是 M2M 相关定义及两个 M2M 行业应用实例，以此为基础，同步进行业务需求和体系架构标准工作，目前尚未开始涉及具体技术。

ETSI M2M TC 目前的研究工作主要包括以下几个方面。

① M2M 业务需求（TS 102 689）：定义 M2M 业务应用对通信系统的需求，以及 M2M 的典型应用场景。

② M2M 功能架构（TS 102 690）：定义 M2M 业务应用的功能架构以及相关的呼叫会话流程。

③ 智能电表（Smart Metering）的应用场景（TS 102 691）：智能电表的应用场景和相关技术问题。

④ 电子卫生保健（eHealth）的应用场景（TS 102 732）：电子医疗的应用场景和相关技术问题。

⑤ 消费者连接（Connected Consumers）的应用场景（TS 102 857）：消费者连接的应用场景和相关技术问题。

⑥ M2M 定义（TS 102 725）：M2M 相关的定义和名词术语。

（2）3GPP 的 M2M 标准化进展

3GPP 针对 M2M 的研究主要从移动网络出发，研究 M2M 应用对网络的影响，包括网络优化技术等。3GPP 对于 M2M 的研究范围为：只讨论移动网的 M2M 通信；只定义 M2M 业务，不具体定义特殊的 M2M 应用；无线侧和网络侧的改进，不讨论与 SIM 卡和/或 SIM 卡管理的新模型相关的内容。

Verizon、Vodafone 等移动运营商在 M2M 的应用中发现很多问题，例如大量 M2M 终端对网络处理能力的冲击，系统控制面容量的不足等。因此，在 Verizon、Vodafone、三星、高通等公司的推动下，3GPP 对 M2M 的研究从 2009 年开始加速，目前基本完成了需求分析，转入网络架构和技术框架的研究。核心的 RAN 研究工作还未展开。

3GPP 在标准制定过程中，也将 M2M 称作机器类通信（Machine Type Communications，MTC）。在 2008 年 5 月，3GPP 制定了研究项目——针对机器类通信的网络优化（Network Improvement for Machine Type Communications，NIMTC）。3GPP 于 2009 年 11 月制定的技术报告 TS 22.368 中定义 MTC 的一般需求，以及有别于人与人间通信的一些独特的业务需求，并详述了为满足 MTC 的业务需求，网络优化需要做的一些工作。MTC 的一般业务需求包括：寻址、计费、标识、安全以及对 MTC 设备的远程管理。MTC 独特的业务需求主要有以下几个方面。

① MTC 设备易被偷盗/毁坏

传统的人与人通信设备可以被人仔细的保管和保护，但是 MTC 设备经常安装在偏远地区，而且在安装之后许多年不会再有人接触它。在偏远地区，这些设备更容易受到外在事物的干预。这些干预经常会导致一些 MTC 设备的损坏。网络现有的安全机制对 MTC 设备来说不是很有效，但网络应可以监测 MTC 设备是否受到损坏，从而采取相应的措施。而且，那些容易被偷盗和毁坏的 MTC 设备在初始安装和激活之后，经常是固定的。MTC 设备的位置固定性可以被利用来对设备偷盗行为进行监测。如果一个已知的固定设备移动了，那么可以推断出这个 MTC 设备已被盗，然后可把该设备对应的账户或业务停用。

② 时间控制

对于一些 MTC 业务应用来说，通信发生的确切时间不是那么重要，但是通信的低成本是非常重要的。一个网络运营商可以给这类应用提供低成本的通信，因为可以让它只在业务非常闲的时间段进行通信。网络运营商可以根据在一个特定时间内实际的网络业务，来动态地改变这个通信时间段。

③ 无线网络拥塞

在一些 MTC 业务应用中，大量的数据同时发送就会导致无线网络的拥塞。一个典型的应用就是拥有大量传感器的桥梁监测。当一辆火车通过这个桥梁时，所有的传感器几乎同时传送监测信息。同样的事情发生在下大雨时的水文监测中和有人闯入的房屋监测中。因此，现有网络需要优化，使得大量的 MTC 设备可以在一个特定区域内几乎同时传送信息。

④ 核心网络拥塞

对于大部分 MTC 业务应用来说，很多的 MTC 设备隶属于同一个 MTC 用户。MTC 用户拥有一个连接着移动网络中分组交换网络的 MTC 服务器，隶属于同一个 MTC 用户的 MTC 设备可以和 MTC 服务器进行通信。通常情况下，MTC 设备散落在网络中，在一个小区内的 MTC 设备同时发送数据是限制的，这样就不会造成无线网络的超载。但是，当大量的 MTC 设备同时发送/接收数据时，数据拥塞可能会发生在移动核心网中或者在移动核心网和 MTC 服务器的链路上，因为在链路上隶属于同一个 MTC 用户的 MTC 设备的数据传输聚集在一起。网络运营商和 MTC 用户应能解决 MTC 业务导致的核心网络拥塞，从而确保发送/接收数据的可靠性。

⑤ 信令网络拥塞

信令网络的拥塞是当大量的 MTC 设备希望同时与网络建立连接或者释放/修改一个已建立的连接。在 3GPP 支持的 MTC 应用中，比如在国定假日许多移动支付终端同时激活，或者在一段时间的停电后许多的计量设备几乎同时激活，这些都会造成信令网络的拥塞。还有一些在精确的时间同步间隔内产生重复的数据传输的 MTC 应用（比如精确到每隔一个小时或者半个小时）。网络和 MTC 用户应能避免 MTC 应用可能导致的信令网络拥塞。

⑥ 访问控制

在一些配置中，有必要限制一些 SIM 卡的接入，这类 SIM 卡只能与一些特定的 MTC 通信模块一起使用。如果这类 SIM 卡被使用在其他的终端类型中，就应该被禁止接入网络。因此，网络需要对 SIM 卡和相应的 MTC 设备进行识别，并对其接入网络进行控制。

⑦ 低功耗

对于高移动性、追踪类的 MTC 设备，比如自然世界中有高移动性的动物追踪 MTC 设备，它们要求极低的功耗，因为对于动物追踪MTC设备，几乎不可能去更换电池或者充电。相对于可以自己获取电能的那些安装在汽车或者货车上的追踪类 MTC 设备，这些MTC设备可能更要求极低的功耗。

对于货物追踪来说，这些装有追踪MTC设备的货物移动得非常快，比如在火车或卡车上，也可以停止不动，比如在装载和卸载前的码头上。在运输阶段我们不希望去更换电池或者给它充电，所以这类MTC设备也需要极低的功耗。囚犯追踪MTC设备已经被警察使用。囚犯是不会和警察合作的，而且他们希望这个MTC设备电量越少越好，所以这类MTC 设备也有极低功耗的要求。对于那些给有记忆问题的老人、小孩或者宠物使用的追踪类MTC设备，虽然可以更换电池或者再充电，但是考虑到最糟糕的情况，如果他们走失了，这就需要MTC设备有极低功耗，必须能够维持长时间的工作状态以便于找到他们。

⑧ 特定位置触发

MTC 设备一般都由程序控制自动建立一个连接来报告一个事件。但是在某些实施过程中，MTC设备需要被M2M业务所触发（比如通过给它们发一个短信息）。在未来，数百万的这种类型的MTC设备将会被部署。从M2M业务的视角上，我们就希望它可以在特定区域内去触发一个子集的MTC设备。举个例子，在一次暴风雨中，水利局想得到一个特定区域内堤坝传感器的状态信息，这就需要只在这个特定区域内的传感器被触发。

⑨ 漫游MTC设备的端到端安全性

一些特定的MTC应用和大量的在全球范围内并且可能移动或者不移动的MTC设备进行通信。这种设备的例子有移动导航系统和支付终端。这种MTC设备的连接性由单一的网络运营商来提供，运营商可以使用它的漫游协议来连接那些不在它的网络范围内的MTC设备。

从MTC应用运营商的角度来看，它的MTC服务器和网络运营商的区域都是它的信任区域的一部分。但是，漫游运营商的区域就不是信任区域的一部分。MTC 应用的运营商需要保证在MTC业务和MTC设备间交换信息的端到端的安全性。网络运营商不能控制在漫游运营商区域内的安全性能。因此，网络运营商需要满足MTC用户的端到端的安全性能，而不是只依赖于网络安全本身。

（3）CCSA的M2M标准化进展

中国通信标准化协会（CCSA）泛在网技术工作委员会（TC10）包括总体组、感知延伸组、应用组和网络组，M2M应用通信协议技术要求由网络组进行研究。

目前，CCSA对M2M的标准化主要在以下两个方面展开。

① M2M业务的总体技术要求：包括M2M业务定义、业务特征、应用场景和业务需求，M2M系统结构和接口、计费、认证鉴权和网络管理等方面的技术要求。

② M2M应用通信协议技术要求：包括M2M终端设备与M2M平台间、M2M平台与M2M应用平台间的通信协议的协议概述、协议结构、报文定义、报文交互机制、安全机制等。

3. M2M面临的问题

尽管M2M业务的发展前景巨大，但目前仍然处于起步阶段，诸多因素影响M2M的进一步发展，具体表现在以下几个方面。

第一，缺乏完整的标准体系。由于国内目前尚未形成统一的 M2M 技术标准规范，甚至业界对 M2M 概念的理解也不尽相同，这将是 M2M 业务发展的最大障碍。目前，各个 M2M 业务提供商根据各行业应用特点及用户需求，进行终端定制，这种模式造成终端难以大规模生产、成本较高、模块接口复杂。此外，不同的 M2M 终端之间进行通信，需要具有统一的通信协议，让不同行业的机器具有共同的“语言”，这些将是 M2M 应用的基础。

第二，商业模式不清晰，未形成共赢的、规模化的产业链。M2M 作为一项复杂的应用，涉及应用开发商、系统集成商、网络运营商、终端制造商及最终用户等各个环节，以及与人们生活相关的各个行业。目前，M2M 应用开发商数量众多，规模较小，各自为战，针对具体业务的开发系统各不相同，开发成本较高；系统集成商只是针对具体某个行业进行的系统提供，多个系统和多个行业之间很难进行互联互通；网络运营商正沦为提供通信的管道，客户黏性低，转网成本低，尚未发挥其在产业链中的主导作用；M2M 终端耦合度低，附加值低，同质化竞争严重；用户对 M2M 业务的认识还比较模糊，由于 M2M 业务多数是以具体的行业应用程序来命名，大多数用户对此类业务并不称其为 M2M 业务。可见，涉及 M2M 业务的各个环节不能很好地协调，还没有建立一套完整的产业链，也没有形成成熟的商业模式。

第三，窄带网络限制了 M2M 业务的发展以及业务信息承载方式的多样性。在 2G 时代，GSM、CDMA 等制式无线网络带宽不足，限制了业务信息承载方式的多样性，视频、音频等流媒体以及图像等内容无法获得广泛应用，进一步限制了 M2M 的推广领域。

第四，M2M 业务运营支撑系统不完善，不能完全有效地支撑 M2M 业务的运营。现有的电信支撑系统缺乏统一的支撑平台，无法对业务实施统一的监控和管理。运营模式单一，未与应用开发商形成成熟的合作模式，难以推动产业链整合发展。

第五，M2M 各行业间融合难度大。M2M 业务的最终目标是让一切联网，实现全社会的信息化，这必然涉及社会的各个行业，行业融合难度巨大，所以最终目标的实现将会是一个缓慢而曲折的过程。

6.2　云计算

物联网的普及将迎来又一个信息大爆炸时代，这一时代的信息将以“海量”来计算。如何有效地处理、管理、存储这些海量信息是非常重要的。本节主要介绍一种适合大规模信息处理、管理、存储的新型计算基础设施——云计算。首先介绍云计算的定义、发展历史、组成、虚拟化技术以及云计算的优缺点，然后介绍典型的云计算应用实例，最后介绍物联网和云计算的关系。

6.2.1　云计算介绍

1. 云计算定义及云参考模型

什么是云计算？云计算中的“云”主要是指能够提供无穷资源（如计算、存储、带宽等）的一种全新计算模式，通过云可以将计算能力、网络基础设施、商业处理平台、存储空间、带宽资源等按照约定的服务水平协议（Service Level Agreement，SLA）有偿地提供给云客户，无论你身在何处、何时使用。这种模式将计算和处理能力转移到网络中，从而减少以往个人或公司维护计算机软件、硬件、带宽、能源等资源的开销。

众多的专家和学者根据各自的理解提出了众多的云计算定义，这里首先汇总专家和学者关于云计算的定义，见表 6-2。

表 6-2　云计算的定义

学者/机构	年份	云计算定义
M. Klems	2008 年	云计算可以根据用户的需求在几分钟（甚至几秒钟）内，向用户提供相关的资源（服务器、存储、带宽等）来扩充用户目前所拥有的资源，而不是通常的几天或是几星期，因此云计算避免了用户自有服务器的各种问题，如服务器的资源闲置，或是过载
R. Buyya	2008 年	云是一种并行和分布式处理系统，其中包括众多的相互连接和虚拟化的计算机，云所包含的资源都可以单位化成一些计算资源，动态地提供给云计算用户使用，同时云计算的提供者需要保证与云计算用户所达成的服务水平协议（SLA）
R. Cohen	2008 年	云计算包括了众多的热门技术，如部署、负载均衡、按需提供、商业模式、架构（如 Web2.0）。它是软件开发模式的下一阶段（software 10.0）。R. Cohen 认为云计算可以描述为以互联网为中心的软件（Internet centric software）
J. Kaplan	2008 年	云计算能够向用户提供一系列基于 Web 的业务，这些业务能够提供各种各样的功能，用户通过量入为出（pay as you go）的方式支付所使用的功能。这些功能如果不通过云来提供的话，用户需要花费大量的资金来部署软件和硬件设备，并且需要专业的技术人员来维护这些设备。云计算实现了早期关于效用计算（utility computing）的设想，并且不需要复杂的技术
K. Sheynkman	2008 年	云计算使硬件资源能够按照用户的消费需求，将计算能力和存储能力提供给用户。对公司来说，云计算能够根据业务和应用的需求提供简单的配置、部署、动态扩展和管理虚拟的硬件环境
J. Pritzker	2008 年	云是一个巨大的资源池，这些资源可以按需分配、虚拟化、计费
Luis M. Vaquero	2009 年	云是一个巨大的、易用的、易访问的虚拟资源池（如硬件、开发平台和/或业务）。这些资源可以动态地重新配置来调节负载，以达到最优的资源利用率。这些资源通常按照按需付费的方式使用，根据和用户达成的 SLA 来保证服务质量
Ian Foster	2008 年	云计算是一种受规模经济驱动的大规模分布式计算模式。云计算中抽象的、虚拟的、可动态扩展的、可管理的计算能力、存储、平台和业务可以按需通过互联网提供给需要云计算的用户来使用
美国国家标准技术研究院（NIST）	2009 年	云计算是一种能够通过网络以便利的、按需的方式来访问一个共享的资源池来获取计算资源（如网络、服务器、存储、应用和服务）的模式，这些资源可配置，并能够快速获取和释放。云模式能够提高可用性并且由 5 种基本属性、3 种服务模式和 4 种部署模式组成

目前美国国家标准技术研究院（NIST）的云计算定义逐渐成为一个大家普遍接受的定义，因此在这里主要介绍 NIST 关于云计算的定义（见图 6-5）。

（1）5 种基本属性

云计算的业务可以描述为 5 种基本属性，这 5 种基本属性与传统计算方式的区别和联系如下。

按需自助服务（On-demand self-service）：客户可以根据需求自动地获取计算能力，例如服务器计算时间和网络存储空间，而不需要和云服务提供商进行直接谈判。

广泛的网络接入（Broad network access）：计算能力可通过网络提供，并通过标准机制进行访问，使得各种客户端（例如移动电话、便携式电脑或 PDA）以及其他传统的或是基于云的软件平台均可以使用云计算。

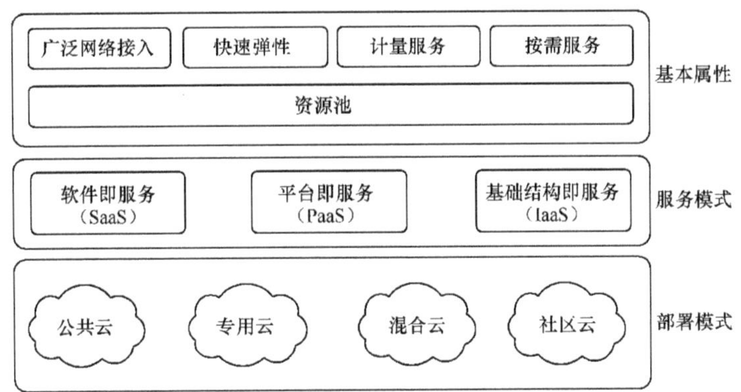

图 6-5 美国国家标准技术研究院的云计算定义图

资源池（Resource pooling）：云计算服务提供商的各种资源被池化，并通过多租户模式为多客户提供多样服务，并根据客户的需求动态提供或重新分配物理或虚拟化的资源。这些资源的位置相对独立，用户并不能控制这些资源和感知资源的准确位置，但是用户可以指定较高层次的位置，例如国家、州或数据中心。这些资源包括存储、处理能力、内存、网络带宽和虚拟机。

快速弹性：服务规模可以快速、弹性地扩大或缩小。对于客户来说，云资源的供应能力似乎是无限的，可以任意购买、随时购买。

按量计费的服务：云系统对服务对象（存储、处理能力、带宽等）在一定程度上进行适当的抽象，并提供服务计量能力，以自动控制和优化资源使用情况。资源的使用可以检测、控制、统计，为客户和服务商提供透明的服务使用量。

这里需要重点强调的是通常云计算业务总是和虚拟化技术一起使用。但是对资源的抽象并不一定全是通过虚拟化技术来实现的，例如通过系统管理程序和操作系统来提供资源虚拟化就可以不使用虚拟化技术。

（2）3 种服务模式

就云计算服务模式而言，可以分为 3 种基本类型和其他的派生模式。这 3 种基本模式可以简写为“SPI 模式”，即 Software、Platform 或 Infrastructure（as a Service）。

Software as a Service（SaaS）：云计算提供商为用户提供的业务是运行在其云基础设施上的应用程序的使用能力。这种应用程序能被各种客户端设备通过 Web 形式访问，例如 Web 浏览器。客户无法控制和管理云基础设施，包括网络、服务器、操作系统、存储，甚至独立的应用程序，但是云用户可以拥有一些受限的应用程序配置权限。

Platform as a Service（PaaS）：用户可以将自己拥有的或是购买的应用程序通过使用云计算提供商提供的编程语言和工具部署到云基础设施上。同样云用户也无法管理和控制底层云基础设施，包括网络、服务器、操作系统、存储，但可以控制他们部署的应用程序和应用程序的配置环境。

Infrastructure as a Service（IaaS）：云计算提供商为客户提供处理能力、存储能力、网络和其他基本计算资源，用户可以使用这些资源部署或运行他们自己的软件，如操作系统或应用程序。同样客户也是无法管理和控制底层云基础设施，但可以控制操作系统、存储、部署的应用程序，或有限的网络组件控制权（如防火墙等）。

（3）4 种部署模式

不管是哪一种云计算服务模式，都有 4 种基本的部署模式。

① 公共云

公共云面向大众用户或是大型企业集团，通常云拥有者和管理者为一个公司（云提供商）。公共云可以把来自许多不同客户的作业在云内的服务器、存储系统和其他基础设施上混合在一起。最终用户不知道运行其作业的同一台服务器、网络或磁盘上还有哪些用户。运行在公共云上的应用对云提供商和用户来说都是透明的。这种云的优点避免了用户临时需要大规模的计算和存储资源而部署硬件和软件资源的风险和开销。通常公共云比私有云更大，并且能够弹性地扩大和缩小。

② 社区云

云基础设施被几个组织所共享，以支持某个具有共同需求（例如任务、安全需求、策略域）的社区。社区云可以被该组织管理，也可以委托第三方管理。

③ 专用云

专用云主要面向需要大规模数据处理、存储的公司。专用云是由单个客户所拥有的基础设施，该客户完全控制哪些应用程序在哪里运行。一般来说专用云上的应用全是云拥有者的应用，并且这种云能提供对数据的最大控制权、最大的安全性和最优的服务质量，并且可以决定允许哪些用户使用基础设施，哪些应用可以部署在云上。一般来说专用云的扩展性没有公共云高。

④ 混合云

云基础设施由两个或两个以上相对独立的的云（专用云、社区云或公共云）组成，为了保证数据和应用程序的可移植性，通过标准化的接口或是专用技术为不同的云客户提供服务。通常当专用云的负载波动较大时，为了保证服务质量，可以使用公共云来弹性地扩展软硬件资源。混合云提供了一种灵活的措施为云用户来决定如何在公共云和专用云上部署他们的应用，如果应用的数据量很小，但是需要很大的计算能力，那么混合云或许是一种比较好的选择，相反如果数据量较大，而需求的计算能力很小，而将大量的数据发送到公共云上来处理就不是一种很好的选择。

上述 4 种云都有一种或两种的部署方式：内部或外部。内部是指位于云拥有者的内部网络，享有和内部网络其他用户同样的网络安全策略，通常专用云一般都部署在内部。而外部是指部署在公有的网络上，公共云一般部署在外部。许多商业公司认为专用云更适合于他们公司的解决方案，因为专用云既提供了云计算的优点，同时又处于公司可控的安全防护措施中（如防火墙等）。因此他们会同时利用公共云和专用云，或是混合云。

这里需要强调的是除了上面介绍的 4 种部署模式，由于客户的需求或当云市场进一步成熟时，也会有一些基于这 4 种云的派生部署模式。例如，通过将租用的公共云部分私有化或半私有化，并将私有化的云与用户私有数据中心连接而形成的虚拟专用云，这两部分的连接通常是通过虚拟专用网络（VPN）来连接。不同的公司可以根据自己的需要选择不同的云，或是选择几种云来解决不同的问题。如果公司只是临时需要大规模的计算和存储能力，那么他们可以选择公共云，从而避免购买额外的硬件和软件资源。同样，如果公司需要部署一种持久的应用，或是对 QoS 或数据的安全有特殊的要求，那么可能更适合选择专用云或是混合云。

（4）云计算参考模型

这里主要介绍云安全联盟（CSA）给出的一种参考模型，如图 6-6 所示。

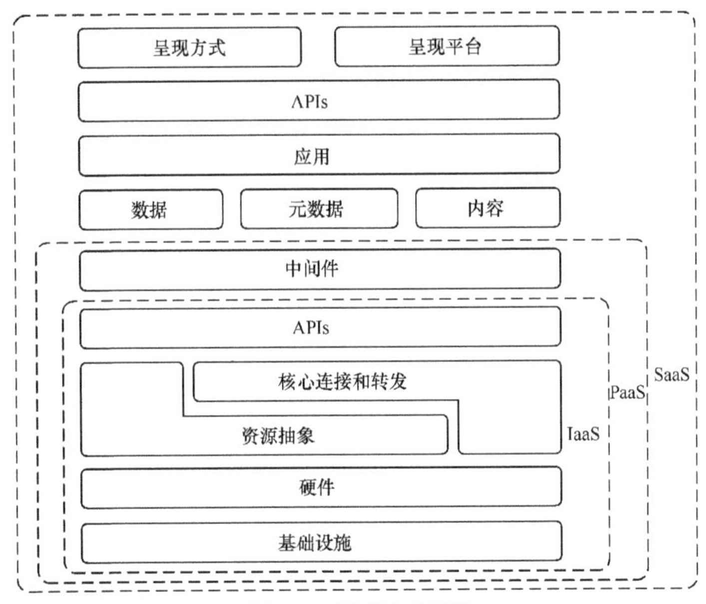

图 6-6　云计算参考模型

从云计算参考模型我们可以看出，IaaS 是所有云业务的基础，PaaS 建立在 IaaS 之上，SaaS 建立在 PaaS 之上。这里需要强调的是商业的云计算提供商可能并不会完全按照云计算参考模型来建设自己的云计算。

IaaS 包括所有的基础设施资源，如云计算中的所有硬件资源。IaaS 可以提供（或是不提供）对基础设施资源的抽象能力，并且为这些抽象资源提供物理或是逻辑连接的功能。最终 IaaS 会为云用户提供一系列的应用程序接口（APIs）来管理这些基础设施或是提供与这些基础设施的交互能力。最著名的商业示例是 Amazon Web 服务（AWS），其 EC2 和 S3 服务分别提供基本计算和存储服务。

PaaS 在 IaaS 和 SaaS 之间提供了额外的一层，PaaS 是对开发环境抽象的封装和对有效服务负载的封装，主要用于构建应用程序开发环境、中间件和其他功能（如数据库、消息功能、排队功能）。PaaS 允许开发者在 PaaS 上开发自己的应用，并且支持相应的开发语言和工具。PaaS 可执行各个阶段的软件开发和测试，也可以专用于某个领域，例如内容管理。PaaS 的商业用例包括 Google Apps Engine 等。

SaaS 位于 IaaS 和 PaaS 之上，为用户提供包括内容服务、内容呈现、商业应用和管理能力。典型 SaaS 是 Salesforce.com 和 Google Apps，提供基本商业服务，如电子邮件。

2. 云计算的发展历史

前面介绍了云计算的定义和参考模型，而了解云计算的发展历史将有助于更加全面地了解云计算。

图 6-7 比较形象地描述了半个世纪以来计算模式的演进历史。一般来说有 6 个阶段。

第一阶段，用户通过终端共享一个大型机，那时的终端仅仅是一台显示器和一个键盘。第二阶段，出现了可以独立运行的计算机，用户不必再依靠大型机，但是这一阶段的计算机还不能联网。第三阶段，计算机网络的出现使得不同的计算机可以相互连接起来共享资源，但是这时的网络覆盖的范围还是比较有限。第四阶段，Internet 的出现使得不同的计算机网络可以相互地连接起来，用户可以通过 Internet 来使用远程的应用和资源。第五阶段，网格技术的出现，使得计算和存储资源可以更加方便地共享。第六阶段，云计算的出现使得用户可以通过更加便利的方式利用 Internet 使用各种资源。

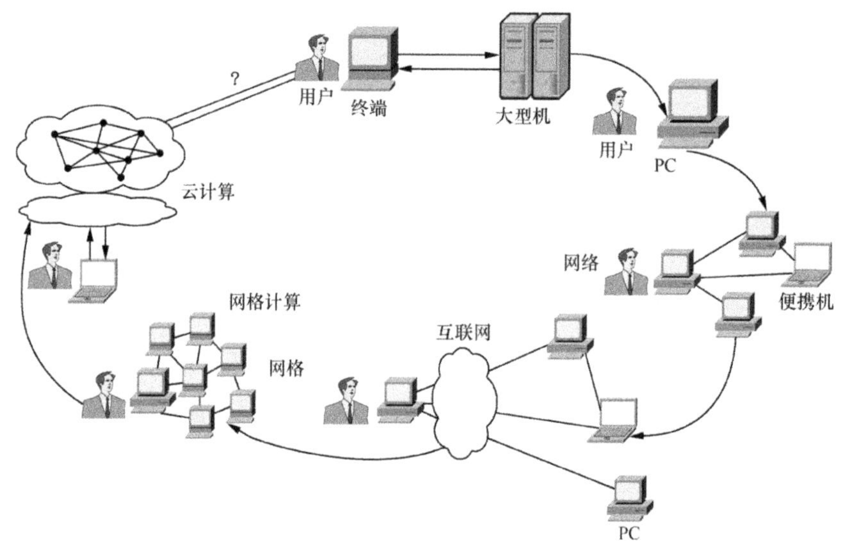

图 6-7　计算模式演进图

这里需要注意的是，虽然云计算似乎又回到了大型机的模式，但是云计算实际上和大型机还是有很大的区别的，例如大型机主要是指一台具有有限处理能力的物理计算机，而云计算可以通过 Internet 提供无限的资源，同时大型机的终端基本上没有任何的处理能力，而云计算的终端具有强大的能力，并具有一定程度的本地处理和存储功能。

结合图 6-7，这里再介绍两种计算模式：客户端/服务器（C/S）和 P2P。C/S 架构是一种古老的计算模式，最初的计算都是采用这种结构。所有的软件、数据和控制都集中在大型计算机（Server）中，如果用户想访问具体的数据或程序，必须通过终端连接到大型机上（Server），并且获得相应的权限。用户使用的终端一般叫作客户端（Client），早期的客户端一般只有（或是没有）很少的内存、存储空间和处理能力。P2P 架构中一般没有中心的节点，每个节点的地位基本一样，同时每个节点既是服务器又是客户端，所有的 P2P 节点一起来协作完成任务，并且克服 C/S 架构的单点失效和带宽的瓶颈等问题。

云计算充分利用了 C/S 结构和 P2P 结构的优点，如云计算表面上似乎是 C/S 模式，和中心服务器一样管理非常方便，但是与 C/S 模式又有本质的不同，即云计算能够提供无穷的资源。这主要是由于云计算中，不管是硬件还是软件，都使用了分布式处理技术，而 P2P 就是一种非常成功的分布式处理技术。目前的云计算也吸收了 P2P 中的一些关键技术。

3. 云计算的组成

一般意义上，云计算由应用程序、云客户端、基础结构、云平台、业务、存储、计算能力等部分组成。

（1）应用程序

云计算会为用户提供各种应用程序或是应用程序的运行环境。云用户只需通过简单终端以 Web 的形式来实时地使用云计算上的应用程序。这种方式有很多的优点，例如云客户不需要安装新的应用程序，也不需要过多的技术支持人员来维护应用程序。因为应用程序是运行在云计算平台上的，云提供商会全面负责维护、优化应用程序的运行环境。所以对云客户终端的要求降到最低，即使用户终端的性能相差很大，但是体验到的云计算应用程序不会有太大的差别。

（2）云客户端

云客户端也叫瘦终端，瘦主要是指云计算对客户端的要求很低，只要能够运行 Web 浏览器（如 Firefox、IE 等）的终端就可以成为云客户端。需要注意的是，除了电脑外还有其他的一些云客户端，尤其是手机终端，例如苹果的 iPhone 或是 Google 的 Android 平台，这些智能手机的功能也越来越强大，通常都嵌入了 Web 浏览器的功能。因此在移动互联网时代，或许任何的终端都可以成为云客户端。另外除了这些传统客户端外，一些网站也可以成为云客户端，例如目前非常流行的社交网站，汇聚了非常大的用户数量。随着社交游戏的火爆增长，要支持巨大的用户访问量和游戏流量的需求，或许云计算是一个非常好的解决方案，所以这些社交网站也可能成为云计算的客户端。

（3）基础结构

云计算的基础结构主要包括与计算机和网络相关的硬件以及安装这些硬件的房间等。一般来说，云计算中的计算机主要是一些便宜的且能够批量生产的服务器，而不是那些昂贵的专业服务器。在这些服务器中，一般通过虚拟化技术将众多的服务器虚拟成一个能够统一调度的资源池，而并不关心其中每个具体的服务器。

（4）云平台

云计算平台主要是指能够将各种云应用部署在云计算上的方式，也叫 PaaS。例如，使用开源 Web 应用架构的 Rails（Ruby 语言），Salesforce.com 公司的私有 PaaS Force.com、Google App Engine（使用 Python 和 Mosso）。

（5）业务

业务主要是指云客户使用云计算提供的各种服务。目前在互联网上有成千上万种的业务，其中既包含独一无二的业务，也有一些已经使用多年的业务。目前在云计算上最流行的业务是地图业务，如 Yahoo 地图、Google 地图等。这些业务的共性是需要非常大的存储空间和处理能力，来为用户提供及时准确的信息。另外一种业务是需要大量的后台计算和处理能力，例如支付业务，比较流行的支付业务包括 Paypal 和 Google Checkout。

（6）存储

虽然单个物理存储设备越来越便宜，但是对个人用户和公司来说，扩充存储能力仍是一笔大的开销，尤其是管理众多物理存储设备。但是使用云存储就不会带来很大的开销，并且能够带来很高的容错能力。一般对计算机的硬件来说，存储设备的故障是导致计算机失效的最大原因。而通过使用云计算提供的高可靠存储管理能力，云客户就可以极大地提高数据的可靠性，并且也不用花费大量的资金来购买专业的存储设备。而且云计算提供商也会按照与用户达成的 SLA 来确保用户数据的安全。云计算中的高可靠数据安全，主要是通过大量的服务器集群来实现的，这些数量众多的计算机通过冗余备份等关键技术来对抗服务器的失效。

（7）计算能力

云计算能够提供的处理能力是极大的。实际上，对使用云计算的用户来说，云计算可以提供近乎无穷的资源，而不仅仅限于计算和存储能力。一般来说，用户使用每单位服务器/小时的花费大概在几个美分，在未来或许价格更低。用户通过使用云计算可以完成很多以前很难完成的事情，如那些需要大计算量和存储量的市场分析、预测、用户数据挖掘，或是测试新的应用等。

4. 云计算的优缺点

云计算显而易见的优点就是可以通过租用云计算的软硬件资源，大大降低企业的费用。但是在天花乱坠的宣传后，人们往往只看到听到云计算的优点而忽视它的缺点。就像药物一样，在治病的同时都或多或少的会有一些副作用，云计算的优点和缺点可能并没有人们想象得那么简单。

云计算的优点可以归纳为以下几个方面。

（1）成本方面

云计算的成本通常比传统企业数据中心的成本低得多，例如使用云计算可以节省大量的硬件、软件、人力成本。云计算的成本节省是建立在规模效应的基础上，即大量的用户使用云计算，从而极大地提升资源的利用率。云计算提供者根据用户的使用时间或是资源收取合理的费用。成本的节省是云计算的核心优点。

（2）网络方面

云计算意味着用户可以通过无处不在的互联网使用云资源，并且互联网中还有非常多的其他资源可以和云计算一起使用，如社交网站、各种商用 API、地图 API 和其他的云计算资源。云客户可以根据应用的特点，灵活的调用互联网的众多资源，提升应用的用户体验，进而获取更多的利益。而离开了互联网，就很难整合众多的网络资源。

（3）创新方面

云计算和云解决方案提供了一种创新的计算模式。随着技术的发展，云计算还会提供更多的别具特色的技术革新或商业革新。而使用云计算的公司，就会比使用传统企业数据中心的用户，创造出更多更新颖的应用或是商业模式。

（4）可扩展性方面

可扩展性主要是指云客户可以根据用户对资源需要灵活地增加或减少软硬件资源，而并不需要预先购买额外的资源。当用户随着业务的增长需要更多的软硬件资源时，只需通过鼠标操作，在极短的时间内就可以购买所需的资源。相比传统的企业数据中心，有非常灵活、高效的扩展性。

（5）环保和节能方面

云计算是一种绿色计算模式。绿色计算主要是指云计算的资源利用率非常高，相对那些传统的企业数据中心，更加地环保和节省能源。通过使用云计算，企业可以关闭那些利用率很低的数据中心，减少电力的消耗。在全球对环保和能源消耗越来越重视的今天，云计算无疑是一种较佳的绿色计算模式。

云计算具有显著的优点，也有一些不可回避的缺点。

（1）安全问题

安全主要是指，由于云客户并不能控制云计算的内部设施，因此具有潜在的数据被窃取的危险。虽然云计算提供了加密、用户名、密码、身份管理等安全措施，企业可能也并不愿意将机密的信息放到云上。而大部分的信息可能并不包含机密的信息，这些信息是可以放到云上的。但是随着时间的推移和云安全技术的进展，或许将信息放到云计算上会更加安全。

（2）控制问题

这里主要是指使用云计算时，云客户并不能控制所租用的云计算资源的基础设施（物理计算机）。面临的问题就是，用户所有的程序、数据、文件都是运行在用户不能直接控制的物理计算机上。另外用户或许会由于违反了一些规则，结果发现账户被封了，或是云计算提供商破产了等，导致用户不能继续使用云计算，或是丢失数据等。一种最可能的情景就是云计算提供商被另外一家云计算提供商收购了，而这家云计算运营商可能因为云客户所租用的资源并不能带来利润，而不再继续提供服务。

（3）开放性问题

由于每个云计算提供商的平台可能并不是公开的，而云客户如果使用云计算必须按照云计算提供商提供的编程语言和 API 来编写应用程序，那么云客户的应用程序在不同的云计算平台间移植就会非常的困难。但是，这种情况可能会随着云计算的平台、架构以及协议的标准化后，逐步减少乃至消除。

6.2.2 云计算应用实例

在介绍云计算的基础上，本节介绍 4 种已经商用的云计算应用案例，重点介绍 Google 公司的云计算。

1. 微软公司的 Windows Azure

Windows Azure 是微软基于云计算的操作系统，提供了“软件+服务”的计算方法，用于帮助开发者开发可以跨越云端和专业数据中心的下一代应用程序，在 PC、Web 和手机等各种终端间创造完美的用户体验。Azure 能够将处于云端的开发者个人能力同微软全球数据中心网络托管的服务，比如存储、计算和网络基础设施服务紧密结合起来。这样开发者就可以在“云端”和“客户端”同时部署应用，使得企业与用户都能共享资源。

Azure 服务平台包括了以下主要组件：Windows Azure；Microsoft SQL Services；Microsoft .Net Services；用于分享、存储和同步文件的 Live 服务；针对商业的 Microsoft SharePoint Services 和 Microsoft Dynamics CRM Services。

（1）Windows Azure 用于服务托管，以及可扩展的存储、计算和网络的管理。

（2）Microsoft SQL Services 可以扩展 Microsoft SQL Server 应用到云中的能力。

（3）Microsoft .NET Services 可以便捷地创建基于云的松耦合的应用程序。另外还包含访问控制机制，可以保卫用户的程序安全。

（4）Live Services 提供了一种一致性的方法处理用户数据和程序资源，使得用户可以在 PC、手机、PC 应用程序和 Web 网站上存储、共享和同步文档、照片、文件以及其他信息。

（5）Microsoft SharePoint Services 和 Microsoft Dynamics CRM Services，用于在云端提供针对业务内容、协作和快速开发的服务，建立更强的客户关系。

2. IBM 公司的“蓝云”

IBM 在高性能并行机集群技术上有着领导性的优势，世界上最快的高性能计算机大多出自 IBM。IBM 拥有数十年大规模计算方面的丰富经验，这使得“蓝云”的提出理所当然。IBM 的“蓝云”计算平台是一套软、硬件平台，将 Internet 上使用的技术扩展到企业平台上，使得数据中心使用类似于互联网的计算环境。“蓝云”大量使用了 IBM 先进的大规模计算技术，结合了 IBM 自身的软、硬件系统以及服务技术，支持开放标准与开放源代码软件。“蓝云”基于 IBM Almaden 研究中心的云基础架构，采用了 Xen 和 PowerVM 虚拟化软件、Linux 操作系统映像以及 Hadoop 软件（Google File System 以及 MapReduce 的开源实现）。IBM 已经正式推出了基于 x86 芯片服务器系统的“蓝云”产品。“蓝云”作为由 IBM 云计算中心开发的企业级云计算解决方案，可以对企业现有的基础架构进行整合，通过虚拟化技术和自动化技术，构建企业自己的云计算中心，实现企业硬件资源和软件资源的统一管理、统一分配、统一部署、统一监控和统一备份，打破应用对资源的独占，从而帮助企业实现云计算理念。

3. 亚马逊公司的云

Amazon 是互联网上最大的在线零售商，每天负担着大量的网络交易，同时 Amazon 也为独立软件开发人员以及开发商提供云计算服务平台。Amazon 的云计算主要包括 Amazon S3、Amazon SimpleDB 和 Amazon EC2。

（1）Amazon S3

Amazon Simple Storage Service（S3）主要提供可靠的网络存储服务。S3 由对象和存储桶两部分组成。对象是最基本的存储实体，包括对象数据本身、键值、描述对象的元数据及访问控制策略等信息。存储桶是存放对象的容器，每个桶可以存放无数的对象。云平台上的应用程序可以通过 REST 或者 SOAP 接口访问 S3 中的数据。

（2）Amazon SimpleDB

Amazon SimpleDB 是一种支持结构化数据存储和查询操作的轻量级数据库服务。与传统的关系数据库服务不同，Amazon SimpleDB 不需要预先设计和定义任何数据库 Schema，只需定义属性和项，即可用简单的服务接口对数据进行创建、查询、更新和删除。SimpleDB 的存储模型分三层：域、项、属性。用户的数据按照域进行逻辑划分，每个域中可以含有很多项，项是由若干属性组成的数据集合。项与关系数据库中的一行类似，但又有所差异，项中的数据不受 Schema 的约束。属性是由一个或多个文本值所组成的数据集合，在项内具有唯一的标识。属性与关系数据库中的列类似，不同的是，每个属性可以同时拥有多个字符串数值。SimpleDB 提供两种服务访问方式：REST 接口和 SOAP 接口。

（3）Amazon EC2

Amazon Elastic Compute Cloud（EC2）是一种云基础设施服务。该服务基于服务器虚拟化技术，致力于为用户提供大规模、可靠的、可伸缩的计算运营环境。EC2 由 Amazon Machine Image（AMI）、EC2 虚拟机实例和 AMI 运行环境组成。AMI 是一个用户可定制的虚拟机镜像，包含了用户的所有软件和配置的虚拟环境，是 EC2 部署的基本单位。多个 AMI 可以组成一个解决方案，例如 Web 服务器、应用服务器和数据库服务器联合成一个三层架构的 Web 应用。AMI 被部署到 EC2 的运行环境后就产生了一个 EC2 虚拟机实例，由同一个 AMI 创建的所有实例都拥有相同的配置。AMI 的运行环境是一个大规模的虚拟机运行环境，拥有庞大规模的物理机资源池和虚拟机运行平台，所有利用 AMI 镜像启动的 EC2 虚拟机实例都运行在该环境中。

4. 谷歌公司的云

谷歌（Google）是最大的云计算使用者。谷歌公司围绕因特网搜索业务创建了一种商业模式。他们又以应用托管、企业搜索以及其他更多形式向企业开放了他们的“云”。Google 以发表学术论文的形式公开其云计算三大法宝：GFS、MapReduce 和 BigTable，并在美国、中国等高校开设如何进行云计算编程的课程。目前，Google 已经允许第三方在 Google 云计算中通过 Google App Engine 运行大型并行应用程序。

Google 搜索引擎建立在分布于 200 多个地点、超过 100 万台服务器的支撑之上，这些设施的数量正在迅猛增长。Google 地球、地图、Gmail、Docs 等也同样使用了这些基础设施。采用 Google Docs 之类的应用，用户数据会保存在互联网上的某个位置，可以通过任何一个与互联网相连的系统十分便利地访问这些数据。

谷歌应用软件引擎（Google AppEngine）基于 Google 早就建立起来的底层平台。这个平台包括 GFS（Google File System）和 Bigtable（构建于 GFS 之上的数据库系统）。Google App Engine 内的编程采用的是 Python。开发人员可以编译基于 Python 的应用程序，并可免费使用谷歌的基础设施来进行托管（最高存储空间达 500MB）及足够的 CPU 和带宽来满足每天 500 万次的页面浏览。对于超过此上限的存储空间，谷歌按每 CPU 内核每小时 10～12 美分及 1GB 空间 15～18 美分的标准进行收费。

下面介绍 Google 公司的三大云计算法宝。

（1）Google File System 文件系统

为了满足 Google 迅速增长的数据处理需求，Google 设计并实现了 Google 文件系统（GFS）。GFS 是一个可扩展的分布式文件系统，用于大型的、分布式的、对大量数据进行访问的应用。它运行于廉价的普通硬件上，但可以提供容错功能。它可以给大量的用户提供总体性能较高的服务。GFS 与过去的分布式文件系统拥有许多相同的目标，例如可伸缩性、可靠性以及可用性。

集群中的节点失效是一种常态，不是一种异常，GFS 将其作为常见的情况加以处理。由于参与运算与处理的节点数目非常庞大，通常会使用上千个节点进行共同计算，而且文件系统由成百上千个用于存储的机器构成，而这些机器是由廉价的普通部件组成并被大量的客户机访问。部件的数量和质量使得一些机器随时都有可能无法工作并且有一部分还可能无法恢复，所以实时监控、错误检测、容错、自动恢复对系统来说必不可少。

Google 文件系统中的文件读写模式和传统的文件系统不同。大部分文件的更新是通过添加新数据完成的，而不是改变已存在的数据，在一个文件中随机的操作在实践中几乎不存在，一旦写完，文件就只可读，很多数据都有这些特性。在 Google 应用（如搜索）中对大部分文件的修改，不是覆盖原有数据，而是在文件尾追加新数据，对文件的随机写是几乎不存在的。对于这类巨大文件的访问模式，追加操作成为性能优化的焦点。

图 6-8 给出了 Google File System 的系统架构，一个 GFS 集群包含一个主服务器和多个块服务器，被多个客户端访问。大文件被分割成固定尺寸的块，在每个块创建的时候，服务器分配给它一个不变的、全球唯一的 64 位块句柄对它进行标识。块服务器把块作为 Linux 文件保存在本地硬盘上，并根据指定的块句柄和字节范围来读写块数据。为了保证可靠性，每个块被默认保存 3 个备份。主服务器管理文件系统所有的元数据，包括名字空间、访问控制、文件到块的映射、块物理位置等相关信息。通过服务器端和客户端的联合设计，GFS 客户端代码被嵌入到每个程序中，它实现了 Google 文件系统 API，帮助应用程序与主服务器和块服务器通信，对数据进行读写。客户端与主服务器交互进行元数据操作，但是所有的数据操作通信都是直接和块服务器进行。GFS 对应用支持达到性能与可用性最优。GFS 是为 Google 应用程序本身而设计的，在内部部署了许多 GFS 集群。有的集群拥有超过 1000 个存储节点，超过 300TB 的硬盘空间，被不同机器上的数百个客户端连续不断地频繁访问。

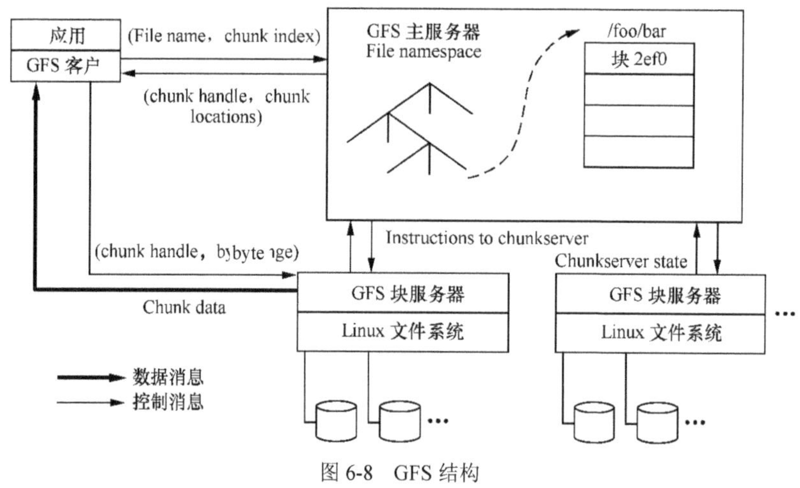

图 6-8 GFS 结构

（2）MapReduce 分布式编程环境

MapReduce 是 Google 实现的一套大规模数据处理的编程规范 Map/Reduce 系统，用于大规模数据集（大于 1TB）的并行运算。当前的软件实现是指定一个 Map（映射）函数，用来把一组键值对映射成一组新的键值对，指定并发的 Reduce（化简）函数，用来保证所有映射的键值对中的每一个共享相同的键组。Map/Reduce 通过“Map（映射）”和“Reduce（化简）”这样两个简单的概念来参加运算，用户只需要提供自己的 Map 函数以及 Reduce 函数就可以在集群上进行大规模的分布式数据处理。这样非分布式专业的程序编写人员也能够为大规模的集群编写应用程序，而不用去顾虑集群的可靠性、可扩展性等问题。应用程序编写人员只需要将精力放在应用程序本身，而关于集群的处理问题则交由平台来处理。在 Google 内部，每天有上千个 Map Reduce 的应用程序在运行。

（3）分布式大规模数据库管理系统 BigTable

构建于上述两项基础之上的第三个云计算平台就是 Google 将数据库系统扩展到分布式平台上的 BigTable 系统。BigTable 使用结构化的文件来存储数据。BigTable 不是一个关系型的数据库，它不支持关联或是类似于 SQL 的高级查询，取而代之的是多级映射的数据结构。这是一种面向大规模处理、容错性强的自我管理系统，拥有 TB 级的内存和 PB 级的存储能力，每秒可以处理数百万的读写操作。很多应用程序对于数据的组织非常有规则。一般来说，数据库对于处理格式化的数据还是非常方便的，但是由于关系数据库很强的一致性要求，很难将其扩展到很大的规模。为了处理 Google 内部大量的格式化以及半格式化数据，Google 构建了弱一致性要求的大规模数据库系统——BigTable。现在有很多 Google 的应用程序建立在 BigTable 之上。

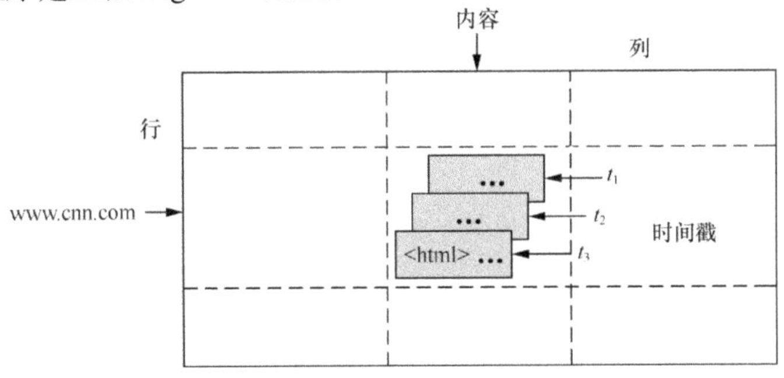

图 6-9　BigTable 数据格式

图 6-9 给出了在 BigTable 模型中的数据模型。数据模型包括行列以及相应的时间戳，所有的数据都存放在表格中的单元中。BigTable 的内容按照行来划分，将多个行组成一个小表，保存到某一个服务器节点中。这一个小表就被称为 tablet。

以上是 Google 内部云计算基础平台的 3 个主要部分，除了这 3 个部分之外，Google 还建立了分布式程序的调度器、分布式的锁服务等一系列相关的云计算服务平台。

Google 在其云计算基础设施之上建立了一系列新型网络应用程序。这些应用程序给予用户全新的界面感受以及更加强大的多用户交互能力。其中典型的 Google 云计算应用程序就是 Google 推出的 Docs 网络服务程序，可以通过浏览器的方式访问远端大规模的存储与计算服务。Google Docs 是一个基于 Web 的工具，它有与 Microsoft Office 相近的编辑界面，有一套简单易用的文档权限管理，而且它还记录下所有用户对文档所做的修改。Google Docs 的这些功能令它非常适用于网上共享与协作编辑文档。当前，Google Docs 已经推出了文档编辑、电子表格、幻灯片演示、日程管理等多个功能的编辑模块，能够替代 Microsoft Office 相应的一部分功能。值得注意的是，通过这种云计算方式形成的应用程序非常适合于多个用户进行共享以及协同编辑，为一个小组的人员进行共同创作带来很大的方便性。

6.2.3　物联网与云计算

物联网是走向智能社会的一个重要步骤，物联网将逐渐融入到我们工作和生活的方方面面，提供更多的智能服务。互联网连接的是人和机器，而物联网可以连接机器和机器，并且连接的机器是千亿数量级。物联网的一个特点，是能把周围世界的任何事物连接起来，从而形成一个巨大的网络，这个网络将获得的信息通过互联网传输到大规模数据处理中心进行加工处理，将信息转变成为知识，获得的知识进一步分析处理，就可用于各种智能应用和智能控制，从而进一步提高各行各业的效率，提升我们的生活质量。

物联网时代是继互联网等之后的又一个信息大爆炸时代。这一时代的信息将以“海量”来计算，而且可以将一切的物质进行信息化，比如说物质的位置、大小、状态等，都可以通过物联网转化为信息进行储存。人们再通过对信息的重组、挖掘等处理产生知识并用于智能控制。物联网的信息收集、传输、储存量是非常巨大的，将远远超出了我们现在理解的数据库的容量，如射频标签目前的规模达到 110 亿个，电信运营商的机到机服务有几百万的终端点，规模庞大的手机钱包支付，中国社会物流有 800 万辆卡车，以及国民经济的各个领域，包括医疗保健、自然灾害的预防等。总而言之，物联网将会连接越来越多的设备，并且变得越来越重要。

云计算的众多优点，使得物联网的各种应用都可以建立在云计算平台上。物联网的终端（传感器、手机、PDA、笔记本、上网本等）计算能力和存储空间有限，但却有很强的联网能力。而云计算有强大的计算能力、接近无限的存储空间，并支撑各种各样的软件和信息服务，能够与物联网很好地结合。物联网将连接数量惊人的传感器（如数以亿万计的RFID、智能尘埃和视频监控等），采集到的数据量非常巨大。这些数据需要通过无线传感网、移动互联网、宽带互联网向某些具有巨大存储和处理能力的设施汇聚，而使用云计算来承载这些任务具有非常显著的性价比优势。使用云计算对这些数据进行处理、分析、挖掘、存储，可以更加迅速、准确、智能地对物理世界进行管理和控制，从而达到“智慧”的状态，大幅提高资源利用率和社会生产力水平，减少能源消耗。

6.3 物联网典型应用

大规模的理想状态的全物联网应用尚未真正实现，但是，传感、通信、智能方面的运用早已有之。智能楼宇、智能交通、智能家居、智能收费、智能抄表、智能购物等无一不渗透着对物联网的部分理解和阐释，无一不是对物联网的大胆尝试和运用。

2009 年年底，辽宁调兵山市历时两个多月采用物联网专业技术企业——辽宁民生智能仪表有限公司的 15 000 支无线远传智能阀控湿式水表对市区几大小区进行了水表更换。这种智能远传水表抄表系统一次抄读率大于 99.5%，二次抄表达到 100%，而且系统具有实时阀控、阶梯计费、短信催费等功能，不仅可让调兵山市供水部门实时监控用户的用水情况，服务更加人性化，而且用户消费更加透明，还可享受短信催费、预付费、阶梯计费等适合各自实情的量身定做的服务，极大地方便了日常生活。调兵山无线远传水表安装不仅能够对用水状况进行实时监控，即时掌握用水异常并采取补救措施，而且实现了预付费、自动阀控功能，开创性地进行了无线远传预付费实践，解决了公用事业部门长期以来的收费困难和决策无据的双重难题，方便了管理部门进行科学决策和水资源分配，开创了物联网基础配套设施运用的新局面。这是物联网应用在中国成功实施的典型示例之一。

类似的运用，早在北京奥运会的时候就有尝试。据了解，在北京奥运会筹办和举办过程中，比较广泛地应用了 RFID、传感器、二维码、摄像头、无线传输等技术，在城市网格管理、视频监控、智能交通、食品溯源、水质监测等方面有全国领先的成功典型应用。

另外，上海浦东国际机场的"围界防入侵系统"也是物联网一个典型的应用。它通过采用传感技术在机场围栏外设置了一道无形的网，一旦有人靠近，系统就会自动发出信号。这样的网络由埋设在地下的传感器组成，这些传感器不仅能够分辨出是人还是动物靠近围栏，而且能够精确地进行定位，它实际上是一个电子围界防入侵系统。

本节将介绍智能物流、智能视频监控、智能家居以及智能交通这几种物联网的典型应用，包括各个应用系统的概述、组成和主要支撑技术。这些行业和领域的传感技术运用是早于物联网进入中国的时间，只是当时它们尚没有找到一个可归属的领域，在各自的领域中已经发展多年，可以说它们是各自领域的"物联网"。物联网概念提出后，它们都自然地成为物联网应用的一部分。物联网规模发展需要与智能化系统化产业融合，从这些智能化产业的应用可以看出物联网其实早已默默来到我们的生产和生活中，当然它也还将继续高调强攻迅速渗透，物联网的应用将无处不在。

6.3.1 智能物流

1. 智能物流系统概述

21 世纪是智能化的世纪，随着智能技术的发展，物流也自然朝着智能化的方向发展。智能物流是指货物从供应者向需求者的智能移动过程，包括智能运输、智能仓储、智能配送、智能包装、智能装卸以及智能信息的获取、加工和处理等多项基本活动，为供方提供最大化的利润，为需方提供最佳的服务，同时也应消耗最少的自然资源和社会资源，最大限度地保护好生态环境，从而形成完备的智能社会物流管理体系。

2. 智能物流系统组成及特点

（1）系统的组成

在智能物流系统的实施过程中应该把智能技术和物流技术及其相关技术有机结合，系统才能得以实现，系统的目的才能达成，智能物流系统才能真正的存在，并且具有存在的作用和意义。

智能物流系统的结构主要有以下两种，下文以铁路物资智能配送的案例说明智能物流系统的组成。

结构 1——按物流功能划分为以下几个部分：对物流设备进行监控的智能系统；对物流信息资源进行处理的智能系统；为客户提供服务的智能系统；对物流系统进行监控与管理的智能系统。

结构 2——按物流服务管理划分为以下几个部分：前台顾客服务智能系统；作业执行智能系统；企业规划管理智能系统。

（2）智能物流系统案例——铁路物资智能配送

铁路是我国国民经济的大动脉。铁路物资供应是大动脉的血液，特点是线长、点多、跨度大、物资流通路径复杂。铁路物资流通网起着物资供应主渠道的作用。尤其是在边远、贫困地区铁路物资流通网发挥着其他物资供应渠道不能替代的重要作用。但是，面临市场经济的激烈竞争，铁路物资流通网也日益显出与全国物资流通体系条块相重、纵横交错、相互竞争问题。网络内部相继出现了物资采购分散、储备重复、库存控制困难、流通费用过高、信息反馈速度过慢等缺陷。为此，铁路业于 20 世纪 90 年代开始进行配送制改革。实践证明，铁路物资流通特点符合实行智能物流的基本要求，铁路物资流通网具备实行配送制的主要技术条件。

智能配送系统是智能技术与配送系统的有机结合。铁路物资流通网的智能配送，既意味着运输组织的优化，如防止空载、提高满载率，也意味着人员和物流设施的效益优化。为实现智能配送，铁路物资流通网需要形成如下体系。

① 对铁路物资配送设备进行监控的智能系统

为了将移动的车辆信息纳入铁路物资流通网的信息网，需建立智能化的移动信息系统。该系统和铁路物资流通网的地面信息系统构成统一的整体，将合同信息、路线信息、车辆信息和行驶信息等进行收集、存储、交换、处理，随时了解车辆所在位置，帮助物流中心人员做好车辆调度，满足顾客需求。

② 对配送信息资源进行处理的智能系统

借助地理信息系统、遥感技术及电子识别系统，配送中的物资可通过条码加以区别，并跟踪、监控其作业地点、时间。识别系统是实现智能配送的重要手段，被用来控制物流作业流程中的各阶段，如出入库、运输、存储等，并通过互联网传递相关信息。

③ 对客户进行服务的智能系统

建立一个客户管理系统，使客户加入该数据库，对配送信息资源处理系统中得到的信息通过智能化的计算机进行存储、分析、处理，在以后的作业流程中改进，提高顾客的满意程度，并增加自身的效益。

④ 对配送系统进行管理的智能系统

配送系统的管理与智能物流系统的管理大同小异，采用横向一体化的管理模式，对系统中各个要素进行协调和管理，从而达到系统的最优。这一管理过程可以通过人工智能来实现，即由能模拟、延伸、扩展人类智能的具有记忆、学习、分析、解决问题能力的计算机来实现。这一设想由于目前技术所限，不能具体彻底地实施，但却是智能配送的关键所在。

（3）智能物流系统的特点

① 智能化

这是物流发展的必然趋势，是智能物流的典型特征，它贯穿于物流活动的全过程。随着人工智能技术、自动化技术、信息技术的发展，其智能化的程度将不断提高。它不仅仅限于解决库存水平的确定、运输道路的选择、自动跟踪的控制、自动分拣的运行、物流配送中心的管理等问题，随着时代的发展也将不断地被赋予新的内容。

② 柔性化

柔性化是为实现“以顾客为中心”的理念而在生产领域提出的，即真正地根据消费者需求的变化来灵活调节生产工艺。物流的发展也是如此，必须按照客户的需求提供高度可靠的、特殊的、额外的服务。“以顾客为中心”服务的内容将不断增多，服务的重要性也将越来越高，如果没有智能物流系统的柔性化是不可能达到的。

③ 一体化

智能物流活动既包括企业内部生产过程中的全部物流活动，也包括企业与企业、企业与个人之间的全部物流活动。智能物流的一体化是指智能物流活动的整体化和系统化，它是以智能物流管理为核心，将物流过程中运输、存储、包装、装卸等诸环节集合成一体化系统，以最低的成本向客户提供最满意的物流服务。

④ 社会化

随着物流设施的国际化、物流技术的全球化和物流服务的全面化，物流活动并不仅仅局限于一个企业、一个地区或一个国家。为实现货物在国际间的流动和交换，以促进区域经济的发展和世界资源优化配置，一个社会化的智能物流体系正在逐渐形成。构建智能物流体系对于降低商品流通成本将起到决定性的作用，并成为智能型社会发展的基础。

3. 智能物流主要支撑技术

智能物流系统只有在物流技术、智能技术和相关技术的支持下才能得以实现，是这些技术的有机结合。因此，进行智能物流系统设计，必须了解它所使用的主要技术。由于智能物流系统的支撑技术涉及面非常广，不可能在这里一一介绍，也不可能深入讨论这些技术的基本理论和方法。所以，仅选择智能物流系统中一些最主要的技术进行介绍。

（1）自动识别技术

从采购、存储、包装、装卸、搬运、运输、流通加工、配送、销售到服务，都是物流上环环相扣的业务环节和流程。它们之间是相辅相成而又相互制约的。在物流动作时，企业必须实时、精确地了解和掌握整个物流环节上的商流、物流、信息流和资金流，这四者的流向和变化使这四种流以及各个环节、各个流程都协调一致、相互配合。只有这样，才能发挥其最大经济效益和社会效益。然而，由于实际物体的移动过程中各个环节都是处于运动和松散的状态，信息方向常常随着实际的活动情况在空间和时间上移动和变化，结果影响了信息的可获性和共享性。而有效的自动识别技术正是实现物流管理上各项业务动作数据的输入输出、业务过程的控制和跟踪以及减少出错率等难题迫切需要的。

自动识别技术是以计算机、光、机、电、通信等技术的发展为基础的一种高度自动化的数据采集技术。它通过应用一定的识别装置，自动地获取被识别物体的相关信息，并提供给后台的处理系统来完成相关后续处理的一种技术。它能够帮助人们快速而又准确地进行海量数据的自动采集和输入，目前在运输、仓储、配送等方面已得到广泛的应用。自动识别技术在20世纪70年代初步形成规模，经过40多年的发展，已经发展成为由条码识别技术、智能识别技术、光字符识别技术、射频识别技术、生物识别技术等组成的综合技术，并正在向集成应用的方向发展。

条码识别技术是目前使用最广泛的自动识别技术，它是利用光电扫描设备识读条码符号，从而实现信息自动录入。条码是由一组按特定规则排列的条、空及对应字符组成的表示一定信息的符号。对应于不同的码制，条码符号的组成规则也不同。目前，较常使用的码制有：UPC条码、128条码、交插二五条码、三九条码、库德巴条码等。

生物识别技术是利用人类自身生理或行为特征进行身份认定的一种技术。生物特征包括手形、指纹、脸形、虹膜、视网膜、脉搏、耳廓等，行为特征包括签字、声音等。由于人体特征具有不可复制的特性，这一技术的安全性较传统意义上的身份验证机制有很大的提高。目前，人们已经发展了虹膜识别技术、视网膜识别技术、面部识别技术、签名识别技术、声音识别技术、指纹识别技术六种生物识别技术。

射频识别（RFID）技术是近几年发展起来的现代自动识别技术。它利用感应、无线电波或微波技术的读写器设备对射频标签进行非接触式识读，达到对数据自动采集的目的。它可以识别高速运动物体，也可以同时识读多个对象，具有抗恶劣环境、保密性强等特点。随着物联网概念的提出，RFID 技术与电子物流的紧密联系也受到广泛关注，它有可能在几年内取代条形码扫描技术，并给物流管理带来革命性的变化。

（2）数据仓库和数据挖掘技术

数据仓库出现在 20 世纪 80 年代中期，它是一个面向主题的、集成的、非易失的、时变的数据集合。数据仓库的目标是把来源不同的、结构相异的数据经加工后在数据仓库中存储、提取和维护，支持全面的、大量的复杂数据的分析处理和高层次的决策支持。数据仓库使用户拥有任意提取数据的自由，而不干扰业务数据库的正常运行。

数据挖掘是从大量的、不完全的、有噪声的、模糊的及随机的实际应用数据中，挖掘出隐含的、未知的、对决策有潜在价值的知识和规则的过程。一般分为描述型数据挖掘和预测型数据挖掘两种。描述型数据挖掘包括数据总结、聚类及关联分析等。预测型数据挖掘包括分类、回归及时间序列分析等，其目的是通过对数据的统计、分析、综合、归纳和推理，揭示事件间的相互关系，预测未来的发展趋势，为企业的决策者提供决策依据。

（3）人工智能技术

人工智能是探索研究用各种机器模拟人类智能的途径，使人类的智能得以物化与延伸的一门学科。它借鉴仿生学思想，用数学语言抽象描述知识，用以模仿生物体系和人类的智能机制，目前主要的方法有神经网络、进化计算和粒度计算 3 种。

4. 智能物流系统小结

智能物流可以优化物流管理流程，提高工作效率，降低企业运营成本，同时加快物流信息反馈速度，避免信息流中断，提高物流时效性。客户电子签名则保障了签收的安全性，提高信息录入的准确性。物联网的应用促进了物流的智能化进程，这里包含 3 个基本要点：一是如何部署更加广泛、及时、准确的信息采集技术，如射频识别（RFID）、各类传感器、地理定位系统、视频采集系统等；二是如何把这些信息实现互联互通，既满足专用的要求，也能实现方便的开放和共享；三是信息如何管理、加工、应用，解决各种现实问题，把虚拟世界的信息转化到实体世界的应用中来。总之，在物流领域来看，物联网是实现物流智能化的技术手段。

6.3.2 智能视频监控

1. 智能视频监控系统概述

智能视频监控技术主要包括对视频图像序列自动地进行运动对象的提取、描述、跟踪、识别和行为分析等。如果把摄像机看作人的眼睛，而智能视频系统或设备则可以看作人的大脑。智能视频技术借助计算机强大的数据处理功能，对视频画面中的海量数据进行高速分析，过滤掉用户不关心的信息，仅仅为监控者提供有用的关键信息。

智能视频监控系统的需求主要来自于那些对安全要求敏感的场合，如军队、银行、商店、停车场等。当盗窃发生或发现异常时，该类系统能够向保卫人员准确及时地发出警报，从而避免犯罪的发生，同时也减少了雇佣大批监视人员所需要的人力、物力和财力的投入。智能视频监控系统可以解决两个主要问题：一个是将安防操作人员从繁杂而枯燥的“盯屏幕”任务中解脱出来，由机器来完成这部分工作，对异常情况能够及时处理等，比如报警等；另一个是在海量的视频数据中快速搜索到想要找的图像。对于上述两个问题，视频分析厂家经常提到的案例是：操作人员盯着屏幕超过 10 分钟后将漏掉 90%的视频信息而使这项工作失去意义，例如伦敦地铁案中，安保人员花了 70 个工时才在大量磁带中找到需要的信息。

与传统的视频监控相比，能够进行目标智能检测与跟踪的智能视频监控具有许多优点。

（1）7×24 全天可靠监控。智能视频监控系统将彻底改变以往完全由监控人员对画面进行监视和分析的模式。该类系统通过嵌入在前端设备中的智能视频模块对监控的画面进行自动分析，一旦发现异常的事件立即向监控中心报警。

（2）提高报警精确度。智能视频监控系统能够有效提高报警精确度，大大降低误报和漏报现象的发生。系统的前端设备中集成了功能强大的图像处理和智能处理模块，使用户可以更加精确的定义威胁安全事件的特征，有效降低误报和漏报现象，减少无用数据量。

（3）提高响应速度。智能视频监控系统拥有比传统视频监控系统更强大的智能处理能力，它能够检测、识别视频场景中的可疑活动，因此在威胁安全的事件发生前就能够提示监控人员关注监控画面，使相关人员提前做好准备工作。

正是由于具有传统监控无法比拟的优点，而且符合当前监控系统智能化、数字化和网络化的发展趋势，智能视频监控正在逐步取代传统视频监控，被广泛应用于各行各业。具有一定智能处理能力的视频监控系统，不仅符合信息产业的未来发展趋势，而且代表着监控行业的未来发展方向，蕴藏着巨大的商机和经济效益，受到了学术界、产业界和管理部门的高度重视。

2. 智能视频监控系统原理及应用

（1）智能视频监控系统原理及系统流程

智能视频监控是将计算机视觉技术引入到视频监控中而产生的。目前，智能视频监控已经成为计算机视觉中一个重要的研究领域。图 6-10 给出了智能视频监控系统的一般流程，从监控摄像头开始，包括运动对象提取、对象描述、对象跟踪、对象识别和对象的行为分析，最后进行预警或报警。

智能视频监控以数字化、网络化视频监控为基础，但又有别于一般的网络化视频监控，它是一种更高端的视频监控应用。智能视频监控系统能够识别不同的物体，发现监控画面中的异常情况，并能够以最快、最佳的方式发出警报和提供有用信息，从而能够更加有效地协助安全人员处理危机，并最大限度地降低误报和漏报现象。其最终目的就是要使计算机能够分析、描述和理解视频画面中的内容。

（2）智能视频监控系统应用实例——煤矿安全生产智能视频联动监控系统

在煤矿上建立智能视频联动监控系统能够解决传统工业电视监控系统因为一些固有因素的限制而带来的许多问题，缩短突发事件响应时间，提高报警系统的精确度，为煤矿企业的安全生产提供保障。如图 6-11 所示，系统包括 3 个部分：视频集成控制、视频智能分析和视频联动监控。

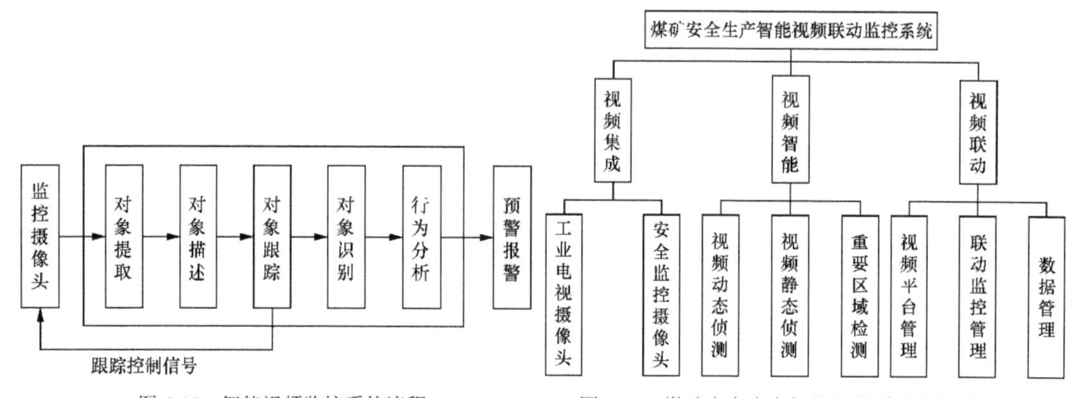

图 6-10　智能视频监控系统流程

图 6-11　煤矿安全生产智能视频联动监控系统结构

下面对该系统的各个组成部分分别进行介绍。

① 视频集成控制

视频集成控制是将已有的工业电视摄像头和安全监控摄像头统一管理起来。其中，工业电视摄像头统一接入到视频矩阵中，通过矩阵的视频端口和控制端口来切换视频和控制摄像头，以便在后台做智能分析和预警信息视频联动。安全监控摄像头是安全监控系统的前端摄像头，由于每个摄像头分布在不同的场所，为了能全面的做视频分析，需要将安全监控摄像头也联入视频矩阵中。

煤矿视频集成控制管理服务是对前端摄像头设备采集到的视频信息按照某种或某几种规定的格式进行压缩处理，通过有线或无线技术进行传输、管理，将前端摄像头通过矩阵统一化到视频集成控制管理工作站中，并可根据应用系统发出的命令提供对各个摄像头视频监控能力。

煤矿视频集成控制管理服务可以根据应用系统发出的命令对前端摄像头进行调用，也可以通过对前端设备的调用来录制前端采集设备采集到的视频信息。当应用系统发出查看前端摄像头设备采集到的视频信息时，建立相应的视频传输通道，将采集到的信息传输给视频分析系统。

② 智能视频分析系统

智能视频分析系统的功能主要分为视频动态侦测、视频静态侦测和重要区域监测 3 类。视频动态侦测在所有摄像头的区域，将摄像头所观察到的视频信息，划分出需要进行视频动态侦测的区域，实时对此区域进行分析、侦测。当有活动目标进入所监控的视频区域后，发出报警信号的同时对活动目标的进入口、活动路径、停止位置进行关联，在视频图像上描绘出此活动目标的轨迹。视频静态侦测在所有摄像头的区域，将摄像头所观察到的视频信息，划分出需要进行视频静态侦测的区域，实时对场地视频画面进行分析，截取每幅画面进行后台对比，直到在设定时间内画面出现明显变化。同时，视频图像中将标记出静止物体所在的位置。重要区域监测是按照客户的真实需求，划分出重要区域和非重要区域。在重要区域中对需要监测的内容设计到智能分析软件中，不论是白天黑夜，还是下雨下雪，都能 7 × 24 小时地对重要区域进行监测。当重要区域出现异动时，附近的摄像头将会自动弹出异动视频画面并报警。

③ 视频联动监控系统

视频联动监控系统需要管理视频监控画面和联动监控画面，与其他安全监控子系统（煤矿安全监控系统、地面原煤运输控制系统、瓦斯抽放监控系统、风机在线监测系统、水泵自动控制系统、井下电网监控系统、井下原煤运输控制系统、矿井提升系统、工业视频监控系统、瓦斯灾害预警系统、调度监控中心）进行联动监控，统一管理智能分析产生的信息、视频联动产生的信息。

（3）智能视频监控系统应用领域

智能视频监控系统的应用领域包括安全相关类和非安全相关类。

安全类相关的应用是目前市场上存在的主要智能视频应用，特别是在“9 • 11”事件、马德里爆炸案以及伦敦爆炸案发生之后，市场上对于此类应用的需求不断增长。这些应用的主要作用是协助政府或其他机构的安全部门提高室外大地域公共环境的安全防护，主要包括以下几项。

① 高级视频移动侦测：在复杂的天气环境中（例如雨雪、大雾、大风等）精确地侦测和识别单个物体或多个物体的运动情况，包括运动方向、运动特征等。

② 物体追踪：侦测到移动物体之后，根据物体的运动情况，自动发送控制指令使摄像机能够自动跟踪物体；在物体超出该摄像机监控范围之后，自动通知物体所在区域的摄像机继续进行追踪。

③ 人物面部识别：自动识别人物的脸部特征，并通过与数据库档案进行比较来识别或验证人物的身份。此类应用又可以细分为合作型和非合作型两大类。合作型应用需要被监控者在摄像机前停留一段时间，通常与门禁系统配合使用。非合作型则可以在人群中识别出特定的个体，此类应用可以在机场、火车站、体育场馆等安防应用场景中发挥很大的作用。

④ 车辆识别：识别车辆的形状、颜色、车牌号码等特征，并反馈给监控者。此类应用可以用在被盗车辆追踪等场景中。

⑤ 非法滞留：当一个物体（如箱子、包裹、车辆、人物等）在敏感区域停留的时间过长，或超过了预定义的时间长度就产生报警。典型应用场景包括机场、火车站、地铁站等。

无论是传统的视频监控系统还是网络视频监控系统，其所监控到的视频画面都只能应用在安全监视领域。而在智能视频系统中，这些视频资源还可以有更多的用途，除了应用到安全相关类的应用之外，还可以应用到一些非安全相关类的应用当中。这些应用主要面向零售、服务等行业，可以被看作管理和服务的辅助工具，用以提高服务水平和营业额，主要包括以下几项。

① 人数统计：统计穿越入口或指定区域的人或物体的数量。例如为业主计算某天光顾其店铺的顾客数量。

② 人群控制：识别人群的整体运动特征，包括速度、方向等，用以避免形成拥塞，或者及时发现异常情况。典型的应用场景包括超市、火车站等人员聚集的地方。

③ 注意力控制：统计人们在某物体前面停留的时间。可以用来评估新产品或新促销策略的吸引力，也可以用来计算为顾客提供服务所用的时间。

④ 交通流量控制：用于在高速公路或环线公路上监视交通情况，例如统计通过的车数、平均车速、是否有非法停靠、是否有故障车辆等。

3. 智能视频监控系统的关键技术

视频监控系统的核心价值在于智能视频分析技术，由运动目标检测、分类、跟踪和行为识别等几个基本环节组成，还包括智能视频检索技术，其中行为识别又包括异常行为检测、异常事件检测以及视频内容理解描述等。

（1）移动目标提取

移动目标提取运动检测是从图像序列中将变化区域从背景图像中提取出来。运动区域的有效分割将大大减少后续过程的运算量。然而，背景图像的不稳定性，如阴影、光照、慢移动、静移动（树叶的摆动）等，却使运动检测变得非常困难。

目前较为实用的视频分析方法主要有两类：一类是背景减除方法，另一类是时间差分方法。背景减除方法是利用当前图像和背景图像的差分（SAD）来检测出运动区域的一种方法，可以提供比较完整的运动目标特征数据，精确度和灵敏度比较高，具有良好的性能表现。时间差分法利用视频图像特征，从连续得到的视频流中提取所需要的动态目标信息。时间差分实质是利用相邻帧图像相减来提取前景目标移动的信息，此方法不能完全提取所有相关特征像素点，在运动实体内部可能产生空洞，能检测出目标的边缘。背景减除法精确度高，灵敏，性能表现好，然而这种方法占用芯片资源多，对光线等变化敏感；时间差分法环境适应性强，占用芯片资源少，对光线等变化不敏感，但是精确度不高，应用条件有限，当运动目标停止时失效。

（2）移动目标跟踪

移动目标跟踪等价于在连续的图像帧间，创建基于位置、速度、形状、纹理、色彩等有关特征的对应匹配问题，常用的数学工具有卡尔曼滤波、Condensation 算法及动态贝叶斯网络等。其中，卡尔曼滤波是基于高斯分布的状态预测方法，不能有效地处理多峰模式（Multi-mode）的分布情况；Condensation 算法是以因子抽样为基础的条件密度传播方法，结合可学习的动态模型，可完成强健性运动跟踪。

就跟踪对象而言，分为跟踪如手、脸、头、腿等身体部分与跟踪整个目标。就跟踪视角而言，有对应于单摄像机的单一视角、对应于多摄像机的多视角和全方位视角。当然还可以从跟踪空间（二维或三维）、跟踪环境（室内或户外）、跟踪人数（单人、多人、人群）、摄像机状态（运动或固定）等方面进行分类，根据跟踪方法的不同讨论跟踪算法。

（3）目标分类

目标分类的目的是从检测到的运动区域中将特定类型物体的运动区域提取出来，例如分类场景中的人、车辆、人群等不同的目标。根据可利用信息的不同，目标分类可以分为基于运动特性的分类和基于形状信息的分类。基于运动特性的识别利用目标运动的周期性进行识别，受颜色、光照的影响较小，而基于形状信息的识别利用检测出的运动区域的形状特征与模板或者统计量进行匹配。

（4）行为识别

目标的行为识别是近年来被广泛关注的研究热点，它是指对目标的运动模式进行分析和识别。行为识别可以简单地被认为是时变数据的分类问题，即将测试序列与预先标定的代表典型行为的参考序列进行匹配。通过在跟踪过程中检测目标的行为以及行为变化，根据用户的自定义行为规则，判断被跟踪目标的行为是否存在威胁。

4. 智能视频监控系统小结

近年来，智能视频监控技术取得长足发展，应用领域不断扩大，从自动目标检测到现在的事件检测、自动目标识别，其监控产品也逐渐由模拟化向数字化、网络化与智能化方向发展。智能视频监控设备比普通的网络视频监控设备具有更强大的图像处理能力，因此可以为用户提供更为高级的视频分析功能，极大提高视频监控系统的能力。从应用角度来看，当前的智能视频监控还是一种高档次应用，主要应用于一些特定场合。随着市场和技术的日趋成熟，智能视频监控将在各行业得到大范围推广。

从产业的角度来看，物联网概念的正式提出可以被看作是 IT 产业对安防产业再度吹响融合的号角。视频监控只是安防产业的其中一个领域，以往并没有融入系统、互联这些概念。但是近年来，由于平安工程、电力变电站、银行网点监控联网等对互联网需求的不断增长，打破了传统视频监控固守的狭窄领域，提出了全新的命题。我们可以理解为：摄像头本质就是信息的采集点，编码设备则是信息数字化的变换点，它们结合起来共同完成“物联网”的第一步功能，那么随之而来的应该是全面的 IT 化、互联网化，即 IP 化之后的架构、技术和系统。如果说物联网是大趋势，那么 IT 和安防的融合就是必然的，所以对于监控而言，联网是不可避免的。这就是三者之间的逻辑关系。如平安城市的联网监控，是将原本各个区域和楼宇分散的监控资源整合成城域范围的一体化监控资源，然后再将多个城域的资源整合成一个广域的资源。

在物联网的前提下，信息可以传送和集中的价值并不仅仅是跨越空间距离获取信息，更关键的是在这个基础上可以扩展各种各样的智能分析应用，这正是物联网对于监控联网的最大好处。如同互联网的价值，我们得以对大量信息进行处理、加工以及应用。可以预见的是，随着物联网应用范围的扩大，未来几年，各行各业的视频监控业务发展都将沿着这条路前进。

6.3.3 智能家居

1. 智能家居系统概述

随着社会信息化的加快，人们的工作、生活和通信、信息的关系日益紧密。信息化社会在改变人们生活方式与工作习惯的同时，也对传统的住宅提出了挑战，社会、技术以及经济的进步更使人们的观念随之巨变。人们对家居的要求早已不只是物理空间，更为关注的是一个安全、方便、舒适的家居环境。智能家居又称智能住宅，在国外常用 Smart Home 表示。与智能家居含义近似的有家庭自动化（Home Automation）、电子家庭（Electronic Home，E-home）、数字家园（Digital Family）、家庭网络（Home Net/Networks for home）、网络家居（Network Home）、智能家庭/建筑（Intelligent Home/Building），在中国香港和中国台湾等地区，还有数码家庭、数码家居等称法。

智能家居可以定义为一个目标或一个系统，利用计算机技术、数字技术、网络通信技术和综合布线技术，将与家庭生活密切相关的防盗报警系统、家电控制系统、网络信息服务系统等各子系统有机地结合在一起，通过中央管理平台，让家居生活更加安全、舒适和高效。它一般是以住宅为基础平台，综合建筑装潢、网络通信、信息家电、设备自动化等技术，将系统、结构、服务、管理集成为一体的高效、安全、便利、环保的居住环境。也就是说，首先，它们都要在一个家居中建立一个通信网络，为家庭信息提供必要的通路，在家庭网络的操作系统的控制下，通过相应的硬件和执行单元，实现对所有家庭网络上的家电等设备的控制和监测。其次，它们都要通过一定的媒介平台，构成与外界的通信通道，以实现与家庭以外的世界沟通信息，满足远程控制/监测和交换信息的需求。最后，它们的最终目的都是为了满足人们对安全舒适、方便和符合绿色环境保护的需求。

2. 智能家居系统的组成

智能家居系统由智能家居控制器主机单元、家庭通信网主机单元、家庭设备自动化单元和家庭安全防范单元四部分组成。

智能家居控制器的功能是通过总线与各种类型的模块相连接，通过电话线路、计算机互联网、CATV 线路与外部相连接。通过利用个人电脑或网络电视，主用户设置控制命令（开关控制、时间表控制或联动控制）。根据设置在内部的时钟功能和内部的软件程序执行控制命令，并向单元控制模块传达命令，对连接的各种家电进行控制。智能家居控制器主机单元由中央处理器（CPU）、通信模块组成。

家庭通信网主机实质就是现在的 Internet 机顶盒，也叫网络电视，主要完成 Internet、电脑、电视功能的融合，并且完成与小区管理中心的互连。家庭通信网主机单元由电话通信模块、计算机互联网模块、CATV 模块组成，有些还具有蓝牙接口，以利于将来蓝牙技术的设备进入家庭使用。

家庭设备自动化单元主要包括智能家居遥控器，其功能是使用者不需要使用个人电脑或网络电视，而只需按动按钮即可随意进行家电控制，还可选择声控方式，大大方便了老人和儿童的使用。

家庭安全防范单元的主要功能有防火灾发生、防煤气（可燃气体）泄漏、防盗报警、安全对讲和紧急呼叫等。

3. 智能家居系统的关键技术

（1）家庭内部网络的组建

家庭内部组网，主要是实现各种信息家电之间的数据传输，把外部连接传入的数据传输到相应的家电上去，同时可以把内部数据传输到外部网络。目前关于家庭内部网络有许多种解决方案，主要是有线和无线方式。其中有线方式有：电子载波的 X-10 和 CEBUS；电话线的 Home PNA；以太网的 IEEE 802.3 和 IEEE 802.3u；串行总线的 USB1.1、USB2.0 和 IEEE 1394。无线方式有：无线局域网的 IEEE 802.11a 和 IEEE 802.11b；家庭射频技术的 Home RF；蓝牙的 IEEE802.15；红外的 IrDA。

家庭内部组网技术的参考因素有：① 连接对象的复杂性，在家庭网络内部存在着音响、可视电话等高速率数据设备，冰箱、洗衣机、PDA 等中速率数据设备，同时还存在三表抄送、防火防盗报警等低速率数据设备；② 基于开放的标准，包括技术文档和体系结构的开放性；③ 兼容广泛的连接技术；④ 用户的需求，低价、易用、高可靠、灵活且可扩展，良好的兼容性，支持多种应用。

多种联网技术将在市场上共存，各种内部联网技术都将找到各自的适应点。对于娱乐应用，如音视频，要求网络能够提供高带宽、实时性、同步传输，速率达到 50Mbit/s 以上的 USB 2.0 和 IEEE 1394 是最佳选择。对于计算和数据通信应用，如微机、家电、话音服务等，传输率要求在几十千比特到几十兆比特，多种技术都可以满足数据传输，但是无线技术可以避免重新布线的烦扰，因此是最佳的选择。对于家居自动化中的低速控制应用，如三表抄送、防盗防火报警器等，带宽的要求在几十千比特内，且产品位置分散，不利于重新布线，因此电力线和无线编码技术是最佳的选择。

（2）家庭网关的设计

智能家居系统的核心是家庭网关（Residential Gateway），在家庭内部提供不同类型、不同结构子网的桥接能力，使这些子网内的信息家电之间可以相互通信；在家庭外部通过 Internet 将各种服务商连接起来以提供实时、双向的宽带接入，同时还提供防火墙的能力，阻止外界对家庭内部设备的非法访问和攻击。各个不同联盟的成员企业根据各自标准都推出各自的家庭网关产品。家庭网关可以通过信息家电（网络冰箱、机顶盒）实现，或构建专用家庭网关实现，其中专用家庭网关更具发展前景。

家庭网关应能实现内部网的互连、信息存储、设备监控、数据计算和外部网的 3W 服务、网络安全功能。从逻辑上看，它可以分为 IP 网关和服务网关两部分。IP 网关的主要功能是实现 Internet 连接共享、防火墙、DHCP 服务器和 NAT（Network Address Translation）服务器。服务网关的主要功能是为家庭网络的服务提供一个开放的、通用的管理环境和集成平台。

家庭网关根据对功能集成方式的不同，可分集中式网关和专用型网关。集中式网关倾向于在一个宽带网络上集成视频、音频和话音应用，如高级的机顶盒产品、Motorola 的 DCT-5000、Scientific-Atlanta 的 Explorer2000、Next Level Communication 的 LP 系列 N3 家庭网关。近来市场上出现一种新型集中式网关，它集成了一个宽带 Modem（DSL 或 Cable Modem）和一个家庭网络解决方案（如 Home PNA 或 Home RF 的解决方案）。这样的网关有 Cisco System 公司的 Internet 家庭网关、2Wire 公司的 Home Portal、爱立信 IPTV 解决方案、Share Gate 公司的 ISISP Jupiter 网关以及 Caymen System 公司的 3220HW 网关。

专用服务网关所允许的应用被限制在特定的应用类型，诸如 Internet 接入、电话、能量管理和家庭控制与安全。新出现的瘦服务器网关可以允许多种类型的应用。例如 Ericsson 公司的 e-box，被设计用于能源管理、家庭自动化、家庭护理、家庭安防以及共享 Internet 接入。其他的专用型服务器网关包括：Coactive Networks 公司的 Connect2000 和 3000 系列，Emerald Gateway 公司的 ESG400，Sage System 公司的 Aladn 网关节点等。

家庭网关的协议分层结构中的第一层、第二层的标准已颁布，并在实际应用中。第三层是业界研究的热点。第四层为应用程序层，可根据功能的强弱进行定制。第五层是 UI 层，包括手动开关、遥控接口、通用软件接口等，它的简单易用直接影响到智能家居系统的性能，目前还没有统一的标准。

在家庭网关的软件设计中，实时操作系统是整个软件系统的核心，它负责进程调度、存储管理、设备管理、实时监控，并提供蓝牙、IEEE1394ADS 等硬件设备的驱动程序。在实时操作系统层之上可以包括 TCP/IP 模块、嵌入式数据库、中文环境模块、图形界面等。API 接口设计包括各种中间件软件的设计。为满足用户需要，可设计出各种应用程序，如 DVD 播放器、浏览器、家庭安防、三表抄送等，以实现家庭安防和娱乐的目的。

此外，由于电信网络正向 NGN 演变，出现了由 NGN 的终端演进的家庭网关。在国外，一些运营商家庭网关的概念已经开始实施 ，使得家庭网络成为电信网络的一部分。如美国南方贝尔承建的美国最大的 NGN 网络，在终端使用了家庭网关，使电信业务有效地延伸到家庭，提供多种多样的终端 ，融合 IPTV、NGN、宽带路由服务器、蓝牙等各种各样的网关。又如华为家庭网络解决方案在海外已通过了运营商严格的测试，在法国、巴西、新加坡都得到了应用。

（3）家庭网络中应用代理技术

网络家电的低成本、高质量和高可靠性是智能家居系统设计成功的重要条件，代理技术是这一方面的成功应用，可以在家居服务器中运行代理，以不同的私有互联协议连接到采用不同技术构成的网络，并将整个控制算法分解成针对不同情况的控制代理。每个代理的任务简单明确，当需要一个代理时才把它传到被控制的设备上，故所需内存空间非常小。

4. 智能家居系统小结

与普通家居相比，智能家居不仅具有传统的居住功能，还能提供舒适安全、高效节能、高度人性化的生活空间，将一批原来被动静止的家居设备转变为具有“智慧”的工具，提供全方位的信息交换功能，帮助家庭与外部保持信息交流畅通，优化人们的生活方式，帮助人们有效地安排时间，增强家庭生活的安全性，并为家庭节省能源费用等。随着人们生活水平的不断提高，人们不断地对居住环境提出更高的要求，越来越注重家庭生活中每个成员的舒适、安全与便利，因此从市场需求的角度看，智能家居前景广阔。

其实，智能家居技术已在市场上出现了几年，只是之前技术还不成熟，代价也不菲。随着物联网概念的提出，物联网的建设将大大推进智能家居产业化的进程。智能家居的应用发展将以非常快的速度拓展开来，现在国内部分城市正在加紧建设物联网项目，而某些通信运营商也将逐步推出相应的智能家居服务。中国电信物联网应用和推广中心、中国电信物联网技术重点实验室在江苏无锡成立，智能家居是其重点关注的物联网应用之一。海尔等企业已经生产出了物联网冰箱这样典型的智能家居，并且在世博会上展示了其 U-home 物联网家庭。随着生活水平的提高，人们对于数字化、信息化的需求也进一步提高。同时，电子信息和智能建筑正经历巨大转型，信息化和网络技术的发展为家庭网络数字提供了强有力的技术保障。家庭网络应用条件已经成熟，潜在需求强烈，并随着国内企业的全球化进程开始加速，加剧了国内家电企业面临重新构建产业秩序的步伐。展望未来几年，我国有可能全面普及智能家庭网络系统和产品，智能家居将不再只是老百姓心中的一个梦想。

6.3.4 智能交通

1. 智能交通系统概述

随着社会经济的不断发展和人们生活水平的普遍提高，以及整个社会对交通运输需求的日益增加，交通运输对经济发展的制约作用不同程度地普遍存在于各个国家和地区。如何解决交通拥挤和堵塞现象几乎成了各国政府最为棘手的难题之一。通过使用增加高技术含量的方法提高现有道路的利用率、道路交通的安全程度以及道路使用的舒适程度成为目前研究热点，智能交通系统（Intelligent Transportation Systems，ITS）应运而生，并且已成为有效地解决交通运输领域问题，特别是交通拥挤、交通阻塞、交通事故和交通污染等问题的最佳途径。

智能交通系统是目前世界交通领域研究的前沿课题。它是在当代科学技术充分发展和进步的背景下产生的，旨在将先进的信息技术、数据通信技术、电子控制技术及计算机处理技术等综合运用于地面交通管理体系，建立起一种大范围、全方位、实时、准确、高效的交通管理系统。可以认为智能交通系统是将信息技术应用于交通的设计、规划、管理的一种新型交通系统。智能交通系统是解决城市交通问题的重要方法之一，它实质上是利用高新技术对传统的运输系统进行改造而形成一种信息化、智能化、社会化的新型运输系统。它能使交通基础设施发挥出最大的效能，提高服务质量，同时使社会能够高效地使用交通设施和能源，从而获得巨大的社会经济效益。它不仅有可能解决交通的拥堵，而且对交通安全、交通事故的处理与救援、客货运输管理、道路收费系统等方面都会产生巨大的影响。

智能交通系统的功能主要表现在：顺畅功能，增加交通的机动性，提高运营效率，提高道路网的通行能力，提高设施效率，调控交通需求；安全功能，提高交通的安全水平，降低事故的可能性，减轻事故的损害程度，防止事故后灾难的扩大；环境功能，减轻堵塞，降低汽车运输对环境的影响。

智能交通系统的主要目标是使汽车与道路的功能智能化，从而保障交通安全、提高交通效率、改善城市环境、降低能源消耗，即在较完善的道路设施基础上，将先进的交通理论与高新技术集成并运用于道路交通的整个过程，以加强车、路、人三者之间的联系。系统通过智能化地收集、分析交通数据，及时将交通信息反馈给系统操作者或驾驶员。系统操作者或驾驶员借助于反馈的交通信息，迅速做出反应以改善交通状况。智能交通系统强调的是系统性、实时性、信息交互性以及服务的广泛性，与原来的交通管理与交通工程有着本质区别。

智能交通系统的早期思想形成于20世纪60年代，随着信息、通信、自动化和计算机技术的发展，逐渐出现了城市路口交通控制和高速公路监控系统，不过当时其重要性并不明显，也没有受到足够的重视。进入20世纪80年代，特别是近几年，智能交通系统才以惊人的速度发展起来了，世界上许多发达国家竞相开展了研究，形成了以美国的“智能车辆—公路系统”、欧洲的“尤里卡”联合研究计划和日本的“先进的动态交通信息系统”等为代表的三大体系。

我国从20世纪80年代初开始重视运用高科技来发展交通运输系统，从城市交通管理入手，在广泛开展城市交通调查、规划、治理的同时，开始对城市交通控制技术进行研究。

20 世纪 90 年代初一些高校和交通研究机构开始了城市交通诱导系统技术的尝试研究。这些研究主要借鉴了美、英、澳大利亚等国的先进控制技术理论和思想，并在北京、上海等城市进行了试点，取得了一定的成果。

目前我国对智能交通系统的研究非常重视，在交通运输管理中应用通信、电子技术的现象也已经十分普遍。比如，全国大部分城市都建立了信号控制系统和交通指挥中心，对本地的交通状况进行管理和控制，为监视和快速处理城市交通拥堵和突发事件发挥了重要作用。高速公路沿线也建立了通信和监控系统、电子收费系统和 IC 卡收费系统，部分高速公路已实现了不停车自动收费。这些都是我国在智能交通系统领域研究方面取得进步的表现。

2. 智能交通系统的体系结构

目前国际上公认的智能交通系统的服务领域为 7 个方面：先进的交通信息服务系统、先进的交通管理系统、先进的公共交通系统、先进的车辆控制系统、货运管理系统、电子收费系统、紧急救援系统。

（1）先进的交通信息服务系统（AITS）

AITS 是建立在完善的信息网络基础上的。交通参与者通过装备在道路上、车上、换乘站上、停车场上以及气象中心的传感器和传输设备，向交通信息中心提供各地的实时交通信息。该系统得到这些信息并通过处理后，实时向交通参与者提供道路交通信息、公共交通信息、换乘信息、交通气象信息、停车场信息以及与出行相关的其他信息。出行者根据这些信息确定自己的出行方式、选择路线。更进一步，当车上装备了自动定位和导航系统时，该系统可以帮助驾驶员自动选择行驶路线。

随着信息网络技术的发展，科学家们已经提出将 AITS 建立在因特网上，并采用多媒体技术。这将使 AITS 的服务功能大大加强，交通工具将成为移动的信息中心和办公室。

（2）先进的交通管理系统（ATMS）

该系统是一个可以实现车辆行驶时间测定、交通事故检测、道路自动收费、信号自动控制以及交通流量自动控制的实时交通管理系统。这个系统有一部分与 AITS 共用信息采集处理和传输系统，但是 ATMS 主要是给交通管理者使用的。它将对道路系统中的交通状况、交通事故、气象状况和交通环境进行实时的监视，根据收集到的信息，对交通进行控制，如信号灯、诱导信息发布、道路管制、事故处理与救援等。

（3）先进的公共交通系统（APTS）

该系统的目的是促进公共交通管理者和使用者之间的相互协助，加强公共交通管理部门之间的相互协作，实现公共交通运输的智能化。最终目的是改善公共交通的效率，包括公共汽车、地铁、轻轨交通、城郊铁路和城市间的长途公共汽车，使公交系统实现安全便捷、经济、运量大的目标。

（4）先进的车辆控制系统（AVCS）

该系统通过车辆和道路上设置的情报通信装置，实现包括自动车驾驶在内的车辆辅助驾驶控制系统。从当前的发展看，可以分为两个层次：一是车辆辅助安全驾驶系统，二是自动驾驶系统。

车辆辅助安全驾驶系统有以下几个部分：车载传感器、微波雷达、激光雷达、摄像机、其他形式的传感器、车载计算机和控制执行机构等。行驶中的车辆通过车载的传感器测定出与前车、周围车辆以及与道路设施的距离和其他情况，车载计算机进行处理并对驾驶员提出警告，在紧急情况下强制车辆制动。

装备了自动驾驶系统的汽车也称为智能汽车，它在行驶中可以做到自动导向、自动检测和回避障碍物，在智能公路上，能够在较高的速度下自动保持与前车的距离。但智能汽车只有在智能公路上使用才能发挥出全部功能，如果在普通公路上使用，它仅仅是一辆装备了辅助安全驾驶系统的汽车。

（5）货运管理系统

货运管理系统是指以高速道路网和信息管理系统为基础，利用物流理论进行管理的智能化的物流管理系统。它综合利用卫星定位、地理信息系统、物流信息及网络技术有效地组织货物运输，提高货运效率。

（6）不停车收费系统（ETC）

道路收取通行费是道路建设资金回收的重要渠道之一，但是随着交通量的增加，收费站开始成为道路上新的瓶颈。电子收费系统就是为解决这个问题而开发的。使用者在市场购买车载的电子收费装置，经政府指定的部门加装安全模块后即可安装在自己的车上，然后向高速公路公司或银行预交一笔通行费，领到一张内部装有芯片的通行卡（即 IC 卡或 RFID 卡），将其安装在汽车的指定位置。这样当汽车通过收费站的不停车收费车道时，该车道上安装的读取设备与车上的卡进行相互通信，自动在预交账户上将本次通行费扣除。

ETC 是较先进的路桥收费方式，通过安装在车辆挡风玻璃上的车载器与收费站车道上的微波天线之间的微波专用短程通信，利用计算机联网技术与银行进行后台结算处理，从而达到车辆通过路桥收费站不需停车而能缴纳路桥费的目的，且所缴纳的费用经过后台处理后分给相关的收益业主。在现有的车道上安装电子不停车收费系统，可以使车道的通行能力提高 3～5 倍。

（7）紧急救援系统

紧急救援系统是一个特殊的系统。它的基础是 ATIS、ATMS 和有关的救援机构和设施，通过 ATIS 和 ATMS 将交通监控中心与职业的救援机构连成有机的整体，为道路使用者提供车辆故障现场紧急处置、拖车、现场救护、排除事故车辆等服务。

在上述几个系统中，先进的交通管理系统（ATMS）在智能交通系统中占有极其重要的位置。该系统是将交通管理和车辆融合为一个整体，从而实现主动式的综合交通管理与控制，最终实现完全自动的道路交通系统。

3. 智能交通系统的关键技术

实现智能交通系统的关键技术除了传统的网络技术和通信技术以外，还包括显示技术、自动车辆识别技术、数据库技术和自动控制技术。

（1）显示技术

显示技术可用于公共场所的信息显示，如车站站牌、车内信息显示板，也可以通过大屏幕为管理、决策人员提供信息显示。例如在调度中心，有相当一部分信息需要及时、快捷、直观地提供给生产调度人员和经营决策人员，大屏幕显示为及时、快捷、直观地反映这些信息提供了有效的手段。大屏幕显示系统的功能包括：监控现场情况、规划辅助设计系统动态模拟显示、企业经营管理有关信息的显示、显示特定的信息（如贵宾访问欢迎公司、重要新闻发布、业务演示宣传等）。

大屏幕对显示系统的要求包括：能够清晰显示数字地图信息（如城市街道图）；能够清晰地显示行驶在街道上的运营车辆；能够按要求任意缩放、组合、切换显示内容；能够显示管理信息系统所支持的数据、表格及图形；与监控系统连接时能够实时显示监控的图像信息。

（2）自动车辆识别技术

自动车辆识别（Automation Vehicle Identification，AVI）是当车辆通过某一特定地点时，自动将该车身份识别出来的技术。车辆的身份，指车辆本身的代表符号以及固有的属性。在 AVI 系统中，有些采用传统的车牌识别，但更多的是采用条形码、电子车牌、电子识别卡和智能卡等技术。

（3）数据库技术

数据库（Database）指的是计算机中用于数据处理的一种数据管理技术。简单地说，数据库是在计算机中按照一定组织方式存储在一起的、相互有关的、为用户共同关心的全部数据的集合。这些数据具有最少的重复（冗余度小），能够同时为多个用户服务（数据共享），数据的存储独立于应用程序（数据独立性）。对数据库进行更新和检索等操作时，由系统提供统一的控制方法，并能够保证数据的安全性、完整性和并发一致性。

数据库的特点是其复杂的数据结构。在数据库系统中，由于可以存储复杂的数据结构和不同格式、不同长度的记录，且记录之间可以有联系，会节省很大的空间，同时增加了人们组织数据的灵活性，提高了描述现实世界的能力，这是数据库与文件系统之间的最根本的区别之一。数据库系统具有表达复杂数据结构的能力，使得人们不再面向单个应用组织数据，而是从整体角度出发来组织数据。数据库系统采用面向数据组织数据的方法，例如处理一个企业的信息时，各部门的应用可以仅仅使用数据库中与它相关的那部分数据，而数据库中存储的是这个企业的全部信息，这样可达到数据共享的目的。

（4）自动控制技术

自动控制是应用自动化仪表或控制装置代替人工自动的对机器设备或过程进行控制，使之达到预期的状态或性能要求。自动控制发展过程经历了开环控制、反馈控制、最优控制、随机控制、自适应控制、自学习控制、智能控制等阶段。由于被控对象的复杂性，智能控制应用比较多，其主要特点是：① 有非数学广义模型和以数学模型表示的混合控制过程，是含有复杂性、不完全性、模糊型或不确定性的非数字过程。在研究和设计智能控制系统时，主要注意任务和世界模型的描述、符号和环境的识别以及知识库和推理机的设计；② 能控制的核心在高层控制，即组织级，高层控制的任务在于对实际环境或过程进行组织，即决策和规划，实现广义问题求解，为了实现这些任务，需要采用符号信息处理、启发式程序设计、知识表示以及自动推理和决策等相关技术；③ 能控制是一门边缘交叉学科，涉及很多相关学科，它的发展需要各相关学科的配合与支援，模式识别必须与人工智能相结合才能有更大的发展；④ 能控制是一个新兴的研究领域，无论在理论上或实践上都还不成熟、不完善，需要进一步探索与开发。

4. 智能交通系统小结

作为物联网产业链中的重要组成部分，智能交通具有行业市场成熟度较高、行业传感技术成熟、政府扶持力度大的特点，在许多城市已经开始规模化应用，市场前景广阔，投资机会巨大，将成为未来几年物联网产业发展的重点领域。

在智能交通领域，中国联通已率先布局。2007 年联通启动了出租车无线车辆调度方案，成为物联网业务的雏形。在移动支付方面，中国联通在上海也率先推出了公交卡手机。此外，无锡物联网产业研究院也研发了智能停车场系统、城市交通诱导系统和智能红绿灯控制系统等智能交通产品。另外，为了更好地保障上海世博会期间的车辆安全，上海电信将物联网技术应用到世博的交通监控上，该系统以视频与传感器技术结合的方式，通过对烟雾、振动和加速度等元素的控制，可以实现对车辆的车速、开关门、急刹车、碰撞、侧翻、超速、越界（偏离运营路线）等情况进行实时监测，还可以对危险品进行监测，由中兴通讯为上海电信建设的该物联网系统已经在世博开幕之前投入运营应用。

目前，许多城市都已采用信息化手段改进城市交通，并取得了一定的社会和经济效益。但随着城市的飞速发展和车辆保有量的高速增长，交通问题仍然日益严重。为了促进智能交通系统的发展和应用，其各个部分的关键理论和技术的科研攻关成为科研学术团体面临的重大挑战。智能交通系统理论方面的突破是发展智能交通系统的基础，具有非常重要的意义。

6.4 物联网应用小结

物联网产业覆盖了传感感知、传输通道、运算处理、行业应用等领域，其中涉及的技术包括 RFID 射频识别、传感器、无线网络传输、高性能计算、智能控制、云计算等。目前，物联网相关设备制造业服务产业保持快速发展，电子标签产业从无到有，企业超过百家，已形成了涵盖标签、读写器、系统集成等较为完整的产业链。各高校在传感感应方面建立起了敏感原件与传感器产业，国内相关机构也在生物传感器、化学传感器、红外线传感器、图象传感器、工业传感器等领域掌握了专利和技术。此外，物联网的应用领域正从面向企业的智能交通、电力抄表等发展到面向公众的个人医疗、智能家居等，遍及各行各业，但总体而言还处在创新起步阶段，尚未大规模普及。美国权威咨询机构 FORRESTER 预测，到 2020 年，世界上物物互联的业务相比人与人通信的业务，将达到 30∶1，因此，物联网被称为下一个万亿级的通信业务。

物联网的发展也面临很多困难，核心技术尚不成熟，标准体系尚在建立过程中，并且物联网业务和应用的规模和领域比较小，没有形成成熟的商业模式，应用成本较高。此外，物联网和互联网的业务应用是不同的。互联网是全球化的，只要计算机接入互联网就与全球相连。物联网建设在互联网之上，但是并不是任何人都能接入。例如，电力系统的物联网只有电力系统的相关人员才能接入，交通系统的物联网只有交通系统的相关人员才能接入。所以物联网实际上是各行业的专网。各行各业之间存在着很大的行业壁垒，行业壁垒不突破，物联网的业务应用很难对人们的生活和生产产生更大的影响。

可见，物联网的发展不仅需要加快突破核心关键技术，形成较为完备的物联网技术体系，加快物联网标准体系的建设，更为重要的是积极引导和推广物联网业务和应用，不断扩大其应用的规模和领域，通过物联网业务和应用促进产业链和技术的成熟，从而为人们的生活带来更多的便利。

参考文献

[1] 于明，胡前笑，周伟杰．运营商 M2M 技术与业务发展策略研究．通信世界，2009（40）．

[2] 刘雯婕．M2M 系统结构及发展．通信管理与技术，2009（2）．

[3] 爱立信（中国）通信有限公司．M2M 企业发展搭乘的快车——爱立信 M2M 智能平台．通信世界，2009（40）．

[4] M2M：为移动互联带来新机遇．中国电信业，2009（8）．

[5] 戴国华，李宝荣，刘兆元．M2M 产业的发展现状及存在问题．移动通信，2008（22）．

[6] 夏骆辉，谭丽．M2M 技术体系日趋成熟，标准体系、商业模式仍需完善．世界电信，2009（11）．

[7] 黄颖，李健．泛在网国内外标准化总体情况．电信网技术，2010（3）．

[8] 中国移动 M2M 技术论坛．http://www.chinam2m.com.cn/bbs/index.php.

[9] 3GPP TS 22.368：Service requirements for Machine-Type Communications (MTC); Stage 1. 2010（4）．

[10] Jeremy Geelan. Twenty one experts define cloud computing. Virtualization, August 2008. Electronic Magazine, http://virtualization.sys-con.com/node/612375.

[11] Rajkumar Buyya, Chee Shin Yeo, and Srikumar Venugopal. Market-oriented cloud computing: Vision, hype, and reality for delivering it services as computing utilities. CoRR (abs/0808.3558), 2008.

[12] Luis M. Vaquero, Luis Rodero-Merino, Juan Caceres, Maik Lindner. A Break in the Clouds: Towards a Cloud Definition. ACM SIGCOMM Computer Communication Review, Volume 39, Number 1, January 2009.

[13] Ian Foster, Yong Zhao, Ioan Raicu, Shiyong Lu. Cloud Computing and Grid Computing 360-Degree Compared. http://arxiv.org/abs/0901.0131v1.

[14] The NIST Definition of Cloud Computing. http://csrc.nist.gov/groups/SNS/cloud-computing.

[15] 云安全联盟（CSA）．云计算参考模型. http://www.cloudsecurityalliance.org/guidance/csaguide.v2.1.pdf.

[16] John W. Rittinghouse, James F. Ransome. Cloud Computing Implementation, Management, and Security. Taylor and Francis Group, LLC. 2010.

[17] Jeffrey Voas,Jia Zhang.Cloud Computing: New Wine or Just a New Bottle?. computer.org/ITPro, March/April 2009.

[18] Foster, I. and Kesselman, C. The Grid: Blueprint for a New Computing Infrastructure. Morgan Kaufmann, 1999.

[19] Sanjay Ghemawat, Howard Gobioff, and Shun-Tak Leung. The Google File System. SOSP'03, New York, USA.

[20] Jeffrey Dean and Sanjay Ghemawat.MapReduce: Simplifed Data Processing on Large Clusters. OSDI 2004, San Francisco, USA.

[21] Fay Chang, Jeffrey Dean, Sanjay Ghemawat, Wilson C. Hsieh, Deborah A. Wallach.

[22] Bigtable: A Distributed Storage System for Structured Data. OSDI 2006, Seattle, USA.

[23] 赵立权．智能物流及其支撑技术．南京财经大学，2005.

[24] 周晓光，王晓华．射频识别（RFID）技术原理与应用实例．北京：人民邮电出版社，2006.
[25] 闻学伟，汝宜红．智能物流系统设计及应用.
[26] 智能化物流系统及关键技术分析．http://bbs.vsharing.com/Article.aspx?aid=832267&page=1.
[27] 戴定一．智能物流与物联网. http://www.chinawuliu.com.cn/cflp/newss/content/201005/33_8110.html.
[28] 智能物联网的到来．http://www.donews.com/tele/201005/86205.shtm.
[29] 申文彪．智能视频监控技术研究及应用.
[30] 李立会，李少军，刘忠领．智能视频监控技术综述.
[31] 赵俊．智能视频监控系统关键技术研究．西安电子科技大学.
[32] 刘智权．视频监控：物联网时代应用先锋. http://www.cww.net.cn/tech/html/2010/2/25/2010225920526487.htm
[33] 冯凯，童世华．智能家居的由来及其发展趋势.
[34] 吴瑜，韩江洪，张建军，张利．智能家居系统设计中几个关键技术的探讨.
[35] 杨小东，陆以勤．家庭网络技术及相关协议.
[36] 物联网产业应用快速推动智能家居发展. http://sec.chinabyte.com/139/11332639.shtml
[37] 张振东．智能交通系统概述及国内外发展状况.
[38] 杨墉金，陈志钢．浅谈智能交通系统.
[39] 张迎春，黄志红．智能交通系统（ITS）的发展.
[40] 中兴为世博搭建智能交通物联网．RFID 世界网.
[41] 赵钧．构建基于云计算的物联网运营平台．中国信息产业网.

第7章 物联网安全

随着人们对物联网的认知和应用不断加深，在其发展日益壮大的同时，物联网背后隐藏的安全危机也日渐显现。根据物联网自身的特点，它除了需要面对传统网络安全问题之外，还存在着一些新的安全特点，面临着新的安全挑战，同样需要引起大家的重视。

作为一个智能网络的整体，物联网安全方面目前还没有形成一个完整的系统，本章的结构安排如下，在第 7.1 节阐述基本的信息安全基础理论；第 7.2 节描述与物联网密切相关的无线传感网络以及 RFID 技术的安全问题，及它们的安全机制和安全标准；第 7.3 节重点分析物联网的安全的新特点、新挑战，并提出了作者认为在物联网安全设计时应当考虑的问题，让大家在学习物联网安全基本知识的同时能够更加深入地思考解决方案。

7.1 信息安全基础

7.1.1 信息安全定义

信息安全是一门涉及计算机科学、网络技术、通信技术、密码技术、信息安全技术、应用数学、数论、信息论等多种学科的综合性学科。从广义上来说，凡是涉及信息的可靠性、保密性、完整性、可用性和不可抵赖性的相关技术和理论都是信息安全的研究领域。

国际标准化组织（ISO）对信息安全的定义是：在技术上和管理上为数据处理系统建立的安全保护，保护计算机硬件、软件和数据不因偶然和恶意的原因而遭到破坏、更改和泄露。

7.1.2 信息安全的基本属性

人们在不断实践和探索的过程中，总结了信息安全的 5 个基本属性：可用性、可靠性、完整性、保密性和不可抵赖性。这 5 个属性刻画了信息安全的基本特征和需求，适用于国家信息基础设施的教育、娱乐、医疗、运输、国家安全、电力供给及分配、通信等广泛领域。5 个属性的具体含义如下。

1. 可用性（Availability）

可用性是指确保那些已被授权的用户，在他们需要的时候，确实可以访问得到所需信息。这就要求提供信息的系统即使在突发事件下，如网络攻击、计算机病毒感染、系统崩溃、战争破坏、自然灾害等，仍然能保障数据和服务的正常使用。如果没有可用性，信息的完整性和保密性就失去了意义。

2. 可靠性（Reliability）

可靠性是指信息以用户认可的质量连续服务于用户的特性（包括信息的迅速、准确和连续地转移等），也可以说是系统在规定条件下和规定时间内完成规定功能的概率。

3. 完整性（Integrity）

完整性是指要保证信息和处理方法的完整性和正确性。完整性一方面指信息在存储或传输的过程中不被偶然或蓄意地删除、修改、伪造、乱序、重放、插入等破坏的特性；另一方面指信息处理方法的正确性，如果执行不正确的操作，也很有可能破坏信息的完整性。

4. 保密性（Confidentiality）

保密性是指确保信息不泄露给未授权的实体或进程的特性，即信息的内容不会被未授权的第三方所知。根据信息的重要程度和保密要求不同，信息可分为不同保密级。所有人员都可以访问的信息为公开信息，需要限制访问的信息为敏感信息或秘密信息。信息的保密性在军用信息安全中尤为重要。

5. 不可抵赖性（Non-Repudiation）

不可抵赖性也称作不可否认性，它是面向通信双方（人、实体或进程）的安全要求，保证信息系统的操作者或信息的处理者不能否认其行为或者处理结果，以防止参与此操作或通信的一方事后否认该事件曾发生过。

不论信息入侵者采用什么手段，他们都要通过攻击信息的以上 5 种安全属性来达到目的。要保障信息安全，就要保证在客观上杜绝对信息安全属性的安全威胁。因此，信息安全的任务就是要实现信息的上述 5 种基本属性。

7.1.3 信息安全分类

与其他学科的发展一样，信息安全也经历了一个漫长的发展过程，在其发展过程中也伴随着信息安全技术的发展与进步。当前对信息安全的分类没有统一的标准，我们从人们对信息安全技术认知程度的角度出发，将现有的主要信息安全技术归纳为以下几个领域：物理安全、系统安全、网络安全、应用安全。本节将分别介绍这 4 种信息安全的概念并简要介绍其中典型的安全技术。

1. 物理安全

物理安全又称作实体安全，是保护计算机设备、设施（网络及通信线路）等免遭地震、水灾，或在有害气体和其他环境事故中受破坏的措施和过程。信息系统的物理安全涉及整个系统的配套部件、设备和设施的安全性能、所处的环境安全以及整个系统可靠运行等方面，是信息系统安全运行的基本保障。物理安全要求包括对环境（如机房）的防火、防雷电、抗电强度等要求，机房综合布线的要求，灾难备份与恢复的要求，以及对人员的要求等。

2. 网络安全

网络安全指网络上信息的安全，也就是网络中传输和保存的数据，不受偶然或恶意的破坏、更改和泄露，网络系统能够正常运行，网络服务不中断。随着计算机网络的不断延伸以及和其他网络的集成，网络安全问题俨然已经成为信息安全的热点问题，也是众多安全技术研究的对象。

保障网络安全使用的典型技术包括密码技术、防火墙、入侵检测技术、访问控制技术、虚拟专用网技术、认证技术等。

密码技术是信息安全的核心和关键，主要包括密码算法、密码协议的设计与分析、密钥管理和密钥托管等技术。密码算法主要包括序列密码、分组密码、公钥密码、散列函数等，用于保证信息的安全。按照加密密钥与解密密钥的对称性，密码算法可分为对称型加密和不对称型加密。对称型加密是指加密密钥和解密密钥相同，或两密钥虽然不同，但可由其中任意一个很容易的推导出另一个，即密钥是双方共享的。在大多数对称算法中，加密解密密钥是相同的，它要求发送者和接收者在安全通信之前，商定一个密钥。只要通信需要保密，密钥就必须保密。不对称型加密的特点是有两个密钥，一个称为公开密钥，为发送者对数据加密时使用，是公开的；另一个称为私有密钥，用于解密，是保密的，由接收者妥善保管，只有二者搭配使用才能完成加解密过程。

防火墙是网络安全技术中最主要的技术手段之一。网络的防火墙是一种用来加强网络之间访问控制，防止外部网络用户以非法手段通过外部网络进入内部网络来访问内部网络资源，保护内部网络操作环境的特殊网络互联设备。目前的防火墙产品主要有堡垒主机、包过滤路由器、应用层网关（代理服务器）以及电路层网关、屏蔽主机防火墙、双宿主机等。

入侵检测技术是用于检测损害或企图损害系统的机密性、完整性或可用性等行为的一类安全技术。它通过在受保护的网络或系统中部署检测设备来监视受保护网络或系统的状态与活动，收集并分析网络行为、安全日志、审计数据、其他网络上可以获得的信息以及计算机系统中若干关键点的信息，在网络受到危害之前拦截和响应入侵。进行入侵检测的软件和硬件的组合形成了入侵检测系统（Intrusion Detection System，IDS）。

访问控制是按用户身份及其所归属的某预定义组来限制用户对某些信息的访问。访问控制技术的功能主要有：防止非法的主体访问受保护的网络资源；允许合法用户访问受保护的网络资源；防止合法的用户对受保护的网络资源进行非授权的访问。访问控制技术分为自助访问控制技术（Discretionary Access Control，DAC）、强制访问控制技术（Mandatory Access Control，MAC）以及基于角色的访问控制技术（Role-based Access Control，RBAC）3 种类型。

虚拟专用网（Virtual Private Network，VPN）技术指的是在公用网络上建立专用网络的技术，是实现安全传输的重要手段之一。VPN 通过特殊加密的通信协议在公用网络（通常是因特网）上建立一个临时的、安全的专有通信线路，使得数据能够“穿过”混乱的公用网络，从安全、稳定的专用网隧道安全传输。虚拟专用网的实现技术包括密码技术、身份认证技术、隧道技术等。

认证技术是网络安全技术的重要组成部分之一，用于确定合法对象的身份，防止假冒攻击。其基本思想是通过验证被认证对象的属性来达到确认被认证对象是否真实有效的目的。认证常被用于通信双方相互确认身份，以保证通信的安全。认证主要包括数字签名、身份认证以及公开密钥证明等。数字签名机制提供了一种鉴别方法，身份认证机制对通信双方真实身份的确认，公开密钥机制对密钥进行验证。当前，业界广泛采用的一项认证技术是 PKI（Public Key Infrastructure，公开密钥基础设施），是指利用公钥概念和技术来实施和提供安全服务的具有普遍适用性的安全基础设施。PKI 最基本的元素是数字证书，所有的安全操作主要都通过证书来实现，其主要部件包括签发证书的证书机构（CA），登记证书的注册机构（RA），存储、发布、撤销证书的证书管理系统，PKI 策略管理以及 PKI 应用接口等。用户使用由 CA 签发的数字证书，结合加密技术，可以保证通信内容的保密性、完整性、可靠性及交易的不可抵赖性，并进行用户身份的识别。

3. 系统安全

系统安全主要指的是计算机系统的安全，而计算机系统的安全主要来自于软件系统，包括操作系统的安全和数据库的安全。

操作系统作为计算机系统安全功能的执行者和管理者，是所有应用软件运行的基础。操作系统的安全可以说是整个信息系统安全的基础和核心。它面临着黑客、病毒、蠕虫、木马等众多的安全威胁。它的安全措施包括通过物理、时间、逻辑上进行物理隔离或通过对程序和数据的读、写、更改和删除进行访问控制。

数据库是信息社会中数据存储和处理的核心，其安全性对于整个信息系统的安全极为重要。数据库安全是指数据库的任何部分都不允许受到恶意侵害或未经授权的存取或修改。数据库的运行控制主要由数据库管理系统（DBMS，Database Management System）完成，DBMS 系统所采用的数据库安全技术主要包括访问控制、认证、加密等技术，其中应用最广也最为有效的是访问控制技术。

4. 应用安全

应用安全是指应用程序在使用过程中和结果的安全，它是定位于应用层的安全。应用安全包括 Web 安全技术、电子邮件安全等。

Web 安全指的是在服务器与客户机基于超文本方式进行信息交互时的安全问题，Web 安全威胁包括黑客攻击、病毒干扰、Web 诈骗、网上钓鱼等。随着 Internet 的商业化，各种安全漏洞不断出现。为了防范 Web 攻击，可以通过监控 Web 站点的出入情况，防止黑客、病毒的闯入；使用防火墙、入侵检测系统、防病毒系统、漏洞扫描和安全评估软件来构建安全的服务器外部环境。

电子邮件的安全隐患主要包括垃圾邮件、病毒侵犯、邮件爆炸、邮件被监听等。保护电子邮件安全的一个著名的系统是 PGP（Pretty Good Privacy），它是一个基于 RSA（Rivest Shamir Adleman）公钥加密体系的邮件加密系统。可以用它对用户的邮件进行加密以防止非授权者阅读，还能对邮件加上数字签名，使收信人确定邮件发送者的合法性。

7.2 无线传感器网络和 RFID 安全

作为互联网基础上延伸和拓展的一种通信网络，物联网安全的宗旨是保证在客观上杜绝对第 7.1.2 节所述的信息安全 5 个基本属性的安全威胁。

虽然物联网的基础仍然是互联网，且大量采用了现有的技术，但物联网作为一个智能网络的整体，其安全方面目前还没有形成一个完整的系统，我们在此仅例举与物联网密切相关的无线传感器网络和 RFID 技术的安全问题，以及它们的安全机制和安全标准。

7.2.1 无线传感器网络安全

1. 无线传感器网络的安全问题

无线传感器网络的安全目标是要解决网络的可用性、机密性、完整性等问题，抵抗各种恶意的攻击。传感器网络本身的特点使得它与传统网络的安全问题有诸多不同。本节将阐述无线传感器网络的安全问题。

（1）有限的存储、运行空间和计算能力，有限的能量

传感器节点用来存储、运行代码的空间十分有限。比如，一个普通的传感器节点拥有 16bit、8MHz 的 RISC CPU，但它只有 10KB 的 RAM、48KB 的程序内存和 1024KB 的闪存。因此传感器中的软件必须做得非常小。传感器节点的 CPU 运算能力也不能与一般的计算机相提并论。

能量是无线传感器性能的最大约束。一旦传感器节点部署到传感器网络中去，由于成本太高，是无法随意更换和充电的。它们携带的电池充电器是用于延长个别传感器节点乃至整个传感器网络的寿命的。如果在传感器节点上增加保密功能，则必须要考虑这些安全功能对能源的消耗。

（2）通信的不可靠性

网络的安全性很大程度上依赖于一个界定的协议或算法，并进而依赖于通信。但在物联网中通信传输是不可靠的。无线传输信道的不稳定性以及节点的并发通信冲突可能导致数据包的丢失或损坏，迫使软件开发者需要投入额外的资源进行错误处理。更重要的是，如果没有合适的错误处理机制，可能导致通信过程中丢失十分关键的安全数据包，比如密钥。

此外，多跳路由和网络拥塞可能造成很大延迟，使得我们设计安全算法时必须合理协调节点通信，并尽可能减少对时间同步的要求。

（3）节点的物理安全无法保证

传感器节点所处的环境易受到天气等物理因素的影响，导致其受攻击的概率比传统 PC 高得多。且传感器网络的远程管理使我们在进行安全设计时必须考虑节点的检测、维护等问题，同时还要将节点导致的安全隐患扩散限制在最小范围内。

总的来说，如何在节点计算速度、电源能量、通信能力和存储空间非常有限的情况下，研究无线传感器网络的安全模型和安全机制，保证传感器网络中信息的机密性、完整性、可用性，抵抗各种恶意的攻击，提高无线传感器网络容侵容错能力，是关系到传感器网络是否能够实用的一个关键性问题。人们在对这些课题的不断探索中，产生并制定了一些无线传感器网络安全领域的安全标准。

2. 无线传感器网络的安全标准

（1）国际无线传感器网络安全标准工作

传感器网络涉及的国际标准化组织比较多，目前 ISO/IEC JTC1、IEEE、ITU 和 IETF 等组织都在开展传感器网络标准研究工作。在世界范围内，与传感器网络安全相关的标准组织也在不同的应用领域开展了多样的研究与探索。

① ISA 100.11a 标准安全方案

2004 年 12 月，美国仪表系统和自动化学会成立了工业无线标准 ISA 100 委员会，启动了工业无线技术的标准化进程。ISA 100.11a 安全工作组的任务是制定安全标准并推荐安全应用解决方案等。

在 ISA 安全体系中，由网络中的安全管理器负责整个网络的安全管理，设备自身的安全通过设备安全管理对象（DSMO）进行管理，可以由 DSMO 向设备的应用进程发起安全服务请求。ISA 的安全服务主要包括点到点和端到端的安全保护（数据加密和完整性鉴别）、消息/设备认证、入网设备安全处理，主要应用于通信协议栈 MAC 子层和传输层，当使用特定的密钥时，MAC 层安全可以抵御来自系统外部的攻击者，而传输安全是抵御网络边缘的攻击者。同时 ISA 提出了使用对称密钥/非对称密钥的安全措施，并期望囊括目前所有流行的技术，给用户很大的选择空间。

② 无线 HART 标准方案

HART 通信基金会是国际非营利性组织，负责管理和支持全世界的 HART 通信技术。HART 通信基金会于 1993 年成立，是 HART 协议的技术所有者和标准设置实体，会员单位有 150 多家。2007 年 HART 通信基金会公布了无线 HART 协议，无线 HART 采用强大的安全措施，确保网络和数据随时随地受到保护，包括信息保密、消息完整性校验、认证

（信息和设备）和设备入网的安全过程，如图 7-1 所示。

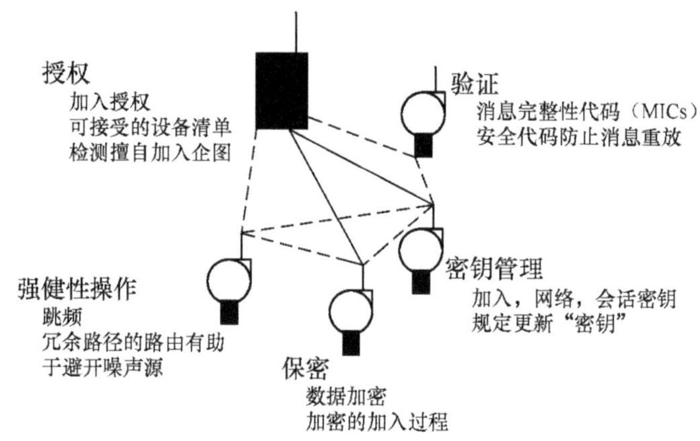

图 7-1　无线 HART 采用的安全措施

保密措施即端到端数据加密，用来防止敏感数据被截获。验证采用消息完整性代码（MIC）签署端到端的数据完成。强健性操作是利用信道跳频和网络冗余路径减弱拒绝服务攻击。密钥管理主要采取密码保护（安全密钥）来防止未经授权的设备加入到网络及在网络上通信，并周期性更新加密密钥。授权时通过在点对点通信中使用独立的加密来防止任何设备的俘获，并保证未经许可的设备不可加入网络。

③ ZigBee 标准安全方案

ZigBee 协议栈给出了传感器网络总体安全结构和各层安全服务，分别定义了各层的安全服务原语和安全帧格式以及安全元素，并提供了一种可用的安全属性的基本功能描述，如图 7-2 所示。ZigBee 技术针对不同的应用，提供了不同的安全策略。这些策略分别施加在数据链路层、网络层和应用层上，媒体访问控制层（MAC 层）、网络层（NWK 层）和应用支撑子层（APS 层）负责它们各自帧的安全传输。同时，APS 子层提供了建立和维护安全关系的服务。设备对象（ZDO）负责管理设备的安全策略和安全组态。

④ WIA-PA 标准安全方案

WIA-PA 标准安全方案是我国自主研发的用户工业过程自动化的无线网络规范，与 Wireless HART 同为国际标准化文件。

WIA-PA 网络采用分层实施不同的安全策略和措施，在不同层次采用不同的安全策略。WIA-PA 的网络安全体系架构由安全管理者、安全管理代理、安全管理模块组成。安全管理者负责整个网络安全策略的配置、密钥的管理、设备认证、认证端到端的通信关系和保存访问控制列表。安全体系架构通过边界网关和边界路由器与外部网络进行安全交互。边界网关和边界路由器是外部网络访问 WIA-PA 网络的安全防火墙接口，对整个 WIA-PA 网络安全实施边界保护，保证 WIA-PA 网络正常工作。WIA-PA 协议在应用层和数据链路子层提供完整性校验服务，发送方利用密钥对报文进行校验算法运算，得到校验码，接收方验证校验码的正确性，判断数据是否被篡改。WIA-PA 协议在应用层和数据链路子层提供保密性服务，发送方利用相关对称加密算法对用户数据进行加密运算后发送到接收方。接收方对接收到的密文利用相关对称加密算法进行解密运算，得到解密后的用户数据，并将数据传送给上层。WIA-PA 协议还提供数据认证服务、设备认证服务、访问控制服务、重放攻击保护等多种服务。

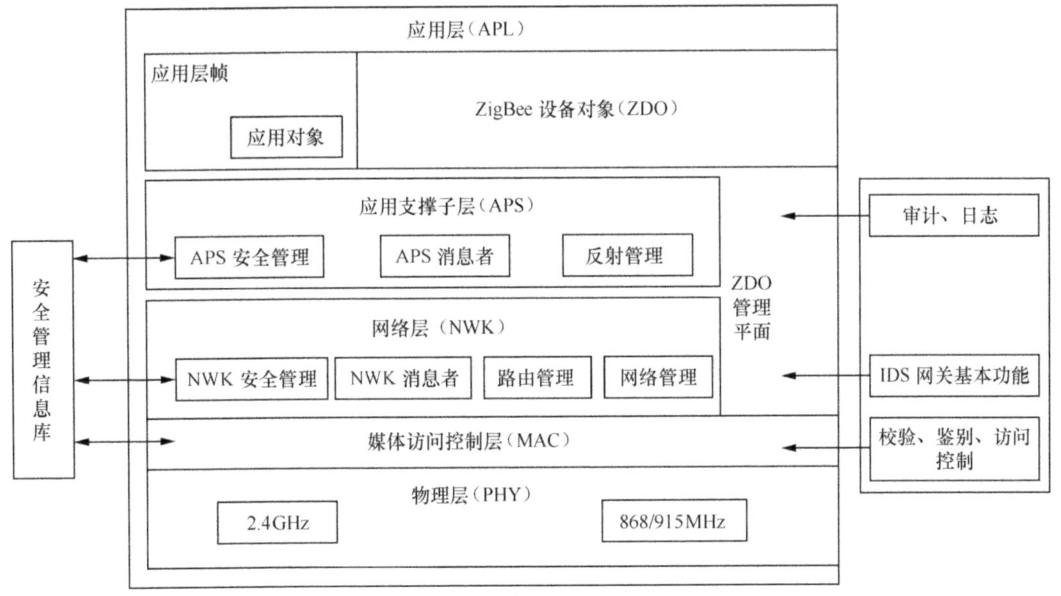

图 7-2 ZigBee 网络安全结构

⑤ ISO/IEC JTC1 传感器网络安全提案

ISO/IEC JTC1 传感器网络安全提案是韩国国家标准化委员会于 2008 年 4 月 9 日在 JTC1/SC6/WG7 日内瓦会议上提出的，该草案描述了无线传感器网络的安全威胁和安全需求，将安全技术按照不同安全功能进行分类，并确定哪种安全技术应用在无线传感器网络的安全模型中的哪个位置，最后还提出了无线传感器网络的具体安全需求和安全技术。但是在该提案中，对传感器网络的定义不够详细和具体，对传感器网络安全威胁的描述主要参考 ITU-T X.805，并没有突出其特殊安全威胁。

（2）我国无线传感器网络安全标准工作

目前，我国在传感器网络安全研究方面已经有了一些探索性的成果，但是还不够全面。2006 年，我国信息技术标准化技术委员会开始组织相关单位进行传感器网络标准方面的研究工作；2008 年中国无线传感器网络标准化工作组成立了无线传感器网络信息安全研究组，中国电子技术标准化研究所、重庆邮电大学、华为、山东省计算中心、西电捷通等多家单位参与该研究组，积极开展中国无线传感器网络安全标准的研制工作。

中国通信标准化协会（CCSA）的技术工作委员会 TC8 在前期已经开始对无线传感器网的安全技术要求等开展了研究和行业标准制定的工作。2010 年 CCSA 成立的泛在网技术工作委员会 TC10 的感知延伸工作组（WG4）开始了对信息采集、获取的前端及相应的网络技术进行研究及标准化，重点解决各种泛在感知节点，以多种信息获取技术（包括传感器、RFID、短距离通信等）、多样化的网络形态进行信息的获取及传递的问题。信息技术标准化委员会的传感器网络标准工作组侧重于感知层面传感器网络的技术研究工作，已经先后启动了传感器网络的总则和术语，通信与信息交互、接口、安全、标识、应用等标准制定项目。

7.2.2 RFID 安全

1. RFID 系统中安全问题

RFID 技术发展迅速，产品种类繁多，根据不同的应用 RFID 系统的安全性要求也不同。对于拥有带 RFID 标签商品的消费者来讲，隐私权的保护是最受关注的问题，防止标签信息被非法读取、跟踪，从而防止泄露使用者的行踪；对于一些电子票证、使用电子标签进行交易的业务，标签的复制和伪造则会给使用者带来损失；对于 RFID 应用最广泛的供应链系统，攻击者可以对信息进行窃听和篡改，将修改后的非法信息传给接收者。一般来说，RFID 系统应当解决数据的隐匿性、完整性、真实性和用户隐私泄露问题。

（1）数据隐匿性问题

一个 RFID 标签不应当向未经授权的读写器泄漏任何的敏感信息。一个完备的 RFID 安全方案必须能够保证标签中所包含的信息仅能被授权读写器识别。目前读写器和标签之间的无线通信在多数情况下是不受保护的，因而未采用安全机制的 RFID 标签会向邻近的读写器泄露标签内容和一些敏感信息。

（2）数据完整性问题

在通信过程中，数据完整性能够保证接收者收到的信息在传输过程中没有被攻击者篡改或替换。在基于公钥的密码体制中，数据完整性一般是通过数字签名来完成的。在 RFID 系统中，通常使用消息认证码来进行数据完整性的检验，它使用的是一种带有共享密钥的散列算法，即将共享密钥和待检验的消息连接在一起进行散列运算，对数据的任何细微改动都会对消息认证码的值产生较大影响。

事实上，除了采用 ISO 14443 标准的高端系统（该系统使用了消息认证码）外，在读写器和标签的通信过程中，传输信息的完整性无法得到保障。在通信接口处使用校验和的方法也仅仅能够检测随机错误的发生。如果不采用数据完整性控制机制，可写的标签存储器有可能受到攻击。攻击者可以编写软件，利用计算机的通信接口，通过扫描 RFID 标签和响应读写器的查询，寻求安全协议、加密算法及其实现机制上的漏洞，进而删除或篡改 RFID 标签内的数据。

（3）数据真实性问题

标签的身份认证在 RFID 系统的许多应用中是非常重要的。攻击者可以从窃听到的标签与读写器间的通信数据中获取敏感信息，进而重构 RFID 标签，达到伪造标签的目的。攻击者可以利用伪造的标签代替实际物品，或通过重写合法的 RFID 标签内容，使用低价物品标签的内容来替换高价物品标签的内容从而获取非法利益。同时，攻击者也可以通过某种方式隐藏标签，使读写器无法发现该标签，从而成功地实施物品转移。因此读写器只有通过身份认证才能确信消息是从正确的标签处发送过来的。

（4）用户隐私泄露问题

在许多应用中，RFID 标签中所包含的信息关系到使用者的隐私和其他敏感数据。这些数据一旦被攻击者获取，使用者的隐私权将无法得到保障，因而一个安全的 RFID 系统应当能够保护使用者的隐私信息或相关经济实体的商业利益。事实上，目前的 RFID 系统面临着很大的隐私安全风险。与个人携带物品的商标可能泄漏个人身份一样，个人携带物品的 RFID 标签也可能会泄漏个人身份。通过读写器能够跟踪携带缺乏安全机制 RFID 标签的个人，并将这些信息进行综合和分析，就可以获取使用者个人喜好和行踪等隐私信息。比如，一些情报人员可能通过读取一系列缺乏安全机制标签中的内容来获得有用的商业机密；商业间谍人员可以通过隐藏在附近的读写器周期性地统计货架上的商品来推断销售数据等。

2. RFID 安全机制

当前，实现 RFID 安全机制所采用的方法主要有两类：物理安全机制和基于密码技术的软件安全机制，下面分别详细介绍。

（1）物理安全机制

① Kill 命令机制

Kill 命令机制采用从物理上销毁 RFID 标签的方法，一旦对标签实施了销毁（Kill）命令，标签将不再可用。当附着 RFID 标签的产品交到最终使用者之前，标签读写器会对标签发出销毁命令，标签接受命令后自动销毁。而销毁后的标签对于外界读写器的询问和命令，不再做出任何应答或执行任何任务，以此来保护消费者的个人隐私。但是在目前 RFID 的应用环境中，一般希望标签能够重复利用，发挥最大效益。同时，由于销毁后的标签不再会有任何的应答，难以验证是否真正对标签实施了 Kill 操作。

② 静电屏蔽机制

静电屏蔽的工作原理是使用 Faraday Cage 来屏蔽标签，使之不能接受来自任何读写器的信号，以此来保护消费者的个人隐私。Faraday Cage 是一种特殊的袋子，袋子上有金属环绕以阻隔电磁波的通过，将标签放入袋子中便可避免未经授权的读写器读取标签。采用 Faraday Cage 方法需要一个额外的物理设备，一定程度上带来了不便，增加了系统成本。

③ 主动干扰

主动干扰的基本原理是使用一个设备持续不断地发送干扰信号，以干扰任何靠近标签的读写器所发出的信号。标签持有者需随身携带一个可发出干扰信号的设备，进行主动干扰时打开设备。除了要另外携带一个设备带来不便之外，主动干扰有可能在无意间破坏其他正常合法的标签与读写器之间的沟通，若主动干扰设备所发送的干扰信号超过规定的频率使用范围可能会带来法律上的问题。

④ Blocker Tag 阻塞标签法

Blocker Tag 是一种特殊的标签，与一般用来识别物品的标签不同，Blocker Tag 是一种被动式的干扰器。当读写器在进行某种分离操作时，当搜索到 Blocker Tag 所保护的范围时，Blocker Tag 便发出干扰信号，使读写器无法完成分离动作，读写器无法确定该标签是否存在，更无法和标签沟通，由此方式来保护标签。一般来说 Blocker Tag 的使用方式是，当你完成购物，店家提供一个额外免费的 Blocker Tag 和你所买的物品放在一起，避免不合法的读写器询问标签。

此方法需要使用一个额外的标签，增加了应用成本。同时，相应的读写器必须使用特定的分离算法，使得应用具有局限性。

（2）基于密码技术的软件安全机制

由于 RFID 中所采用的物理安全机制存在种种缺点，人们提出了许多基于密码技术的安全机制。与基于物理方法的硬件安全机制相比，基于密码技术的软件安全机制受到人们更多的青睐，它主要是利用各种成熟的密码方案和机制来设计和实现符合 RFID 需求的密码协议。

当前，对多种已有的 RFID 协议的分析都是建立在 RFID 系统通信的基本假设的基础上。此外，假设这些协议所使用的基本密码构造，如 Hash 函数、伪随机生成函数、加密体制和签名算法都是安全的。协议的执行依靠 3 个实体：标签（Tag）、标签读写器（Reader）和后台数据库（Database）。本书使用 H 和 G 来表示两个不同的抗碰撞的安全 Hash 函数，f 则表示一个安全伪随机函数。

① Hash-Lock 协议

Hash-Lock 协议是由 Sarma 等人提出，使用 metalID 来代替真实的标签 ID 以避免信息的泄漏和被追踪，每个标签拥有自己的访问密钥 key，且 metalID=Hash（key），简写为 metalID=H（key），其协议流程如图 7-3 所示。

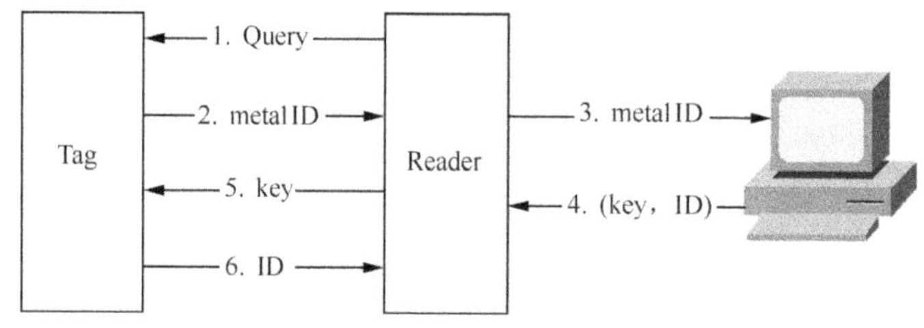

图 7-3　Hash-Lock 协议

Hash-Lock 协议执行过程如下：标签接收到标签读写器发送的认证请求（Query）后将 metalID 发送给读写器；标签读写器将 metalID 转发给数据管理系统进行查找，若存在与该 metalID 匹配的项，则将该项的（key，ID）发送给标签读写器，其中 ID 为待认证标签的标识，metalID=H（key），否则返回给标签读写器认证失败的信息；标签读写器将接收自后台数据库的信息 key 发送给标签；标签验证 metalID=H（key）是否成立，如果成立，则将其 ID 发送给标签读写器；标签读写器比较从标签接收到的 ID 是否与数据管理系统一致，如一致，则认证通过。

Hash-Lock 协议的本质是让标签回传 metalID 来代替 ID，避免将 ID 直接通过不安全信道传送给标签读写器。从上述的协议执行过程中可以看出，该协议能够提供访问控制和标签数据隐私保护。但是由于 ID 没有使用动态刷新机制，metalID 保持不变，标签易被跟踪定位。（key，ID）以明文形式发送，容易被窃听者获取。

② 随机 Hash-Lock 协议

由于 Hash-Lock 协议使用 metalID 可能被隐私侵犯者追踪定位，为了解决该协议中的标签跟踪性的问题，Weis 等人提出了随机 Hash-Lock 协议。该协议中，对于标签读写器的不同询问，标签将回传乱数形态的回传值给读写器以避免追踪。该协议如图 7-4 所示，其中“||”是字符串连接符号。

与 Hash-Lock 协议过程不同的是，标签读写器发起请求以后标签会生产一个随机数 R，并计算 H（ID_k||R），其中 ID_k 是标签的唯一标识，标签将（R，H（ID_k||R））一起发送给读写器；读写器向数据库获得所有标签的标识（ID_1、ID_2、ID_3…ID_j），由读写器来查询是否存在与 ID_k 匹配的项，若存在则认证通过。

该协议中，对于读写器的访问请求，标签是随机响应的，解决了依据相同响应对标签进行跟踪定位的问题。但由于 ID_k 仍然以明文方式传输，获取了该信息就可以对标签进行假冒。此外每次标签的认证，后台数据库都要将所有标签的标识发送给标签读写器，两者之间的通信量很大，同时也难以快速处理突发的信息，该协议不实用。

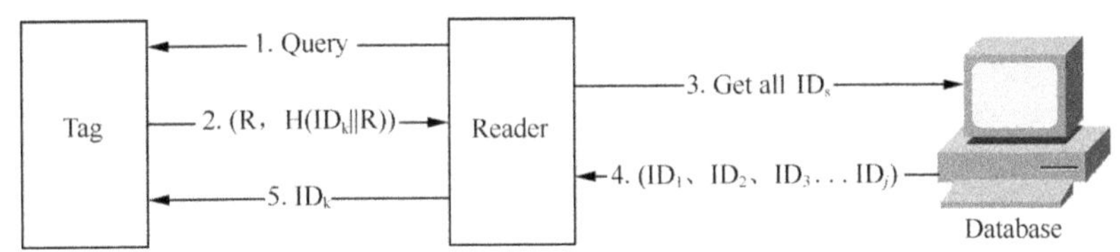

图 7-4　随机 Hash-Lock 协议

③ Hash-Chain 协议

NTT 实验室提出了一种 Hash-Chain 协议，本质上，此协议是基于共享秘密的询问—应答协议，但对两个使用不同 Hash 函数的标签发起认证时，标签总是发送不同的应答。

在系统运行之前，标签要和后台数据库共享一个初始密值 $S_{t,1}$，当标签收到读写器的认证请求时，标签完成两个操作，首先产生响应值 $a_{t,1}=G(S_{t,1})$，并将 $a_{t,1}$ 回传至标签读写器，接着更新密值，$S_{t,2}=H(S_{t,1})$。每次标签收到认证请求，都将重复上述两个步骤，标签中存储的密值不断用 Hash 函数 H 来进行自我更新，形成一条 Hash 链。后台数据库收到 $a_{t,1}$ 之后便逐一将所有 ID 的密值做 $G(H_{j-1}(S_{t,1}))$ 来和收到的 $a_{t,1}$ 做比较，通过这样的方式找出标签的 ID 标识，如图 7-5 所示。

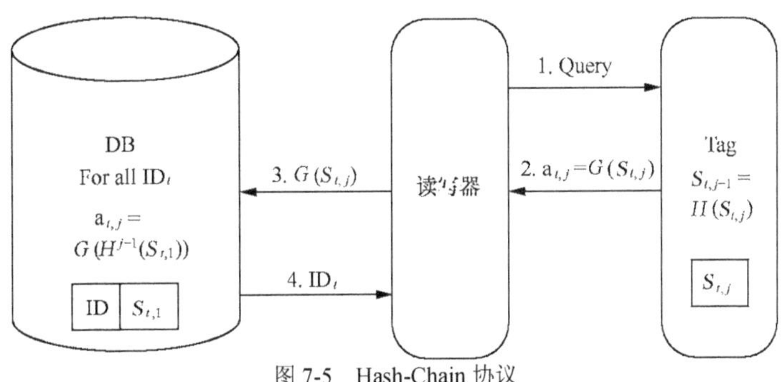

图 7-5　Hash-Chain 协议

在 Hash-Chain 协议中，标签是个具有自主 ID 更新能力的主动式标签，避免了标签定位隐私信息的泄漏。又由于单向的 Hash 函数，不可能从 $S_{t,j+1}$ 获得 $S_{t,j}$，具有前向安全性。但为了尽量降低标签的制作成本，该协议降低了标签的存储空间和计算能力，只是单向的认证协议，标签在协议的最后没有实现对读写器的认证，标签未确认读写器的合法性。同时，不难看出，Hash-Chain 协议非常容易受到重传和假冒攻击。只要隐私侵犯者截获了 $a_{t,j}$，它就可以进行重传攻击，伪装标签通过认证。

④ 分布式 RFID 询问—应答安全协议

Rhee 等人提了一种适用于分布式数据库环境的 RFID 认证协议，它是典型的询问—应答型双向认证协议，其协议执行流程如图 7-6 所示。标签读写器生成——秘密随机数 R_{Reader}，向标签发送认证请求，将 R_{Reader} 发送给标签；标签生成——随机数 R_{Tag}，计算 $H(ID||R_{Reader}||R_{Tag})$，其中 ID 为标签的标识，标签将（$H(ID||R_{Reader}||R_{Tag})$，$R_{Tag}$）发送给标签读写器；标签读写器将（$H(ID||R_{Reader}||R_{Tag})$，$R_{Reader}$，$R_{Tag}$）发送给后台数据库；后台数据

库检查是否有某个 ID_j（$1 \leqslant j \leqslant n$），使得 $H(ID_j \| R_{Reader} \| R_{Tag}) = H(ID \| R_{Reader} \| R_{Tag})$ 成立，如果有，则认证通过，并将 $H(ID_j \| R_{Tag})$ 发送给标签读写器；标签验证 $H(ID_j \| R_{Tag})$ 与 $H(ID \| R_{Tag})$ 是否相同，如相同，则认证通过。

此协议应用两个技巧，第一，标签上自行产生一个随机数 R_{Tag}，这样一来即使标签读写器每次传来的 R_{Reader} 都是一个固定的值，标签的响应值仍然是呈现乱数的状态，以此解决位置隐私的问题；第二，将标签读写器产生的随机数 R_{Reader} 经过安全信道传至后台数据库，由于 R_{Reader} 每次都不一样，所以可以避免 replay 攻击，且只要将 R_{Reader} 应用在所要传送的信息，稍加设计，可使信息不易伪造便可以避免 spoofing 攻击。

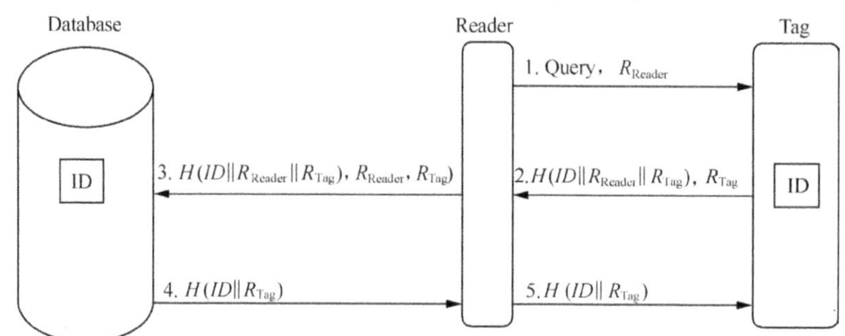

图 7-6 分布式 RFID 询问—应答安全协议

到目前为止，还没有发现该协议有明显的安全漏洞或缺陷。但是，在本方案中，执行一次认证协议需要标签进行两次 Hash 运算。标签电路中自然也需要集成随机数发生器和散列函数模块，因此它也不适合用于低成本 RFID 系统。

⑤ LCAP 协议

LCAP 协议也是询问—应答协议，但是与前面的同类其他协议不同，它每次执行之后都要动态刷新标签的 ID。LCAP 协议的后台数据库保存两类信息：更新前的信息 Prev 和更新后的信息，即当前信息 Curr。LCAP 协议的工作流程如图 7-7 所示，标签读写器生成一个秘密随机数 R，向标签发送认证请求，将 R 发送给标签；标签计算 $HaID=H(ID)$ 和 $H_L(ID \| R)$，其中 ID 为标签的标识，H_L 表示 Hash 函数 H 输出的左半部分，标签将（$HaID$，$H_L(ID \| R)$）发送给标签读写器；标签读写器将（R，$HaID$，$H_L(ID \| R)$）发送给后台数据库；后台数据库检查 Prev 数据条目中的 HaID 的值是否与所接收到的 $HaID$ 一致，如果一致，则使用 R 和 Prev 数据条目中的 ID 信息来计算 $H_R(ID \| R)$，其中 H_R 表示 Hash 函数 H 输出的右半部分；然后，后台数据库更新 Curr 数据条目中的信息为 $HaID=H(ID \| R)$，$ID=ID \| R$，Prev 数据条目中的 TD 数据域设为 $HaID=H(ID \| R)$，然后，将 $H_R(ID \| R)$ 发送给标签读写器，标签读写器转发给标签；标签验证其有效性，若有效，将其 ID 更新为 $ID=ID \| R$。这种机制在数据传输过程中完全避免了明文传输，可以有效地防止跟踪、窃听，但是读写器与后台数据库之间的通信过程较复杂，存在着数据库同步的潜在安全隐患。

⑥ 再次加密机制

由于 RFID 标签的计算资源和存储资源都十分有限，因此极少有人设计使用公钥密码体制的 RFID 安全机制。到目前为止，公开发表的基于公钥密码机制的 RFID 安全方案只有两个：Juels 等人提出的用于欧元钞票上 Tag 标识的建议方案；Golle 等人提出的可用于实现 RFID 标签匿名功能的方案。

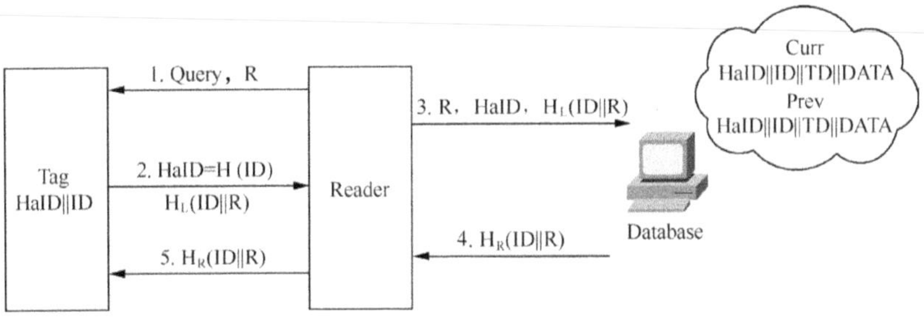

图 7-7 LCAP 协议

上述两种方案都采用了再次加密机制，但两者还是有显著的不同。Juels 等人的方案基于一般的安全的公钥加密/签名方案，同时给出了一种基于椭圆曲线体制的实现方案（包括安全参数的选择，有关性能分析等）。在这种方案中，完成再次加密的实体被加密消息的所有知识。而 Golle 等人的方案则采用了基于 ElGamal 体制的“通用再加密”（Universal Re-ecryption）技术，这种方案中，完成对消息的再次加密无需知道关于初始加密该消息所使用的公钥的任何知识。

7.3 物联网安全的新挑战

第 7.1 和 7.2 节重点介绍了与物联网密切相关的无线传感器网络中的安全技术，以及作为物联网基础之一的 RFID 相关的安全机制，这两方面是当前物联网安全中研究较多的，但是，除了传统 Internet 安全以及无线传感器网络安全、RFID 安全之外，物联网的安全还将有新的特点，面临新的挑战。

7.3.1 物联网安全特点

1. 安全事件导致的危害具有新的特点

物联网将使信息空间和物理社会密切联系，因此在物联网中，信息空间的病毒、攻击等安全威胁将导致安全危害产生新的特点，它们将真正影响到人们生活的物理社会，干扰人们的日常生活。当前已经出现了类似的一些安全事件，如美国德州一名汽车销售人员为表不满，通过 Web 控制大量用户的汽车，使它们无法点火、鸣笛不停。其他潜在安全威胁例如当前的实验有迹象表明，植入人体的传感器件可能使人对其产生感情，当它们受到安全事件的攻击时可能影响到人的情感和心理状态；用于医疗、智能家居、智能电网相关的物联网应用中的安全事件更可能是关乎人命的。

2. 复杂性带来新的安全挑战

自然界的进化伴随着复杂性的增加，Internet 的演进也伴随着节点数的增加、节点功能的多样化、协议的复杂化，物联网的复杂性将更大于传统的因特网。同时，节点数量、功能的增加，使节点需要在全球的信息空间和通用的数据空间中进行数据处理，给传统的分布式数据库技术带来了不小的挑战。复杂性的增加要求物联网具有更全面的防御机制，但同时还需要兼顾效率和成本因素，这将是物联网的一个严峻的考验。

3. 平台、固件、应用软件的多样化带来新的安全挑战

物联网的产生将使连接到网络上的节点多样性增加，节点的异质性将带来新的安全挑战。原本 Internet 上的服务器和主机节点主要采用几大操作系统，网络节点也主要是几个主流厂家的产品，应用层上趋向于统一到 Web、HTTP 上，但物联网的产业链将更长，将有各种微处理器、嵌入式产品加入到网络中，由于应用的不同和成本、效率的考虑，平台、固件和应用软件的多样性将增加，这将是物联网安全面临的新问题。

4. 成本和效率的挑战，量变到质变的挑战

由于物联网中存在着大量低成本的、无处不在的传感器或远端控制节点，这些节点的计算能力、存储能力有限，性能远不及以往的 Internet 节点，在某些应用环境中，其能耗也将受到严格的限制，这对安全机制的效率和成本要求都带来了新的挑战。另外，由于这些节点数量大、分布广，量的变化必将导致安全机制质的变化，这对安全机制的可扩展性带来了新的挑战（小数目到大数目、小范围到大范围），如对于小规模的系统，可以在节点部署时进行密钥的分发，但对于节点分布广泛的物联网，大量的密钥的分发、管理和同步需要新的安全机制。

5. 可伸缩性、灵活性要求带来的新挑战

物联网中的传感器等远端节点应能长时间地工作，具有高可靠性和较长的生命周期。由于节点生命周期可能远大于技术的更新换代周期，因此物联网中需要考虑如何以较低的成本及时对节点进行技术升级。

另外，网络的灵活性要求节点能够根据场景的变化实施适应的安全措施。比如在一些关键应用中，为了保障紧急情况下的业务可用性，可考虑在必要时实行弱安全机制。例如，在医疗应用中，当用户处于非紧急状态时，位置信息应受到隐私保护，当用户处于紧急状态时，位置信息则应是可知的；在认证系统无法正常工作（如必要数据无法及时获得）时，有必要进行弱认证或无认证以保证伤员得到及时的救助。同时保证安全性和伸缩性是很困难的，因为攻击方可以制造紧急情况的假象，从而诱使系统采用弱安全机制。这将是物联网安全的又一新挑战。

6. 安全管理的新挑战

物联网中需要管理的节点数量大、分布广、功能和性能受限、生命周期长、所处环境也可能无法保障必要的物理安全，这些都对安全管理带来了新的挑战，例如如何检测节点故障，如何检测和回收失效和不再使用的节点（如传感器），如何保证物联网节点不干扰人的正常生活。同时物联网中的每个节点都是实时变化更新的，每一个节点的变化都可能会引发成百上千个节点随之而变化，这些节点却有各自的更新策略，由此可能导致很多的安全隐患。为了防止私有信息被非授权使用，物联网中需要进行动态信任、安全和隐私管理方面的研究。

7.3.2 物联网安全机制

从物联网安全的新挑战可以看到，物联网的特点导致它需要一些新的机制来保障其安全性。目前对于物联网安全方面的研究才刚刚起步。本书依据对物联网安全挑战的分析以及当前的物联网安全机制的相关文献，提出作者认为在物联网安全设计时应当考虑的问题。

1. 安全的物联网架构

由于物联网复杂性的增加，应根据物联网中的不同应用，设计合理的安全架构，以提高整体安全。比如坚持功能最小化原则，尽量限制传感器的功能、通信距离、远程访问和控制能力，使安全威胁的破坏程度降低；尽量采用网关结构的组网，让功能相对较强的网关实现 Internet 通信和必要的安全机制，而让末端节点只实现最基本的功能，如只报告事件和参数。

2. 借鉴和利用现实社会的安全机制

物联网很好地将信息空间与现实社会联系起来，因此我们在设计物联网安全机制时应当充分借鉴和利用现实社会中在安全方面的经验，特别是在安全需求分析、安全模型建立、安全机制的伸缩性、灵活性方面以及安全法规方面。当一个安全机制试图超越现实社会文明成就时，我们需要仔细分析一下，这种安全机制的可行性和必要性，它的使用是否会增加系统复杂度或成为安全威胁的目标。

3. 漏洞与恶意代码

由于平台、应用、固件的多样性，漏洞、恶意代码发现、测试、查杀以及补丁管理方面的工作量将急剧增加，虽然我们已在这方面积累了一些经验，但是当前在理论上仍没有一个合理的模型和方法，在工业界也缺少一套可工业化、大规模自动化流程处理的方法和一套可信的度量体系。

4. 隐私保护

物联网的产生拓展了联网的设备，将与人类生活密切相关的设备引入 Internet。在带给人们更多便利的同时，与人们日常生活相关的大量信息，如个人健康信息、生活习惯等，也被通过网络收集、存储、处理、传送，如果不采取必要的隐私保护措施，这些隐私信息就可能被泄露或被未授权用户不适当地使用。

隐私保护的目的是让用户不想公开的信息不被公开，或者至少让用户对这些信息被谁使用了、被如何使用了有知晓权。

隐私保护关系到法律法规、匿名技术、身份管理、认证和访问控制、安全管理以及数据安全，包括数据机密性、完整性、抗数据分析等多方面的技术。在物联网安全的设计中，隐私保护是要重点考虑的问题之一。

5. 物理安全

与当前的 Internet 相比，物联网中的节点可能不具备高等级的物理防护。因此，需要从协议及系统上增加对物理安全的检测及响应机制。例如，原来的电网设备都有很好的物理保护，除电力公司的人外，普通人无法接触这些物理设备，而在智能电网中，用户甚至任意一个人都可能接触到其中的一些远端设备；再如，传感器可能被部署到不安全的环境中，受到人为破坏、意外损坏、自然损耗。因此，我们需要研究如何监测物联网中节点的物理安全状态，物理安全遭到破坏时，如何及时告警并采取相应的措施，以及如何在架构上保证对物理损坏有较好的强健性。

6. 网络安全

物联网中综合利用各种网络技术，如有线和无线通信技术、固定和移动通信技术、长距和短距通信技术、集中式和分布式网络技术等，由于应用的不同，物联网也可能具有不同的要求，如动态能力、自配置能力、自组织能力等。因此，在网络安全机制方面，除了传统网络安全机制和各种通信协议的安全标准外，需要研究适合物联网的分布式、自组织、具有自配置能力的网络安全技术，当前 P2P、Ad hoc 网络、无线传感器网络中的安全机制方面的成果都将有助于物联网安全的研究。

同时，物联网组网形式的变化使安全机制的机理也可能发生改变。在人类发展的历史中，我们曾通过建城堡、长城这样的机制来进行防御，随着人类社会的发展，人口增加、社会经济活动范围扩大，原来建城堡、修长城的方式已无法提供良好的安全保障了。对于 Internet 来说，在原来集中的服务器模式下，我们采用等级保护、边界防护这样的安全机制，而在物联网中，将大量采用分布式的网络结构，节点的数据巨大、分布更广，传统建城堡、修长城的网络安全机理将面临成本、效率等各种问题，我们需要一种新的机理来构建适于物联网的安全机制。

7. 其他辅助系统的安全保障

同步系统安全。在物联网中，许多应用将基于通过分布式的途径收集同步的数据（如测量），同步的方式包括 GPS 等，对同步的破坏将直接影响到业务的可用性。

电源系统安全。在无线传感器网络中，人们已经发现了恶意消耗电源的拒绝服务攻击方式。

以上几点只是整个物联网安全机制的一部分，其他的如身份管理、认证、访问控制等仍然是安全的重要基础。

总的来说，目前物联网安全已经受到了广泛的关注，对物联网安全的重视程度远大于 Internet 发展初期时对安全的关注，这将有利于在物联网技术和应用发展的各个方面尽早加入必要的安全机制。虽然物联网在安全方面将面临许多新的挑战，但是安全从来不可能成为阻碍各种应用和技术发展的理由，对物联网也是，我们需要具有良好的风险意识，认识到风险的存在，并采取必要的安全机制将风险控制在可接受的范围之中。

参考文献

[1] 周学广，刘艺．信息安全学．北京：机械工业出版社，2003．

[2] 朱良根，雷振甲，张玉清．数据库安全技术研究．计算机应用研究，2003．

[3] John Paul Walters, Zhengqiang Liang, Weisong Shi, Vipin Chaudhary. Wireless Sensor Network Security: A Survey, 2007．

[4] 陈星，王平，王浩．无线传感器网络安全标准研究综述．信息技术与标准化，2009 年第 9 期．

[5] 裴友林．RFID 安全协议设计与研究．合肥工业大学，2008.

[6] Weis S.A., Sarma S. E., Rivest R.L., Engels D.W. Security and Privacy aspects of low-cost radio frequency identification systems.In:Hutter D., Muller G., Stephan W., Ullmann M.eds..Proeeedings of the 1st International Conference on Security in Pervasive Computing. Lectures Notes in Computer Science 2802. Berlin: Springer-Verlag,2004, 201-202.

[7] Sarma S.E., Weis S.A., Engels D.W..Radio frequency identification:Secure risks and challenges. RSA Laboratories Cryptobytes, 2003, 6（1）:2-9.

[8] JuelsA., Rivest R.L., Szydlo M..The blocker tag: Selective blocking of RFID tags for consumer Privacy. In: Proceedings of the 10th ACM Conference on Computer and Communications Security（CCS 2003）, Washington, DC, USA, 2003, 103-111.

[9] Ohkubo M., Suzuki K., Kinoshita S.. Hash-chain based forward-secure privacy protection scheme for low-cost RFID. In: Proceedings of the 2004 Symposium on Cryptography and Information Security（SCIS 2004）, Sendai, 2004, 719-724.

[10] Rhee K., Kwak J., Kim S., Won D..Challenge response based RFID authentication protocol for distributed database environment. In: Hutter D., Ullmann M.eds..Proceedings of the 2nd International Conference on Security in Pervasive Computing（SPC 2005）.Lectures Notes in Computer Science 3450. Berlin: Springer-Verlag, 2005, 70-84.

[11] Lee S.M., Hwang Y.J., Lee D.H., Lim J.I.. Efficient authentication for low-cost RFID systems. In: Gervasi O., Gavrilova M.L., Kumar V. Lagan AA., Lee H.P., Mun Y., Taniar D., Tan C.J. K.eds.. Proceedings of the International Conference on Computational Science and It's Applications（ICCSA 2005）.Lectures Notes in Computer Science 3480.Berlin:Springer-Verlag, 2005, 619-627.

[12] Luke Mirowski, Jacqueline Hartnett, Raymond Williams. A RFID attacker behavior taxonomy. Pervasive computing, 2009.

[13] Juels, "Strengthening EPC Tags Against Cloning," Proc.4th ACM Workshop Wireless Security,ACM Press,2005:67-76.

[14] http://earth2tech.com/2010/03/19/hacking-the-car-cyber-security-risks-hit -the-road/.

[15] Vladimir Oleshchuk. Internet of Things and Privacy Preserving Technologies. Wireless VITAE'09:336-340.

第 8 章

物联网实验

8.1 实验设备简介

为了让读者对物联网的概念和关键技术有更深一步的理解，我们基于北京泰格瑞德科技有限公司的 JX200 系列教学实验系统设计了有关 RFID 协议和无线传感器网络的实验。

JX200 教学实验系统的基本参数见表 8-1。

表 8-1　　JX200 教学实验系统规格参数表

频率	125kHz/13.56MHz/900MHz/2.4GHz
传输协议	ZigBee（IEEE 802.15.4）
协议	ID/ISO/IEC 14443/ ISO/IEC 15693 /ISO/IEC18000-6
自动应答类型	ID（125k）/近场（13.56MHz）/远场（900MHz）
感应区域	10cm 以内（125k、ISO 14443）/30cm（ISO 15693）/ 1m 以内（900MHz）
PC 接口	RS-232C
电源	9V DC / 12V DC

JX200 系列教学实验系统能提取、展现出 RFID 系统中整个的射频信号，包括编码信号、载波信号、调制信号、调制载波信号、功率放大信号、电子标签返回的信号、FSK 解调信号、ASK 解调信号。对 RFID 国际标准中的技术标准 ISO 18000-3 的相关指令进行了解析，将指令包按照功能作用拆开进行解析。使用者可以直观、形象地感受 RFID 国际标准指令执行的情况，掌握这些指令的作用和使用方法。该系统不仅使用 API 接口函数实现了 RFID 应用系统的设计开发，而且还培养使用者从底层学习和认识 RFID 的工作原理，通过命令更加直接地控制读写器，模拟实现实际系统的功能，并通过模拟整个系统的开发流

程实现整个应用系统的功能。

这个应用系统的模拟平台同时提供了全部的应用系统源代码，让使用者能非常迅速地掌握应用系统开发的能力，能够实现以下几个目标。

（1）通过实验观测 RFID 的内部硬件构造，能更加有效地学习 RFID 系统设计技术。

（2）可以进行实验并理解诸如防碰撞算法和 125k ID、ISO/IEC 15693、ISO/IEC 14443、ISO/IEC 18000-6 和 ZigBee（IEEE 802.15.4）等国际标准协议。

（3）通过所提供的应用程序接口（API）可以进行 RFID 应用设计，该套设备可以培养学生在不同领域内应用 RFID 系统的能力。

（4）了解无线传感网的功能、掌握数据通信的接口。

（5）掌握物联网技术的应用方法。

系统硬件结构如图 8-1 所示。

各功能模块如图 8-2 至图 8-15 所示。

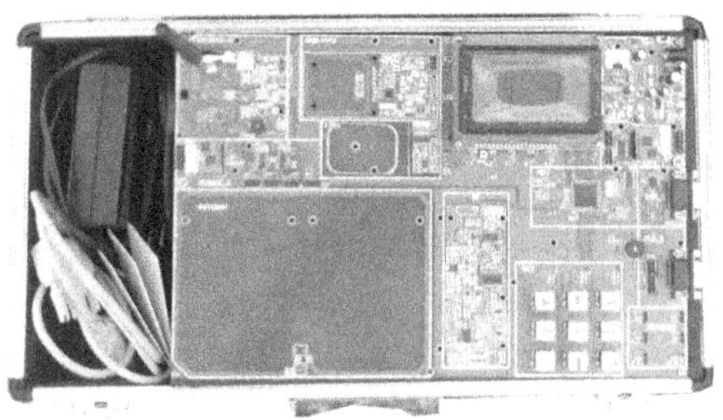

图 8-1 JX200 教学实验系统硬件结构图

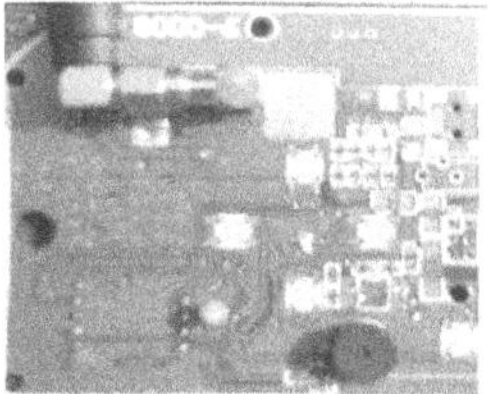

图 8-2 915 模块

图 8-3 14443 模块

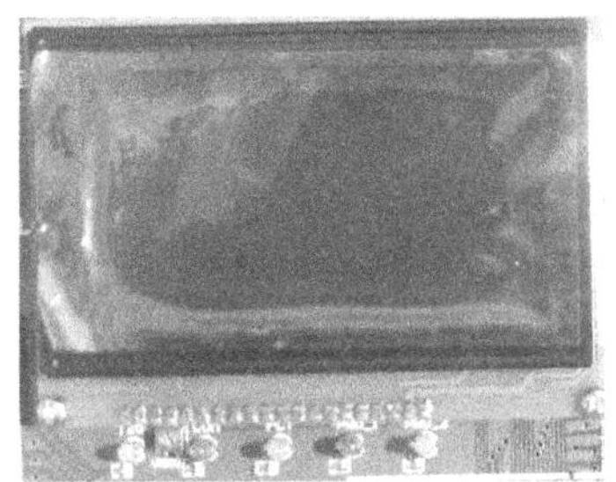

图 8-4 LCD 模块

图 8-5 电源模块

图 8-6 ZigBee2 模块

图 8-7 系统跳线

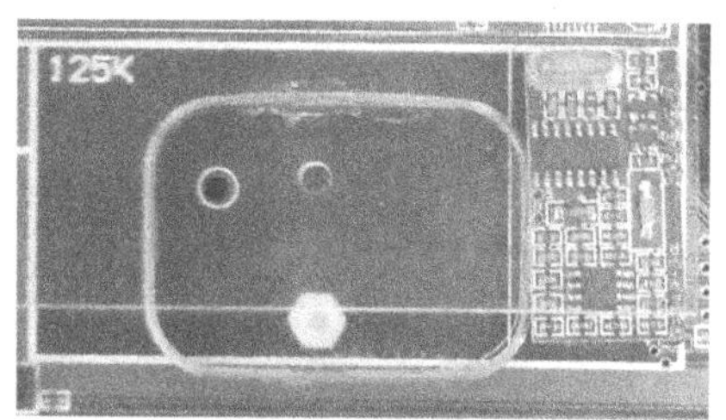

图 8-8 125k 模块

图 8-9 ZigBee1 模块

图 8-10 MCU 模块

图 8-11 通信模块

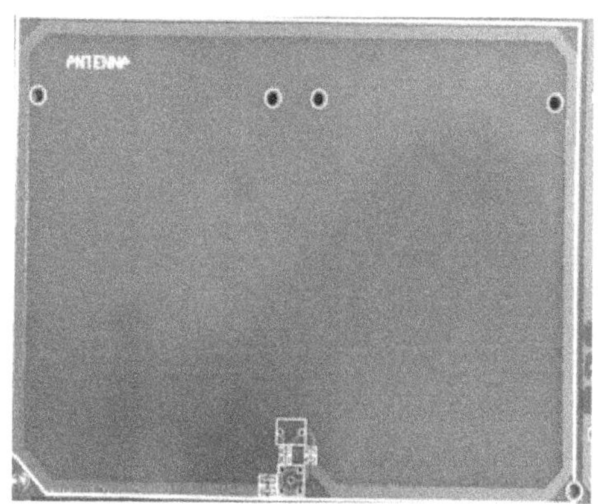

图 8-12 天线模块

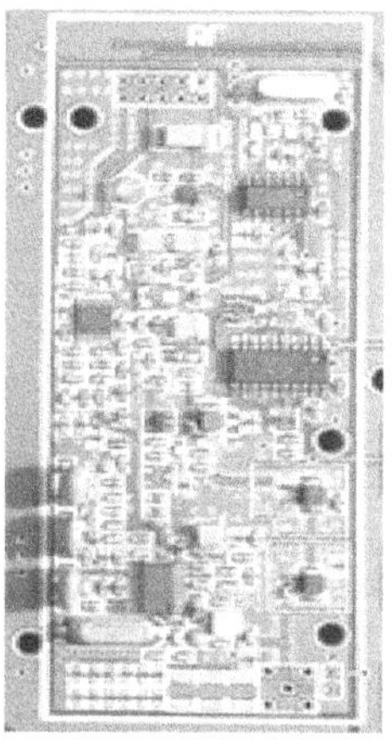

图 8-13 射频模块

图 8-14 3 × 3 按键模块

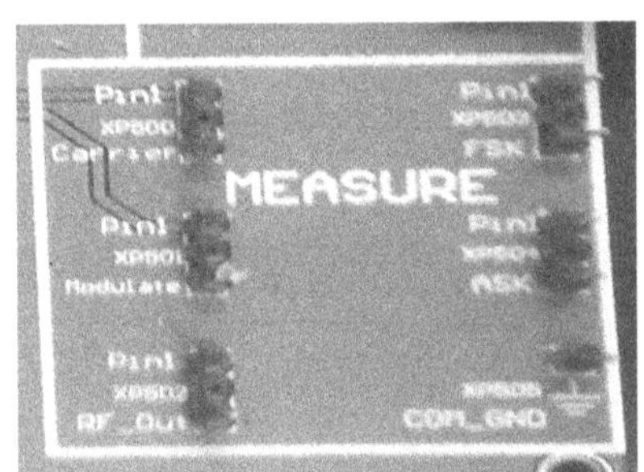

图 8-15 测量点模块

8.2 RFID 系统的基本实验

8.2.1 RFID 实验的配置与准备

连接电源线及串口通信连线，听到一声蜂鸣器响后，可进行如下操作。

打开 PC_Software_Setup 文件夹，按照其中的安装说明操作后，运行 Tag-Reader.exe 打开操作界面，设置好本机正确的端口，也可以根据情况在安装时进行设置。软件操作界面如图 8-16 所示。

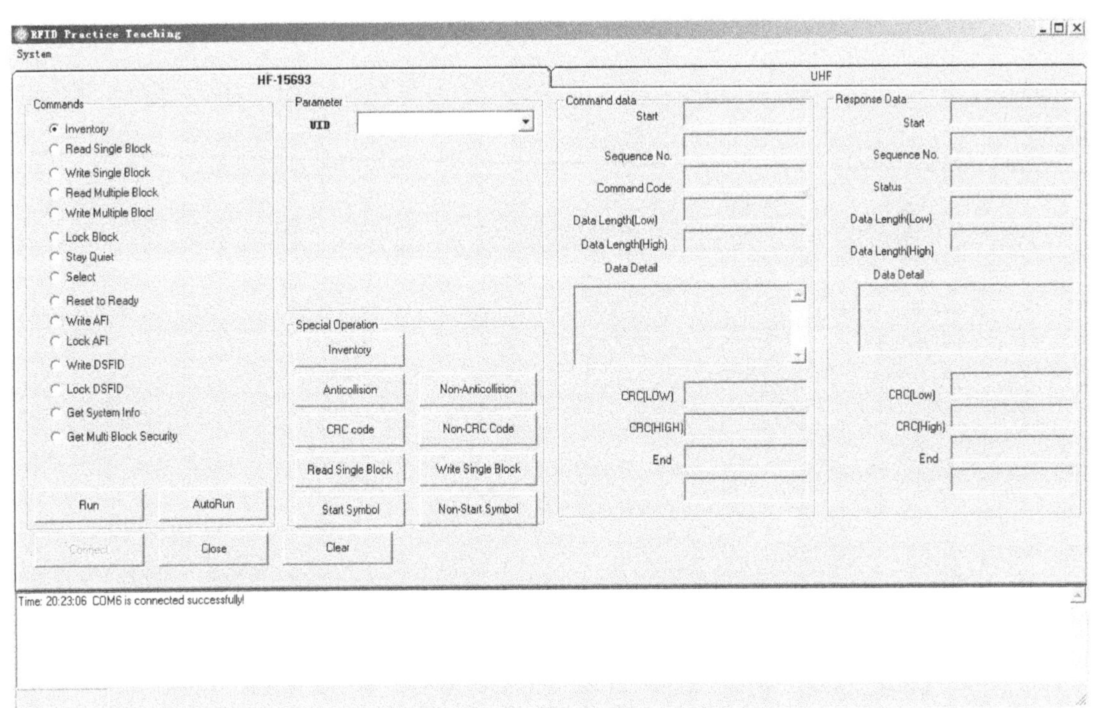

图 8-16 Tag-Reader 软件界面图

将 RFID 标签放于仪器天线之上，或拿在手里离天线不足 30cm 处。确认系统已经和计算机连接好，串口设置界面如图 8-17 所示。

选中“Inventory”command，点击“Run”，即可得到正常标签的 UID。

UHF 900MHz module 的操作界面如图 8-18 所示。

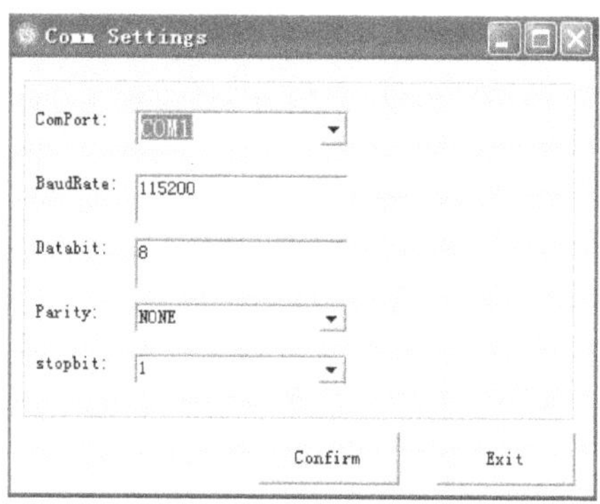

图 8-17　串口设置界面图

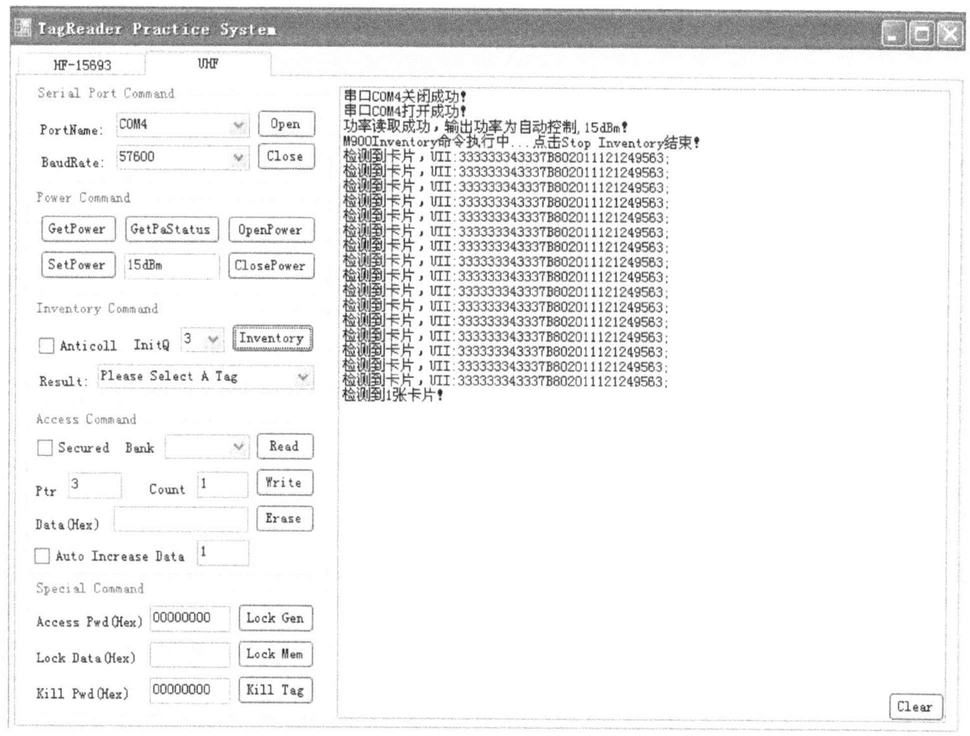

图 8-18　UHF 900MHz module 模块操作界面图

下面介绍与 RFID 实验有关的测量点，用于观察 RFID 的实验信号，见图 8-15。

（1）测量点 XP500 的第一脚（插针上面的脚是第一脚的位置，以下同）：载波信号测试点；测量点 XP500 的第二脚（插针下面的脚，以下同）：信号公共地。

（2）测量点 XP501 的第一脚：调制载波信号测试点；测量点 XP501 的第二脚：信号公共地。

（3）测量点 XP502 的第一脚：末级射频信号测试点；测量点 XP502 的第二脚：信号公共地。

（4）测量点 XP503 的第一脚：标签返回 FSK 信号放大后的信号测试点；测量点 XP503 的第二脚：调制信号，用作示波器检测时的同步触发信号。

（5）测量点 XP504 的第一脚：标签返回 ASK 信号放大后的信号测试点；测量点 XP504 的第二脚：调制信号，用作示波器检测时的同步触发信号。

（6）测量点 XP505：信号公共地。

8.2.2 实验一：RFID 系统的编码

一、实验目的

熟悉和学习 ISO/IEC 18000-3、ISO 15693 标准规范的第二部分规定的数据编码方式，掌握脉冲位置调制技术的 256 取 1、4 取 1 数据编码模式。

二、实验内容

通过示波器观测输出的编码信号。

三、基本原理

ISO/IEC 18000-3、ISO 15693 标准规范的第二部分规定包括以下两部分。

1. “256 取 1”编码模式

一个独立字节的值可以通过一个脉冲的位置来表现，脉冲在 256 个连续（18.8μs）时间段中的位置决定该字节的值，这样，一个字节耗时 4.833ms，通信速率为 1.65kbit/s。读写器发送的数据帧的最后字节要在 EOF 之前传输完毕。

脉冲发生在决定数值的时间段（18.8μs）的后半段（9.44μs）。

2. “4 取 1”编码

“4 取 1” PPM 模式用在同时传输两个位的情况。一个字节中连续的四个数据对，LSB 先进行传输。数据传输率为 26.48kbit/s。

四、所需仪器

供电电源、示波器。

五、实验步骤

可在 PC 机软件的控制方式和按键的操作两种方式通过示波器，观测测试点的 RF 相关信号。可以观测的信号包括载波信号、调试信号、调制载波信号、射频输出信号，标签返回信号等。

1. 测试线连接

连接示波器：使用 CH2 探头，地接到 XP505，探针接到 XP503 的 Pin2。

设置示波器：触发源选择 CH2，其余设置可以参照图 8-19。

2．操作

如用 PC 机软件的控制方式，需用随机配置的通信线连接 PC 机和 RFID 机器，连接随机配置的电源，开启电源（RFID 机器上的电源拨动开关向下位置为开启电源），打开示波器（100MHz），用在 Tag-Reader 软件里选择“Inventory”命令，然后按“AutoRun”软启动启动连续 Inventory 测量（在连续测量模式下观察信号效果更好）。

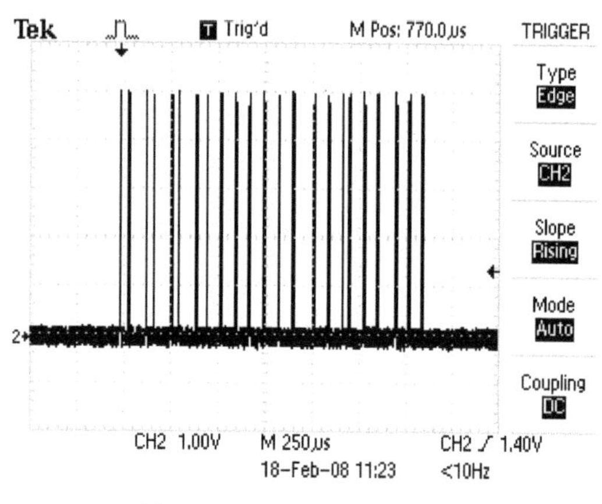

图 8-19　示波器波形及参数设置

3．观测信号，大体如图 8-19 所示

可通过调节示波器水平扫描刻度，精确观测编码信号波形。

8.2.3　实验二：RFID 系统的载波产生

一、实验目的

了解系统载波信号的产生部分原理和实现方法。

二、实验内容

观测系统产生的载波信号。

三、基本原理

基于高频模拟信号产生基本原理。

四、所需仪器

供电电源、示波器。

五、实验步骤

1．测试线连接

连接示波器：使用 CH1 探头，地接到 XP500 的 Pin2，探针接到 XP500 的 Pin1。设置示波器：触发源选择 CH1，其余设置可以参照图 8-20。

2．操作

启动连续 Inventory 测量。

3. 观测信号，如图 8–20 所示

产生此载波信号的实际电路板的部分，见图 8-21 中的标识 1。

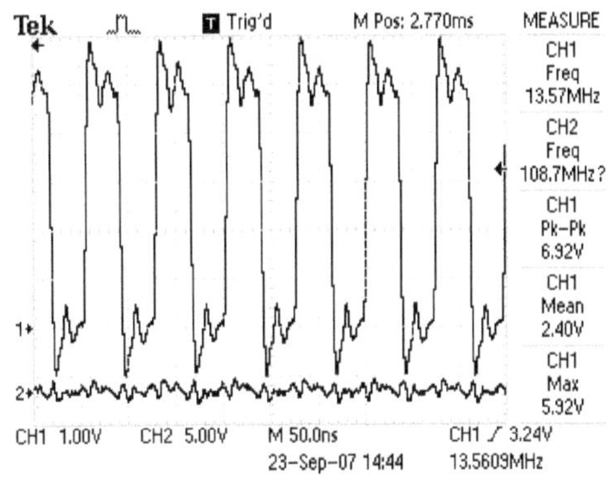

图 8-20 RFID 载波波形

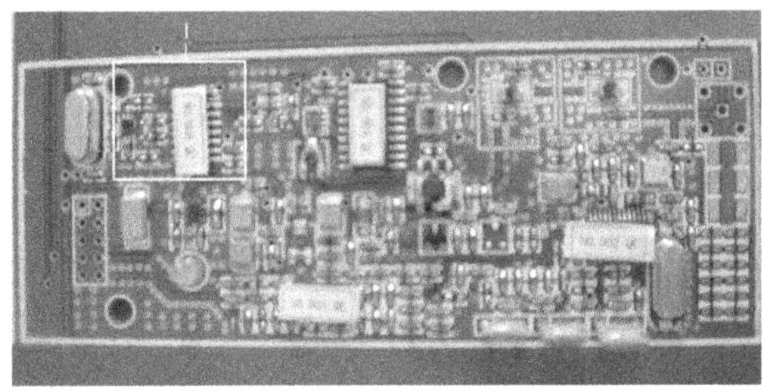

图 8-21 RFID 载波产生电路

8.2.4 实验三：RFID 系统的信号调制

一、实验目的

熟悉和学习 ISO/IEC 18000-3、ISO 15693 标准规范的第二部分规定的通信信号调制部分，掌握标准的 ASK 调制技术。

二、实验内容

通过示波器观测输出的调制信号。

三、基本原理

ISO/IEC 18000-3、ISO 15693 标准规范的第二部分规定为读写器和标签之间通信用 ASK 调制原理进行，两种调制指数为 10%和 100%。标签均可解码，而读写器决定用哪种指数。

四、所需仪器

供电电源、示波器。

五、实验步骤

1. 测试线连接

连接示波器：使用 CH1 探头，地接到 XP501 的 Pin2，探针接到 XP501 的 Pin1。

设置示波器：触发源选择 CH1，其余设置可以参照图 8-22。

2. 操作

启动连续 Inventory 测量。

3. 观测调制信号，如图 8-22 所示

完成信号调制的功能的实际电路板的部分，见图 8-23 中的标识 2。

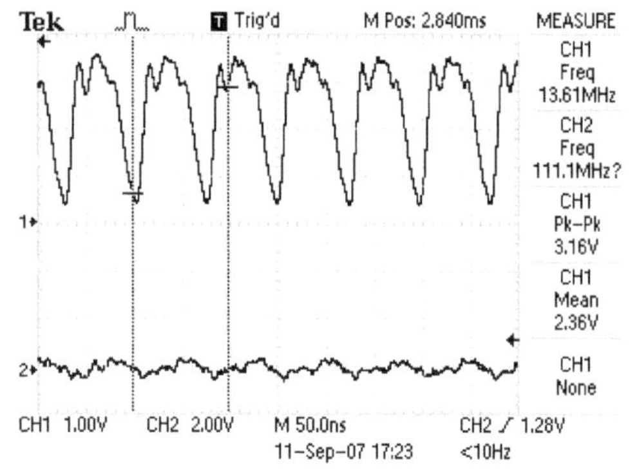

图 8-22　RFID 调制信号波形及参数设置

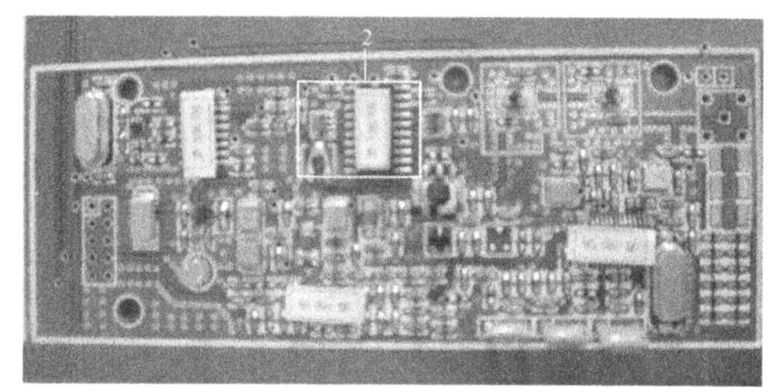

图 8-23　RFID 调制信号电路

8.2.5　实验四：RFID 系统的天线

一、实验目的

熟悉和学习 ISO/IEC 18000-3、ISO 15693 标准规范的天线使用技术。

二、实验内容

通过示波器观测从电子标签返回的信号。

三、基本原理

电磁耦合、电磁波传送的基本原理。

四、所需仪器

供电电源、示波器。

五、实验步骤

1. 测试线连接

连接示波器：同时使用 CH1、CH2 探头，地都接到 XP505，CH1 探针接到 XP503 的 Pin1，CH2 探针接到 XP503 的 Pin2。

设置示波器：触发源选择 CH2，其余设置可以参照图 8-24。

2. 操作

在 Modulation 下拉菜单处，选择 FSK，启动连续 Inventory 测量。

3. 观测信号

在天线底部或顶部放置金属板，用示波器观测信号，了解并评估在 FSK 模式下金属环境对天线工作的影响。

4. 测试线连接

连接示波器：同时使用 CH1、CH2 探头，地都接到 XP505，CH1 探针接到 XP504 的 Pin1，CH2 探针接到 XP503 的 Pin2。

设置示波器：触发源选择 CH2，其余设置可以参照图片 8-24。

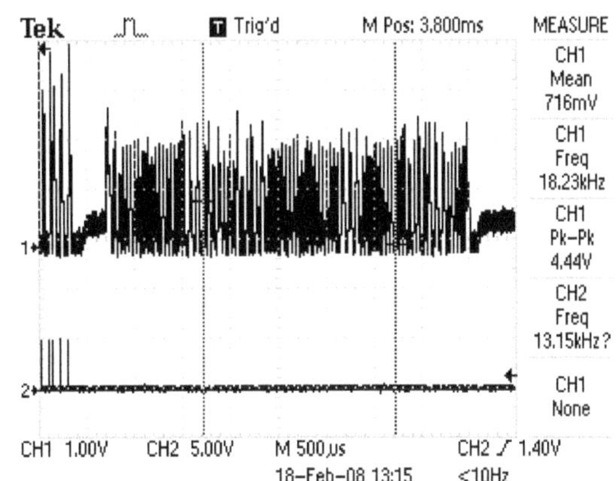

图 8-24 RFID 天线信号波形及参数设置

5. 操作

在 Modulation 下拉菜单处，选择 ASK，启动连续 Inventory 测量。

6. 观测信号

在天线底部或顶部放置金属板，用示波器观测信号，了解并评估在 ASK 模式下金属环境对天线工作的影响。如条件允许，还可以加入铁氧体，用示波器观测信号，了解并评估铁氧体在这种环境下的作用效果。

8.2.6 实验五：标签信息的读写实验

一、实验目的

熟悉和学习 ISO/IEC 18000-3、ISO 15693 标准规范第三部分协议和指令内容中的读取和写入标签数据操作部分内容。

二、实验内容

通过发送不同的基本指令，观察返回的数据，了解指令的作用。

三、基本原理

ISO 15693 标准规范第三部分。

四、所需仪器

供电电源、电子标签。

五、实验步骤

1. 读取 UID

将 1 个标签放于仪器天线之上，给系统上电，打开系统软件 Tag-Reader.exe，正确设置串口，选择确定当前使用的串口，按“connect”连接串口。

运行“Inventory” command，得到正常标签的 UID。操作如图 8-25 所示。

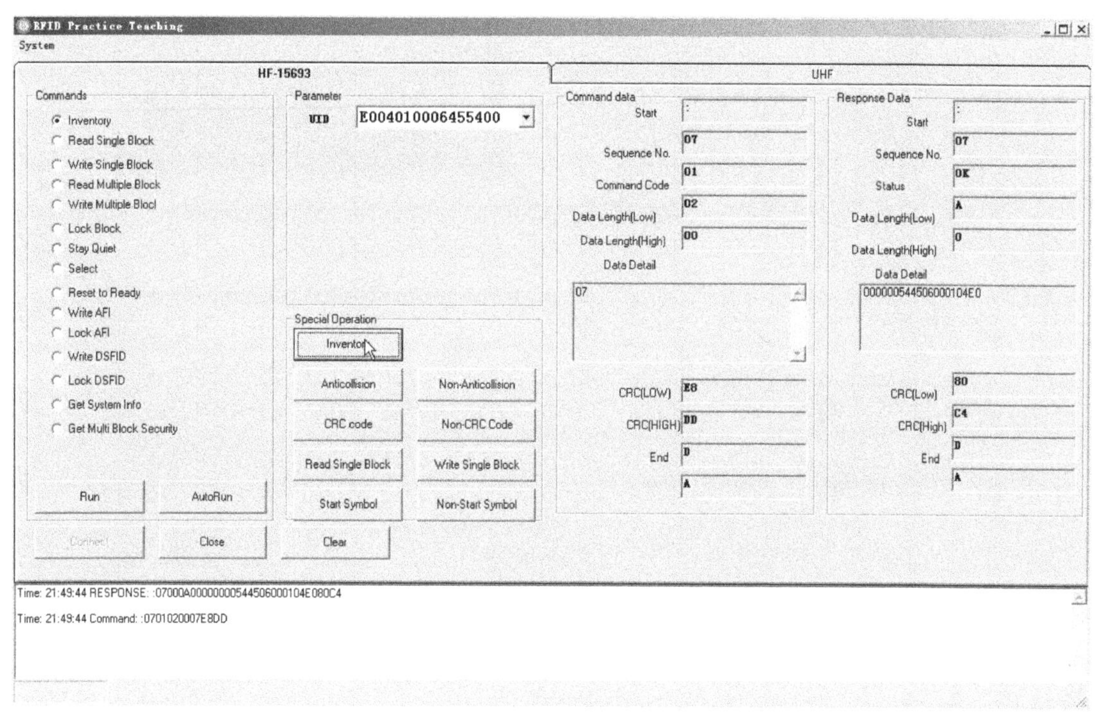

图 8-25 标签 UID 读取

2. 读取单个 BLOCK 数据

确认系统已经得到了单个标签的 UID，在“Special Operation”处，运行“Read Single Block” command，即可得到确定 UID 标签的相应 Block 里面的数据。操作如图 8-26 所示。

查看“Response Data”里面的“Data Detail”处和信息栏里的数据，图 8-26 为放置 1 个标签（卡片）时读写器读到的这个标签存储器内地址 0 存储的数据。可以在 BlkAdd 处更改地址，选择读取相应地址的数据。

3. 写单个 BLOCK 数据

确认系统已经得到了单个标签的 UID，在“Special Operation”处，在 BlkAdd 处输入想要写入数据的存储器地址数值，再在 BlkBit 处输入需要写入存储器内这个地址的数据，运行“Write Single Block” command，即可把需要的数据写入到当前标签指定地址的 Block 存储器中。操作如图 8-27 所示。

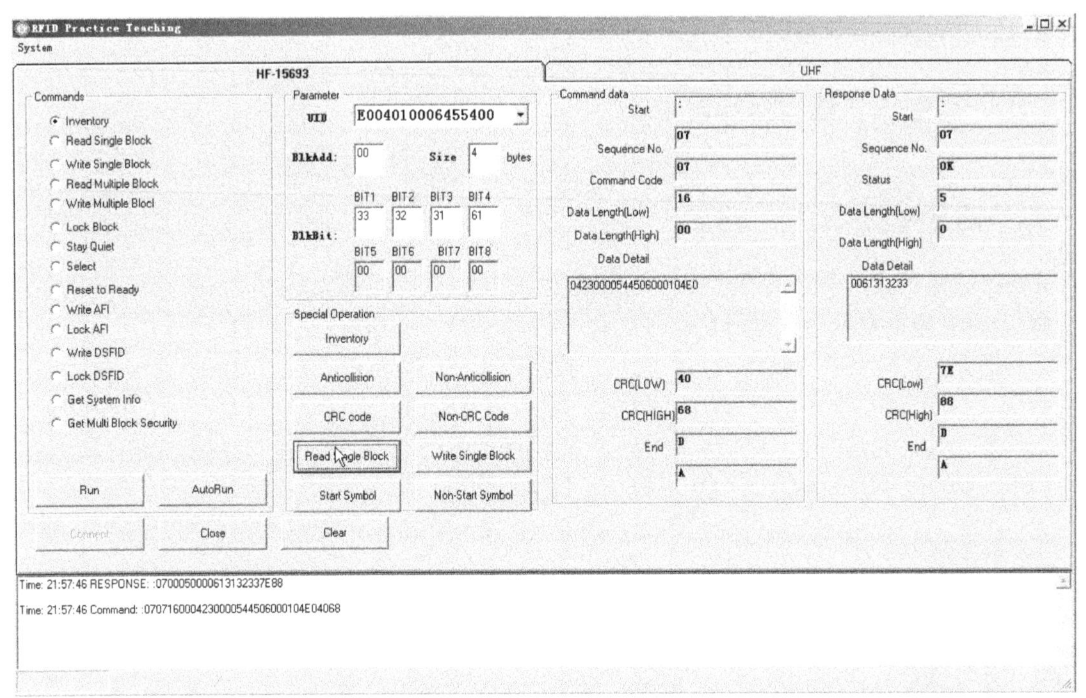

图 8-26　单个 BLOCK 数据读取

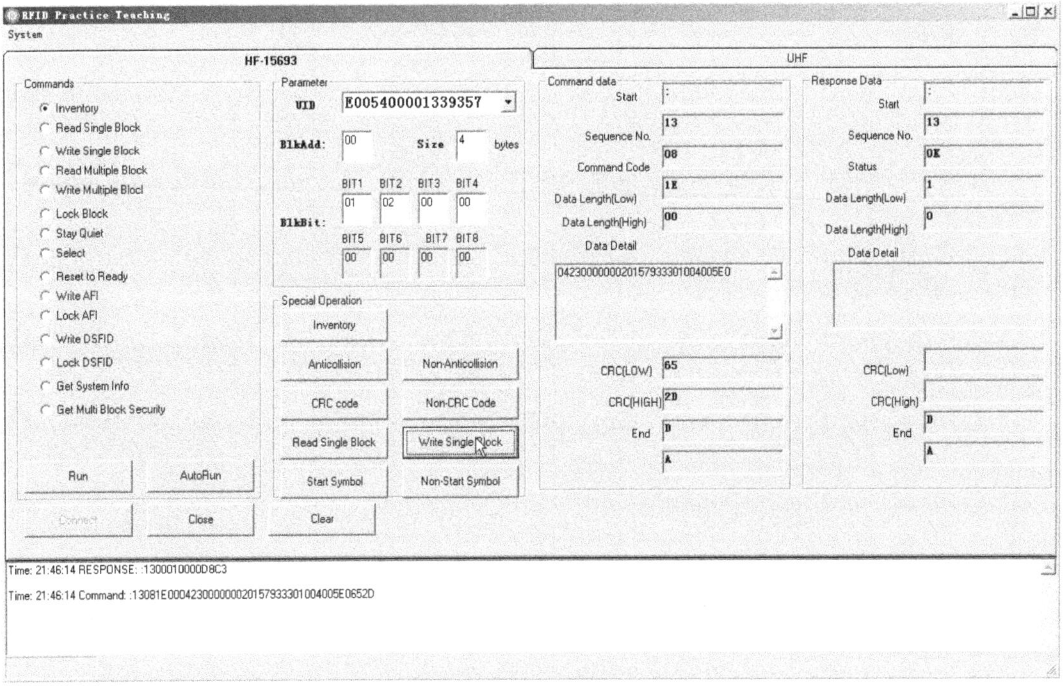

图 8-27　单个 BLOCK 数据写入

查看“Response Data”里面的“Status”处的信息。图 8-27 为放置 1 个标签（卡片）时读写器向标签的存储器 00 位置写入 01 02 00 00 这 4 个字节数据的响应。

写入数据后，可以再通过“Read Single Block”command 读取相应地址的数据，与刚才写入的数据比较来验证是否写入正确。

8.2.7 实验六：数据包分析实验

一、实验目的

熟悉和学习本系统标签和读写器之间传输的信息包的结构，并结合 ISO/IEC 18000-3、ISO 15693 标准规范第三部分协议中的指令内容，对信息包进行相应的分析。

二、实验内容

通过发送 Inventory 命令从电子标签里读出 UID，通过在 PC 软件下分析相关的数据，了解、掌握读写器和标签之间数据包的组成和结构。

三、基本原理

ISO 15693 标准规范第三部分的第 4 节和第 7 节内容。

四、所需仪器

供电电源、电子标签。

五、实验步骤

1．设置

加电运行系统，在系统的天线范围内放置 1 个标签。打开系统软件 Tag-Reader.exe，正确设置串口。

2．操作

在系统软件下，“Special Operation”处，选择运行“Inventory”command 动作。操作如图 8-28 所示。

查看“Response Data”中的“Data Detail”处和信息栏里的数据，图 8-28 为放置 1 个标签（卡片）时读写器发送一个“Inventory”读取命令时读到标签的数据响应。

图 8-28 中在信息栏，标签的响应部分“Time：21:49:44 RESPONSE:07000 A00000000544506000104E080C4”的内容其组成分解如 Command data 处的组成。其中“Data Detail”处标签返回的前两个字节的数据分别为：Flags，标签返回的标志；DSFID，数据存储格式标志。

结合 ISO/IEC 15693 标准协议，分析实现现象和结果，总结实验过程，加深对传输的信息包数据结构的理解。

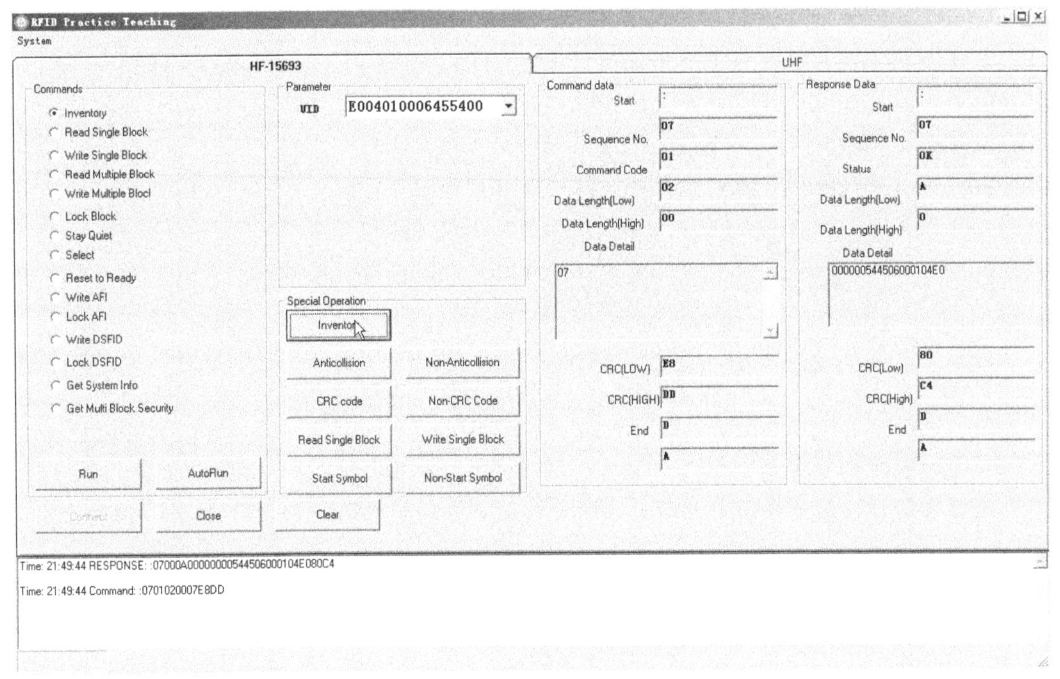

图 8-28 RFID 数据包分析

8.2.8 实验七：UHF 900MHz 18000-6 实验

读写 ISO 18000-6 协议标签的读写器是 UHF 900M 频段的，这种读写器广泛应用于物流、车辆门禁、人员门禁、生产流水线等领域，与汽车衡、轨道衡等配套能够实现物流的管理，能够同时读写多个标签。

下面以 JX200 系列教学实验系统为平台，进行相关的标签操作实验。

1. 选择 UHF 900MHz 功能模块

可以使用 JX200 系列教学实验系统的 COM1 串口 1、COM2 串口 2，无线通信模块 ZigBee1 接口或者无线通信模块 ZigBee2 接口进行实验。这里只介绍通过串口 1、串口 2 进行实验的操作。

通过串口 1 接口的操作可以通过 JUMPER 跳线选择，如图 8-29 所示选择。

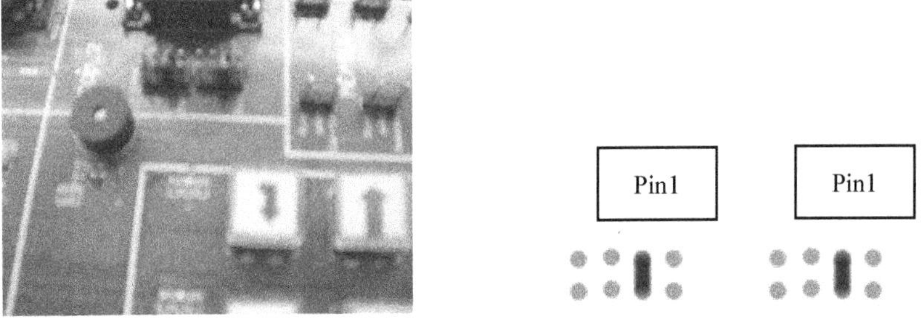

图 8-29 UHF 功能模块串口 1 接口工作跳线选择图

即用跳线分别短接插针 XP508、XP509 的第二对引脚。

通过串口 2 接口的操作可以通过 JUMPER 跳线选择，如图 8-30 所示选择。

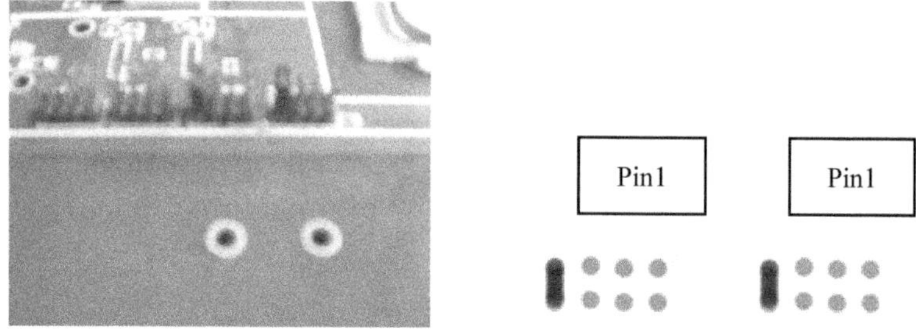

图 8-30　UHF 功能模块串口 2 接口工作跳线选择图

即用跳线分别短接插针 XP510、XP511 的第一对引脚。

通过串口 1 接口的操作也可以用按键在 LCD 上通过软件选择，如图 8-31 所示选择。

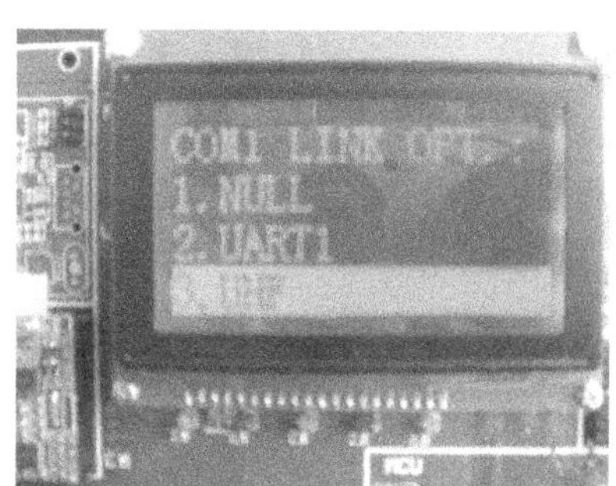

Com1 LINK OPT.:

1. NULL
2. UART1
3. **UHF**

图 8-31　UHF 功能模块串口 1 接口工作软件选择 LCD 图

此时按键盘上的“确认”键即可选择。通过串口 2 接口的操作也可以用按键在 LCD 上通过软件选择，如图 8-32 所示选择。

COM2 LINK OPT.:

1. NULL
2. **UHF**
3. ISO14443

图 8-32　UHF 功能模块串口 2 接口工作软件选择 LCD 图

此时按键盘上的确认键即可选择。

2. 软件操作

直接双击的“TagReader Practice System”文件夹下的“PracticeSystem.exe”即可启动实验程序。

（1）连接与断开

启动 Demo 程序后首先选择 UHF 的 COM 端口，选择波特率,并单击“Open”即可连接到实验箱 UHF 部分。单击“Close”即可断开连接，操作界面如图 8-33 所示。

请注意，当无特殊说明时，波特率（BaudRate）为 57 600Band。

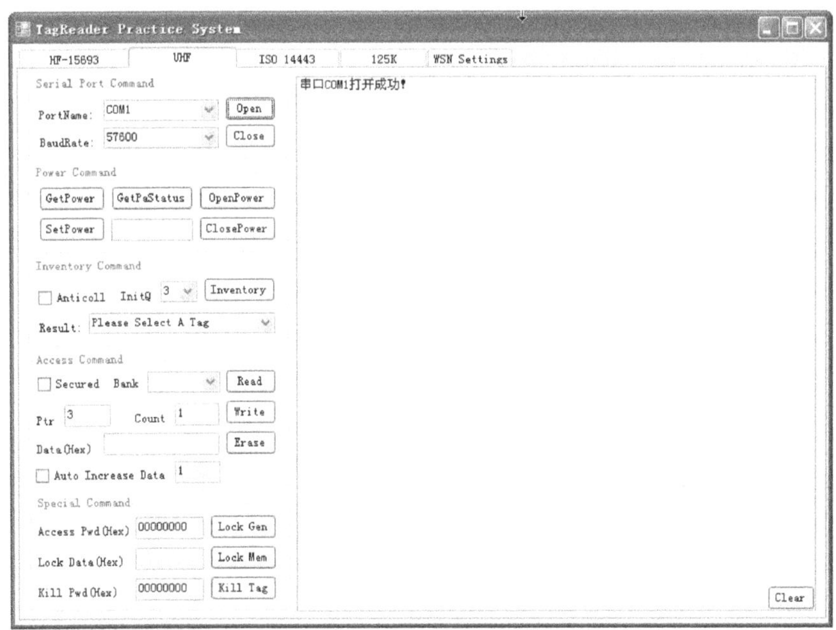

图 8-33　UHF 的 COM 端口设置图

（2）识别标签号

当读卡器读取范围内只有一张电子标签时，采用单卡读取模式，能够更快速准确地识别电子标签。

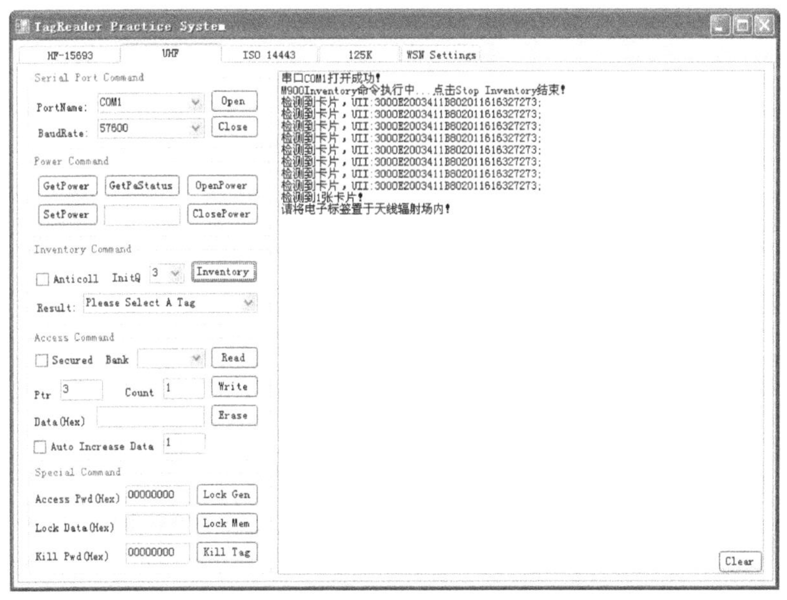

图 8-34　单卡模式下识别电子标签

确认“防冲撞识别”选择框处于未选中状态，并单击“Inventory”启动标签识别，如图 8-34 所示。如果 UHF 900MHz 识别到标签，则会不断返回到 Demo 程序，并把标签号显示在 List 中。

当读卡器读取范围内有一张以上电子标签时，采用多卡识别读取模式，能够更快速准确地识别电子标签。

确认“Anticoll InitQ”选择框处于选中状态，并单击“Inventory”启动标签识别，如图 8-35 所示。如果 UHF 900MHz 识别到标签，则会不断返回到 Demo 程序，并把标签号显示在 List 中。

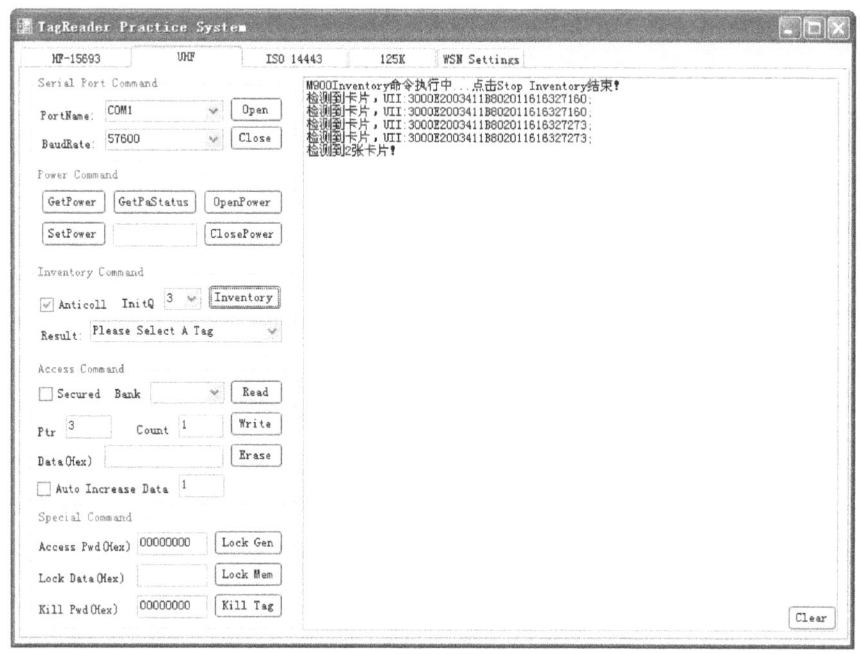

图 8-35　多卡模式下识别电子标签

（3）功率设置

单击“GetPower”按钮读取 UHF 900MHz 的功率设置，LIST 框中显示当前输出功率值。

在“SetPower”列表中输入用户期望的输出功率值（10～30 步进 1dB），单击“SetPower”按钮设置 UHF 900MHz 功率。设定功率值后，UHF 900MHz 将该功率参数保存，重新上电后，UHF 900MHz 的默认输出功率为最后一次修改的功率值。

（4）读取数据

① 选择需要进行操作的标签。

② 选择 BANK，即标签的存储空间段。

③ 输入 PTR，即数据地址的偏移量。PTR 每增加 1，读取数据的开始地址增加两个字节。PTR 是十进制数。

④ 输入 Count，即数据长度。Count 以两个字节为单位，且为十进制数。

⑤ 单击“Read”按钮执行操作，如图 8-36 所示。

⑥ 当标签的 Pwd 密码不为零且需要在加密状态下对标签进行读取、写入、擦除操作

时需把 Access Pwd 输入框中输入 32 位 Access 密码（见图 8-37）。

（5）写入数据

① 选择需要进行操作的标签。

② 选择 BANK，即标签的存储空间段。

③ 输入 PTR，即数据地址的偏移量。PTR 每增加 1，读取数据的开始地址增加两个字节。PTR 是十进制数。

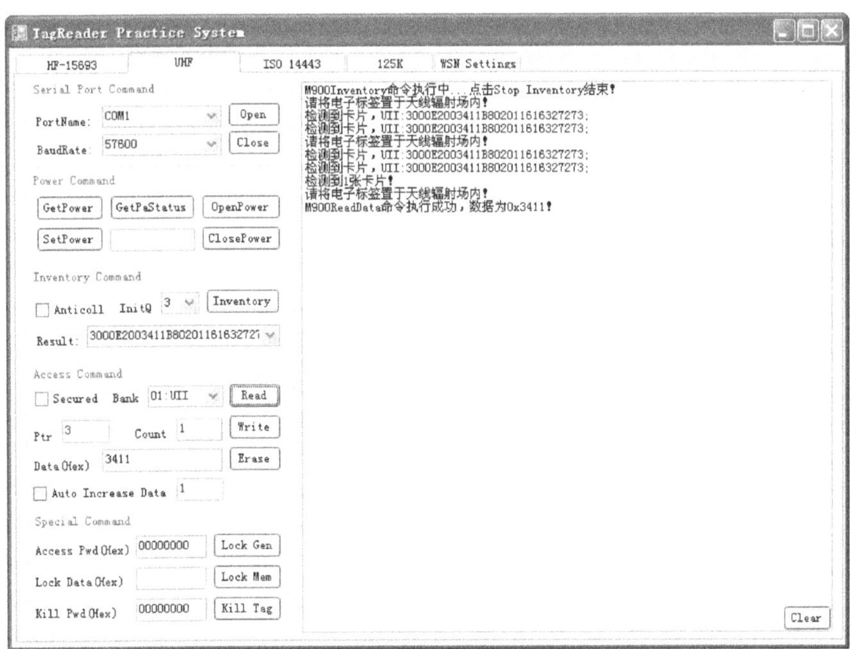

图 8-36 读写数据

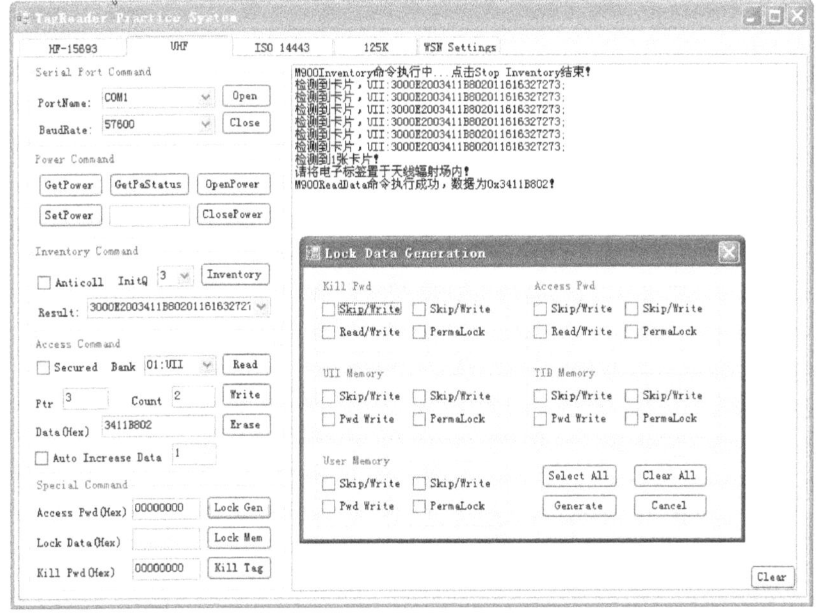

图 8-37 在加密状态读写数据

④ 输入 Count，即数据长度。Count 以两个字节为单位，且为十进制数。

⑤ 输入 Data，即需要写入的用户数据。Data 是十六进制数，且长度要符合 Count 的设置。例如，Count 设置为 1，则 Data 需要两个字节。

⑥ 单击“Write”按钮执行操作。

8.3 无线传感器网络 WSN 实验

8.3.1 WSN 模块配置操作

1. 配置 WSN 模块 1

（1）硬件连接

WSN 模块在使用前需要根据项目应用的要求，进行相关的配置，以更好地完成项目相关功能，实现应用目标。

以 JX200 系列教学实验系统为平台，进行相关的配置操作实验。

JX200 系列一个设备里面有两个 WSN 模块，需要分别配置。

配置 WSN 模块 1 需要选择平台串口 1（COM1）与 PC 机的串口相连，同时配置平台的串口 1 为 WSN 模块 1 连接模式。

平台的串口 1 和 WSN 模块 1 的连接可以通过 JUMPER 跳线来选择，如图 8-38 所示。

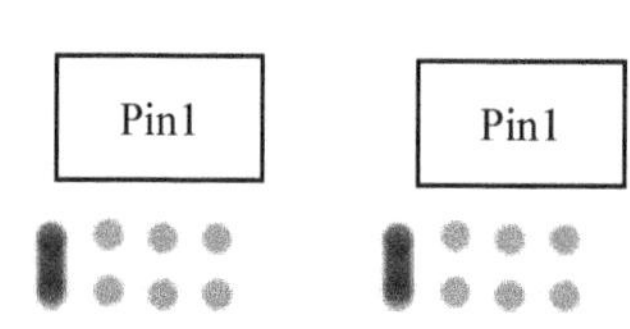

图 8-38 WSN 模块 1 连接串口 1 接口工作跳线选择图

即用跳线分别短接插针 XP508、XP509 的第四对引脚。

COM1 LINK OPT.:

4. ZigBee2

5. **ZigBee1**

图 8-39 WSN 模块 1 软件选择 LCD 图

平台的串口 1 和 WSN 模块 1 的连接也可以用按键在 LCD 上通过软件选择，如图 8-39 所示。

（2）软件配置操作

WSN 模块 1 可以配置成 Master 模式也可以配置成 Client 模式，一般一个系统里面拥有一个 Master 和多个 Client。在这里，我们可以把 WSN 模块 1 配置成 Master 模式。

先打开电源，在 PC 机上面打开 MiniTool.exe 软件，如图 8-40 所示。

为了确保 WSN 模块不是在透传模式，首先点击退出透传模式，如图 8-41 所示。

然后点击“搜索”，让软件自动搜索连接上的模块，如图 8-42 所示。

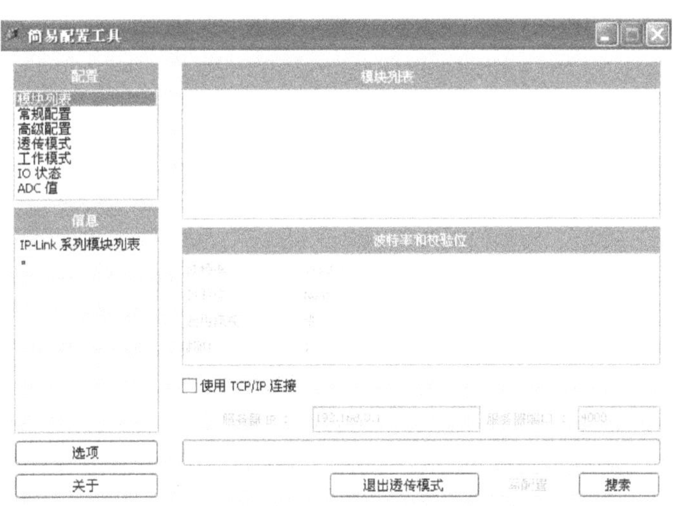

图 8-40　MiniTool 工作界面

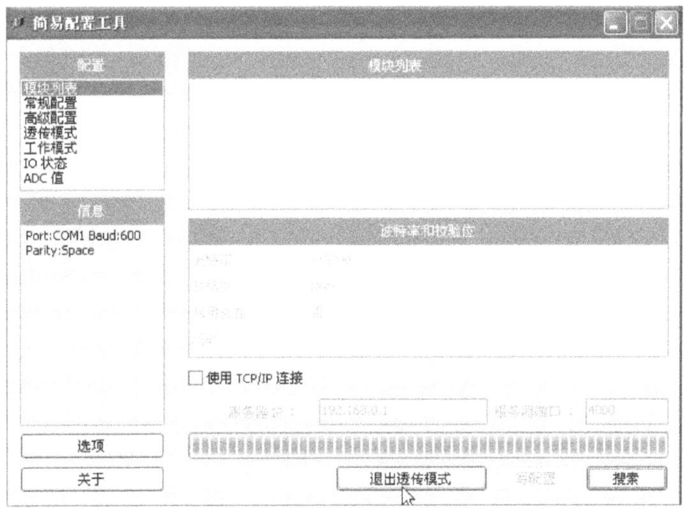

图 8-41　MiniTool 模块设置透传模式

此时在模块列表框，我们就能看到软件搜索到的模块。设置好需要的波特率，点击“写配置”写入配置。

图 8-42　MiniTool 搜索连接模块

然后点击“配置”列表下面的“常规配置”，设置“通信信道”“拓扑类型”“节点类型”“网络号”，注意此时拓扑类型要设置为“Mesh”，节点类型要设置为“Master”，网络号要设置为 0，写入配置，如图 8-43 所示。

图 8-43　MiniTool 常规配置

图 8-44　MiniTool 配置透传模式图

然后再点击“配置”列表下面的“透传模式”，设置“透传目的”地址为 1，点击“进入”，让模块进入透传模式，如图 8-44 所示。

这样这个设置好的模块就能以 Master 身份与设置好的网络号为 0 的 Client 相互传输数据了。

模块也可以直接通过二进制指令或者 AT 指令工作，如图 8-45 所示。

2. 配置 WSN 模块 2

（1）硬件连接

配置 WSN 模块 2 可以选择平台串口 1（COM1），也可以选择平台串口 2（COM2）与 PC 机的串口相连，这里以选择平台串口 1（COM1）为例，同时配置平台的串口 1 为 WSN 模块 2 连接模式。

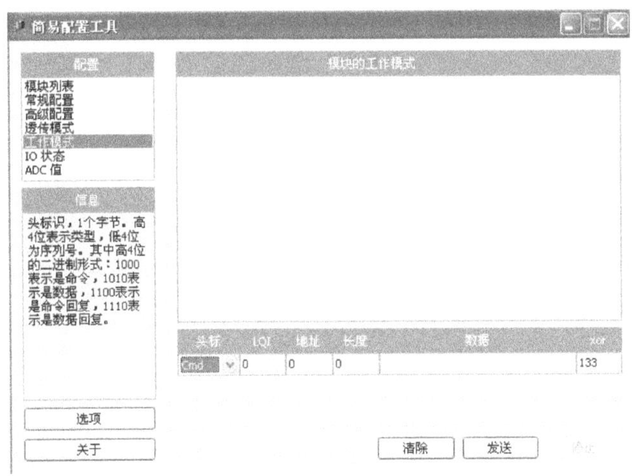

图 8-45　通过 AT 指令发送数据图

平台的串口 1 和 WSN 模块 2 的连接可以通过 JUMPER 跳线来选择，如图 8-46 所示。

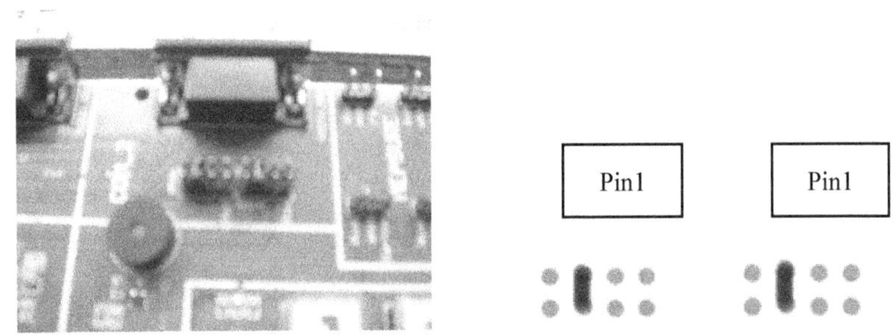

图 8-46　WSN 模块 2 连接串口 1 接口工作跳线选择图

即用跳线分别短接插针 XP508、XP509 的第三对引脚。

平台的串口 1 和 WSN 模块 2 的连接也可以通过软件用按键在 LCD 上选择，如图 8-47 所示。

COM1 LINK OPT.:

4. **ZigBee2**

5. ZigBee1

图 8-47　WSN 模块 2 连接串口 1 接口工作软件选择 LCD 图

（2）软件配置操作

WSN 模块 2 软件配置的方法和 WSN 模块 1 的配置方法相同。此时需要注意的是在“常规配置”的地方需要把节点号配置为 1，“节点类型”配置为 Client；在“透传模式”的地方，把“透传目的”地址配置为 0；其余的配置和模块 1 的配置相同。

完成这些配置后，两个模块之间便可以通过无线相互传输数据工作了。

现在我们可以把 WSN 模块 1 与 UHF ISO 18000-6 模块连接，WSN 模块 2 通过串口连接到 PC 机的串口上，这样我们把 UHF ISO 18000-6 模块的读取标签信息，通过两个 WSN 模块之间无线传输，再上传到 PC 机上。

8.3.2　实验八：WSN 与 UHF ISO 18000-6 Reader 结合应用实验

（1）选择 UHF ISO 18000-6 功能模块连接 WSN 模块

UHF ISO 18000-6 功能模块与 WSN 模块 1 连接的操作可以通过 JUMPER 跳线选择，如图 8-48 所示。

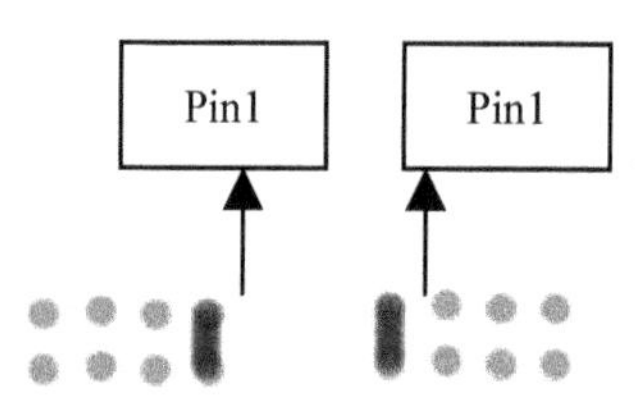

图 8-48　UHF ISO 18000-6 连接 WSN 模块 1 跳线选择图

即用跳线分别短接插针 XP506、XP507 的第一对引脚。

UHF ISO 18000-6 功能模块与 WSN 模块 1 连接的操作也可以用按键在 LCD 上通过软件选择，如图 8-49 所示。

此时按键盘上的“确认”键即可选择。

UHF ISO 18000-6 功能模块与 WSN 模块 1 的连接，也可以换成 UHF ISO 18000-6 功能模块与 WSN 模块 2 的连接，此时，对于同一实验系统内部，把 PC 端与 WSN 模块 1 连接。同样可以进行这个实验。

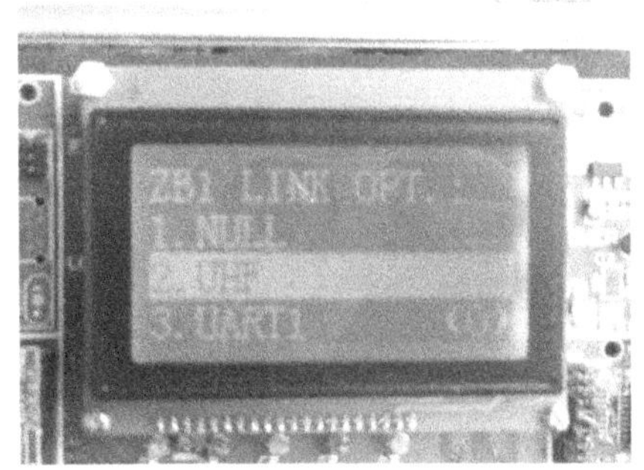

ZB1 LINK OPT.:

1. NULL

2. **<u>UHF</u>**

3. UART1

图 8-49　UHF ISO 18000-6 连接 WSN 模块 1 软件选择 LCD 图

（2）PC 端对应 WSN 模块设置

可以选择另外一台 JX200 系列教学实验系统的 WSN 模块 1 或者模块 2 与 PC 机的串口连接，把 WSN 模块 1 或者模块 2 与 PC 机的串口连接上。也可以选择同一台 JX200 系列教学实验系统的 WSN 模块 2 与 PC 机的串口连接上。这里以用同一台实验系统的 WSN 模块 2 的操作为例。

可以通过 JUMPER 跳线把 JX200 系列教学实验系统的串口 2（COM2）与 WSN 模块 2 连接上，如图 8-50 所示。

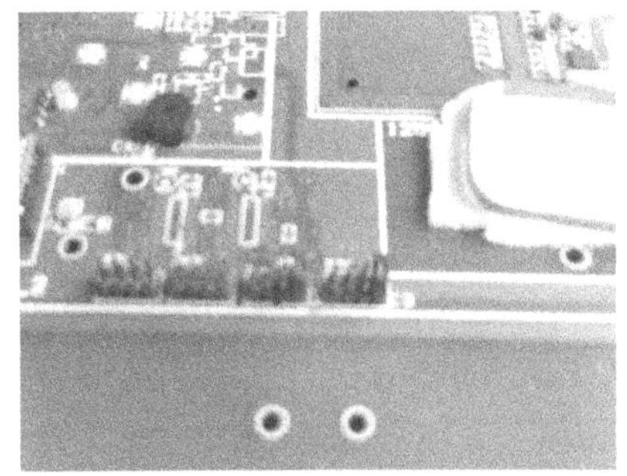

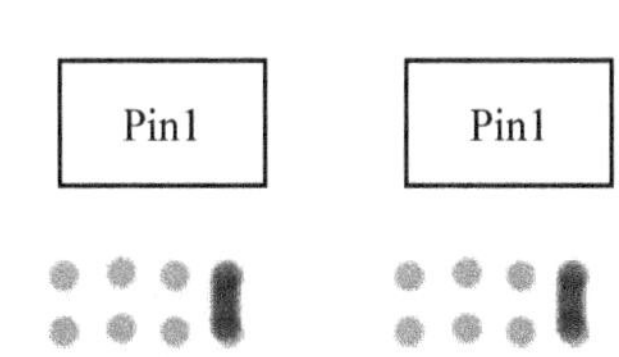

图 8-50　系统 COM2 与 WSN 模块 2 连接跳线选择图

即用跳线分别短接插针 XP510、XP511 的第 4 对引脚。

可以用按键在 LCD 上通过软件选择把 JX200 系列教学实验系统的串口 2（COM2）与 WSN 模块 2 连接上，如图 8-51 所示。

COM2 LINK OPT.:

4. 125K

5. **ZigBee2**

图 8-51　系统 COM2 与 WSN 模块 2 连接软件选择 LCD 图

此时按键盘上的“确认”键即可选择，然后再把 PC 机的串口和系统的串口 2（COM2）

用串口线连接上就可以了。

（3）软件操作

软件操作和读写器正常通过串口或者串口转 USB 口的连接线连接 PC 的操作完全相同。

通过软件我们可以读取标签 UID 读写标签。此时 PC 软件得到的标签信息，是通过两个无线传输模块 WSN 模块之间传输信息来完成的。PC 软件先通过与 PC 相连的 WSN 模块，发送命令，与读写器相连的 WSN 模块通过无线接收到 PC 软件的命令，传给相连的读写器，读写器识别命令，按命令工作；读写器读取标签的信息，传给与其相连的 WSN 模块，通过无线发送给与 PC 相连的 WSN 模块，再通过 COM 口，传给 PC，完成一整个命令流程。

8.3.3　实验九：WSN 传感器数据采集应用实验

WSN 模块可以外接传感器进行数据采集，并以无线传输方式把数据发到 PC 数据中心。

我们以电池电压数据采集来进行实验。

（1）硬件连接

用一节电压值是 3V 以内的电池，插在插头 XS307 的 1 脚和 2 脚上，1 脚接电池负极，2 脚接电池正极。

（2）软件操作

在 PC 上面打开 MiniTool.exe 软件，按照 8.3.1 节 WSN 模块配置操作实验里面介绍的方法，搜索到连接到 PC 上的 WSN 模块。在软件“配置”列表里面找到“ADC 值”栏，设置 ADC 通道，以设置 ADC 1 通道为例，设置如图 8-52 所示。

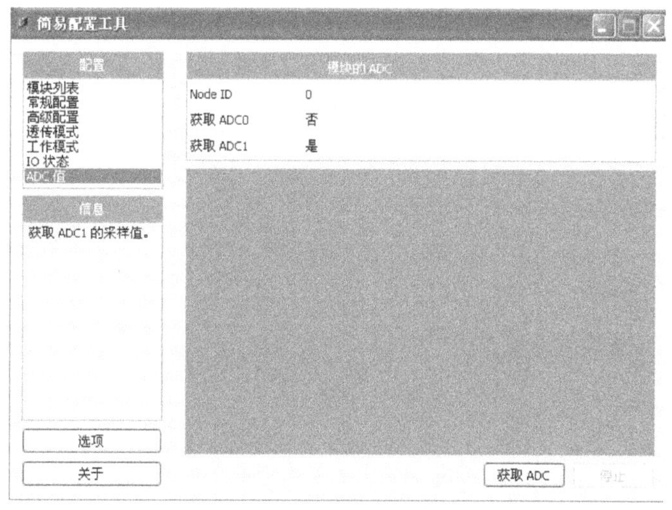

图 8-52　设置 ADC

把插头 XS307 的 1 脚和 2 脚用跳线帽短接，采集输入为 0V 的电压值，如图 8-53 所示。

图 8-53 0V 输入采集

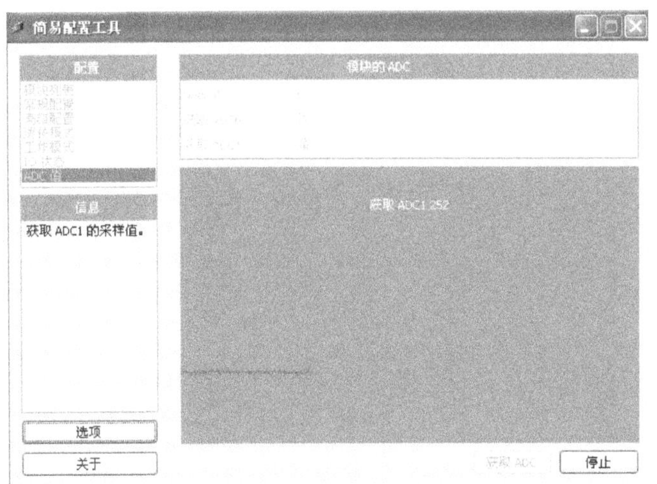

图 8-54 悬空输入采集

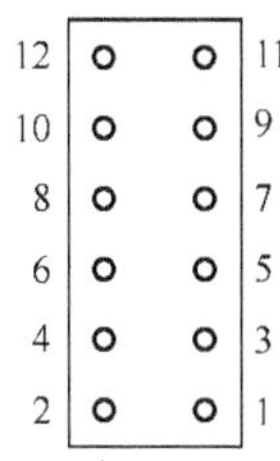

图 8-55 XS307 的接口

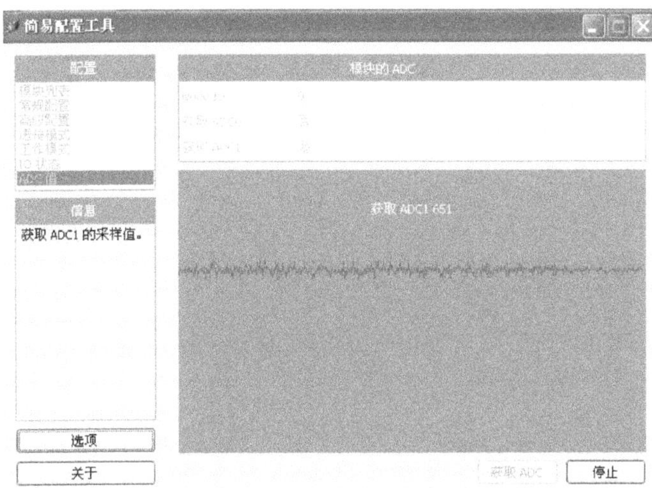

图 8-56 电池输入采集

把插头 XS307 的 1 脚和 2 脚上的跳线帽拔掉，输入悬空，采集此时的电压值，如图 8-54 所示。

把电压值是 3V 以内的电池，插在插头 XS307 的 1 脚和 2 脚上，1 脚接电池负极，2 脚接电池正极。插头 XS307 的接口如图 8-55 所示。

采集此时的电压值，如图 8-56 所示。

8.3.4 实验十：WSN 无线数据传输与有线数据传输同时工作实验

在这里，我们配置 HF ISO 15693 功能模块工作为无线数据传输方式，UHF ISO 18000-6 功能模块工作为有线数据传输方式。配置 UHF ISO 18000-6 功能模块通过平台的串口 1（COM1）工作，这样 PC 端就同时需要进行两种连接：一是连接 JX200 系统平台的串口 1，二是连接一个无线传输 PC 端适配器，此适配器也可以借助另外一个 JX200 系列平台中的 WSN 模块来实现。

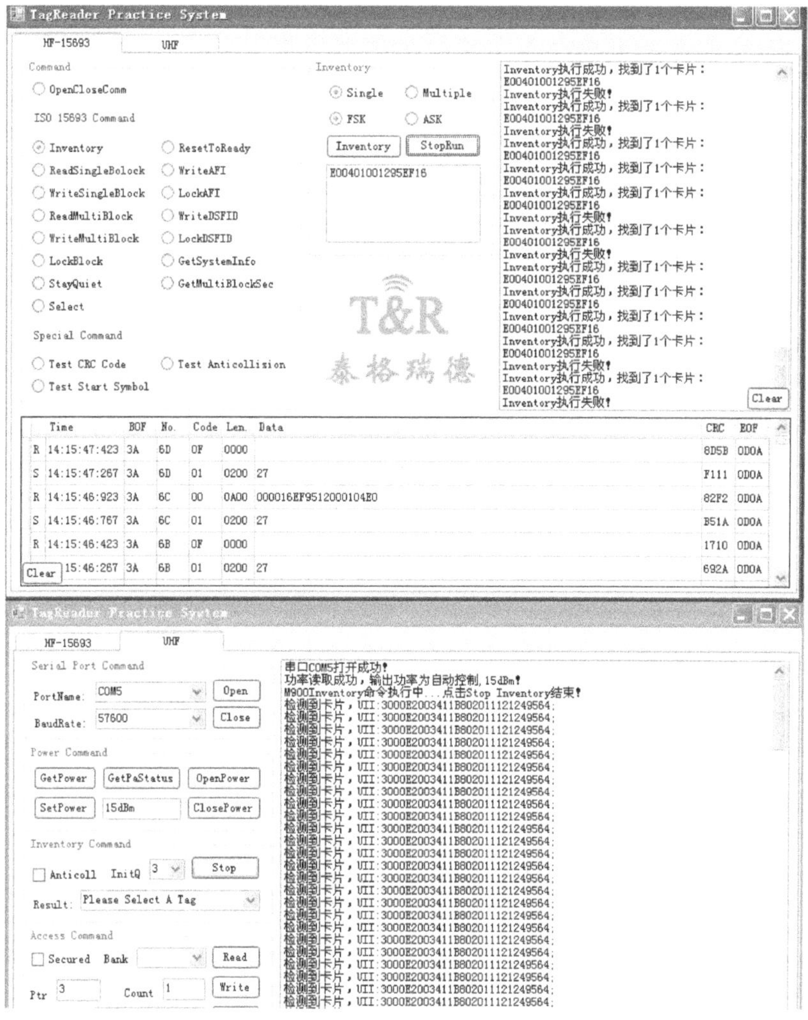

图 8-57 无线数据传输模块与有线数据传输模块同时工作数据上传图

在这里我们把一个平台内的 WSN 模块 1 设置成 Client，连接 HF ISO 15693 功能模块。WSN 模块 2 设置成 Master 通过平台的串口 2（COM2）和 PC 机的串口连接，即把 JX200 系统教学实验系统内的 WSN 模块 2 作为 PC 端的一个无线传输 PC 端适配器。平台的串口 1 通过一根串口转 USB 口的连接线连接在 PC 机的一个 USB 口上。这样的配置就实现了 HF ISO 15693 功能模块工作为无线数据传输方式，UHF ISO 18000-6 功能模块工作为有线数据传输方式的模式。

按照上面实验的方法分别连接好硬件设备，上电运行相应的软件，无线数据传输与有线数据传输就同时工作了。如图 8-57 所示。

缩略语

3G	The third generation	第三代移动通信
3GPP	The 3rd Generation Partnership Project	第三代合作伙伴计划
A/D	Analog/Digital	模拟数字转换
AAA	Authentication Authorization Accounting	鉴权、授权和计费
AIAG	Automotive Industry Action Group	汽车工业行动小组
AMPS	Advanced Mobile Phone System	高级移动电话系统
ANSI	American National Standards Institute	美国国家标准学会
API	Application Programming Interface	应用程序编程接口
ARIB	Association of Radio Industries and Businesses	日本无线工业及商贸联合会
ARQ	Automatic Repeat Request	自动重传请求
ATM	Asynchronous Transfer Mode	异步传输模式
AuC	Authentication Centre	鉴权中心
B/S	Browser/Server	浏览器/服务器
BIOS	Basic Input and Output System	基本输入输出系统
Bluetooth SIG	Bluetooth Special Interest Group	蓝牙技术联盟
BPSK	Binary Phase Shift Keying	二相相移键控
BS	Base Station	基站
BSI	British Standards Institution	英国标准学会
C/S	Client/Server	客户机/服务器
CA	Certificate Authority	认证中心
CAN-Bus	Controller Area Network Bus	控制器局域网总线
CATV	Cable Television	有线电视
CCD	Charge-coupled Device	电荷耦合元件

CCSA	China Communications Standards Association	中国通信标准化协会
CEN	European Committee for Standardization	欧洲标准化委员会
CERP-IoT	Cluster of European RFID project-Internet of Things	欧洲 RFID 项目组物联网小组
CGI	Common Gateway Interface	通用网关接口
CMOS	Complementary Metal Oxide Semiconductor	互补金属氧化物半导体
CN	Core Network	核心网
CPU	Central Processing Unit	中央处理器
CRC	Cyclic Redundancy Check	循环冗余校验
CS	Circuit Switch	电路交换
CSCF	Call Session Control Function	呼叫会话控制功能
CSMA	Carrier Sense Multiple Access	载波侦听多址
CSMA/CA	Carrier Sense Multiple Access/Collision Avoidance	载波侦听多址/冲突避免
CSMA/CD	Carrier Sense Multiple Access/Collision Detect	载波侦听多址/冲突检测
DAMPS	Digital Advanced Mobile Phone System	高级数字移动电话系统
DCM	Dual Carrier Modulation	双载波调制
DNS	Domain Name System	域名系统
DS	Direct Sequence spread spectrum	直接序列扩频
DSL	Digital Subscriber Line	数字用户线
DSMO	Device Security Management Object	设备安全管理对象
DSP	Digital Signal Processor	数字信号处理器
DTS	Draft Technical Specification	技术规范草案
EAN	International Article Numbering Association	国际物品编码协会
EAP	Extensible Authentication Protocol	扩展认证协议
ECMA	European Computer Manufacturers Association	欧洲计算机制造商协会
EEPROM	Electrically Erasable Programmable Read-Only Memory	电可擦可编程只读存储器
EIA	Electronic Industries Association	电子工业协会
EPC	Electronic Product Code	产品电子代码
EPoSS	European Technology Platform on Smart System Integration	欧洲智能系统集成技术平台组织
EPROM	Erasable Programmable Read-Only Memory	可擦除可编程只读存储器
ETC	Electronic Toll Collection	电子不停车收费系统
ETSI	European Telecommunications Standards Institute	欧洲电信标准化协会
E-UTRAN	Evolved UTRAN	LTE 的 UTRAN 系统
FCC	Federal Communications Commission	美国联邦通信委员会
FCS	Fast Cell Selection	快速蜂窝选择
FDD	Frequency Division Duplexing	频分双工
FDMA	Frequency Division Multiple Access	频分多址
FEC	Forward Error Correction	前向纠错
FFT	Fast Fourier Transform Algorithm	快速傅里叶变换算法
FH	Frequency Hopping	跳频
FM	Frequency Modulation	频率调制

GGSN	Gateway GPRS Support Node	网关 GPRS 支持节点
GMSC	Gateway Mobile Switching Center	网关移动交换中心
GPRS	General Packet Radio Service	通用分组无线服务技术
GPS	Global Positioning System	全球定位系统
GSM	Global System for Mobile Communications	全球移动通信系统
GTIN	Global Trade Item Number	全球贸易项目代码
HARQ	Hybrid Automatic Repeat Request	混合自动重传请求
HART	Highway Addressable Remote Transducer	可寻址远程传感器高速通道的开放通信协议
HF	High Frequency	高频
HLR	Home Location Register	归属位置寄存器
HSDPA	High Speed Downlink Packet Access	高速下行分组接入
HSPA	High Speed Packet Access	高速分组接入
HSS	Home Subscriber Server	归属签约用户服务器
HSUPA	High Speed Uplink Packet Access	高速上行分组接入
HTML	Hyper Text Markup Language	超文本标记语言
HTTP	Hyper Text Transfer Protocol	超文本传输协议
IC	Integrated Circuit	集成电路
ICT	Information and Communication Technology	信息通信技术
IEC	International Electro-technical Commission	国际电工委员会
IEEE	Institute of Electrical and Electronics Engineers	美国电气和电子工程师协会
IFFT	Inverse Fast Fourier Transform Algorithm	快速傅里叶逆变换
IGRS	Intelligent Grouping and Resource Sharing	信息设备智能互联与资源共享协议（闪联）
IMS	IP ultimedia Subsystem	IP 媒体子系统
IMT	International Mobile Telecommunication System	国际移动通信系统
IoT	Internet of Things	物联网
IrMC	Infrared Mobile Communications	红外移动通信
ISA	The Instrumentation, Systems and Automation Society	美国仪表系统和自动化学会
ISBN	International Standard Book Number	国际标准书号
ISDN	Integrated Services Digital Network	综合业务数字网
ISO	International Organization for Standardization	国际标准化组织
IT	Internet Technology	信息技术
ITU	International Telecommunication Union	国际电信联盟
ITU-R	ITU Radio Communication Sector	国际电信联盟无线电通信部门
ITU-T	ITU Telecommunication Standardization Sector	国际电信联盟电信标准化部门
LAN	Local Area Network	局域网
LCD	Liquid Crystal Display	液晶显示器
LCR	Low Chip Rate	低码片速率
LOS	Line Of Sight	视距

LTE	Long Term Evolution	长期演进计划
M2M	Machine-to-Machine	机器对机器
MAC	Medium Access Control	媒体访问控制
MAN	Metropolitan Area Network	城域网
MAP	Mobile Application Part	移动应用部分
MBMS	Multimedia Broadcast Multicast Service	多媒体广播多播业务
MCU	Micro Control Unit	微控制器
ME	Mobile Equipment	移动设备
MGCF	Media Gateway Control Function	媒体网关控制功能
MGW	Media Gateway	媒体网关
MIMO	Multiple Input Multiple Output	多入多出
MPU	Micro Processor Unit	微处理器
MRF	Media Resource Function	媒体资源功能
MS	Mobile Station	移动台
MSC	Mobile Switching Center	移动交换中心
MTC	Machine Type Communications	机器类通信
OFDM	Orthogonal Frequency Division Multiplexing	正交频分复用
OFDMA	Orthogonal Frequency Division Multiple Access	正交频分多址
ONS	Object Naming Service	对象名解析服务
OS	Operating System	操作系统
OSI	Open System Interconnection Reference Model	开放系统互联模型
PAN	Personal Area Network	个人局域网或个域网
PCS	Personal Communications Service	个人通信服务
PDA	Personal Digital Assistant	个人数字助理
PKI	Public Key Infrastructure	公开密钥基础设施
PLMN	Public Land Mobile communication Network	公众陆地移动通信网
PS	Packet Switch	分组交换
PSTN	Public Switched Telephone Network	公共电话交换网络
QoS	Quality of Service	服务质量
RAM	Random Access Memory	随机存取存储器
RAN	Radio Access Network	无线接入网
REST	Representational State Transfer	表述性状态转移
RF	Radio Frequency	射频
RFID	Radio Frequency Identification	射频识别
RISC	Reduced Instruction Set Computer	精简指令集计算机
RNC	Radio Network Controller	无线网络控制器
ROM	Read-Only Memory	只读存储器
RRC	Radio Resource Control	无线资源控制
RTS/CTS	Request To Send/Clear To Send	请求发送/允许发送
SCP	Service Control Point	业务控制点
SG	Study Group	研究小组

SGSN	Servicing GPRS Support Node	服务 GPRS 支持节点
SIM	Subscriber Identity Module	用户身份识别模块
SIP	Session Initiation Protocol	会话初始协议
SLA	Service Level Agreement	服务水平协议
SMS	Short Message Service	短消息/短信
SMSC	Short Message Service Center	短消息服务中心
SOA	Service-Oriented Architecture	面向服务的体系结构
SOAP	Simple Object Access Protocol	简单对象访问协议
SOC	System On Chip	片上系统
TC	Technical Committee	技术委员会
TDD	Time Division Duplexing	时分双工
TDMA	Time Division Multiple Access	时分多址
TD-SCDMA	Time Division Synchronous Code Division Multiple Access	时分同步码分多址
TR	Technical Report	技术报告
TS	Technical Specification	技术规范
TTA	Telecommunications Technology Association	韩国电信技术协会
TTC	Telecommunications Technology Committee	日本电信技术委员会
UCC	Uniform Code Council	统一代码协会
UDDI	Universal Description Discovery and Integration	统一描述、发现和集成
UE	User Equipment	用户设备
UHF	Ultra High Frequency	特高频
UI	User Interface	用户界面
UMTS	Universal Mobile Telecommunications System	通用移动通信系统
UPC	Universal Product Code	商品通用条码
UPU	Universal Postal Union	世界邮政联盟
USN	Ubiquitous Sensor Network	泛在传感网
USSD	Unstructured Supplementary Service Data	非结构化补充数据业务
USSDC	USSD Center	USSD 业务中心
UTRAN	UMTS Terrestrial Radio Access Network	UMTS 陆地无线接入网
UWB	Ultra Wide Band	超宽带
VHDL	Very high speed integrated circuit Hardware Description Language	超高速集成电路硬件描述语言
VLR	Visitor Location Register	拜访位置寄存器
VLSI	Very Large Scale Integrated circuits	超大规模集成电路
VPN	Virtual Private Network	虚拟专用网络
WAP	Wireless Application Protocol	无线应用协议
WCDMA	Wideband Code Division Multiple Access	宽带码分多址
WG	Work Group	工作组
WGSN	Working Group on Sensor Networks	传感器网络标准工作组
Wi-Fi	Wireless Fidelity	无线保真

WiMAX	World Interoperability for Microwave Access	全球微波接入互操作性
WLAN	Wireless Local Area Network	无线局域网络
WMMP	Wireless Machine Management Protocol	无线机器管理协议
WSDL	Web Services Description Language	Web 服务描述语言
WSN	Wireless Sensor Network	无线传感网
XML	eXtensible Markup Language	可扩展标记语言

www.ingramcontent.com/pod-product-compliance
Ingram Content Group UK Ltd.
Pitfield, Milton Keynes, MK11 3LW, UK
UKHW062006290726
14090UKWH00022B/1412